W0031535

Tour 1
Baixa und Chiado

Tour 2
Alfama

Tour 3
Mouraria und Graça

Tour 4
Avenida da Liberdade und Santana

Tour 5
Avenidas Novas

Tour 6
Bairro Alto

Tour 7
Campo de Ourique und Amoreiras

Tour 8
Die westlichen Altstadtviertel

Tour 9
Alcântara

Tour 10
Belém und Ajuda

Tour 11
Ziele im Norden Lissabons

Tour 12
Ziele im Osten Lissabons

Ausflüge rund um Lissabon
Estoril und Cascais ■ Sintra ■ Almada

Nachlesen & Nachschlagen
Verzeichnisse ■ Sprachführer

Unterwegs mit

Johannes Beck

Jahrgang 1972, geboren in Meersburg und aufgewachsen in Illmensee unweit des Bodensees. Zwischen 1991 und 1993 Zivildienst in Lissabon. Danach Studium der Regionalwissenschaften Lateinamerika an der Universität Köln. Von 1995 bis 1996 Auslandsstudium der Volkswirtschaftslehre am Instituto Superior de Economia e Gestão (ISEG) in Lissabon. Seit 1999 als Redakteur bei der Deutschen Welle, seit 2006 leitet er die Redaktion »Portugiesisch für Afrika« des deutschen Auslandssenders. Nebenbei ist er als freier Journalist in Köln tätig. Regelmäßig besucht er seine »zweite Heimat« Lissabon.

Nähere Infos unter
www.lissabon-reiseführer.de

Überschuldung, Rezession, Arbeitslosigkeit – in den vergangenen Jahren hatte Portugals Image mit der Finanzkrise zu kämpfen. Doch die wirtschaftlichen Schwierigkeiten setzten bei vielen Portugiesen kreative Energien frei: Sie haben Bars fantasievoll dekoriert, abwechslungsreiche Speisen für Themen-Restaurants erdacht und alte Paläste liebevoll restauriert, um dort Unterkünfte einzurichten.

Das hat die Attraktivität von Lissabon deutlich gesteigert. Die Stadt wurde zu einem der trendigsten Reiseziele Europas. Manch ein Lissabonner macht sich inzwischen sogar Sorgen, dass sich die Stadt zu sehr auf den Tourismus ausrichtet und die Ursprünglichkeit Lissabons darunter leiden könnte. Tatsächlich ist es bedenklich, wenn in den Altstadtvierteln zunehmend Wohnungen in Ferienwohnungen umgewandelt werden und knatternde Tuk-Tuk-Taxis manche idyllische Gasse verlärmen.

Dieses Buch stellt zahlreiche alternative Ziele neben den allseits bekannten Touristenpfaden vor: Altstadtviertel außerhalb der Alfama, versteckte Parks oder abgelegene Restaurants, es gibt in Lissabon noch genug Ursprüngliches zu entdecken. Am besten Sie beginnen Ihre Entdeckungsreise an einem der zahlreichen Aussichtspunkte, die auf Portugiesisch sehr poetisch „Blick aus Gold" (miradouro) genannt werden.

Ich wünsche Ihnen viel Spaß in Lissabon!

Was haben Sie entdeckt?
Haben Sie ein empfehlenswertes Restaurant gefunden, eine nette Bar, ein gemütliches Hotel? Wenn Sie Tipps, Anregungen oder Verbesserungsvorschläge zum Buch haben, lassen Sie es uns bitte wissen!
Schreiben Sie an: Johannes Beck, Stichwort „Lissabon" |
c/o Michael Müller Verlag GmbH | Gerberei 19, D – 91054 Erlangen |
johannes.beck@michael-mueller-verlag.de

Lissabon

Johannes Beck

komplett überarbeitete und aktualisierte Auflage 2017

Inhalt

Orientiert in Lissabon

Stadt und Stadtviertel ■ S. 10 | Sightseeing-Klassiker ■ S. 12 | Sightseeing-Alternativen ■ S. 14 | Essen gehen ■ S. 16 | Ausgehen ■ S. 18 | Ausflüge ■ S. 20

Wege durch Lissabon

Unterstadt und klassisches Einkaufsviertel
Tour 1: Baixa und Chiado

Die Baixa, Lissabons Unterstadt, wurde Mitte des 18. Jh. am Reißbrett neu gestaltet und besticht noch heute durch ihre elegante Architektur – einer ihrer baulichen Höhepunkte ist die arkadengesäumte Praça do Comércio. Die Verbindung zum Chiado, dem hoch gelegenen klassischen Einkaufsviertel Lissabons, stellt der Elevador de Santa Justa her, ein frei stehender Aufzug mitten in der Stadt!

■ S. 24

Lissabons ältester Stadtteil
Tour 2: Alfama

Hier am Burgberg gründeten die Phönizier die Stadt und siedelten sich später Römer und Araber an. Noch heute erinnert die Alfama mit ihren vielen Gassen an ein arabisches Altstadtviertel. Neben viel Flair hat sie zwei der bedeutendsten Lissabonner Sehenswürdigkeiten zu bieten: die Burg, das Castelo de São Jorge, und die Kathedrale, deren Türme sich weit über dem Viertel erheben.

■ S. 42

Lissabonner Alltagskultur
Tour 3: Mouraria und Graça

Im Schatten der Burg erstrecken sich die dunklen Gassen der Mouraria. Besondere Sehenswürdigkeiten hat sie nicht, ein „Gang durch die Gemeinde" verrät aber viel über Lissabons Alltagskultur. Lichter präsentiert sich die Graça östlich der Burgmauern. Die dortige Igreja de São Vicente de Fora ist eine der schönsten Kirchen der Stadt und die Feira da Ladra der berühmteste Flohmarkt des Landes.

■ S. 56

Lissabons Champs-Élysées
Tour 4:
Avenida da Liberdade und Santana

Die „Freiheitsallee" ist die Prachtstraße Lissabons mit allem, was dazugehört: Weitläufigkeit, Eleganz und einer Prise nationale Symbolik. Ganz anders der oberhalb der Avenida gelegene Santana-Hügel: unauffällig und unaufgeregt, aber vielleicht gerade deswegen einen Abstecher wert.

■ S. 66

Lissabons modernes Zentrum
Tour 5: Avenidas Novas

Auf den „Neuen Alleen" schlägt das Herz des modernen Lissabon. Bürogebäude und Hotels prägen das Bild, zwischendrin erhebt sich der ein oder andere schöne Stadtpalast aus dem 19. Jh. Einen besonderen Blick wert ist die prächtige Stierkampfarena am Campo Pequeno, die bedeutendste Sehenswürdigkeit ist aber das Museu Calouste Gulbenkian, ein Kunstmuseum von Weltrang.

■ S. 74

Die Oberstadt
Tour 6: Bairro Alto

Die Oberstadt ist Lissabons Szeneviertel und *das* Zentrum des Nachtlebens: Tagsüber locken kleine Modeläden und Galerien und bis tief in die Nacht jede Menge Bars und Kneipen. Beim Spaziergang durch die rechtwinklig verlaufenden Gassen stößt man auf prunkvoll ausgestattete Kirchen, den hübschen Botanischen Garten und gleich mehrere der schönsten Aussichtspunkte Lissabons.

■ S. 86

Von der „Baixa des Westens" zum Aquädukt
Tour 7: Campo de Ourique und Amoreiras

Campo de Ourique, wegen seines rechtwinkligen Straßenrasters auch die „Baixa des Westens" genannt, ist ein angenehmer Stadtteil mit viel Grün. Hauptsehenswürdigkeit ist der prächtige Cemitério dos Prazeres, der „Friedhof der Vergnügungen". Im Nachbarviertel Amoreiras kann man das Lissabonner Aquädukt mit dem mächtigen Wasserspeicher Mãe d'Água, „Mutter des Wassers", besichtigen.

■ S. 98

Lapa, Madragoa und São Bento
Tour 8: Die westlichen Altstadtviertel

Die Viertel westlich des Bairro Alto werden touristisch kaum beachtet. Zu Unrecht: Die Lapa wartet mit einem der bedeutendsten Kunstmuseen des ganzen Landes auf und in São Bento steht das schmucke Parlamentsgebäude, in dem die Gesetze des Landes verabschiedet werden. Die Madragoa schließlich beeindruckt schlicht mit ihrem charmanten Gassengewirr.

■ S. 110

Im Hafenviertel
Tour 9: Alcântara

Ein wesentlicher Teil der Lissaboner Hafenanlagen liegt in Alcântara. Die Hafenatmosphäre ist immer noch spürbar, auch wenn das Viertel im Wandel begriffen ist. Blickfang ist die Brücke des 25. April, die die Stadt mit der Südseite des Tejo verbindet. Einblicke in Portugals koloniale Vergangenheit liefert das Museu do Oriente, eines der europaweit besten Museen für asiatische Kunst.

■ S. 118

Lauter Superlative
Tour 10: Belém und Ajuda

Gepflegte Parks, mehrere interessante Museen, das bemerkenswerteste Bauwerk und das beliebteste Fotomotiv Lissabons erwarten den Besucher in diesen zwei westlichen Stadtteilen der Tejo-Metropole. Das Hieronymus-Kloster (Mosteiro dos Jerónimos) und den Turm von Belém (Torre de Belém) darf man auf keinen Fall verpassen, bei den Museen muss man eine Auswahl treffen, sonst wird die Zeit knapp für andere Ziele in der Stadt …

■ S. 126

Benfica, Carnide und Lumiar
Tour 11: Ziele im Norden Lissabons

Mit ihren großen Wohnblöcken wirken die nördlichen Stadtteile Lissabons auf den ersten Blick nicht sonderlich attraktiv. Doch wer genauer hinschaut, entdeckt reizvolle Relikte aus ihrer ländlichen Vergangenheit: etwa den schönen Parque Botânico do Monteiro-Mor in Lumiar oder prächtige Paläste wie den Palácio Fronteira in Benfica.

■ S. 142

Lissabons modernster Teil

Tour 12: Ziele im Osten Lissabons

Im Osten, am Ufer des Tejo, liegt Lissabons jüngster Stadtteil, das einstige Gelände der Weltausstellung von 1998. Faszinierender Höhepunkt ist das größte Ozeanarium Europas. Weitere lohnende Ziele im Osten sind das Azulejo-Museum und der größte und prachtvollste Friedhof der Stadt, der Cemitério do Alto de São João.

■ S. 150

Ausflüge rund um Lissabon

Estoril und Cascais ■ S. 160

Sintra ■ S. 170

Almada ■ S. 178

Nachlesen & Nachschlagen
Stadtgeschichte
Vom Atlantik geprägt ■ S. 184

Portugiesische Küche
Aller Anfang ist der Bacalhau ■ S. 198

Kultur und Unterhaltung
Vom Fado bis zum Klassik-Konzert ■ S. 206

Nachtleben
Pralles Angebot bis in den Morgen ■ S. 214

Lissabon mit Kindern
Maßnahmen gegen die Langeweile ■ S. 222

Lissabon (fast) umsonst
Von der Vergünstigungskarte bis zum Gratis-Event ■ S. 226

Anreise
Mit Flugzeug, Bahn, Auto oder Bus ■ S. 228

Unterwegs in Lissabon
Wegweiser fürs öffentliche Verkehrssystem ■ S. 232

Übernachten
Ausgewählte Hotels, Hostels und Pensionen ■ S. 242

Reisepraktisches von A bis Z
Ärzte, Apotheken … Zollbestimmungen ■ S. 258

Kompakt

Museen ■ S. 272
Restaurants ■ S. 274

Verzeichnisse
Kartenverzeichnis ■ S. 279 | Lissabon im Kasten ■ S. 280 | Impressum & Fotonachweis ■ S. 281 | Etwas Portugiesisch ■ S. 282 | Register ■ S. 294

Vielen Dank

Ohne die wertvollen Hinweise und Tipps meiner Freunde und Bekannten wären die Recherchen halb so schön und ergiebig. Danke dafür an: Andrea Hugemann, Barbara Kroke, Boris Planer, Carla Fernandes, Claudia Rutschmann, Daniel Scheschkewitz, David Soares, Débora Miranda, Eduarda Vicente, Elisabete Miranda, Filipa Paramés, Frithjof Gauss, Ina Niemeyer, João Carlos, João do Rosário, Leslie Simon, Martin Heiden, Marta Barroso, Nuno de Noronha, Rui Peres Jorge, Sandra Bernardino, Silke Gauss, Teresa Bomba Correia, Tiago Falcão und Torsten Ehlert. Ebenso möchte ich mich bei Familie da Silva Zacharias bedanken, durch deren Unterstützung ich während mehrerer Recherchereisen preisgünstig in Ferienwohnungen übernachten konnte.

Herzlichen Dank auch an folgende LeserInnen für ihre hilfreichen Tipps: Alexandra Schuler, Annette Leyer, Bettina Braun, Bettina Kutta, Britta Dehnel, Christa Gruhn, Dagmar Neubauer, Dagobert Steinbuechel, Dietmar Kutta, Dorothee Hoppe, Dr. Dieter Bach, Dr. Hans Diemer, Dr. Hans Löbner, Dr. Horst Breier, Dr. Sebastian May, Ernst-Julius Levsen, Familie Rees, Gabi Bünte, Gerd Windecker, Hans Wiedemar, Hedda Ragotzky, Heidi Kudlich, Heinrich Kalsow, Iris Jana Magdowski, Iris Kopf, Jochen Czayka, Jürgen Gauer, Jürgen Naumann, Jutta Schilcher, Karin Zboralski, Karsten Wolf, Klaus Westkamp, Lenz Philipp Müller, Lynn Benda, Manuela Musiolik, Mario Teetzen, Marion Lüth, Markus Fischer, Marlene Nalbach, Marlene Pretl, Martin Desel, Melanie Fischer, Michael Bünte, Michael Stegbauer, Odila Triebel, Otto Hambrecht, Peter Kintzel, Petra Kettelhake, Raimund Külb, Ralf Nestmeyer, Ralph Neukirchen, Richard Rieder, Roland Bachmaier, Stefan Börger, Susanne Flohr, Thomas van Elsen, Ulrike Janssen und Wolfram Wild.

Was haben Sie entdeckt?

Haben Sie ein empfehlenswertes Restaurant gefunden, eine nette Bar, ein gemütliches Hotel? Wenn Sie Tipps, Anregungen oder Verbesserungsvorschläge zum Buch haben, lassen Sie es uns bitte wissen!

Schreiben Sie an: Johannes Beck, Stichwort „Lissabon" | c/o Michael Müller Verlag GmbH | Gerberei 19, D – 91054 Erlangen | johannes.beck@michael-mueller-verlag.de

Mit dem grünen Blatt haben unsere Autoren Betriebe hervorgehoben, die sich bemühen, regionalen und nachhaltig erzeugten Produkten den Vorzug zu geben.

Orientiert in

Lissabon

Stadt und Stadtviertel ▪

Sightseeing-Klassiker ▪

Sightseeing-Alternativen ▪

Essen gehen ▪

Ausgehen ▪

Ausflüge ▪

Orientiert in Lissabon

Stadt und Stadtviertel

Lissabon ist vom Dreiklang Fluss, Meer und Hügel geprägt: Die Stadt liegt am Rio Tejo, der hier zu einem riesigen Mündungsbecken anschwillt, um ein paar Kilometer weiter westlich wieder viel schlanker im Atlantik zu verschwinden. Am Nordufer des Tejo breitet sich das eigentliche Stadtgebiet über mehrere Hügel aus.

Tram 28

Die Straßenbahnlinie 28 gehört zu den besten Arten, sich der Stadt zu nähern. Sie durchquert mehrere Altstadtviertel auf teilweise abenteuerlich engen und steilen Streckenabschnitten. Wer einen Platz an einem der holzumrahmten Fenster in den historischen Trams ergattern möchte, sollte am besten an der Anfangshaltestelle Martim Moniz einsteigen, denn die Straßenbahn ist allseits beliebt und fast immer überfüllt (→ S. 235).

Sieben Hügel sollt ihr sein

In Lissabon gibt's, pointiert ausgedrückt, nur zwei Richtungen: bergauf und bergab. Das erfordert Kondition, hat aber den reizvollen Nebeneffekt, dass man immer wieder mit prächtigen Ausblicken auf das rote Dächerlabyrinth der Stadt belohnt wird. Auf wie vielen Hügeln sich dieses Labyrinth ausbreitet, darüber besteht in Lissabon „heilige" Einigkeit: Sieben sollen es sein, eine Zahl mit fast mythischem Nachhall – Rom lässt grüßen. Legt man die puren Fakten zugrunde, kommt man auf mehr als zwanzig Stadthügel, prominentester (und offizieller Mittelpunkt der Stadt) ist der Burghügel.

Kleine Stadt, große Gefühle

Die puren Fakten sind es auch, die Lissabon als eine der kleinsten Hauptstädte Europas ausweisen. Das betrifft sowohl die Fläche (ca. 100 km², Berlin z. B. rangiert bei 892 km²) als auch die Einwohnerzahl (gut 510.000). Gefühlt liegen die Dinge allerdings anders: Da Lissabon praktisch in alle Richtungen nahezu nahtlos in seine Vororte übergeht, kommt einem das Stadtgebiet größer vor, als es in Wahrheit ist. Hinzu kommt die immense Bevölkerungsdichte, die mit ca. 5100 Einwohnern je Quadratkilometer sogar die einer Metropole wie Berlin in den Schatten stellt.

Alte Viertel zuhauf

Wer eine Stadt besucht, freut sich meist besonders auf ihr historisches Zentrum, denn das steht für Atmosphäre und Flair. In Lissabon ist man da in einer komfortablen Lage: Alte Viertel gibt es zuhauf – so viele, dass man gar nicht von *der* Altstadt sprechen kann. Am ehesten trifft die Bezeichnung noch auf die südlich des Burgbergs gelegene **Alfama** zu. Man kann sich dort im Labyrinth der Gässchen herrlich verlieren – für mich immer noch eines der schönsten Erlebnisse, wenn ich in der Stadt bin.

Nördlich der Burg liegt das alte Maurenviertel **Mouraria**, das trotz einiger Fortschritte in den letzten Jahren ein von sozialen Problemen geprägter Stadtteil geblieben ist. Dagegen ist die nordöstlich der Burg gelegene **Graça** bei vielen Lissabonnern als angenehmes Wohnviertel beliebt.

Unter- und Oberstadt

Westlich der Burg erstreckt sich in einem Tal die vergleichsweise junge Unterstadt, die Baixa Pombalina, kurz **Baixa** genannt. Sie wurde nach dem verheerenden Erdbeben von 1755 planmäßig wiederaufgebaut und gilt heute als einzigartiges Dokument der Architektur des 18. Jh.

Noch weiter westlich folgt an einer Anhöhe der **Chiado**, ein kleines, sehr freundliches Stadtviertel. Auf dem nächsten Hügel liegt die Oberstadt, das **Bairro Alto**, dessen Ursprünge bis ins 16. Jh. zurückreichen. Heute ist es Lissabons Nachtlebenviertel schlechthin.

An das Bairro Alto schließt sich die **Madragoa** an, ein von engen Gassen geprägtes ehemaliges Fischerviertel aus dem 17. Jh. Im Vergleich zur Alfama, der Baixa oder dem Bairro Alto liegt die Madragoa noch ein wenig im touristischen Abseits und wirkt entsprechend ursprünglicher. Zusammen mit dem aristokratischen Nachbarstadtteil **Lapa** ist sie mein Lieblingsviertel.

Viele Zentren, eine zentrale Achse

Genau so wenig, wie es *die* Altstadt gibt, gibt es in Lissabon *das* Zentrum. Drei Plätze könnte man als ein solches bezeichnen: die **Praça do Comércio** am Südende der Unterstadt, den **Rossio** am Nordende der Unterstadt und die **Praça Marquês Pombal**, das Verkehrszentrum der Stadt knapp zwei Kilometer weiter nördlich. Alle drei Plätze werden von einer zentralen Achse verbunden, die sich über die Unterstadt und die „Lissabonner Champs-Élysées", die Prachtallee **Avenida da Liberdade**, erstreckt.

Am Rand der Stadt

Etwa sechs Kilometer weiter westlich am Stadtrand liegt Belém. Von hier aus ist bereits die Mündung des Tejo in den Atlantik zu sehen. Belém ist ein grünes Viertel, das immer noch ein wenig Vorortcharakter ausstrahlt, obwohl es bereits 1885 eingemeindet wurde. Dennoch gibt es hier eine beachtliche Fülle von Sehenswürdigkeiten, darunter sogar die berühmteste der ganzen Stadt: das Kloster Mosteiro dos Jerónimos.

Der Norden und Osten der Stadt wird von sterilen Wohnblocks geprägt und ist touristisch weitgehend uninteressant. Mit einer Ausnahme: Ganz im Osten ist auf dem ehemaligen Gelände der Weltausstellung von 1998 der Parque das Nações entstanden. Hier am Tejoufer liegt inzwischen Lissabons jüngster Stadtteil, der aufgrund seiner modernen Architektur und des spektakulären Meeresaquariums einen Besuch lohnt.

Orientiert in Lissabon

Sightseeing-Klassiker

Kein Eiffelturm, kein Big Ben, kein Kolosseum – weltberühmte Sightseeing-Ikonen gibt es in Lissabon nicht. Das ist kein Mangel: Die Stadt präsentiert sich als wahres Gesamtkunstwerk, aus dem gleichwohl ein paar Spitzen hervorragen.

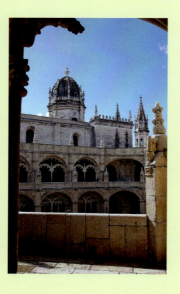

UNESCO-Weltkulturerbe

Auf der berühmten UNESCO-Liste ist Lissabon zweimal vertreten: mit dem Kloster Mosteiro dos Jerónimos und dem Wehrturm Torre de Belém, den bedeutendsten Bauwerken der Manuelinik, einer portugiesischen Variante der Spätgotik (→ S. 139). Noch nicht von der UNESCO gekürt, aber seit 2004 auf der nationalen Vorschlagsliste verzeichnet ist die Baixa, die Lissabonner Unterstadt mit ihrer Architektur aus dem 18. Jh.

Am Tejo

■ **Praça do Comércio:** Mit seinen gleichmäßigen Arkaden, dem Triumphbogen und der zum Tejo geöffneten Seite für mich einer der schönsten Plätze weltweit. Besonders schön, wenn man hier per Schiff ankommt – mein erster Eindruck überhaupt von Lissabon und bis heute unvergesslich. Die überteuerte Multimedia-Ausstellung Lisboa Story Center kann man links liegen lassen, aber man sollte auf den Triumphbogen hinauf, um die Aussicht auf den Platz zu genießen. → Tour 1 (Baixa), S. 28

■ **Torre de Belém:** Das Fotomotiv Lissabons schlechthin. Von außen absolut sehenswert, im Inneren dagegen karg und den gesalzenen Eintrittspreis nicht wert. Wer dennoch reinmöchte, sollte das deutlich ermäßigte Kombiticket mit dem Mosteiro dos Jerónimos kaufen. → Tour 10 (Belém und Ajuda), S. 138

Auf den Hügeln

■ **Elevador de Santa Justa:** Der Aufzug mit seiner schönen pseudogotischen Eisenkonstruktion verbindet Unter- und Oberstadt und ist eines der Wahrzeichen Lissabons. Ich selbst verwende ihn praktisch nie, da mir die Schlange vor dem Eingang zu lang ist und ich schneller zu Fuß oben angelangt bin. Mein Tipp: nach unten fahren, denn da ist die Aussicht genauso gut und man muss nur selten warten. → Tour 1 (Baixa), S. 35

■ **Castelo de São Jorge:** Der Rundum-Blick von der Burg gehört einfach zu einem Lissabon-Besuch dazu. Auf den Zinnen des Kastells versteht man, warum gerade hier die ersten Siedlungen der Stadt entstanden sind. Mehr zur Stadtgeschichte erfährt man in interessanten Ausstellungen im Inneren. Die Lage auf einem der höchsten Hügel der Stadt hat neben dem grandiosen Blick noch einen anderen Vorteil: Man kann anschließend entspannt bergab durch die Altstadt-

gassen der Alfama schlendern.
→ Tour 2 (Alfama), S. 49

■ Miradouro Nossa Senhora
do Monte: Nach der Burg
der beste Aussichtspunkt
der Stadt. Nachts aller-
dings etwas verlassen,
dann ziehe ich den be-
nachbarten Miradouro
da Graça mit seiner Ter-
rassenbar vor. → Tour 3
(Mouraria und Graça),
S. 58

Kirchen und Klöster

■ Sé Catedral: Mit ihrem
wuchtigen romanischen
Stil passt die Kathedrale bestens zur
Burg. Allerdings ist sie oft überlaufen,
da hier auch wirklich alle Touristen-
busse einen Stopp einlegen. Ruhiger
ist's im Kreuzgang, wo es zudem noch
interessante Ausgrabungen zu entdecken gibt. → Tour 2 (Alfama), S. 47

■ Mosteiro dos Jerónimos: Lissabon sehen, ohne das Hieronymiten-Kloster
besucht zu haben, geht nicht. Der
Kreuzgang ist Portugals architekton-
isches Meisterwerk, stundenlang kann
ich die regelmäßigen und gleichzeitig
verspielten Bögen betrachten. Und
wenn die Sonnenstrahlen die Säulen
in der Kirche zitronengelb einfärben, lässt
das mein Herz höher schlagen. → Tour
10 (Belém und Ajuda), S. 133

Museen von Weltrang

■ Museu Calouste Gulbenkian: Die
Kunstsammlung gilt als Top-Sehens-
würdigkeit Lissabons. Restlos begeistern konnte sie mich allerdings noch
nie, dafür ist sie mir ein wenig zu will-
kürlich zusammengestellt. Sehr gerne
besuche ich dagegen die beiden Museumscafés und den schönen Park.
→ Tour 5 (Avenidas Novas), S. 75

■ Museu Nacional de Arte Antiga: Auch
im Nationalmuseum der alten Künste
würde allein das wunderbare Museumscafé den Besuch lohnen. Nicht

minder wunderbar ist die Ausstellung
selbst: weltbekannte Gemälde aus dem
14. bis 19. Jh., dazu eine „zweite Reihe",
die fast durch die Bank einen Blick
wert ist. Mein Lieblingsmuseum in Lissabon. → Tour 8 (Die westlichen Altstadtviertel), S. 112

■ Museu Coleção Berardo: Eine Wucht
ist auch die Sammlung moderner Kunst
im Kulturzentrum von Belém. Zusammengetragen hat sie der portugiesische
Geschäftsmann Joe Berardo, der sein
Geld mit Diamanten in Südafrika gemacht hat. Da kann er sich's leisten,
den Eintritt frei zu lassen ... → Tour 10
(Belém und Ajuda), S. 137

■ Museu Nacional dos Coches: Der
Neubau ist keine Schönheit, aber innen
gibt es eine der weltbesten Kutschen-
sammlungen zu sehen. Nicht zufällig
das meistbesuchte Museum Portugals.
→ Tour 10 (Belém und Ajuda), S. 131

Unter Wasser

■ Oceanário: Ein bisschen ist es wie
beim gelungenen Tauchgang: Man
kann ähnlich gut entspannen und bekommt sogar noch mehr Meeresge-
schöpfe zu Gesicht als im richtigen
Taucherleben – sicher eines der besten
Ozeanarien weltweit. → Tour 12 (Ziele
im Osten Lissabons), S. 154

Orientiert in Lissabon

Sightseeing-Alternativen

Raus aus den Touristenmassen, rein ins wirkliche Lissabon. Wer mit offenen Augen durch die Stadt geht, wird vieles selbst entdecken. Oft reicht es, einfach in eine Sackgasse oder einen Innenhof abzubiegen. Einige persönliche Tipps fürs Sightseeing abseits der Klassiker möchte ich Ihnen dennoch besonders ans Herz legen.

Mit dem Rad durch Lissabon

Die portugiesische Hauptstadt ist mit ihren steil ansteigenden Hügeln sicher keine ideale Fahrradstadt, doch gerade am Flussufer entlang bieten sich interessante Touren an. Und mit etwas Kondition sind vielleicht auch die Altstadt-Hügel ein lockendes Ziel. Für alle, die das Radfahren in Lissabon im Rahmen einer geführten Tour ausprobieren wollen, empfehle ich die engagierten Fahrradfahrer der Firma Bike Iberia (→ S. 68).

Im Schatten der großen Museen

■ **Núcleo Arqueológico da Rua dos Correeiros:** Zwar mitten in der Lissabonner Unterstadt, aber etwas versteckt im Keller der Bank BCP findet sich eine der besten archäologischen Ausgrabungen der Stadt. Wer's nicht weiß, läuft achtlos vorbei. → Tour 1 (Baixa), S. 32

■ **Museu do Aljube – Resistência e Liberdade:** Das Museum liegt auf der „Einflugschneise" zur Burg, die alle Aufmerksamkeit absorbiert. Doch ein Zwischenstopp lohnt, denn die Ausstellung im historischen Lissabonner Gefängnis liefert so interessante wie bedrückende Einblicke in die dunkle Zeit der Salazar-Diktatur. → Tour 2 (Alfama), S. 48

■ **Museu do Oriente:** Jeder, der sich auch nur am Rande für asiatische Religionen oder Kunst interessiert, sollte dieses exzellente Asien-Museum besuchen. Angesichts der Fülle an anderen Attraktionen wird es in Lissabon leider manchmal übersehen. → Tour 9 (Alcântara), S. 121

■ **Museu da Eletricidade:** Allein schon das ehemalige Kohlekraftwerk, in dem das Elektrizitätsmuseum untergekommen ist, macht Eindruck. Öfen, Turbinen und Förderbänder sind weitgehend erhalten. Gerade für Kinder empfehlenswert, da viel angefasst und ausprobiert werden darf. → Tour 10 (Belém und Ajuda), S. 132

Azulejos: portugiesische Fliesenkunst

Metrostation Parque: Für mich die schönste U-Bahn-Station der Stadt – unbedingt aussteigen und die Fliesen mit Motiven aus der Kolonialzeit anschauen. → Tour 5 (Avenidas Novas), S. 72

Convento dos Cardaes: Das Kloster aus dem 17. Jh. gehört zu den interessantesten Sakralbauten der Stadt: Bei den

Führungen erfährt man viel über das stille Klosterleben, und die opulente barocke Innenausstattung ist der schiere Genuss. Ein Höhepunkt sind die Azulejos in der Kapelle. → Tour 6 (Bairro Alto), S. 91

Palácio Fronteira: Ein Juwel weitab vom Schuss im Stadtteil Benfica: Hier sind einige der schönsten Fliesengemälde Portugals zu sehen, dazu ein herrlicher Garten. → Tour 11 (Ziele im Norden Lissabons), S. 143

Museu Nacional do Azulejo: Das Fliesenmuseum liegt etwas abseits im Osten der Stadt und fällt deswegen bisweilen durch das touristische Wahrnehmungsraster. Doch wer sich fundiert über die typischste Kunstform Portugals informieren möchte, muss hierhin. → Tour 12 (Ziele im Osten Lissabons), S. 151

Grünes Lissabon

Jardim do Torel: Obwohl der Santana-Hügel fast im Herzen der Stadt liegt, wird er selbst von den Einheimischen meist ignoriert. Dabei lohnt sich insbesondere der Besuch des hübschen Jardim do Torel mit seiner ungewöhnlichen Aussicht. Schön ist auch die Anfahrt mit der ältesten Lissabonner Standseilbahn, dem Ascensor do Lavra. → Tour 4 (Avenida da Liberdade und Santana), S. 70

Aqueduto das Águas Livres und Mãe d'Água: Das Aquädukt ist eine meiner liebsten Lissabonner Sehenswürdigkeiten – ein Spaziergang über die Bögen eröffnet herrliche Blicke auf den Monsanto-Park. Eine schöne Ergänzung ist der Besuch des alten Wasserspeichers Mãe d'Água. → Tour 7 (Campo de Ourique und Amoreiras), S. 106

Jardim Botânico da Ajuda: Eigentlich könnte man alle botanischen Gärten Lissabons empfehlen, aber diesen versteckt im Stadtteil Ajuda gelegenen finde ich am schönsten. Traumhaft, wenn Ende Mai/Anfang Juni die Jacaranda-Alleen in voller Blüte stehen. → Tour 10 (Belém und Ajuda), S. 129

Jardim Zoológico: Der Zoo gehört zu den schönsten Grünanlagen der Stadt. Klasse finde ich die Fahrt mit der Gondelbahn, auf der man das Zoo-Gelände und Teile des Lissabonner Nordens überblicken kann – eine außergewöhnliche Draufgabe zum Basis-Programm „Tiere anschauen". → Tour 11 (Ziele im Norden Lissabons), S. 143

König Fußball

Estádio da Luz: Die Führung durch das Stadion des bekanntesten Lissabonner Vereins Benfica lohnt sich nicht nur für Fußballfans. Auch das gut gemachte Museum zur Geschichte der „Rot-Weißen" ist beeindruckend. → Tour 11 (Ziele im Norden Lissabons), S. 145

Estádio de Alvalade: Auch wenn mein Herz nicht für die „Grün-Weißen" schlägt – Stadion und Museum der Konkurrenz von Sporting sind ebenfalls einen Besuch wert. Hier darf man sogar einen Blick in die Präsidentenloge werfen. → Tour 11 (Ziele im Norden Lissabons), S. 147

Orientiert in Lissabon

Essen gehen

Die traditionelle Küche Portugals ist bodenständig und kommt weitgehend ohne kulinarische Finessen aus. Das Nationalgericht ist Bacalhau, der in nahezu jedem Restaurant in verschiedenen Variationen auf der Karte steht. Gelegenheiten für eine Kostprobe gibt es viele – das Lissabonner Restaurant-Angebot ist außergewöhnlich groß. Warme Küche gibt's in der Regel aber nur bis 22 Uhr.

Ausführliches zur portugiesischen Küche → S. 198–205

Restaurants im jeweiligen Viertel finden Sie am Ende der einzelnen Stadttouren

Alle Restaurants auf einen Blick → S. 274–278

Viel Fisch und Fleisch, wenig Vegetarisches

Wer am Atlantik zu Hause ist, hat Fisch auf der Speisekarte. Seine Zubereitung ist oft ganz simpel: Er wird über Holzkohle gegrillt und mit ein paar gekochten Kartoffeln und Salatblättern serviert. Inbegriff der traditionellen Lissabonner Fischküche sind die gegrillten Sardinen *(sardinhas assadas)*, die inzwischen als inoffizielles Symbol der Stadt gelten.

Geradezu legendär sind die zahllosen Zubereitungsarten für den *bacalhau*, den mit Meersalz eingeriebenen getrockneten Kabeljau (Stockfisch). Der auf diese Weise konservierte Fisch sicherte in früheren Jahrhunderten die Versorgung der portugiesischen Bevölkerung, heute ist er allgemeines Kulturgut und fehlt auf keiner Speisekarte eines landestypischen Restaurants. Meine persönlichen Favoriten sind der *bacalhau à Brás* (mit Rührei und Kartoffelsticks) und die *pataniscas de bacalhau* (frittierte Fischbällchen).

Mich begeistern aber auch die Fischgerichte der portugiesischen Küche, vor allem die leckeren Steaks *(bifes)*. Einige Lissabonner Steakhäuser servieren exzellentes Fleisch von Tieren aus naturnaher Weidewirtschaft, etwa vom Iberischen Landschwein *(porco preto)*.

Noch immer tendenziell mau ist das Angebot der portugiesischen Gastronomie für Vegetarier, auch wenn viele Restaurants inzwischen ein oder zwei entsprechende Gerichte in ihre von Fisch und Fleisch dominierten Karten aufgenommen haben. Ausweichen kann man auf eine breite Auswahl internationaler (und bisweilen sehr kreativer) Küchen, die in dieser Hinsicht besser aufgestellt sind. Mich persönlich zieht es vor allem zu den zahlreichen Italienern der Stadt.

Aber egal, wo man hingeht: Man sollte einen Hinweis zum Thema Couvert beachten, um sich bei der Rechnung unliebsame Überraschungen zu ersparen:

Das Gedeck mit Spezialitäten wie Oliven, Wurst oder Käse ist nämlich mitnichten gratis und gerade in Touristenlokalen oft überteuert. Am besten, man informiert sich in der Speisekarte über die Preise, wählt aus und lässt den Rest wieder abtragen.

Alles in allem ist Essengehen in Lissabon aber eine erstaunlich preiswerte Angelegenheit – inklusive der Getränke. Einige Winzer bauen in der Region Lissabon hervorragende Weißweine an, die man in Weinbars zusammen mit portugiesischen Tapas (*petiscos*) in einer angenehmen Atmosphäre gut verkosten kann.

Kaffeehäuser als Wohnzimmer-Ersatz

Während Weinbars und Tapas-Restaurants eine relativ neue Erscheinung sind, prägen die Kaffeehäuser seit über hundert Jahren das Leben der Stadt. Die Cafés ersetzen für viele Lissabonner Wohnzimmer, Schreibtisch und Eckkneipe. Man trinkt dort am Tresen oder am Tisch seinen Espresso, der in Lissabon *bica* genannt wird. Ich selbst genieße gerne einen *galão*, den typischen Lissabonner Milchkaffee im Glas. Am liebsten mit einem *pastel de nata*, einem der süßen Törtchen, mit denen es Lissabons Konditoreien zu Weltruhm gebracht haben.

5 Tipps für 5 Abende

■ **Café Lisboa:** Das noble Restaurant des Fernsehkochs José Avillez ist ideal, um die Klassiker der Lissabonner Küche wie die Kohlsuppe *caldo verde*, Steaks in Sahnesoße (*bife à Café*) oder Bacalhau mit Rührei und Kartoffelsticks (*bacalhau à Brás*) zu kosten. Untergebracht ist es in einem Nebenflügel der Lissabonner Oper. → **Tour 1, S. 36**

■ **Carnalentejana:** Mein Lieblings-Steakhaus. Ein Zusammenschluss von Züchtern einer regionalen Rinderrasse aus Südportugal liefert die Produkte und betreibt das Restaurant in der Stierkampfarena Campo Pequeno. → **Tour 5, S. 81**

■ **Cevicheria:** Der portugiesische Chefkoch Kiko Martins serviert an der Praça do Príncipe Real peruanisches *ceviche* (roher, in Limettensaft marinierter Fisch), das er mit portugiesischen Einflüssen kombiniert. Ein fantastisches Geschmackserlebnis! → **Tour 6, S. 94**

■ **Casanova:** Direkt am Tejo-Ufer mit herrlichem Blick, aber nicht nur deshalb meine Lieblingspizzeria in Lissabon. Ähnlich wie bei der Cevicheria muss man aber vor allem abends mit langen Wartezeiten rechnen. Daher besser früh kommen. → **Tour 2, S. 53**

■ **Sol e Pesca:** Bis spät in der Nacht werden in einem ehemaligen Angelladen mitten auf der Partymeile um die Metro Cais do Sodré Fischkonserven serviert. Da viele Restaurants ab etwa 22 Uhr die Küche schließen, ist dieses kuriose Bistro eine gute Option, um zu später Stunde den kleinen Hunger zu stillen. → **Tour 6, S. 96**

Orientiert in Lissabon

Ausgehen

Getreu dem portugiesischen Sprichwort „In Braga betet man, in Porto wird gearbeitet, in Coimbra studiert und in Lissabon gelebt" sollte in Lissabon kaum Langeweile aufkommen. Zahlreiche Bars und Clubs sind europäische Spitzenklasse. Für viele Besucher ist auch ein Fado-Abend fester Teil ihres Aufenthaltes. Daneben gibt es in Lissabon inzwischen einige lohnenswerte Weinbars.

Alle Bars, Kneipen und Clubs finden Sie im Kapitel **Nachtleben** (S. 214), Fado-Lokale im Kapitel **Kultur und Unterhaltung** (S. 208).

Die Nächte im Bairro Alto

Das traditionelle Vergnügungsviertel ist und bleibt das Bairro Alto. In den engen Gassen der Oberstadt beginnt das Nachtleben gegen 21 Uhr (in den anderen Vierteln geht es dagegen meist später los), gegen 4 Uhr früh ist es größtenteils zu Ende. An jeder Ecke locken kleine Bars und Studentenkneipen mit Billigstpreisen, die sog. *tascas*, und überall draußen bilden sich Menschentrauben, denn viele trinken ihr Bier im Freien. Schade finde ich, dass zunehmend britische Touristen per Billigflieger einfallen, um hier laute und wilde Junggesellenabschiede zu feiern. Auch mit aufdringlichen Drogenhändlern muss man rechnen. Viele Lissabonner sind daher in den direkt weiter südlich anschließenden Stadtteil **Bica** um die gleichnamige Standseilbahn ausgewichen. Dort finden sich ebenfalls zahlreiche Bars, die nicht ganz so extrem überlaufen sind.

Vom Rotlicht- zum Hip-Viertel

Als weiterer unverzichtbarer Pol der Lissabonner Nächte gilt das Umfeld des **Bahnhofs Cais do Sodré** am Fuß des Bairro Alto. Das einstige von Rotlicht-Etablissements geprägte Seemannsviertel zieht spätestens seit der Eröffnung der in einem ehemaligen Stundenhotel untergekommenen Bar *Pensão Amor* auch ein normales Publikum an. Da die Stadt einen Teil der Straßen in Fußgängerzonen umgewandelt hat, streifen vor allem in lauen Sommernächten Menschenmassen durch das Viertel.

Anfang der 90er hatte sich in der Umgebung der Avenida 24 de Julho im Stadtteil Madragoa um den **Bahnhof Santos** ein weiteres, anfangs extrem pulsierendes Zentrum des Nachtlebens herausgebildet. Nach vielen Jahren des Niedergangs haben die Lissabonner Teenager das Viertel inzwischen zu ihrer bevorzugten Ausgehmeile gemacht.

Die Docks am Tejo

Seit Mitte der 90er zählen auch die ehemaligen Lagerhäuser der Hafendocks in **Alcântara** zu den Lissabonner Nightlife-Spots. Die Bars an den Docas bieten einen schönen Blick auf Brücke des 25. April, deren Lichter sich nachts im Tejo spiegeln. Trotzdem können sie mich nicht mehr so richtig begeistern, denn sie ähneln einander sehr, und inmitten des Massenpublikums kommt gerade am Wochenende keine richtige Stimmung auf. Ich gehe lieber ins alternative Kulturzentrum *LX Factory* um die Ecke, das in einer ehemaligen Fabrik untergekommen ist.

Auch Lissabons bekanntester Club, das *Lux Frágil*, liegt übrigens am Tejo. Allerdings nicht an den Docas, sondern nahe dem Bahnhof Santa Apolónia im Stadtteil Alfama.

Fado: kitschige Touristenfalle oder echtes Erlebnis

Ansonsten bieten die Bars in der **Alfama** vor allem Fado-Konzerte. Der Fado, eine Art Weltschmerzgesang und ganz typisch für Lissabon (→ S. 206), wird oft als sentimentaler Kitsch abgetan und ist es in seiner touristischen Form teilweise auch. Auch ich war lange Zeit skeptisch, doch dann habe ich erlebt, wie der Fado insbesondere von jungen Nachwuchskünstlern leidenschaftlich neu interpretiert wird. Seitdem habe ich einige meiner stimmungsvollsten Abende in der Stadt beim Fado verbracht. Einen Versuch ist er jedenfalls wert.

5 Tipps für 5 Abende

■ **Mesa de Frades:** Für mich das stimmigste Fado-Restaurant der Stadt, untergebracht in einer sehenswerten ehemaligen Kapelle. Der Wirt hat zudem ein gutes Händchen bei der Auswahl talentierter Nachwuchsmusiker. → Nachtleben, S. 208

■ **O Bom O Mau e O Vilão:** Schon den Namen der Bar („Der Gute, der Schlechte und der Bösewicht") finde ich ziemlich genial. Die Mischung aus Livemusik, DJs und cooler Einrichtung kann mich immer wieder begeistern. → Nachtleben, S. 219

■ **Park:** Einigermaßen gutes Wetter sollte es schon haben, aber dann ist diese Bar auf dem begrünten Obergeschoss eines Parkhauses unschlagbar: sehr entspanntes Ambiente und eine schöne Aussicht. → Nachtleben, S. 217

■ **Le Chat:** Es gibt für mich keinen besseren Ort, Sonnenuntergänge in Lissabon bei einem kühlen Getränk zu genießen, als diese voll verglaste Aussichtsbar oberhalb des Hafens. → Nachtleben, S. 220

■ **By the Wine:** Allein zum Kosten des fruchtigen Verdelho-Weißweins lohnt sich der Besuch dieser Weinbar. Die Kelterei José Maria da Fonseca aus Azeitão südlich von Lissabon hat die von ihr betriebene Bar großartig dekoriert. → Nachtleben, S. 219

Orientiert in Lissabon

Ausflüge

Der nahe Atlantik mit seiner abwechslungsreichen Küste aus Sandbuchten und Felsklippen macht die Region Lissabon unheimlich attraktiv. Morgens im Museum, mittags am Strand und abends im Club: kein Problem, denn Stadt- und Strandleben trennen nur eine kurze Zugfahrt. Dazu gibt es rund um Sintra nordwestlich von Lissabon romantische Paläste, königliche Schlösser und eine mittelalterliche Burg zu entdecken.

UNESCO-Weltkulturerbe

Die UNESCO hat 1995 gleich die komplette Altstadt Sintras mit ihren Palästen, Gärten und der einzigartigen Kulturlandschaft im Gebirge der Serra de Sintra als Welterbe eingetragen. Das geschützte Gebiet reicht von Sintra bis an die 8 km entfernte Atlantik-Küste.

Am Meer: Estoril und Cascais

Strandpromenade: Knapp drei Kilometer lang kann man zwischen Estoril und Cascais am Meer entlangspazieren. Egal zu welcher Uhrzeit, in welche Richtung und bei welchem Wetter: Das macht Spaß! Nur wenn der Atlantik mal wieder hohe Wellen schlägt, sollte man sich besser fernhalten. → S. 161

Cidadela: Mächtige Mauern dominieren die Zitadelle von Cascais, die ab dem 14. Jh. in mehreren Bauphasen errichtet wurde. Hinter den Festungsmauern liegt die ehemalige Sommerresidenz der portugiesischen Könige, die heute von deren republikanischen Nachfolgern, den portugiesischen Präsidenten, für Empfänge genutzt wird. Das von außen eher unscheinbare Gebäude wartet im Inneren mit feinen Finessen auf: aufwendig verzierte Stuckdecken, kunstvolle Holzarbeiten und so fort. Mein Tipp: eine Runde auf den Festungsmauern drehen, schwindelfrei sollte man dafür aber sein. → S. 162

Casa das Histórias Paula Rego: Das Museum in Cascais ist ganz der in Lissabon geborenen Malerin Paula Rego gewidmet. Man bekommt nur wenige Bilder zu sehen, die aber werden in einem architektonisch überraschenden Neubau perfekt in Szene gesetzt. → S. 164

Farol Museu de Santa Marta: Ich liebe diesen weiß-blau gestrichenen Leuchtturm von Cascais und das darin untergebrachte kleine Museum. Wenn die Sonne scheint und das Licht sich gleißend im Meer spiegelt, ist das Urlaubsgefühl perfekt. → S. 166

Boca do Inferno: Einer meiner Lieblingsorte in der Region. Ich kann hier stundenlang zuschauen, wie die Gischt am „Höllenschlund" unaufhörlich in die Höhe schießt. Wenn es mir zu voll wird, spaziere oder radle ich einfach ein paar Kilometer an der herrlichen Felsküste von Cascais entlang Richtung Westen. → S. 166

Am Gebirge: Sintra

Palácio Nacional de Sintra: Er ist der letzte noch erhaltene Königspalast Portugals, dessen Bausubstanz auf das Mittelalter zurückgeht. Allerdings wurde er in der Folgezeit immer wieder umgestaltet, sodass er auf mich einen etwas zusammengewürfelten Eindruck macht: viele Stile und verwinkelte Räume. Die riesige Küche mit ihren auffälligen Kaminen sollte man aber nicht verpassen. → S. 174

Castelo dos Mouros: Die mittelalterliche Maurenburg ist ein ganz besonderer Ort: Sie liegt hoch über Sintra inmitten der Wälder und eröffnet einen herrlichen Blick bis zum Atlantik. Auch wenn der Weg steil und anstrengend ist, sollte man am besten zu Fuß aufsteigen. So fühlt man sich ein bisschen wie auf einer Bergtour. Eine kurze Pause lohnen die Ausgrabungen am Burgeingang. → S. 175

Palácio Nacional da Pena: Auf dem Nachbargipfel steht mit dem neuen Königspalast Sintras ein wahres Märchenschloss, das im 19. Jh. in geradezu atemberaubendem historistischem Stilmix erbaut wurde. Ebenso atemberaubend ist die Aussicht, den schönsten Blick hat man vom *Caminho da Ronda*, der den Palast auf einer windigen Balustrade umrundet. Mir gefällt es aber im umgebenden Park am besten: Meine Touren dauern hier immer wieder viel länger als geplant, so viel gibt es zu sehen. → S. 175

Quinta da Regaleira: Dieser ehemalige Privatpalast und sein Garten sind buchstäblich mysteriös – im Boden verläuft ein Labyrinth geheimnisvoller Tunnel. Nur eine Taschenlampe und etwas Zeit sollte man für die Entdeckungstour mitbringen. Klaustrophobiker sollte man aber besser nicht sein. → S. 175

Am Tejo-Binnenmeer: Almada

Fragata D. Fernando II e Glória: Der liebevoll restaurierte Großsegler, der einst als Schulschiff der portugiesischen Marine diente, liegt in den Trockendocks von Cacilhas südlich von Lissabon. Im Inneren kann man einiges über die portugiesische Schifffahrt zu Kolonialzeiten lernen. → S. 179

Cristo Rei: Die dem (berühmteren) Vorbild in Rio de Janeiro nachempfundene Christusstatue ist für die meisten Touristen der Hauptgrund, die Fährfahrt von Lissabon auf die Südseite des Tejo anzutreten. Tatsächlich ist der Blick von der Aussichtsplattform auf die Stadt, die Brücke des 25. April und das weite Binnenmeer des Tejo phänomenal. Ansonsten ist der Cristo Rei mit seinem römisch-katholischen Wallfahrtszentrum mein Ding nicht. → S. 180

Cais do Ginjal: Abschreckend heruntergekommen und verfallen sind die Lagerhäuser am Kai in Cacilhas. Doch man sollte sich nicht irritieren lassen, denn am Ende des Cais do Ginjal warten zwei Ausflugslokale mit wunderbarem Blick auf Lissabon. Die sind immer ein Erlebnis – und insbesondere *der* ideale Ort, wenn man seinen letzten Abend in Lissabon besonders zelebrieren möchte. Wem der Rückweg am Kai zu gruselig ist, der kann mit einem gläsernen Aussichtsaufzug einen belebteren Weg zurück an den Fährhafen erreichen. → S. 179

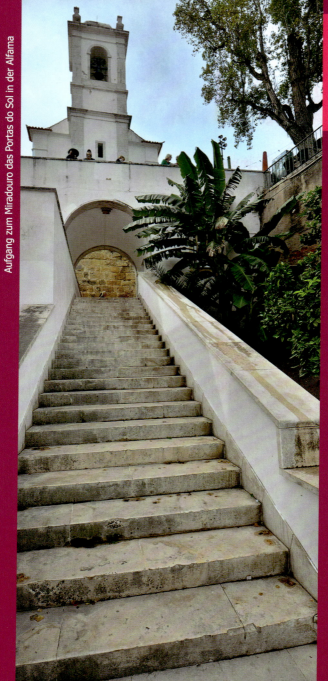

Aufgang zum Miradouro das Portas do Sol in der Alfama

Wege durch

Lissabon

Tour 1	Baixa und Chiado	■	S. 24
Tour 2	Alfama	■	S. 42
Tour 3	Mouraria und Graça	■	S. 56
Tour 4	Avenida da Liberdade und Santana	■	S. 66
Tour 5	Avenidas Novas	■	S. 74
Tour 6	Bairro Alto	■	S. 86
Tour 7	Campo de Ourique und Amoreiras	■	S. 98
Tour 8	Die westlichen Altstadtviertel	■	S. 110
Tour 9	Alcântara	■	S. 118
Tour 10	Belém und Ajuda	■	S. 126
Tour 11	Ziele im Norden Lissabons	■	S. 142
Tour 12	Ziele im Osten Lissabons	■	S. 150
Ausflüge rund um Lissabon	Estoril und Cascais | Sintra | Almada |	■	S. 160

Im Zentrum Lissabons
Tour 1

Zwischen dem Rossio und der Praça do Comércio liegt das Geschäfts- und Bankenviertel Lissabons, die Baixa. Mit ihren nach dem Erdbeben von 1755 auf dem Reißbrett entworfenen Straßenzügen ist sie ein einzigartiges Beispiel der Architektur des 18. Jh. Oberhalb der Baixa stoßen wir auf den Chiado, das klassische Einkaufsviertel der Stadt.

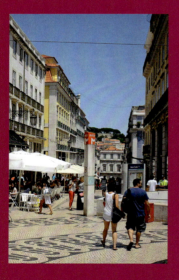

Praça do Comércio, einer der schönsten Plätze Europas, S. 28

Núcleo Arqueológico da Rua dos Correeiros, Funde aus der Römerzeit, S. 32

Elevador de Santa Justa, neogotischer Aufzug mit Aussicht, S. 35

Unterstadt trifft klassisches Einkaufsviertel
Baixa und Chiado

Bis zum Erdbeben von 1755 war die Baixa wie die Alfama ein Labyrinth aus kleinen Gässchen. Da die Unterstadt auf sumpfigem, dem Tejo abgerungenem Gelände erbaut worden war, zeigten hier die Erdstöße besonders verheerende Wirkung. Viele nach dem Beben noch stehen gebliebene Gebäude zerstörten der anschließende Großbrand und die Tsunami-Welle.

Anstatt die Unterstadt im gleichen Grundriss wiederaufzubauen, entschloss sich der damalige Premierminister Marquês de Pombal dazu, die Baixa im Geist der Aufklärung völlig neu zu gestalten (→ Kasten „Marquês de Pombal", S. 186). Die von ihm beauftragten Architekten entwarfen ein Schachbrett mit je neun Längs- und neun Querstraßen. Jede Straße war für die Ansiedlung eines bestimmten Gewerbes vorgesehen, wovon Namen wie *Rua dos Sapateiros* (Schuhmacherstraße) oder *Rua dos Correeiros* (Sattlerstraße) zeugen. Die einzelnen Häuser wurden weitgehend erdbebensicher in Ständerbauweise errichtet. Noch heute wird das Viertel zu Ehren seines Wiedererbauers *Baixa Pombalina* genannt.

In den Straßen des zum Teil verkehrsberuhigten Viertels findet man Juweliere und Modeboutiquen, Cafés und Restaurants, aber auch noch alte Kurzwarenläden. Tagsüber herrscht reges Treiben, wenn die Geschäfte und Banken abends geschlossen sind, wirkt das Viertel dagegen deutlich leerer. Die zunehmende Umwandlung von Wohn- in Büroraum hat dazu geführt, dass kaum jemand mehr in der Baixa lebt. Außerdem stehen zahlreiche Häuser leer. In den letzten Jahren ist aber durch neue Hostels, Hotels und Restaurants wieder mehr Leben in die Baixa gekommen.

Der **Chiado** war einst das Intellek-
tuellen- und das vornehmste
Einkaufsviertel Lissabons. Leider fielen hier 1988 die beiden
berühmtesten Kaufhäuser
Lissabons, *Grandella* und
*Grandes Armazéns do
Chiado*, einem Brand zum
Opfer. Die Schäden sind
unter Leitung der Starar-
chitekten Álvaro Siza
Vieira behoben worden
und neue Geschäfte in die
restaurierten Gebäude
gezogen. Trotz seines
neuen Gewandes vermit-
telt der Chiado nach wie
vor einen Eindruck seiner
einstigen Ehrwürdigkeit.

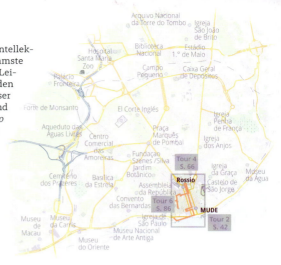

Spaziergang

Ausgangspunkt ist der Bahnhof Cais do
Sodré mit der gleichnamigen Metro-
und Fährstation. Über die breite Uferpromenade Ribeira das Naus schlendert
man am Ufer des Rio Tejo Richtung Osten. Bis Anfang des 20. Jh. befand sich
hier die Werft der portugiesischen Marine, der *Arsenal Real da Marinha*. Die
Trockendocks hat die Stadt 2014 wieder freigelegt, als sie den Uferbereich
fußgängerfreundlich umgestaltet hat.
Am Ende der Ribeira das Naus kann
man sich auf die Treppen des **Cais das
Colunas**, des „Säulenkais", setzen, den
an- und ablegenden Fähren zuschauen
und die Flussluft schnuppern. Vor
allem bei Sonnenuntergang ein romantisches Szenario, bei Ebbe kann es
hier allerdings auch stark nach Brack-
wasser riechen.

Gegenüber öffnet sich die Weite der
Praça do Comércio (Ⓜ Terreiro do
Paço) mit ihren prächtigen Arkaden.
Für viele ist sie der eleganteste Platz
Lissabons und einer der schönsten Eu-
ropas. Im östlichen Seitenflügel kann
man im **Lisboa Story Centre** eine multi-
mediale Tour durch Lissabons Ge-

schichte unternehmen. Nur wenige
Meter entfernt steht am Nachbarplatz
Praça do Município das im neoklassi-
zistischen Stil erbaute Rathaus Lissa-
bons, die **Câmara Municipal**, sowie das
Museu do Banco de Portugal mit den
Resten der mittelalterlichen Stadt-
mauer *Muralha de Dom Dinis*.

Über die Rua do Comércio geht es dann
in die Rua Augusta, die Fußgängerzone
der Baixa, in der sich exklusive Modegeschäfte, Andenken- und Delikates-
senläden, Steh- und Straßencafés an-
einanderreihen. Flanierende Menschen,
Straßenhändler, aber auch Bettler bestimmen hier das Straßenbild. Im ge-
schäftigen Durcheinander werden oft
die kunstvollen schwarzen Muster auf
dem weißen Straßenpflaster übersehen, in denen sich die Geschäfte verewigt haben. Wenige Meter vom sehenswerten Triumphbogen **Arco da Rua
Augusta** und seiner Aussichtsplattform
trifft man auf das Mode- und Design-
museum **MUDE**, das im früheren Sitz
der ehemaligen Zentralbank für die
Überseegebiete (Banco Nacional Ultramarino – BNU) untergekommen ist.

Ebenfalls in einem Bankgebäude, im Stammsitz des Banco Comercial Português – Millennium BCP, sind die schönsten Ausgrabungen Lissabons aus römischer und mittelalterlicher Zeit in der Ausgrabungsstätte **Núcleo Arqueológico da Rua dos Correeiros** zu sehen.

Den nördlichen Abschluss der Rua Augusta und der Baixa bildet der belebte **Rossio** – der zentrale Platz ist mit seinen klassischen Cafés *der* Treffpunkt Lissabons schlechthin.

2001 hat die Stadt das berühmte schwarz-weiße Pflaster in Wellenform wiederhergestellt, das den Platz bereits Anfang des 20. Jh. schmückte und weltweit zum Inbegriff Lissabonner Pflasterkunst wurde.

Dominiert wird der Rossio von der neoklassizistischen Fassade des Nationaltheaters **Teatro Nacional Dona Maria II**, das die Nordseite des Platzes einnimmt. Heute treffen sich vor dem Theater Arbeiter aus den ehemaligen afrikanischen Kolonien Portugals, um sich als Tagelöhner anheuern zu lassen. Wenige Meter weiter östlich steht an einem kleinen Nebenplatz die **Igreja do Convento de São Domingos**. Zwischen Theater und Kirche bietet sich die urige Stehkaschemme *Ginjinha* für eine kurze Pause an, um den leckeren Kirschlikör gleichen Namens zu kosten (→ „Cafés"). Die Rua Dom Antão de Almada führt zum Nachbarplatz des Rossio, der Praça da Figueira. Dieser Platz bietet übrigens einen schönen Blick hinauf auf die Burg Castelo de São Jorge.

Lissabon im Kasten
Das Oster-Massaker

Vor der Igreja de São Domingos erinnert in der Platzmitte ein Gedenkstein an das Judenpogrom des Jahres 1506. Damals lebten Tausende Menschen jüdischer Herkunft in Lissabon, die sich nach der Ausweisung aller Juden und Moslems aus Spanien hierher geflüchtet hatten. Allerdings hatte sie König Manuel I. dazu gezwungen, den christlichen Glauben anzunehmen. Manche dieser Neuchristen praktizierten aber das Judentum weiter im Verborgenen. Am 17. April 1506 waren mehrere Neuchristen dabei „erwischt" worden, wie sie ungesäuertes Brot und koscheres Fleisch zubereitet hatten. Sie wurden festgenommen und zwei Tage später wieder freigelassen. Als ein weiterer Neuchrist es tatsächlich wagte, das wundersame Leuchten eines Reliquienschreins in einer Seitenkapelle der Igreja de São Domingos auf eine natürliche Ursache und nicht auf die Hand Gottes zurückzuführen, kochte Volkes Zorn über. Er wurde direkt vor der Kirche von einer Frau erschlagen. Die Dominikanermönche hatten an

schließend an Ostern nichts Besseres zu tun, als von ihrer Stammkirche Igreja de São Domingos mit einem Kreuz in der Hand auf die Straße zu ziehen und „Häresie" zu schreien. Schnell bildete sich ein Mob aus Mönchen, Pöbel und Seefahrern. Sie zogen drei Tage lang durch die Stadt und attackierten alle Neuchristen und auch zahlreiche mit ihnen befreundete Altchristen, derer sie habhaft werden konnten. Und dies alles während der Osterzeit, die historisch immer wieder von Christen für Attacken gegen Juden genutzt wurde: mit dem absurden Argument, die Juden hätten Jesus (selbst ein Jude) getötet.

Am Ende des Gemetzels waren am 21. April zwischen zwei- und viertausend Menschen tot. Straflos kamen viele der Mörder aber in diesem Fall – ein Gegensatz zu anderen Judenpogromen – nicht davon. König Manuel I. ließ die Anführer hinrichten. Der New Yorker Schriftsteller Richard C. Zimler hat die Ereignisse in seinem Roman „Der Kabbalist von Lissabon" verarbeitet.

„Wohnzimmer" der Lissabonner: der Rossio

Nun geht es zurück in die rechtwinklig angelegten Straßenzüge der Baixa bis zum Aufzug **Elevador de Santa Justa**. Eine Fahrt mit diesem kuriosen Fortbewegungsmittel sollte nicht verpasst werden – schon allein die Aussicht von der Bergstation des Aufzugs im Chiado ist den Fahrpreis wert. Allerdings kann die Wartezeit teilweise sehr lange sein, wenn sich große Schlangen vor den beiden kleinen Kabinen bilden.

Ein paar Schritte von der Bergstation entfernt ragen am Largo do Carmo die weithin sichtbaren, strahlend weißen Ruinen der **Igreja do Convento do Carmo** in den Himmel. In der Kirchenruine werden schon lange keine Messen mehr gelesen, heute sind hier im **Museu Arqueológico** archäologische Fundstücke ausgestellt.

Auf dem weiteren Weg durch den Chiado sollte man einen Blick auf das Haus an der Ecke Rua da Trindade/Largo Rafael Bordalo Pinheiro werfen. Die Fassade hat der Künstler Rafael Bordalo Pinheiro (1846–1905) mit bemalten Fliesen, die in Portugal *Azulejos* genannt werden, verziert. Allegorische Figuren wie die Erde und das Wasser schmücken den 1., Industrie und Han-

del den 2. Stock. Ganz oben erblickt man einen achtzackigen Stern mit Auge und Pyramide – Symbole der Freimaurer.

Nicht weit entfernt, in der Rua Garrett, ist das weltbekannte Café *A Brasileira* ansässig – zu erkennen an der bronzenen Statue des Dichters Fernando Pessoa. Gegründet hat das Café 1906 ein aus Brasilien heimgekehrter Portugiese (→ „Cafés"). Kunstinteressierte sollten von der Rua Garrett unbedingt einen Abstecher zum **Museu Nacional de Arte Contemporânea do Chiado** mit seiner sehenswerten Sammlung unternehmen.

Am nahen Largo do Chiado endet dann der Spaziergang. Wer will, kann hier noch zwei Kirchen besichtigen: auf der Seite zum Tejo die neoklassizistische *Igreja da Encarnação* und direkt gegenüber die *Igreja do Loreto* aus dem 16. Jh. Dazwischen wurde der Namensgeber des Stadtviertels, der Mönch und Volksdichter António Ribeiro Chiado (16. Jh.), in Form einer Statue verewigt. Direkt neben der Statue geht es über lange Rolltreppen in die Metrostation Baixa/Chiado hinab, deren Gewölbe der portugiesische Architekt Álvaro Siza Vieira gestaltet hat.

Sehenswertes

Einer der schönsten Plätze Europas

Praça do Comércio

Wie zum Zeichen der engen Verbundenheit Lissabons mit dem Tejo ist der quadratische Platz auf seiner Südseite zum Fluss hin geöffnet. Die anderen drei Seiten sind von Gebäuden mit prächtigen Arkadengängen gesäumt, in denen sich zahlreiche Restaurants und Cafés sowie einige Ministerien befinden.

An der Westseite des Platzes stand bis zum verheerenden Erdbeben von 1755 der Königspalast. Entsprechend wurde er damals noch *Terreiro do Paço* (Palastplatz) genannt, eine Bezeichnung, die sich bis heute im Volksmund gehalten hat.

In der Platzmitte erhebt sich ein 1774 errichtetes Reiterstandbild von König Dom José I., der seinen Blick auf den Tejo richtet. Unterhalb von Reiter und Pferd ist auf einem Medaillon der Erbauer der Baixa, Sebastião José de Carvalho (alias Marquês de Pombal), verewigt.

Ⓜ Terreiro do Paço.

Triumphbogen

Arco da Rua Augusta

Auf der Nordseite der Praça do Comércio bietet der erst 1873 fertiggestellte Triumphbogen Zugang zum Zentrum der Baixa. Auf ihm haben wichtige Persönlichkeiten der portugiesischen Geschichte ihren Platz gefunden: rechts der Marquês de Pombal und Vasco de Gama, links der Lusitanerheld Viriato und Nuno Álvares Pereira, der Heerführer bei der Schlacht von Aljubarrota im Jahr 1385 gegen die Spanier.

Mit dem Aufzug gelangt man von einem Nachbarhaus auf der Ostseite der Rua Augusta in den 2. Stock. Über enge Stufen (beim Auf- und Abgang das Ampelsystem beachten) erreicht man die Halle mit dem historischen Uhrwerk,

Essen & Trinken (S. 36/37)
1 Primeiro Andar
2 Casa do Alentejo
5 Beira Gare
7 Celeiro/Tasquinha do Celeiro
11 O Bacalhoeiro – A Licorista
23 Largo
26 To.B – To burger or not to burger
27 Café Lisboa

Cafés (S. 37/38)
3 A Ginjinha
8 Nicola
9 Confeitaria Nacional
10 Pollux
14 Gelateria Santini
18 A Brasileira
22 Fábulas
29 Martinho da Arcada

Nachtleben (S. 215)
21 Wine Not?
28 Trobadores

Einkaufen (S. 39/40)
4 Chapelarias Azevedo Rua
6 Mercado da Praça da Figueira
12 Luvaria Ulisses
13 A Outra Face da Lua
15 Brio
16 Armazéns do Chiado
17 Vista Alegre
19 Mercearia dos Açores
20 Livraria Bertrand
24 A Vida Portuguesa
25 Santos Ofícios Artesanato
30 Storytailors Atelier
31 Loja das Conservas

Coliseu

1

Elevador
da Glória

Praça
dos
Restaura-
dores

Restauradores

Estação
do Rossio

2

Palácio da
Independência

Largo
S. Domingos

Cç. Garcia

Teatro
Nac.
Dona
Maria II

3

Igreja de
São Domingos

R.B. Queiroz

R. João
das Regras

Praça Dom.
João da Câmara

4

Praça
Dom
Pedro IV
(Rossio)

Rossio

Rossio

Praça
da Figueira

6

R.C.
Monsanto

5

L. Duque do
Cadaval

L. Trindade
Coelho

7

Rua da Betesga

9

Rua de S. Justa

11

Elevador
de Santa
Justa

10

Espaço
Chiado

Azulejo-
Haus

Convento do Carmo -
Museu Arqueológico

12

Rua da Assunção

13

Largo Chão
do Loureiro

Rua de São Mamede

Igreja do
Loreto

Lg.
R. B.
Pinheiro

14

15

16

Rua da Vitória

Rua da Madalena

WC

17 18

Igreja dos
Mártires

20

Baixa/Chiado

21

22

19

Igreja da
Encarnação

23 24

26

27

Chiado

Teatro
São Luiz

Teatro Nacional
de São Carlos

Núcleo Arqueológico
da Rua dos
Correeiros (BCP)

MUDE-Museu do
Design e da Moda

25

Igreja da
Madalena

28

Largo da
Academia
Nacional

Largo
de São
Julião

R. dos
Bacalhoeiros

Igreja da
Conceição Velha

Museu do Chiado

Museu do Dinheiro -
Muralha D. Dinis

Câmara
Municipal

Arco da Rua
Augusta

29

R. da Alfândega

Pide

30

Praça do
Município

Lisboa Story
Centre

Igreja do
Corpo Santo

31

Arsenal da Marinha

Praça do
Comércio
(Terreiro
do Paço)

WC

Largo do
Corpo Santo

Cais do Sodré

Avenida da Ribeira das Naus

Avenida Infante Dom Henrique

Terreiro do Paço

Fährstation Terreiro do Paço

Fährstation
Cais do Sodré

Bahnhof

75 m

Baixa und Chiado

Martim Moniz

Capela Nossa
Senhora
da Saúde

Praça
Martim
Moniz

Tour 3: Mouraria und Graça
siehe S. 56/59

Costa
do
Castelo

Cç. Marquês Tancos

Tour 2: Alfama
siehe S. 44/45

das die Glocke auf dem Dach steuert. Weitere Treppen führen nach oben zur Aussichtsplattform auf dem Triumphbogen. Hier bietet sich ein sehr sehenswerter Rundumblick auf das gitterförmig angelegte Straßennetz der Baixa, die Praça do Comércio sowie die beiden gegenüberliegenden Hügel der Alfama und der Oberstadt Bairro Alto. Im Gegensatz zu den anderen Aussichtspunkten Lissabons schwebt der Beobachter hier weniger „über den Dingen", er ist vielmehr „mittendrin".

Rua Augusta, 2–10, Ⓜ Terreiro do Paço. Tägl. 9–19 Uhr (Mai–Okt. bis 20 Uhr). Eintritt 2,50 €, bis 5 J. frei. Kombiticket mit Lisboa Story Centre 8 € (Studenten, mit Cartão Jovem und ab 65 J. 6,50 €, bis 15 J. 4,50 €). www.lisboastorycentre.pt.

Stadtgeschichte audiovisuell

Lisboa Story Centre

Die Ausstellung präsentiert die Stadtgeschichte anhand von lebensgroßen

Cais das Colunas

Figuren und Videos – geführt wird man per Audioguide (auch auf Deutsch). Leider ist der Großteil der Ausstellung sehr oberflächlich, ganz im Gegensatz zum tiefen Griff in den Geldbeutel, der für die Eintrittskarten nötig ist. Skandalös unkritisch wird das Zeitalter der Entdeckungsfahrten präsentiert: Die Sklaverei wird gar nicht erwähnt, die Kolonialisierung der Gebiete in Afrika, Asien und Amerika ausschließlich positiv geschildert.

Lohnend ist dagegen der umfangreiche Bereich zum Erdbeben von 1755. Ein Kinofilm auf drei Leinwänden macht Erschütterungen, Feuersbrunst und Tsunami sehr anschaulich. Karten verdeutlichen, welchen städtebaulichen Einschnitt der Wiederaufbau durch den Marquis von Pombal bedeutete.

Praça do Comércio, 78 und 81, ☎ 211941099, www.lisboastorycentre.pt. Ⓜ Terreiro do Paço. Tägl. 10–20 Uhr. Letzter Einlass um 19 Uhr, da der Rundgang ca. eine Stunde dauert. Eintritt 7 €, Studenten, mit Cartão Jovem und ab 65 J. 5 €, bis 15 J. 3 €, bis 5 J. frei. Kombiticket mit Arco da Rua Augusta 8 € (Studenten, mit Cartão Jovem und ab 65 J. 6,50 €, bis 15 J. 4,50 €).

Lissabons Rathaus

Câmara Municipal

Das Rathaus Lissabons wurde zwischen 1866 und 1875 unter Leitung des Architekten Domingos Parente da Silva erbaut und gilt als gutes Beispiel für die Architektur öffentlicher Gebäude im 19. Jh. Beim Eintreten in das Rathaus, das auch *Paços do Concelho* (wörtlich „Kreispalast") genannt wird, überwältigt der Anblick des prachtvollen, mit Kronleuchtern geschmückten Treppenhauses aus feinstem Marmor. Auf dem Rathausplatz tummeln sich die Tauben um den *Pelourinho*, einen stilisierten Pranger in Form einer elegant verschlungenen Doppelsäule, der die Stadtrechte symbolisiert.

Praça do Município, ☎ 808203232, www.cm-lisboa.pt. Ⓜ Terreiro do Paço. Geführte Besuche am ersten Sonntag im Monat um 11 Uhr. Eintritt frei.

Lissabon im Kasten

Das Lissabonner Rathaus – Geburtsort der portugiesischen Republik

Eine schwere Wirtschaftskrise unter der Herrschaft von König Carlos I. (1889–1908) verstärkte ab 1890 die republikanische Bewegung in Portugal. 1891 brach in Porto eine erste Revolte aus, die aber schnell niedergeschlagen wurde. Aber auch die nächsten Regierungen brachten keine Lösung der Probleme zustande. Zudem war die Monarchie in den Augen der Portugiesen diskreditiert, weil sie sich 1890 einem englischen Ultimatum zur Aufgabe des Anspruchs auf große Gebiete im südlichen Afrika (dem heutigen Malawi, Sambia und Simbabwe) gebeugt hatte. Der Ruf nach einem starken Mann erklang nun immer öfter. Neuer Hoffnungsträger der Monarchisten wurde der von Bismarck beeinflusste Ministerpräsident João Fernando Pinto Franco. Zur Stützung der Monarchie errichtete er 1907 eine Diktatur und ließ das Parlament auflösen. Doch der von der Republikanischen Partei getragene Widerstand gegen das Königshaus wuchs. Am 1. Februar 1908 erschossen zwei Attentäter König Carlos I. und dessen Sohn, den Thronfolger Dom Luís Filipe, auf der Praça do Comércio. Die Hintergründe konnten nie ganz geklärt werden, da die Leibwache des Königs beide Attentäter tötete. Nur leicht verletzt überlebte der zweitgeborene Sohn Manuel den Anschlag. Als Manuel II. bestieg er den Thron und lockerte das harte Regime, doch die Monarchie war nicht mehr zu retten. Am 3. Oktober 1910 nahm die Revolution ihren Anfang. Auslöser war die Ermordung des angesehenen Republikanerführers Dr. Miguel Bombarda durch einen offensichtlich Geisteskranken. Am 4. Oktober bombardierten Kriegsschiffe vor Lissabon den Palácio das Necessidades in Alcântara, in dem König Manuel II. lebte. Verschreckt zog sich der König in den Palast nach Mafra zurück, er dachte nicht daran großen Widerstand zu leisten. Am Morgen des 5. Oktober rief man vom Balkon des Lissabonner Rathauses die Republik aus; der erste Präsident war Teófilo Braga. König Manuel II. floh über Gibraltar ins Exil nach England.

Die Geschichte des Geldes

Museu do Dinheiro – Banco de Portugal

Das Museum am Sitz der portugiesischen Zentralbank, untergebracht in der ehemaligen Kirche Igreja de São Julião aus dem 18. Jh., illustriert die Geschichte des Geldes. Zahlungsmittel wie Münzen und Scheine sind ausgestellt, außerdem darf man ausprobieren, wie schwer es ist, einen echten Goldbarren hochzuheben. Spektakulär ist der Eingang durch eine massive Tresortür: In der dafür teilweise abgerissenen Kirche hatte die Zentralbank ab 1933 ihr Goldlager. Im Keller findet man außerdem den einzigen, öffentlich sichtbaren Abschnitt der *Muralha de*

Dom Dinis. Diese Stadtmauer schützte ab 1294 die heutige Baixa, bevor sie im 14. Jh. durch die fernandinische Stadtbefestigung abgelöst wurde.

Largo de São Julião, ☎ 213213240, www.museudodinheiro.pt. Ⓜ Terreiro do Paço. Mi–Sa 10–18 Uhr (letzter Einlass 15 Min. vor Schluss), So/Mo/Fei zu. Eintritt frei. Sicherheitskontrolle; das Gebäude wird weiter als Sitz der Zentralbank verwendet.

Museum im edlen Gewand

Museu do Design e da Moda – MUDE

Allein das Gebäude ist einen Abstecher wert. Früher hatte hier die Bank Banco Nacional Ultramarino (BNU) ihren Sitz. Sie war für die Geldversorgung in den ehemaligen portugiesischen Kolonien in Afrika und Asien zuständig. Der 1964 eingeweihte Bau ist ein gutes Beispiel für die Repräsentationsbauten in der Spätzeit des faschistischen Neuen Staats (Estado Novo). Besonders beeindruckt ein riesiger, elegant geschwungener Tresen aus massivem Stein, der sich durch das ganze Erdgeschoss zieht.

Heute sind im Gebäude Kleiderstücke von Modeschöpfern wie Christian Dior, Yves Saint-Laurent und Pierre Cardin drapiert. Dazu gibt es Designklassiker aus der Sammlung des portugiesischen Unternehmers Francisco Capelo zu sehen. Vor allem Möbel aus den 60ern, als neue Glasfasermaterialien Designern wie Eero Aarnio (Finnland), Ray und Charles Eames (USA) sowie Verner Panton (Dänemark) bisher kaum zu realisierende Formen ermöglichten. Dazu sind Ikonen des Industriedesigns wie die berühmte Stereoanlage SK 4 („Schneewittchensarg"), die Dieter Rams und Hans Gugelot für die deutsche Firma Braun gestaltet haben, ausgestellt.

Rua Augusta, 24, ✆ 218886117, www.mude.pt. Ⓜ Terreiro do Paço. Tägl. (außer Mo) 10–18 Uhr (letzter Eintritt bis 17.45 Uhr). Eintritt frei.

Funde aus der Römerzeit

Núcleo Arqueológico da Rua dos Correeiros

Als Anfang der 90er die Privatbank *Millennium BCP* ein Parkhaus unter ihrem Hauptgebäude bauen wollte, stießen die Arbeiter dort auf eine ganze Reihe archäologisch interessanter Funde. Sie machen die wechselhafte Geschichte der Lissabonner Baixa sehr anschaulich. So können hier auch die einzigen bekannten Reste der phönizischen Besiedlung Lissabons aus dem 8. bis 5. Jh. v. Chr. betrachtet werden. Außerdem haben die Archäologen ein Skelett aus dem Mittelalter freigelegt. Hauptattraktion sind aber die Funde aus der Römerzeit: schöne Mosaike, Keramiken sowie 30 Tanks einer ehe-

Lissabon im Kasten

25. April 1974 – Belagerung der Kaserne am Largo do Carmo

Am Nachmittag des 25. April 1974, dem Tag der Nelkenrevolution, stand der kleine Platz im Mittelpunkt des revolutionären Geschehens. Hier hatte sich Diktator Marcello Caetano in der Kaserne der Nationalmiliz GNR verschanzt. Das hatte ihm Geheimdienstchef Silva Pais geraten, da dieser die GNR für loyal hielt. Die Wahl einer Kaserne mitten in der Stadt ohne über Fluchtwege nachzudenken war allerdings ein gewaltiger Fehler. Schnell hatten die aufständischen Militärs das Gebäude umzingelt. Außerdem fand sich eine riesige Menschenmenge auf dem kleinen Platz zusammen. Die Schaulustigen stiegen auf die Bäume, Telefonzellen und sogar auf die Kampffahrzeuge, um den Abgang des verhassten Caetano besser mitverfolgen zu können. Dieser befahl noch der Nationalmiliz, auf die Demonstranten zu schießen. Doch zu seiner Entrüstung weigerten sich die Kommandanten, die Befehle auszuführen. Erst nach mehrstündigen Verhandlungen war Caetano bereit, in einem Panzer abzuziehen. Zuvor hatte er darauf bestanden, die Macht an General António de Spínola zu „übergeben", damit diese nicht in die Hände der Volksmassen auf der Straße falle. Eine Übergabe an den rangniedrigeren Hauptmann Salgueiro Maia, der für das Kommando der revolutionären Truppen am Largo do Carmo verantwortlich war, hatte er abgelehnt, weil dies – so seine Begründung – für einen Regierungschef unwürdig sei. Heute erinnert eine im Boden eingelassene Gedenkplatte in der Nähe des Brunnens an den tapferen Hauptmann.

maligen Fabrik zur Produktion von Fischsoße. Diese Soße wurde Garum genannt, war eines der wichtigsten Gewürze der römischen Küche und schmeckte vermutlich ähnlich wie die heutigen Fischsaucen aus Thailand. In Amphoren exportierten die Lissabonner damals große Mengen ins ganze Römische Reich und sicherten so ihr wirtschaftliches Auskommen.

Rua Augusta, 96 (sowie Rua dos Correeiros, 9 und 21), ☎ 211131004, www.millenniumbcp.pt. Ⓜ Terreiro do Paço. Mo–Sa 10–12 und 14–17 Uhr, So/Fei zu. Eintritt frei. Besuch nur im Rahmen von Führungen (auf Portugiesisch und Englisch), die jeweils zur vollen Stunde starten und ca. 45 Min. dauern. Voranmeldung sehr empfohlen, da es pro Führung nur wenige Plätze gibt!

Lissabons Hauptplatz

Rossio

Er ist einer der Verkehrsknotenpunkte Lissabons – Autolawinen umkreisen täglich die beiden Fontänen und das Standbild in der Mitte des im schwarzweißen Wellenmuster gepflasterten Platzes. Einsam betrachtet König Dom Pedro IV. von seiner 23 m hohen Marmorsäule das Treiben. Viele Passanten scheinen die Statue nicht wahrzunehmen, und so nennt den Platz kaum jemand bei seinem offiziellen Namen *Praça Dom Pedro IV*. Für die Lissabonner ist er einfach der *Rossio*. Stundenlang kann man hier in der Confeitaria Nacional sitzen und bei Kaffee und süßer Sahnetorte über die Melancholie der Portugiesen sinnieren oder im Nicola gegenüber in der Kaffeehaustradition der 20er-Jahre schwelgen (→ „Cafés"). Bei gutem Wetter sind in den Straßencafés alle Tische belegt – Schuhputzer und Bettler schieben sich dennoch durch die dicht gedrängten Räume. Aus halb geschlossenen Händen werden mit gedämpfter Stimme falscher Schmuck und Marihuana angeboten.

Neben dem charakteristischen Eingang zum Nicola fällt die kleine Tabacaria Mónaco aus dem Jahr 1894 mit der Hausnummer 21 kaum auf. Dabei lohnen die Azulejos von Rafael Bordalo

Straßenkunst vor dem MUDE, Praça do Comércio, Rua Augusta, Cais das Colunas (von o. nach u.)

Pinheiro an der Außenfassade und im Inneren des Tabakladens einen genauen Blick. Er hat die Fliesen mit rauchenden Fröschen bemalt. Und unter der Decke schweben die berühmten Porzellan-Schwalben von Bordalo Pinheiro.

Am Durchgang zum Nachbarplatz Praça dos Restauradores erblickt man den Bahnhof *Estação Central Rossio* aus dem Jahr 1887. Er ist in einem reich verzierten Gebäude mit hufeisenförmigen Eingängen und Fenstern im pseudomanuelinischen Stil untergebracht. Früher diente er als Hauptbahnhof der Stadt, heute fahren aber nur noch Vorortzüge nach Sintra.

Ⓜ Rossio.

Nationaltheater am Rossio

Teatro Nacional Dona Maria II

Ursprünglich stand hier ein Palast, der vom Prinzregenten Pedro, einem Bruder Heinrichs des Seefahrers, im 15. Jh. errichtet wurde und später dem Inquisition als Sitz diente. Nachdem er durch einen Brand zerstört worden war, erbaute man ab 1843 an seiner Stelle das Nationaltheater nach Plänen des italienischen Architekten Fortunato Lodi.

Das klassizistische Foyer ist der einzige Bereich, der noch im Originalzu-

stand ist, da ein Feuer 1964 große Teile des Theaters zerstört hat. Doch auch rekonstruiert beeindruckt das Theater mit seinen Marmorböden und -säulen. Ein riesiger Swarowski-Kronleuchter verleiht dem 436 Plätze fassenden Hauptsaal eine feierliche Stimmung.

Praça D. Pedro IV (Rossio), ☎ 213250829, www. teatro-dmaria.pt. Ⓜ Rossio. Führungen (auch auf Englisch, teilweise auf Deutsch) durch das Theater (mit Blick hinter die Kulissen, in die Garderoben sowie die Requisite) jeden Mo 11 Uhr (Treffpunkt im Foyer). Im Aug. keine Führungen. 6 € pro Person, unter 12 J. und ab 65 J. 4 €.

Klosterkirche

Igreja do Convento de São Domingos

Schenkt man der Beschreibung der Chronisten Glauben, muss die Kirche einst zu den prächtigsten Gotteshäusern des Stadt gehört haben. Der Konvent, Mitte des 13. Jh. vom Dominikanerorden gegründet, wurde über die Jahrhunderte allmählich ausgebaut und erst im 18. Jh. vom deutschen Architekten Ludwig endgültig fertiggestellt. Das Erdbeben 1755 und ein Brand 1959 zerstörten allerdings große Teile des Kircheninneren, sodass es heute leider nicht mehr in voller Pracht zu bewundern ist.

Ⓜ Rossio.

Blick vom Elevador de Santa Justa auf die Baixa

Neogotischer Aufzug mit Aussicht

Elevador de Santa Justa

Der Aufzug aus dem Jahr 1902, dessen Kabinen 32 m senkrecht nach oben gezogen werden und die Baixa mit dem Nachbarviertel Chiado verbinden, ist ein Markenzeichen Lissabons. Er ist nicht – wie oft behauptet – von Gustave Eiffel entworfen worden, sondern von Raoul Mesnier du Ponsard, einem seiner Schüler. Er ließ sich dabei von gotischen und neogotischen Stilelementen inspirieren – deutlich sichtbar an den eisernen Spitzbögen.

Von der oberen Plattform bietet sich eine faszinierend schöne Sicht auf die Burg und die Unterstadt. Folgt man der Wendeltreppe ganz nach oben, so gelangt man auf eine Terrasse mit Cafébetrieb, von wo die Aussicht ohne störendes Gitter genossen werden kann. Das kostet allerdings zusätzlichen Eintritt.

Rua do Ouro und Largo do Carmo, www.transporteslisboa.pt. Ⓜ Baixa/Chiado. Tägl. 7–21.45 Uhr (im Sommer bis 23 Uhr). Benutzung mit den normalen Vorverkaufs- und Zeitkarten von Bus und Metro möglich. Einzelkarte: 5 € (gilt für eine Berg- und eine Talfahrt).

Kirchenruine mit Museum

Igreja do Convento do Carmo

Die Kirche wurde im 14. Jh. im gotischen Stil errichtet, vom Erdbeben 1755 größtenteils zerstört und nie wieder ganz aufgebaut. Heute strahlt das dachlose Kirchenschiff mit seinen grazilen weißen Säulen eine eigentümliche Eleganz aus. Untergebracht ist hier seit 1864 das *Museu Arqueológico do Carmo*, das archäologische Fundstücke aus verschiedensten Epochen zeigt, darunter römische, maurische und mittelalterliche Grabmäler und Gedenksteine sowie peruanische Mumien.

Largo do Carmo, ✆ 213478629, www.museuarqueologicodocarmo.pt. Ⓜ Baixa/Chiado. Tägl. (außer So und Fei) 10–18 Uhr (Juni–Sept. bis 19 Uhr). Eintritt 3,50 €, Studenten und über 65 J. 2,50 €, unter 14 J. frei.

Rossio-Bahnhof

Skulpturen und Gemälde

Museu Nacional de Arte Contemporânea do Chiado – MNAC

Das Museum für zeitgenössische Kunst wurde 1911 gegründet und ist in einem ehemaligen Franziskanerkonvent untergebracht. Den Kern des Museu do Chiado, wie es die meisten Lissabonner einfach nennen, bilden Skulpturen und Gemälde aus der Zeit von 1850 bis 1950. Stilistisch spannt sich ein Bogen von der Romantik über den Naturalismus bis hin zum Symbolismus. Die Werke werden in hohen, kellergewölbeartigen Hallen präsentiert. Darunter vor allem Bilder portugiesischer Künstler wie Columbano Bordalo Pinheiro, Almada Negreiros und José Malhoa, aber auch französische Plastiken von Auguste Rodin.

Rua Serpa Pinto, 6, ✆ 213432148, www.museuartecontemporanea.pt. Ⓜ Baixa/Chiado. Tägl. (außer Mo und Fei) 10–18 Uhr. Letzter Eintritt 17.30 Uhr. Eintritt 4,50 €, Studenten, mit Cartão Jovem, Familien ab 4 Personen sowie ab 65 J. 50 % Ermäßigung, bis 12 J. frei. Erster Sonntag im Monat generell freier Eintritt. Kombiticket mit der Casa Museu Anastácio Gonçalves 5 €.

Praktische Infos   → Karte S. 28/29

Restaurants

Die kulinarische Touristenmeile Lissabons im Stadtteil Baixa ist die Rua das Portas de Santo Antão, die vom Rossio parallel zur Avenida da Liberdade verläuft. Dementsprechend teuer sind dort die Restaurants. Wir können hier nur sehr wenige Restaurants empfehlen.

Largo 23 Mittags Mo–Fr 12.30–15 und Sa/So 13–15.30 sowie abends tägl. 19.30–24 Uhr. Zwischen der Oper und dem Café A Brasileira gelegenes Nobelrestaurant. Blickfang des langgestreckten Speisesaals sind die Aquarien in den Seitenwänden, in denen Quallen ihre Runden ziehen und dem Restaurant ein einzigartiges Ambiente verleihen. Hänge- und Wandleuchten setzen das Deckengewölbe gut in Szene. Viele portugiesische Geschäftsleute im Publikum, die das ruhige Ambiente für Besprechungen schätzen. Gespeist wird in gemütlichen, um weiße Holztische gruppierten Sesseln. Gehobene portugiesische Küche, die durch französische Einflüsse gelungen ergänzt wird. Menü mittags 18 €, abends à la carte ab 18,50 € für die Hauptspeise. Rua Serpa Pinto, 10-A, Ⓜ Baixa/Chiado, ✆ 213477225, www.largo.pt.

mein Tipp **Café Lisboa 27** Tägl. 12–24 Uhr. Vom portugiesischen Chefkoch José Avillez betriebenes Restaurant in einem Seitenflügel der Lissabonner Oper. Schräg gegenüber befindet sich sein mit 2 Michelin-Sternen ausgezeichnetes Stammhaus Belcanto. Während dort ein Menü eine dreistellige Summe kosten kann, gibt es das Mittagsmenü im Café Lisboa bereits für 16,50 €. Schmackhafte und kreative Küche der portugiesischen Hauptstadt ab 11 € pro Hauptgericht (die meisten aber deutlich teurer). Zu empfehlen das typisch Lissabonner Steak in Sahnesoße mit Pommes Frites (*bifé à Café Lisboa*). Klassizistische Dekoration mit Spiegeln, Blattgold und Marmorböden: Mit lediglich 28 Plätzen im Inneren angenehm ruhige Atmosphäre (weitere 50 Plätze auf der Terrasse). Largo de São Carlos, 23, Ⓜ Baixa/Chiado, ✆ 211914498, www.cafelisboa.pt.

Casa do Alentejo 2 Tägl. (außer Fei) 12–15 und 19.30–22.30 Uhr . Das Haus der „portugiesischen Ostfriesen" ist im prächtigen Alverca-Palast aus dem 17. Jh. untergebracht, der auch schon als Spielkasino diente. Nachdem man die Treppe hinter dem unscheinbaren Eingang hochgegangen ist, kommt man in eine prächtige pseudomaurische Halle. 1919 vertrieben sich hier die Zocker im Magestic Club, dem ersten Casino Lissabons, ihre Zeit. Im kleinen Innenhof auch Terrassenbetrieb. Im zweiten Stock findet man das eigentliche Restaurant, eine Bar und weitläufige Räume vor. Kleine Auswahl an Gerichten aus der Region Alentejo ab 11 € (mittags Tagesgerichte ab 8 €). Einzigartiges Ambiente, aber der Service lässt – wie wir fanden – teilweise deutlich zu wünschen übrig. Rua das Portas de Santo Antão, 58, Ⓜ Restauradores, ✆ 213405140, www.facebook.com/palacioalverca.

Primeiro Andar 1 Tägl. (außer So) 19–2 Uhr. Der Eingang ist schwer zu finden: in der Rua das Portas de Santo Antão zwischen dem Coliseu und dem Ateneu die Rampe nach oben nehmen, dann durch die schwarze Türe auf der linken Seite. Man muss anschließend noch am Basketballfeld im überdachten Innenhof des Hauses vorbei, um im ersten

Casa do Alentejo

Stock dieses Altstadtpalastes zur Restaurant-Bar zu gelangen. Alternatives Publikum und Ambiente. Bunt zusammengewürfeltes Mobiliar, die hohen Stuckdecken geben den Sälen dennoch erhabenen Flair. Leichte Speisen wie *tibornas* (ofenfrisches Brot mit Olivenöl, Salz und verschiedenen Belägen), Salate und kleine Hauptgerichte ab 8 €. Wer will, kann dazu ein Couvert bestellen, um gut satt zu werden. Auch Kuchen. Rua das Portas de Santo Antão, 110, Ⓜ Restauradores, ☎ 213461327, www.facebook.com/427456367267097/.

O Bacalhoeiro – A Licorista 🔢 Tägl. (außer So und Fei) 12–15 und 19–22 Uhr. Zwei Restaurants hinter dem Torbogen am Rossio, die sich die Küche teilen. Schlichte, aber schmackhafte portugiesische Küche mit Hauptgerichten ab 7,50 €. Volkstümliche Atmosphäre und eines der wenigen Restaurants in der Baixa, die von den Bewohnern des Viertels empfohlen werden. Der berühmte portugiesische Dichter Fernando Pessoa, der zeitweise um die Ecke wohnte, trank hier übrigens früher gerne mal einen Likör. Rua dos Sapateiros, 218/222/224, Ⓜ Rossio, ☎ 213431415.

To.B – To burger or not to burger 🔢 Tägl. 12–23 Uhr. Moderne Hamburger-Braterei: Das Hackfleisch stammt von Weiderindern von den Azoren. Ausgefallene, manchmal etwas gewollt wirkende Kreationen wie *Cool* mit Guacamole und karamellisierten Zwiebeln oder *Honey Goat* mit Honig und Ziegenkäse. Hohe Decken, roh behauene Granitbögen und ruhige Musik sorgen für eine angenehme Atmosphäre. Terrassenbetrieb unter Sonnenschirmen. Für Fans exquisit servierter Burger genau das Richtige, wer so etwas für überteuerten Schnickschnack hält, sollte besser fernbleiben. Burger ab 6,80 €. Salat und Fritten gibt es als Beilagen (müssen extra bezahlt werden); zum Trinken frisch zubereitete Fruchtsäfte. Rua do Capelo, 24, Ⓜ Baixa/Chiado, ☎ 213471046, www.to-burger.com.

Beira Gare 🔢 Tägl. (außer So) 6–24 Uhr. Gegenüber dem Rossio-Bahnhof zwischen der Praça dos Restauradores und dem Rossio. Die schlicht eingerichtete Snackbar ist seit Jahrzehnten für ihre große Auswahl an guten portugiesischen *petiscos* (Snacks) wie Schweineschnitzel im Brötchen *(bifana)* bekannt und beliebt. Achtung: Wer die kleinen Speisen am Tisch zu sich nimmt, zahlt einen Aufschlag im Vergleich zum Tresen! Dagegen kosten die Hauptgerichte ab 7,40 € überall den gleichen Preis. Praça Dom João da Câmara, 6, Ⓜ Restauradores, ☎ 213420405.

🦐 **Celeiro/Tasquinha do Celeiro** 🔢 Tägl. (außer So) 9–18 Uhr (Sa nur Celeiro geöffnet). In einer Seitenstraße des Rossio. Im Keller des Naturkostsupermarkts Celeiro liegt das älteste vegetarische und makrobiotische Restaurant Lissabons. Im schlicht eingerichteten Speisesaal gibt es Mittagessen und kleine Gerichte in Selbstbedienung. Links nebenan im Erdgeschoss (separater Eingang mit Hausnummer 51) ein weiteres Self-Service-Restaurant, die Tasquinha do Celeiro. Hauptgerichte jeweils ab 6,05 €. Rua 1° de Dezembro, 65, Ⓜ Restauradores, ☎ 210306030, www.celeiro.pt.

Cafés/Eisdielen

Martinho da Arcada 🔢 Tägl. (außer So) 7–23 Uhr (Küche 12–15 und 19–22 Uhr). Restaurant-Café unter den schattenspendenden Arkaden der Praça do Comércio (Nordostecke). Das einzige Café am Platz, das nicht nur von Touristen, sondern auch von einer nennenswerten Zahl Lissabonner besucht wird. Im 1782 gegründeten und somit ältesten Café Lissabons ließ sich auch einst der portugiesische Dichter Fernando Pessoa täglich seine Bica (Espresso) und einen Schnaps servieren – Pessoa starb im Alter von 47 Jahren im Jahr 1935 an Leberzirrhose. Die damalige Atmosphäre lässt sich noch gut erahnen. Links hinten im Restaurant steht sogar immer noch sein Lieblingstisch, Fotos erinnern an ihn und seine Angebetete Ofélia Queiroz. Bica am Tisch bzw. auf der Terrasse 1,10 €, am Tresen 0,55 €. Mittags günstige Gerichte am Tresen ab 5,25 €, sonst erst ab 13 €, unsrer Meinung nach damit etwas überteuert. Praça do Comércio, 3, Ⓜ Terreiro do Paço, ☎ 218879259, www.martinhodaarcada.pt.

mein Tipp **Confeitaria Nacional** 🔢 Tägl. 8–20 Uhr (So erst ab 9 Uhr). Schon 1829 gegründet und damit eine der ältesten Konditoreien Portugals, heute noch in Familienbesitz. Hier wurde zum ersten Mal der *bolo-rei* hergestellt, ein ringförmiger Kuchen mit Fruchtstücken, der auf einem Originalrezept aus Paris beruht, aber inzwischen als typisch portugiesisches Weihnachtsgebäck gilt. Beeindruckende Innenausstattung des Cafés: großflächige Spiegel, geschwungenes Holz, ausladende Vitrinen. Unter der Stammkundschaft sind vor allem ältere Damen, die sich hier zu einem kleinen Schwätzchen treffen. Am ruhigsten sind die Säle oben (Selfservice). Bica am Tresen 0,70 €, am Tisch 1 €. Praça da Figueira, 18-B/C, Ⓜ Rossio, ☎ 213424470, www.confeitarianacional.com.

Nicola 8 Tägl. 8–24 Uhr. Das Café wurde bereits 1787 eröffnet. Eine Statue weist auf den Dichter Bocage hin – nicht der einzige Literat, der hier verkehrte. Große Gemälde und viele Spiegel geben dem Nicola ein erhabenes Ambiente. Das genießen vor allem Ausländer: 60 % der Gäste sind Touristen. Für eine Bica am Tresen zahlt man 0,85 €, am Tisch 1 € und auf der Terrasse 1,50 € (wer seine Bica am Tresen trinkt, zahlt zunächst an der Kasse, am Tisch wird man bedient). Praça Dom Pedro IV, 24/25 und Rua 1° de Dezembro, 20, Ⓜ Rossio, ✆ 213460579, www.nicola.pt.

A Brasileira 18 Tägl. 8–2 Uhr. Fast alle Touristen nehmen in dem weltbekannten Café einmal einen Kaffee auf der Terrasse zu sich. Die Lissabonner setzen sich dagegen eher nicht neben die Statue des Dichters Fernando Pessoa, der hier weilte, wenn sein Stammcafé Martinho da Arcada geschlossen war. Sie lassen sich drinnen an einem Tisch nieder oder stehen am Tresen, wo es am billigsten ist. Auch die schöne klassizistische Inneneinrichtung mit den großen Spiegeln lässt sich so besser bewundern. Übrigens ist hier der Lissabonner Begriff *Bica* („Brunnenrohr") für den Espresso entstanden, nachdem die Brasileira zu Beginn des 20. Jh. Kaffee aus einem Behälter über ein Rohr in die Tassen gefüllt hatte. Preise für die Bica:

Café A Brasileira

Terrasse 1,50 €, Tisch 1 €, Tresen 0,70 €. Rua Garrett, 120, Ⓜ Baixa/Chiado, ✆ 213558023.

Fábulas 22 Tägl. (außer So) 11–24 Uhr (Fr/Sa bis 1 Uhr). Etwas schwer zu finden, am besten geht man von der Rua Garrett in die Rua Ivens und nimmt dann gleich links die Treppe nach unten. Ein mit Liebe zum Detail restauriertes Kellergewölbe im Chiado. In dem labyrinthartigen Gewirr von Gängen und Räumen sind Kunstwerke und Fotografien ausgestellt. In der Mitte die einsehbare Küche. Wer die Treppe nach oben findet, gelangt in ein Separee mit Sofa und Fachwerkgemäuer. Viele kleine Gerichte wie Toasts und Sandwiches sowie Salate, aber auch Hauptgerichte. WLAN-Zugang. Calçada Nova de São Francisco, 14, Ⓜ Baixa/Chiado, ✆ 216018472, www.fabulas.pt.

Pollux 10 Tägl. (außer So) 10–19 Uhr. Im 9. Stock dieses Lissabonner Einrichtungshauses befindet sich eine Cafeteria (mit dem Aufzug in den 8. Stock, dann noch eine Etage über die Treppe). Das schlichte Selbstbedienungscafé bietet auf seiner Terrasse einen ungewöhnlich schönen Blick auf den Elevador Santa Justa und die Baixa. Rua dos Fanqueiros, 276, Ⓜ Rossio, ✆ 218811200, www.pollux.pt.

Santini 14 Tägl. 11–24 Uhr. Ableger der bekanntesten Eisdiele der Region und eine der wenigen, die auf hohem Niveau eigenes Speiseeis produzieren. Das Stammhaus befindet sich im Vorort Cascais. Moderne Einrichtung in Weiß-Rot. Viele Bänke und Sessel. Vorbezahlung an der Kasse, hinten kann man dann seine Eissorte auswählen. Rua do Carmo, 9–11, Ⓜ Baixa/Chiado, ✆ 213468431, www.santini.pt.

mein Tipp **A Ginjinha 3** Tägl. 9–22 Uhr. Fast direkt am Rossio liegt diese urige Kaschemme. Ein winziger Raum, gerade genug Platz zum Stehen und für die Bedienung hinter dem Tresen. Hier gibt es köstlichen Kirschlikör, *ginjinha,* der entweder mit oder ohne Sauerkirsche (*com elas* oder *sem elas)* serviert wird (Glas 1,40 €). In der Stadt stößt man bei aufmerksamem Hinschauen immer wieder auf weitere kleine Kirschlikör-Bars, die teilweise Konkurrenzprodukte ausschenken: so z. B. die *Ginjinha Sem Rival* in direkter Nähe in der Rua das Portas de Santo Antão, 7. Doch die *A Ginjinha* am Largo de São Domingos bleibt das Original, das diesem für Lissabon typischen Kirschlikör seinen Namen gegeben hat. 1840 gründete der aus dem nordspanischen Galicien stammende Francisco Espinheira die Kaschemme; das Rezept für den Likör stammte angeblich von einem Mönch. Largo de São Domingos, 8, Ⓜ Rossio.

Steht seit 1888 für Mode im Chiado: Paris em Lisboa

Einkaufen

Bücher Livraria Bertrand **20** Mo–Sa 9–22 Uhr, So 11–20 Uhr. Die älteste Buchhandlung Portugals und laut Guinnessbuch der Rekorde auch der Welt. Verkauf an diesem Ort seit 1773! Große Auswahl an Büchern. Bestellung auch über das Internet aus dem Ausland. Rua Garrett, 73–75, Ⓜ Baixa/Chiado, ✆ 213476122, www.bertrand.pt.

Einkaufszentrum Armazéns do Chiado **16** Tägl. 10–22 Uhr (Restaurants bis 23 Uhr). Untergebracht im Gebäude eines der beim Brand von 1988 zerstörten traditionellen Kaufhäuser Lissabons, der *Grandes Armazéns do Chiado*. Hauptattraktion ist die Buchhandlung FNAC. Insgesamt erwarten die Passanten zahlreiche Modegeschäfte sowie im Obergeschoss verschiedene Restaurants und Cafés mit Blick auf die Burg Castelo de São Jorge (im gesamten OG freies WLAN). Rua do Carmo, 2, Ⓜ Baixa/Chiado, ✆ 213210600, www.armazensdochiado.com.

Keramik Vista Alegre **17** Tägl. 10–20 Uhr (So erst ab 11 Uhr). Formschöne Keramik aus Portugal lässt sich hier in sehr guter Qualität erstehen. Die Fabrik des portugiesischen „Meissner" steht in Mittelportugal bei Aveiro. Teuer, aber erstklassig. Largo do Chiado, 20–23, Ⓜ Baixa/Chiado, ✆ 213461401, www.vista alegre.com.

Mode A Outra Face da Lua **13** Mo–Sa 10–20, So 12–19 Uhr. Secondhand-Mode in einem alten Gewölbe der Baixa. Viele preiswerte Kleider, meist eher alternativen Stils. Ebenso eine Cafeteria mit einigen Tischen auf der Fußgängerzone vor der Tür. Rua da Assunção, 22, Ⓜ Rossio, ✆ 218863430, www.aoutrafacedalua.com.

Chapelarias Azevedo Rua **4** Mo–Fr 9.30–19, Sa 10–14.30 Uhr. Dieses Hutgeschäft existiert seit 1886, befindet sich seit fünf Generationen in Familienbesitz und ist eine Lissabonner Institution. Früher nur Kopfbedeckungen für Männer im Angebot, erst seit 1988 auch Damenhüte, mit denen inzwischen aber ein Großteil des Umsatzes gemacht wird. Neben dem Nationaltheater Dona Maria II bewahrt das Geschäft mit seinen hölzernen Vitrinen den Glanz alter Zeiten. Praça Dom Pedro IV, 69 bis 73, Ⓜ Rossio, ✆ 213427511, www.azevedo rua.com.

Luvaria Ulisses **12** Tägl. (außer So) 10–19 Uhr. Klitzekleiner Laden für Damen-Handschuhe, den man beim Vorbeigehen schnell übersieht. Gerade mal groß genug für zwei Kunden und den Verkäufer. 1925 gegründet. Klassizistischer Eingang und Schaufenster aus Holz. Rua do Carmo, 87-A, Ⓜ Rossio, ✆ 213420295, www.luvariaulisses.com.

Storytailors Atelier **30** Di–Sa 11–19 Uhr, Sa/So/Mo geschl. Maßgeschneiderte Damenmode der beiden ehemaligen Modedesign-Studenten Luís Sanchez und João Branco in einem außergewöhnlich restaurierten Gebäude. Man hat die Wände teilweise roh belassen und die Zwischendecken des Hauses rausgebrochen. Die Kollektionen der beiden Designer überraschen durch ungewöhnliche Kombinationen und zeigen einen femininen Vintage-Retro-Look. Calçada do Ferragial, 8, Ⓜ Cais do Sodré, ✆ 213432306, www.storytailors.pt.

Souvenirs   Santos Ofícios Artesanato 25
Tägl. (außer So) 10–20 Uhr. Schräg gegenüber der Igreja da Madalena in einem alten Pferdestall. Eines der am besten sortierten Geschäfte in Lissabon für traditionelles, portugiesisches Kunsthandwerk hoher Qualität. Vor allem Tonfiguren und Porzellan, aber auch typisch portugiesische Wollpullover und schöne Postkarten. Rua da Madalena, 87, Ⓜ Terreiro do Paço, ✆ 218872031, www.santosoficios-artesanato.pt.

Chapelarias Azevedo Rua

A Vida Portuguesa 24 Tägl. 10–20 Uhr (So erst ab 11 Uhr). Hinter der Buchhandlung Bertrand zu finden. Ein Besuch dieses Geschäftes nimmt einen auf eine Zeitreise in die Vergangenheit: edle, handgemachte Seifen von Claus Porto, Schokolade der in den 30er-Jahren bei Touristen beliebten Marke Regina, exquisite Fischkonserven aus Portugal … Außerdem gibt es Repliken der berühmten Porzellan-Schwalben des portugiesischen Künstlers Rafael Bordalo Pinheiro. Alles sehr liebevoll in den Vitrinen des ehemaligen Lagers der Parfümfabrik David & David präsentiert. Rua Anchieta, 11, Ⓜ Baixa/Chiado, ✆ 213465073, www.avidaportuguesa.com.

🌿 Lebensmittel Brio 15 Mo–Fr 9–20 Uhr, Sa 10–20 Uhr, So 12–19 Uhr. Einer der wenigen Bio-Supermärkte Lissabons. Breites Sortiment von Müsli über Brot und Schokolade bis zu frischem Obst und Gemüse. Im Hinterhof eine Cafeteria mit Bioprodukten. Rua Garrett, 58 und Travessa do Carmo, 1, Ⓜ Baixa/Chiado, ✆ 213427324, www.brio.pt.

Mercearia dos Açores 19 Mo–Fr 10–19, Sa 10–13 Uhr, So/Fei zu. Kleines Spezialitätengeschäft mit breiter Auswahl regionaler Produkte der portugiesischen Azoren-Inseln: Käse, Würste, Tees, Kekse und Marmeladen. Außerdem Konserven mit nachhaltig gefangenem Fisch. Rua da Madalena, 115, Ⓜ Baixa/Chiado, ✆ 218880070, www.merceariadosacores.pt.

Loja das Conservas 31 Tägl. 10–20 Uhr (Sa bis 21, So erst ab 12 Uhr). Die größte Auswahl an Fischkonserven in Lissabon bietet das Geschäft des nationalen Fischkonserven-Verbands Associação Nacional dos Industriais de Conservas de Peixe – ANICP. Etwa 500 verschiedene Produkte, die nach Firmen präsentiert werden, lassen so gut wie keinen Wunsch offen. Über Schautafeln erfährt man interessante Details zu den einzelnen Firmen wie Santa Catarina, Conserveira do Sul (Manná) oder A Poveira (Minerva). Di und Mi kann man von 16 bis 20 Uhr Konserven kosten. Eine weitere Filiale an der Praça das Flores, 62. Rua do Arsenal, 162, Ⓜ Cais do Sodré, ✆ 911181210, www.facebook.com/155457974648208.

Mercado da Praça da Figueira 6 Tägl. (außer So) 8.30–20 Uhr. Gehobener Supermarkt, der die Atmosphäre der 1949 abgerissenen Markthalle auf der Praça da Figueira – mit ihrer Eisenkonstruktion damals eine der schönsten Lissabons – wiederbeleben will. Am Eingang Obstverkauf. Durch einen Gang erreicht man den eigentlichen Supermarkt mit Café. Viele Getränke, Konserven und Fleisch. Praça da Figueira, 10-B, Ⓜ Rossio, ✆ 211450650, www.varn.pt.

Siegessäule auf der Praça dos Restauradores

Durch enge Gassen
Tour 2

Südlich des Castelo de São Jorge erstreckt sich mit der Alfama das schönste Altstadtviertel Lissabons. In den kleinen Sträßchen liegen sich die schmiedeeisernen Balkone so dicht gegenüber, dass Küsschen mit dem Nachbarn ausgetauscht werden können.

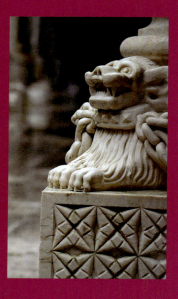

Sé Catedral, Bischofskirche mit wuchtigen Türmen, S. 47

Museu do Aljube – Resistência e Liberdade, Widerstand gegen die Diktatur, S. 48

Castelo de São Jorge, Burg mit Blick, S. 49

Museu do Fado, die Volksmusik Lissabons, S. 51

Der älteste Stadtteil Lissabons
Alfama

Hier am Burgberg gründeten die Phönizier die Stadt und siedelten sich später Römer und Araber an. Noch heute erinnert die Alfama mit ihren vielen Gassen an ein arabisches Altstadtviertel. Auch der Name *Alfama* ist arabischen Ursprungs und bedeutet „heiße Quellen".

Zu den Stadtfesten im Juni schmücken die stolzen Bewohner der Alfama ihre Straßen mit bunten Girlanden. Nahezu jeder Hof und jeder Platz wird zum Straßenrestaurant, überall riecht es nach gegrillten Sardinen. Als Beleuchtung dienen zwischen die Balkongitter gespannte Lampions.

Mögen die zweistöckigen Häuschen in den Gassen auf viele Passanten auch einen sehr heimeligen Eindruck machen – es sollte nicht vergessen werden, dass das Leben für einige Bewohner des Viertels alles andere als romantisch ist. So verfügen viele Häuser nur über unzureichende sanitäre Einrichtungen, und durch manch ein marodes Dach regnet es sogar in die Wohnung hinein. Zwar saniert die Stadtverwaltung seit Jahren, doch wird es noch lange dauern, bis alle Wohnungen in einem befriedigenden Zustand sind.

Spaziergang

Die Tour beginnt an der Praça do Comércio (Ⓜ Terreiro do Paço). Auf dem Weg durch die Rua da Alfândega kommt man an der **Igreja da Conceição Velha** vorbei, deren detailreiche spätgotische Fassade einen kurzen Halt verdient. Noch interessanter – geradezu kurios – ist allerdings die mit spitzen Steinen ausgestaltete Vorderfront der nahe gelegenen **Casa dos Bicos.**

Durch den Bogen Beco do Arco Escuro geht es dann hinauf bis zur **Sé**, der romanischen Kathedrale Lissabons. Hier sollte ein Besuch des Kreuzgangs mit seinen interessanten Ausgrabungen nicht versäumt werden. Kurz unterhalb der Kathedrale bietet sich die **Igreja de Santo António de Lisboa** für einen kurzen Abstecher an. Die klassizistische Kirche ist dem hl. Antonius geweiht, seines Zeichens inoffizieller Patron der Stadt Lissabon.

Weiter geht es (den Schienen der Straßenbahnlinie 28 folgend) den Burghügel hinauf. Kurz hinter dem Ende der Kathedrale passiert man das ehemalige Aljube-Gefängnis mit dem Widerstandsmuseum **Museu do Aljube**. Vor allem an Archäologie Interessierte sollten anschließend den Abstecher nach links über die Rua da Saudade zur Ruine des **Teatro Romano** nicht verpassen.

Am **Miradouro de Santa Luzia**, den man über die Rua do Limoeiro erreicht, sollte man eine Pause einlegen, um das herrliche Panorama des Tejo und der Alfama zu genießen. Nebenan kann man im Azurara-Palast aus dem 17. Jh. das Museum der dekorativen Künste **Museu de Artes Decorativas** besuchen. Von hier sind es über den Largo do Contador-Mor nur wenige Meter bis zur Lissabonner Burg, dem **Castelo de São Jorge**. Neben einem Rundblick über die Stadt erwartet die Besucher eine Dunkelkammer mit einem Periskop, das ganz neue Blickwinkel der Stadt eröffnet.

Auf dem Rückweg vom Burggelände führt am Ende der Rua do Chão da Feira ein Tor zum Palácio Belmonte und zum Hof Pátio Dom Fradique. Der deutsche Regisseur Wim Wenders hat hier zahlreiche Szenen seines Films „Lisbon Story" gedreht. Außerdem kann man hier das längste noch erhaltene Stück der mittelalterlichen Stadtmauer *Cerca Velha* sehen.

Anschließend geht es die enge Rua dos Cegos entlang und nach rechts zu den Treppen des Beco do Funil. Nach wenigen Metern folgt man der abschüssigen Rua do Salvador hinunter, um in das Gassengewirr der Alfama einzutauchen.

Hier einen Weg zu empfehlen ist eigentlich überflüssig. Wenn man aber das letzte Ziel dieser Tour, das Fado-Museum **Museu do Fado**, nicht verfehlen will, sollte man der Rua do Salvador und der Rua da Regueira folgen. An deren Ende geht es rechts in die Rua dos Remédios. Man passiert die Fischerkapelle Ermida de Nossa Senhora dos Remédios mit ihrem sehenswerten manuelinischen Eingangsportal aus dem 16. Jh. und erreicht kurz darauf den Largo do Chafariz de Dentro mit dem Fado-Museum. Wer Glück hat, kommt abends im Museumscafé in den Genuss eines Fado-Konzertes. Ansonsten gibt es mehrere Lokale in nächster Nähe, in denen man die weltbekannte Lissabonner Volksmusik live erleben kann (→ „Fado", S. 208).

Nur wenige Minuten zu Fuß sind es von hier bis zum Bahnhof und zur Metrostation Santa Apolónia.

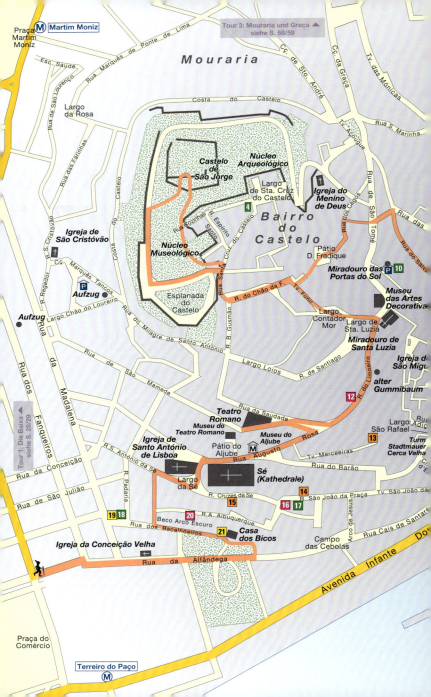

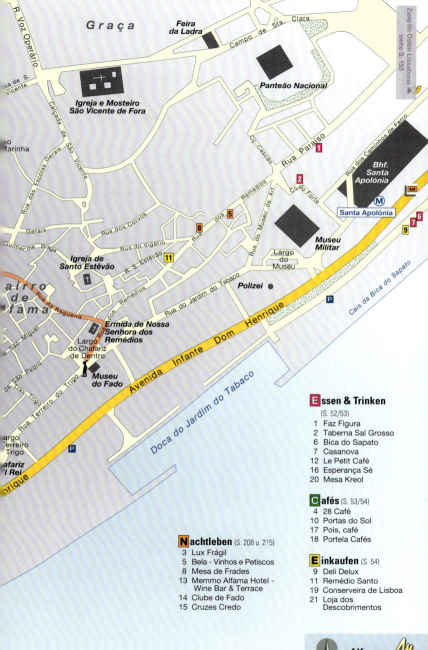

Graça

Feira da Ladra

Campo de Sta. Clara

Panteão Nacional

Igreja e Mosteiro São Vicente de Fora

R. Voz Operário

Calçada de São Vicente

Rua das Escolas Gerais

Gerais

Guilherme Braga

Rua dos Corvos

Rua do Vigário

R. S. Estêvão

Igreja de Santo Estêvão

Rua da Regueira

Bairro de Alfama

de Trav. Trigo

Rua Terreiro do Trigo

Largo Terreiro Trigo

Chafariz l Rei

Rua Paraíso

Cç. Cascão

Cç. do Forte

Remédios

Rua dos Remédios

Rua do Museu de Art.

Rua dos Caminhos de Ferro

Bhf. Santa Apolónia

Ⓜ Santa Apolónia

Museu Militar

Largo do Museu

Rua do Jardim do Tabaco

Polizei

🅿

Ermida de Nossa Senhora dos Remédios

Largo do Chafariz de Dentro

Museu do Fado

Avenida Infante Dom Henrique

Cais da Bica do Sapato

🅿

Doca do Jardim do Tabaco

1 2 5 8 11

6 7 9

Ziele im Osten Lissabons siehe S. 153

Essen & Trinken

(S. 52/53)

1 Faz Figura
2 Taberna Sal Grosso
6 Bica do Sapato
7 Casanova
12 Le Petit Café
16 Esperança Sé
20 Mesa Kreol

Cafés (S. 53/54)

4 28 Café
10 Portas do Sol
17 Pois, café
18 Portela Cafés

Einkaufen (S. 54)

9 Deli Delux
11 Remédio Santo
19 Conserveira de Lisboa
21 Loja dos Descobrimentos

Nachtleben (S. 208 u. 215)

3 Lux Frágil
5 Bela - Vinhos e Petiscos
8 Mesa de Frades
13 Memmo Alfama Hotel - Wine Bar & Terrace
14 Clube de Fado
15 Cruzes Credo

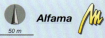

Alfama

50 m

Sehenswertes

Kirche mit Prachtfassade

Igreja da Conceição Velha

Die Kirche, ursprünglich als *Igreja da Misericórdia* im Mittelalter erbaut, wurde durch das Erdbeben 1755 fast völlig zerstört. Glücklicherweise blieb das herrliche manuelinische Steinportal aus dem 16. Jh. erhalten. Beim Wiederaufbau hat man es sorgsam restauriert. Der Giebel des Portals verdient besondere Aufmerksamkeit: Es ist der Nossa Senhora da Misericórdia, der barmherzigen Muttergottes, gewidmet. Sie schützt mit ihrem breiten Mantel, der von Engeln gehalten wird, mehrere Personen aus Klerus, Adel und dem einfachen Volk. Das Innere der Kirche passt leider durch den pombalinischen Neuaufbau nach dem Erdbeben nicht mehr zur prächtigen Fassade.

Rua da Alfândega, Ⓜ Terreiro do Paço.

Casa dos Bicos

Archäologie und Literatur

Casa dos Bicos

Das „Haus der Spitzen" fällt sofort durch die außergewöhnliche Fassade mit den spitzen Steinen auf. Erbaut wurde es im Jahr 1523 durch Brás de Albuquerque, den unehelichen Sohn des damaligen Vizekönigs von Indien, Afonso de Albuquerque. Er ließ die Fassade des im italienischen Stil errichteten Adelspalastes mit spitz zulaufenden Steinen verzieren, die geschliffenen Diamanten ähneln. Wie bei so vielen Gebäuden in Lissabon wurden auch hier große Teile beim Erdbeben 1755 zerstört. Erst 1983 vollendete man mit dem Aufsetzen der beiden oberen Stockwerke die Rekonstruktion der Fassade.

Im Erdgeschoss sind im **Museu de Lisboa – Casa dos Bicos** archäologische Funde zu sehen: Tanks zur Konservierung von Fisch aus der römischen Zeit, Reste der römischen sowie der beiden mittelalterlichen Stadtmauern *Cerca Velha* und *Cerca Fernandina*. Die Casa dos Bicos ist auch der Ausgangspunkt für einen etwa 1,5 km langen Rundweg entlang der seltenen Reste der Stadtmauer *Cerca Velha*, wie dem auffälligen Stadtturm am Largo de São Rafael mitten in der Alfama (Karte der Tour in der Casa dos Bicos erhältlich).

Die oberen Stockwerke dienen der Stiftung **Fundação José Saramago** als Sitz. Hier werden zu Ehren des portugiesischen Literaturnobelpreisträgers seine bedeutendsten Werke vorgestellt (und auch verkauft), Videos zeigen wichtige Lebensmomente und man kann einen Nachbau seines kargen Büros besichtigen (die meisten Erklärungen leider nur auf Portugiesisch).

Rua dos Bacalhoeiros, 10, ☎ 210993811 und ☎ 218802040, www.museudelisboa.pt und www.josesaramago.org. Ⓜ Terreiro do Paço. Tägl. (außer So und Fei) 10–18 Uhr. Letzter Einlass 30 Min. vor Schluss. Museum: Eintritt frei.

Kreuzgang der Kathedrale Lissabons

Saramago-Stiftung: Eintritt 3 €, Familien 8 €, Studenten 2 €, bis 12 J. und ab 65 J. frei.

Bischofskirche mit wuchtigen Türmen

Sé Catedral

Weit sichtbar erheben sich die beiden wuchtigen Türme der Kathedrale über der Alfama. Den alten Chronisten zufolge wurde der Grundstein 1147 auf den Überresten einer Moschee gelegt – ein Symbol für den Sieg des Christentums über den Islam. Eindeutige historische Belege gibt es jedoch dafür nicht. Klar ist aber, dass die im romanischen Stil erbaute Kathedrale – sie erinnert teilweise eher an eine mittelalterliche Festung – die älteste Kirche Lissabons ist. Von außen kann man sie durch ihr romanisches Portal mit der darüberliegenden hübschen Rosette und den mächtigen zinnenbesetzten Türmen kaum übersehen.

Mehrere Erdbeben im 14. Jh. zerstörten einige Teile der Kathedrale, die auch *Igreja de Santa Maria Maior* genannt wird. Bei der Behebung der Schäden wurden dem ursprünglich rein romani-schen Gotteshaus neue gotische Stilelemente hinzugefügt. Innen, im Mittelschiff mit Tonnengewölbe und in den zwei Seitenschiffen mit Kreuzgewölben, blieb der romanische Stil erhalten. Chor und Kreuzgang sind dagegen schöne Beispiele für den gotischen Zisterzienserstil. Verheerende Schäden richteten auch die Erdstöße 1755 an, die den Südturm und den heute nicht mehr existierenden Glockenturm im Ostteil der Kathedrale zum Einsturz brachten.

Rechts neben dem Haupteingang geht es zur Schatzkammer, in der sakrale Gegenstände ausgestellt sind.

Hinter dem Chor führt ein Tor zum sehenswerten Kreuzgang. Hier graben Archäologen seit 1990 und haben sich inzwischen tief in die Schichten aus verschiedenen Epochen vom 7. Jh. vor bis zum 14. Jh. nach Christus vorgearbeitet. Zu sehen sind römische Ladenlokale, eine Gasse aus der Römerzeit und die Reste eines Gebäudes aus der Maurenzeit, das die Hauptmoschee Lissabons gewesen sein könnte.

Straßenbahn 12 oder 28 bis Haltestelle Sé. Ⓜ Terreiro do Paço. 📞 218876628. Kirche: tägl.

9–19 Uhr (So/Mo nur bis 17 Uhr). Kreuzgang: Mo–Sa 10–17 Uhr, So geschl. (Mai–Sept. Di–Sa erst 18.30 Uhr geschl.). Schatzkammer: Mo–Sa 10–17 Uhr, So geschl. Eintritt zur Kirche frei, sonst je 2,50 €, Kombiticket 4 €. Schüler, Studenten und ab 65 J. 50 % Ermäßigung, Kinder bis 5 J. frei.

Rund um den heiligen Antonius

Igreja de Santo António de Lisboa

Die kleine pombalinische Kirche wurde 1767 erbaut und dem hl. Antonius geweiht. Der Franziskanermönch, 1195 in Lissabon geboren, wirkte besonders in Italien (Padua), wo er im Alter von 36 Jahren starb. Sein Geburtshaus soll dort gestanden haben, wo sich die Krypta befindet. Im linken Kirchentrakt sind in dem kleinen **Museu de Lisboa – Santo António** Statuen, Gemälde und Messkelche ausgestellt, die den Heiligen darstellen.

Largo Santo António da Sé, 22, ℡ 218860447, www.museudelisboa.pt. Straßenbahn 12 oder 28 bis Haltestelle Sé. Ⓜ Terreiro do Paço.

Museu do Aljube – Resistência e Liberdade

Kirche: tägl. 8–19.30 Uhr, Eintritt frei. Museum: tägl. (außer Mo und Fei) 10–18 Uhr. Letzter Einlass 30 Min. vor Schluss. Eintritt 3 €, mit Cartão Jovem, Familien und ab 65 J. 50% Ermäßigung, Studenten, bis 12 J. und So bis 13 Uhr generell frei.

Widerstand gegen die Diktatur

Museu do Aljube – Resistência e Liberdade

Das Aljube-Gebäude diente seit römischer Zeit fast durchgehend als Haftanstalt. Zwischen 1926 und 1965 saßen hier in engen, fensterlosen Zellen („Schubladen" genannt) die politischen Häftlinge des faschistischen Portugal ein, bevor sie in den Chiado gebracht wurden, wo sie von der durch Gestapo und CIA ausgebildeten politischen Polizei PIDE verhört und teilweise auch gefoltert wurden. Heute ist hier eine sehenswerte Ausstellung untergebracht, die dem Widerstand gegen die Diktatur gewidmet ist. Auch über Zensur, Konzentrationslager und den Freiheitskampf in den afrikanischen Kolonien Portugals erfährt man viel (teilweise auch auf Englisch). Ganz oben im 4. Stock findet sich übrigens eine Cafeteria mit Tejo-Blick.

Rua Augusto Rosa, 42, ℡ 218172400, www.museudoaljube.pt. Ⓜ Terreiro do Paço oder Straßenbahn 12 oder 28 bis Haltestelle Rua Augusto Rosa. Tägl. (außer Mo und Fei) 10–18 Uhr. Eintritt frei.

Römische Relikte

Teatro Romano

Entstanden ist das etwa 5000 Zuschauer fassende Theater unter Kaiser Augustus. 57 n. Chr. hat man das Gebäude erweitert, also zur Zeit Kaiser Neros, dem man das Theater auch geweiht hat. Nach dem Ende der römischen Besatzung verfiel die Anlage, bis die Lissabonner die Steine abtrugen und sie zum Bau ihrer Häuser verwendeten. Schließlich verdeckten Wohnhäuser und Straßenpflaster die letzten Reste, und das Theater geriet völlig in

Vergessenheit. Erst 1798 wurde es im Zuge der Aufbauarbeiten nach dem gewaltigen Erdbeben von 1755 wiederentdeckt. Systematische Ausgrabungen unternahm man aber erst ab 1966. Bühne und Orchestergraben sind heute noch gut zu erkennen. Im Gebäude gegenüber den Ruinen wird mithilfe von Bildschirmdarstellungen gezeigt, wie der Rundbau einmal ausgesehen haben könnte.

Rua de São Mamede, 3-A, ℰ 218172450, www.museudelisboa.pt. Ⓜ Terreiro do Paço oder Straßenbahn 12 oder 28 bis Haltestelle Rua Augusto Rosa. Tägl. (außer Mo und Fei) 10–18 Uhr, letzter Einlass 30 Min. vor Schluss. Eintritt 3 €, mit Cartão Jovem, Familien und ab 65 J. 50% Ermäßigung, Studenten, bis 12 J. und So bis 13 Uhr generell frei.

Traumhafte Aussicht
Miradouro de Santa Luzia

Am „Aussichtspunkt der hl. Luzia" ist eine Pause unbedingt ratsam: Der Blick über das Dächermeer der Alfama und den Tejo ist traumhaft schön. Unter Weinreben treffen sich hier tagsüber die alten Männer und Frauen aus dem Viertel für ein Pläuschchen und abends die jungen Liebespaare. Die Azulejo-Wand an der Südseite der *Igreja de Santa Luzia* zeigt übrigens eine Ansicht der Praça do Comércio vor dem Erdbeben von 1755.

Früher befand sich nebenan am Largo das Portas do Sol das Sonnentor, eines der Tore, die Einlass in die maurische Altstadt gewährten. Hier gibt es mit dem *Miradouro das Portas do Sol* einen weiteren Aussichtspunkt mit einer sehr lohnenswerten Perspektive auf die Stadtteile Alfama und Graça.

Straßenbahn 12 oder 28 bis Haltestelle Miradouro de Santa Luzia.

Im noblen Palácio Azurara
Museu das Artes Decorativas

Ausstellungsstücke des Museums im sehenswerten Azurara-Palast sind vor allem kunstvoll dekorierte Möbel, por-

Museum Teatro Romano

tugiesische Knüpfteppiche sowie chinesisches Porzellan, alles größtenteils aus der Zeit des 17. bis 19. Jh. Die Sammlung der Stiftung des Bankiers Ricardo Espírito Santo Silva umfasst auch Gemälde international bedeutender Künstler wie die des Portugiesen Domingos Sequeira aus dem 18. Jh. Dazu gibt es ein gemütliches Museumscafé.

Largo das Portas do Sol, 2, ℰ 218814600, www.fress.pt. Straßenbahn 12 oder 28 bis Haltestelle Largo Portas do Sol. Tägl. (außer Di und Fei) 10–17 Uhr. Eintritt 4 €, Studenten bis 25 J. 50 % Ermäßigung, bis 14 J. frei.

Burg mit Blick
Castelo de São Jorge

Die Burg dominiert weithin sichtbar die Altstadt. Die Festung hoch über den Dächern Lissabons bietet einen einzigartigen Rundblick über die gesamte Stadt und den Tejo bis zu dessen anderer Uferseite. Von der Burgmauer klingt der Stadtlärm nur noch wie ein weit entferntes Brummen.

Die Römer erbauten hier 137 v. Chr. eine befestigte Siedlung. Im 5. Jh. eroberten die Westgoten die Stadt und errichteten die zum Teil heute noch erhaltenen Mauern. Später kamen die Mauren (8. bis 12. Jh.), die die Befestigungsanlage weiter ausbauten. Die Außenmauern zweier Gebäude aus der Maurenzeit sind im hinteren Teil der Burg im sog. **Núcleo Arqueológico** wieder aufgebaut worden. Außerdem kann man hier anhand von Ausgrabungen die verschiedenen Ebenen der Bebauung auf der Burg gut nachvollziehen.

1147 wurde nach der Eroberung Lissabons durch Dom Afonso Henriques innerhalb der Mauern ein Königspalast erbaut. Bis Ende des 15. Jh. residierten hier die portugiesischen Könige, danach zogen sie als Wohnsitz den später beim Erdbeben von 1755 völlig zerstörten Palast am Terreiro do Paço vor

(heute Praça do Comércio). Ab 1919 errichtete hier die Nationalmiliz, *Guarda Nacional Republicana*, zahlreiche Kasernenbauten. Die Burg verschwand mehr und mehr – zeitweise war sie von der Stadt aus nicht mehr zu sehen. Ministerpräsident António de Oliveira Salazar ließ die Kasernen von 1938 bis 1940 abreißen und den heute wieder sichtbaren Mauerring mit seinen zehn Wehrtürmen freilegen und restaurieren.

Gut zu sehen ist dies anhand von Fotografien in der Ausstellung zur Geschichte der Burg, dem **Núcleo Museológico**, der im alten Königspalast untergebracht ist. Ausgestellt sind vor allem zahlreiche Fundstücke aus der Maurenzeit wie Münzen, Tongefäße, Azulejos und Grabsteine.

Oben auf den Zinnen der Burg findet man die **Torre de Ulisses** in 110 m Höhe über dem Meeresspiegel. Dort werden in einer Dunkelkammer über ein Periskop Bilder Lissabons auf eine große

Archäologiezone der Lissabonner Burg

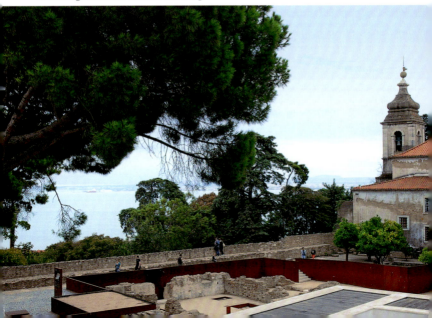

Lissabon im Kasten
Selten gesehene nächtliche Gäste auf der Burg

Kaum ein Besucher entdeckt sie, obwohl Hunderte von ihnen im Sommer Nacht für Nacht quer durch die Burganlagen fliegen. Die Rede ist von Fledermäusen: Mindestens 5 Fledermausarten besuchen regelmäßig die Burg, viele von ihnen leben sogar dauerhaft in den Vertiefungen der Burgmauern. Im Schein der Beleuchtungsanlagen jagen sie Insekten. Äußerst spannend ist die Tour *Morcegos no Castelo (Fledermäuse auf der Burg)*. Biologen führen dabei fachkundig in das Leben der Fledermäuse ein. Mithilfe eines speziellen Gerätes kann man die Rufe der fast lautlos jagenden Tiere hörbar machen. Wenn man dann erst einmal weiß, wo sie sich aufhalten, kann man sie meistens im Dunkel der Nacht erspähen. Von Juni bis September findet die Tour jeden Samstag um 20.30 Uhr statt (auf Portugiesisch und Englisch). Sie kostet 10 € pro Person (Familienkarte 20 €), Voranmeldung an der Burgkasse ist erforderlich.

Steinschüssel projiziert. Die Blicke auf Lissabon und Almada auf der anderen Tejo-Seite eröffnen ganz neue Perspektiven. Die Details sind überraschend genau zu erkennen. Am besten ist die Bildqualität übrigens morgens bei sonnigem und klarem Wetter.

Bus 737 ab Praça da Figueira bis Castelo oder Straßenbahnen 12 und 28 bis Haltestelle Miradouro de Santa Luzia. ✆ 218800620, www.castelodesaojorge.pt. Burggelände: tägl. 9–18 Uhr (März–Okt. bis 21 Uhr), Einlass bis 30 Min. vor Schluss. Fei geschl. Dunkelkammer 10–17 Uhr. Eintritt für das ganze Burggelände 8,50 €, ab 65 J. sowie Studenten bis 25 J. 5 €, unter 10 J. sowie alle Einwohner Lissabons frei. Familien (2 Erw. und 2 Kinder bis 18 J.) 20 €.

Tipp für einen bequemen Aufstieg zu Fuß ab der Metro Baixa/Chiado: Die Baixa quert man über die Rua da Vitória, bis an deren Ende das mit „Elevador Castelo" überschriebene Haus in der Rua dos Fanqueiros Nr. 170–178 erreicht ist (→ Karte „Baixa/Chiado" S. 120/121). In diesem Haus befindet sich ein Personenaufzug (tägl. 8–21 Uhr). Im 3. Stock erreicht man einen Übergang zum Haus mit der Nr. 149 in der Rua da Madalena. Nun geht es ebenerdig zum Pingo-Doce-Supermarkt am Largo Chão do Loureiro. Wer den Supermarkt betritt, findet gleich rechts einen öffentlichen Aufzug, mit dem man in den 7. Stock zu einer Aussichtsplattform mit schönem Blick auf die Baixa fahren kann. Von dort ist es nicht mehr weit zur Burg.

Die Volksmusik Lissabons
Museu do Fado

Das Fado-Museum Lissabons ist am Largo do Chafariz de Dentro in einem ehemaligen Wasserwerk aus dem 19. Jh. untergebracht und vermittelt einen stets von musikalischen Beispielen begleiteten Einblick in die Geschichte des Fado. Der Rundgang beginnt und endet in einem nachgestellten Fado-Lokal. Zu sehen gibt es u. a. Porträts und Schallplatten berühmter Sänger, in Vitrinen ausgestellte Kleidungsstücke nicht minder berühmter Sängerinnen und eine Gitarrensammlung. Wer Lust hat, kann sich diverse Fado-CDs anhören oder Fado-Filme ansehen. Außerdem ist die *Casa da Mariquinhas* nachgebildet, ein Bordell, das in einem bekannten Fado-Titel von Alfredo Marceneiro besungen wird. Hin und wieder finden abends Konzerte mit Amateur-Fado im Museumscafé statt, dessen Besuch auch tagsüber wegen des schönen Blicks über die Alfama von seinem Innenhof aus lohnt (Zugang zum Café ohne Eintritt möglich).

Largo do Chafariz de Dentro, 1, ✆ 218823470, www.museudofado.pt. Ⓜ Santa Apolónia. Tägl. (außer Mo und Fei) 10–18 Uhr, Einlass bis 30 Min. vor Schluss. Eintritt 5 €, Ermäßigungen für alle unter 30 J. und ab 65 J. sowie Familien.

Nur Platz für Fußgänger: enge Alfama-Gassen

Praktische Infos

→ Karte S. 44/45

Restaurants

Bica do Sapato 6 Mo 17–24 Uhr, Di–Sa 12–24 Uhr, So Brunch 12.30–16 Uhr für 25 €/Person (nicht Juli/Aug.). Sushibar Mo–Sa 19.30–24 Uhr. Am Tejo neben dem Bahnhof Santa Apolónia. Unter den Eigentümern ist der Filmstar John Malkovich. Sehr gelungen im Design der 70er eingerichtet. Spezialität sind Fischgerichte, es gibt sogar eine separate Sushibar. Hauptgerichte ab 16,50 €. Von der durch große Flügeltüren windgeschützten Terrasse herrlicher Blick auf die Tejo-Südseite. Av. Infante Dom Henrique, Armazém B, Cais da Pedra à Bica do Sapato, Ⓜ Santa Apolónia, ℓ 218810320, www.bicadosapato.com.

Faz Figura 1 Tägl. 12.30–15 und 19.30–23 Uhr, Mo mittags zu. Aussichtslokal direkt oberhalb des Bahnhofs Santa Apolónia. Die Fensterfronten der zwei Speisesäle ermöglichen einen Panoramablick auf den Tejo und die dort ankernden Kreuzfahrtschiffe. Von den Tischen auf dem überdachten Balkon sieht man am meisten. Der Besuch lohnt sich aber nicht nur wegen der Aussicht, sondern auch wegen der mit Sorgfalt zubereiteten portugiesischen Küche mit Hauptgerichten ab 17 €. Neben Touristen auch einheimisches Publikum. Edles Ambiente: gut für einen romantischen Abend zu zweit. Vor allem abends unbedingt reservieren. Rua do Paraíso, 15-B, Ⓜ Santa Apolónia, ℓ 218868981, www.fazfigura.com.

Le Petit Café 12 Mo–So 11–24 Uhr. Angenehmes Ambiente im Speisesaal mit seinen roh belassenen Steinwänden. Die meisten Gäste setzen sich aber auf die Terrasse unter den Bäumen vor der Tür. Schmackhafte Küche, kulinarisch allerdings etwas undefiniert mit Fischspeisen aus Portugal, Fleischgerichten aus Frankreich und Brasilien sowie Nudeln aus Italien. Auch Salate und Vegetarisches. Hauptgerichte mittags ab 8 €, abends ab 9 €. Vor allem von Touristen besucht, da am Fußweg zur Burg, aber auch Lissabonner schätzen die Qualität des Essens. Ⓜ Terreiro do Paço, ℓ 218881304, www.facebook.com/lepetitcafelisboa.

Esperança Sé 16 Mo–Fr 12.30–15.30 und 19–24 Uhr, Sa/So 13–16 und 19–24 Uhr. Pizzeria hinter der Kathedrale. Alte Gemäuer, die gelungen modern-nüchtern renoviert wurden: Ein Gewölbebogen teilt den Speiseraum in zwei Teile, die in gedämpftes Licht gesetzt werden.

Bei gutem Wetter auch Tische draußen auf beiden Seiten der Straße. Knusprig dünne Pizzen aus dem Steinofen, aber auch Nudeln und Risottos. Als Vorspeise zu empfehlen *bruschetta funghi* (überbackenes Brot mit Pilzen). Hauptgerichte ab 8,50 €. Reservierung abends empfohlen. Rua de São João da Praça, 103, Ⓜ Terreiro do Paço, ✆ 218870189, www.facebook.com/391241404290025.

Mesa Kreol 20 Tägl. 8–24 Uhr (Fr/Sa bis 2 Uhr). Kapverdisches Restaurant direkt hinter dem ersten Torbogen links von der Casa dos Bicos in der Rua dos Bacalhoeiros. Empfehlenswert ist das Nationalgericht der Kapverden, die *cachupa* (Bohneneintopf mit Fleisch, Mais und Süßkartoffeln) – es gibt sie auch in einer vegetarischen Variante. Dazu angolanische Gerichte wie *moamba* (Hähnchen mit Quiabos in Palmöl gekocht und mit Maisbrei *funge* serviert). Hauptgerichte ab 10 €. Wenn es voll wird, gerät die Küche schnell an ihre Grenzen und es dauert sehr lang, bis die Gerichte kommen. Abends oft Livemusik aus den Kapverden. Arco das Portas do Mar, 9, Ⓜ Terreiro do Paço, ✆ 924381310, www.facebook.com/271081236384172.

meinTipp **Casanova 7** Tägl. 12.30–1.30 Uhr (durchgehend warme Küche). Direkt am Tejo-Ufer neben Bahnhof und Metro Santa Apolónia. An der mit Glasfenstern abgetrennten Küche vorbei geht es in den hohen Speisesaal.

Hier sind auf einem Podest Marmortische aneinandergereiht. Vor allem von der Terrasse weiter Blick über das Tejo-Binnenmeer bis zur Burg von Palmela sowie auf die vor dem Restaurant am Kai liegenden Kreuzfahrtschiffe. Aber auch im Winter heimeliges Ambiente. Leckere, schnell servierte Pizzen aus dem Holzofen ab 7,50 €. Dazu weitere italienische Vor- und Hauptspeisen. Wer es schärfer mag, lässt sich das Chili-Öl bringen (*azeite com piri-piri*). Da keine Reservierungen möglich, am besten früh kommen, da sehr beliebt. Cais da Pedra à Bica do Sapato, Loja 7, Armazém B, Ⓜ Santa Apolónia, ✆ 218877532, www.restaurantecasanostra.com.

Taberna Sal Grosso 2 Mo–Sa 12–16 und Di–Sa 20–24 Uhr, So Ruhetag. Einfache portugiesische *tasca* (Kneipe), die durch die neuen Besitzer zu neuem Leben erweckt wurde. Herzhafte portugiesische Küche wie bei *mamã* zu Hause. Preisgünstig: Mittagsmenü für 7,50 €, abends Hauptgerichte à la carte ab 6 €. Einziger Nachteil: nur ein enger, farbenfroh dekorierter Raum und sehr beliebt, daher vor allem abends unbedingt reservieren. Calçada do Forte, 22, Ⓜ Santa Apolónia, ✆ 215982212, www.facebook.com/tabernaSalGrosso.

Cafés

28 Café 4 Tägl. 9.30–19.30 Uhr. An einem kleinen Platz im Viertel Castelo (an der

Travessa São Bartolomeu nahe dem Eingangstor zur Burg

Einlasskontrolle der Burg die Straße rechts nehmen). Der Besitzer hat das Interieur einer klassischen Tram Lissabons nachgebaut. Touristen-Kitsch wird vermieden, stattdessen werden historische Aufnahmen präsentiert und es wird über die verschiedenen historischen Straßenbahnmodelle informiert, die bei den Lissabonner Verkehrsbetrieben Carris im Einsatz waren. Toasts, Quiches, Salate, Hamburger und einfache Mittagsgerichte im Angebot, ebenso Eisverkauf. Zum Bezahlen bekommt man ein Tramticket, das man dann an der Kasse abgeben muss. Rua de Santa Cruz do Castelo, 45, ℰ 218860119, www.facebook.com/173095969514482.

MeinTipp **Pois, café 17** Tägl. 10–23 Uhr (Mo erst ab 12 Uhr, Küche nur bis 22 Uhr). Café direkt unterhalb der Kathedrale. Wer in Lissabon Sehnsucht nach einem gemütlichen Café mit Sesseln und Leseecken bekommt, ist hier genau richtig. Ein Besuch lohnt sich aber auch, um die köstlichen Apfelstrudel und Kuchen zu kosten. Außerdem im Angebot: Sandwiches, Tapas, Toasts und Salate. Beliebt sind auch die täglichen Brunche; wer nicht so viel Hunger hat, bekommt auch Tagesgerichte und -suppen. Hohe Decken, massive Steinplatten und bunt zusammengewürfeltes Mobiliar verbreiten eine gemütliche Atmosphäre. Kostenloses WLAN. Rua de São João da Praça, 93–95, Ⓜ Terreiro do Paço, ℰ 218862497, www.poiscafe.com.

Portas do Sol 10 Tägl. 10–1 Uhr (Fr/Sa bis 2 Uhr, Küche jeweils nur bis 20 Uhr). Die größte Aussichtsplattform der Alfama, besonders schön ist das Tejo- und Altstadt-Panorama in den lauen Lissabonner Sommernächten. Der Marmorboden lässt vergessen, dass man sich auf dem Dach der Portas-do-Sol-Tiefgarage befindet. Tagsüber spenden einige Schirme Schatten. Trotz der privilegierten Lage zivile Preise: Der Espresso kostet 1,50 €, das Bier 2,50 €. Innen ein mit Beton, Holz und Kronleuchtern minimalistisch-modern eingerichteter Saal. Lounge-Sound und viele Touristen im Publikum. Largo das Portas do Sol, ℰ 218851299, www.portasdosol.pt.

Portela Cafés 18 So–Do 8–20, Fr/Sa 8–21 Uhr. Etwas steril eingerichtete Filiale einer Lissabonner Konditorei-Kette. Extrem leckere Gebäckteilchen in großer Auswahl. Der Kaffee schmeckt ebenfalls. Freies WLAN. Auch Mittagsangebote mit Sandwiches. Rua dos Bacalhoeiros,

32, Ⓜ Terreiro do Paço, ℰ 219458100, www.portelacafes.pt.

Einkaufen

Lebensmittel   Conserveira de Lisboa 19 Tägl. (außer So) 9–19 Uhr. Allein der Anblick der Holzregale des seit 1930 bestehenden Traditionsgeschäftes ist ein Genuss. Große Auswahl an klassischen und außergewöhnlichen Fischkonserven wie Sardinen in Olivenöl, mit grünem Pfeffer, mit Paprika, in Limettensaft, mit Nelken oder mit Curry. Die Dosen werden kunstvoll in Papier eingewickelt und eignen sich als Mitbringsel. Rua dos Bacalhoeiros, 34, Ⓜ Terreiro do Paço, ℰ 218864009, www.conserveiradelisboa.pt.

Deli Delux 9 Tägl. 10–22 Uhr (So–Do bis 23 Uhr). Luxus-Lebensmittelladen am Tejo-Ufer, gegenüber vom Bahnhof Santa Apolónia. Gute Auswahl an hochwertigen Weinen und Konserven. Elegante Einrichtung. Im hinteren Bereich eine Cafeteria mit Tejo-Blick. Auch Tische auf der Terrasse. Hier kann man auch einige der Spezialitäten des Ladens, wie Käse, verkosten. Av. Infante Dom Henrique, Armazém B, Loja 8, Ⓜ Santa Apolónia, ℰ 218862070, www.delidelux.pt.

Souvenirs   Loja dos Descobrimentos 21 Tägl. 9–19 Uhr. Dieses direkt neben der Casa dos Bicos gelegene Geschäft hat sich im Gegensatz zu den großen Azulejo-Herstellern auf individuelle Aufträge und Workshops für Kunstinteressierte spezialisiert. Im hinteren Teil des Ladens kann man den Mitarbeitern beim Bemalen der Fliesen zuschauen. Wer selbst malen will, sollte sich zu einem individuellen Workshop anmelden (Kosten 15 € pro Fliese). Wer doch lieber direkt einkauft, findet Hausnummern und andere auf touristische Bedürfnisse zugeschnittene Azulejos. Rua dos Bacalhoeiros, 14-B, Ⓜ Terreiro do Paço, ℰ 218865563, www.loja-descobrimentos.com.

Remédio Santo 11 Tägl. 10.30–22.30 Uhr. Hebt sich in puncto Qualität und Stil wohltuend von die meisten anderen Souvenirläden in der Alfama ab. Hübsche Azulejos und Tonarbeiten, wie z. B. bunt lackierte Sardinen (die Betreiberin töpfert selbst im Geschäft). Die Fische gibt es auch als Stoff als Kuscheltier. Dazu stilvoller Silberschmuck. Außergewöhnlich sind die Geldbeutel und Taschen aus Kork. Rua dos Remédios, 73, Ⓜ Santa Apolónia, ℰ 926901151, www.facebook.com/remediosantoshop.

José Saramago – kontroverser Literaturnobelpreisträger

Die Casa dos Bicos in der Alfama ist ganz José Saramago, einem der berühmtesten Schriftsteller Portugals gewidmet. Im Gebäude ist die nach ihm benannte Stiftung Fundação José Saramago untergebracht, er selbst hat davor unter einem Olivenbaum seine letzte Ruhestätte gefunden. Den hundertjährigen Baum hat die Stiftung aus Saramagos Heimatort Azinhaga do Ribatejo nach Lissabon umsetzen lassen.

Eigentlich hatte der am 16. November 1922 im mittelportugiesischen Dorf Azinhaga geborene Schriftsteller mit der faltenreichen Stirn und der charakteristischen großen Brille Maschinenschlosser gelernt. Doch 1966 begann er mit seinem ersten Gedichtband Os Poemas Possíveis (dt. „Die möglichen Gedichte") die Laufbahn als Schriftsteller.

Mitte der 70er-Jahre verdiente er sein Geld als stellvertretender Chefredakteur der Tageszeitung Diário de Notícias. Nach der Nelkenrevolution von 1974 hatte er diese Stelle bekommen. Bei der verstaatlichten Zeitung war seine Mitgliedschaft in der Kommunistischen Partei, in die er bereits 1969 eingetreten war, nicht mehr nachteilig.

Bereits über 50-jährig, veröffentlichte Saramago dann 1977 seinen ersten Roman Manual de Pintura e Caligrafia (dt. „Handbuch der Malerei und Kalligraphie"). Der Durchbruch auf nationaler Ebene gelang ihm 1980 mit Levantado do Chão (dt. „Hoffnung im Alentejo"), einer ergreifenden Familiensaga über

die sozialen Probleme der südportugiesischen Landregion Alentejo. International erfolgreich wurde er mit seinem Roman Memorial do Convento, der in etwa 30 Sprachen übersetzt wurde (dt. „Das Memorial"). Spätestens in diesem Buch, in dem es um den Bau des Konvents von Mafra geht, werden sein ironischer Stil und seine Vorliebe für historische Themen deutlich. So befasst er sich im Roman História do Cerco de Lisboa (dt. „Geschichte der Belagerung von Lissabon") mit der Eroberung Lissabons durch die Christen im Jahr 1147.

Saramagos siebter Roman O Evangelho segundo Jesus Cristo (dt. „Das Evangelium nach Jesus Christus") löste in Portugal nach seinem Erscheinen 1991 erhebliche Kontroversen aus. Manche hätten für Saramago gerne die Inquisition wieder eingeführt, hatte der Autor doch Jesus in seinem Roman eine Liebesbeziehung mit der Prostituierten Maria von Magdala eingehen lassen. Bereits mehrfach preisgekrönt, erreichte Saramago 1998 den Höhepunkt seiner Karriere, als er als erster portugiesischsprachiger Autor den Literaturnobelpreis erhielt. Später lebte Saramago mit seiner zweiten Frau Pilar del Río, einer spanischen Journalistin, auf der Insel Lanzarote, wo er am 18. Juni 2010 verstorben ist. Und wer den Literaturnobelpreisträger auf einer Reise von Süd- nach Nordportugal begleiten möchte, kann dies mit seinem Buch Viagem a Portugal (dt. „Die portugiesische Reise") tun.

Nördlich des Burgbergs
Tour 3

Im Schatten der Burg erstrecken sich die dunklen Gassen des ehemaligen Maurenviertels Mouraria. Lichter und grüner präsentiert sich der von der imposanten São-Vicente-Kirche überragte Arbeiterstadtteil Graça östlich der Burgmauern. Seine Hauptattraktion ist der größte Flohmarkt Lissabons, die Feira da Ladra, der „Markt der Diebin".

■ **Miradouro da Nossa Senhora do Monte**, Wallfahrt mit Aussicht, S. 58

■ **Igreja e Mosteiro de São Vicente de Fora**, Kirche und Kloster des Stadtpatrons, S. 60

Vielfältige Altstadt-Viertel
Mouraria und Graça

Im Maurenviertel **Mouraria** nördlich und westlich des Burghangs musste sich nach der christlichen Rückeroberung Lissabons die muslimische Bevölkerung niederlassen. Die Mouraria ist bis heute ein Viertel der Ausgeschlossenen geblieben. Ende des 19. Jh. gab es hier eine Menge übler Spelunken, in denen Herumtreiber Fado-Gesänge zum Besten gaben.

Der Stadtteil bot bis vor wenigen Jahren ein trauriges Bild: In den Nebenstraßen des vom Straßenstrich geprägten Largo do Intendente setzten sich Heroinabhängige in verfallenen Altbauten die Nadel. Inzwischen haben aber Renovierungsprojekte und Stadtteilinitiativen die sozialen Brennpunkte entschärft und neues Leben ins Viertel gebracht. Dennoch sollte man im ersten Teil der Tour bis zum Miradouro da Nossa Senhora do Monte gewisse Vorsicht walten lassen und auf Wertgegenstände aufpassen.

Ähnlich wie in der Alfama gehören die meisten Bewohner der Unterschicht an. Allerdings leben hier deutlich mehr Einwanderer aus den ehemaligen afrikanischen Kolonien, China und Indien als im Nachbarstadtteil. 11.000 der 15.000 Bewohner der Mouraria sind Ausländer, nirgendwo anders in Lissabon dürfte der Anteil an Einwanderern höher sein.

In der **Graça** hat der traditionsreiche Arbeiterverein *A Voz do Operário* („Stimme des Arbeiters") seine Heimat. Er residiert in einer vom Architekten Manuel Joaquim Norte Júnior 1931 erbauten Jugendstilvilla in der nach dem Verein benannten Straße Rua Voz do Operário. Auch heute noch wird der Stadtteil vor allem von Arbeitern und Angehörigen der Mittelschicht bewohnt.

Spaziergang

Los geht es an der Praça Martim Moniz (Ⓜ Martim Moniz). Früher standen auf dem Platz die Häuschen der Unterstadt der Mouraria, die aber in den 50er-Jahren unter dem Bauminister des Diktators Salazar, Duarte Pacheco, abgerissen wurden. Die engen Gassen behinderten den Autoverkehr. Von dieser Zerstörungswut – eine der größten Bausünden Lissabons – hat sich der Martim Moniz immer noch nicht ganz erholt. Inzwischen haben sich zahlreiche Immigranten aus China, Indien, Pakistan und den ehemaligen portugiesischen Kolonien des Platzes angenommen. Wer Lust hat, kann sich besonders im Centro Comercial da Mouraria, dem Einkaufszentrum direkt über der Metrostation Martim Moniz, ein Bild von der Vielfalt der Einwanderer machen.

Hinter dem Einkaufszentrum geht es in die Rua do Capelão. An deren Beginn erinnert eine in Stein gehauene portugiesische Gitarre daran, dass hier in der Mouraria im 19. Jh. der Fado entstanden ist. Etwa 50 m weiter stößt man an der Ecke Beco do Forno/Largo da Severa auf das ehemalige Wohnhaus von Maria Severa Onofriana, einer Prostituierten, die als erster Fado-Star in die Geschichte einging. Sie fand mit 26 Jahren am 30.11.1846 einen frühen Tod. Inzwischen ist in ihrem Wohnhaus das Fado-Lokal *Maria da Mouraria* untergekommen.

Geradeaus geht es nach oben zur Rua do Marquês de Ponte do Lima. Hier links abbiegen und dann rechts den Schienen der Tramlinie 12 bergauf folgen. Kurz darauf geht es links in die Rua dos Lagares, wo man den unteren Eingang des *Jardim da Cerca da Graça* und den Nachbarstadtteil Graça erreicht. Die Bäume sind noch auffällig klein, da der Park erst vor wenigen Jahren in dem lange Zeit hermetisch abgeriegelten Gelände des Graça-Klosters angelegt wurde. Vom oberen Park-Ausgang folgt man dann der Calçada do Monte zum schönsten Aussichtspunkt Lissabons, dem **Miradouro da Nossa Senhora do Monte**.

Nebenan erstreckt sich das Arbeiterviertel *Estrella d'Ouro* zwischen der Rua da Senhora do Monte und der Rua Virgínia. Hier ließ der Konditorei-Fabrikant Agapito Serra Fernandes von 1907 bis 1909 für seine Arbeiter 120 niedrige Häuser durch den Architekten Manuel Joaquim Norte Júnior errichten (zwei weitere Arbeitersiedlungen, *Vila Berta* und *Vila Sousa*, liegen in der Nähe).

Einen prächtigen Ausblick auf Burg und Stadt bietet auch das Terrassencafé *Esplanada da Graça* neben der im manieristischen Stil gestalteten Kirche **Igreja da Graça**, der nächsten Station dieses Spaziergangs. Wem der Aufstieg zu Fuß zu mühsam ist, der kann vom Martim Moniz mit der Straßenbahn 28 bis hierher zum Largo da Graça fahren.

58

In der Rua da Voz do Operário ist auf der rechten Seite der prächtig ausgestattete Sitz des Arbeitervereins *Voz do Operário* („Stimme des Arbeiters") kaum zu übersehen. Schräg gegenüber steht eine der schönsten Kirchen Lissabons, die **Igreja e Mosteiro de São Vicente de Fora.** Besonders bei heißem Wetter empfiehlt sich ein Besuch der kühlen Kreuzgänge. Dienstags und samstags findet hinter der Kirche mit der *Feira da Ladra* Lissabons buntester und größter Flohmarkt statt (→ „Einkaufen", S. 64). Unmittelbar nebenan ragt die weiße Kuppel des **Panteão Nacional** in den Himmel.

Vom Nationalpantheon wendet man sich zum Abschluss in Richtung des Nachbarstadtteils Alfama mit dem alten Hauptbahnhof Santa Apolónia. Militärgeschichtlich Interessierte sollten sich einen Besuch des benachbarten **Museu Militar** nicht entgehen lassen. Zurück ins Stadtzentrum fährt die Metro ab Santa Apolónia.

Sehenswertes

Wallfahrt mit Aussicht
Miradouro da Nossa Senhora do Monte

Der Aussichtspunkt „Unserer Lieben Frau vom Berg" bietet einen umwerfenden Blick über die Graça, das Castelo de São Jorge, die Mouraria und die Baixa bis zum Norden der Stadt. Der Miradouro ist zugleich ein beliebter Wallfahrtsort mit Marienstatue und kleiner Kapelle. In der Kapelle befindet sich ein steinerner Thron, der früher im Besitz eines der ersten Lissabonner Bischöfe namens São Gens war. Der Legende zufolge sollen schwangere Frauen, die sich auf den Thron setzen, eine leichte Geburt haben …

Tram 28 bis Halt Rua da Graça.

Klosterkirche mit Panorama-Blick
Igreja da Graça

Das ehemalige Kloster des Augustinerordens, eines der ältesten Lissabons,

Mouraria und Graça

Essen & Trinken (S. 62/63)
2 Cervejaria Ramiro
3 Haweli Tandoori
4 Via Graça
5 Satélite da Graça
9 Santa Clara dos Cogumelos
13 Cantina Baldracca

Cafés (S. 63/64)
1 Casa Independente
7 Esplanada da Graça
8 Clara Clara
10 As Marias com Chocolate

Nachtleben (S. 215)
6 Topo

Einkaufen (S. 64)
11 Feira da Ladra
12 Porta 16

75 m

wurde im 13. Jh. erbaut und 1556 sowie nach dem Erdbeben von 1755 umgestaltet. Leider kann man den beeindruckenden Kreuzgang und die restlichen Räume des Klosters (noch) nicht besichtigen, weil dort lange Militär untergebracht war.

Die in Rosa gehaltene Kirche ist dagegen für Besucher geöffnet. Die Wände säumen zahlreiche Nebenaltäre, nach all den Jahren teilweise schon ziemlich eingedunkelt.

Tram 28 bis Haltestelle Graça. ✆ 218873943. Di–Fr 9–18 Uhr, Sa 9.30–12.30 und 14.30–18 Uhr und So 9.30–12.30 und 17–20 Uhr.

Kirche und Kloster des Stadtpatrons

Igreja e Mosteiro de São Vicente de Fora

Philipp II. von Spanien ließ die Kirche mit dem angeschlossenen Kloster 1582 errichten. Zu dieser Zeit herrschten die spanischen Könige in Personalunion auch über Portugal (1580 bis 1640). Die Bauarbeiten an der Kirche dauerten bis

Largo do Intendente

1629. Als Architekt wird häufig der Italiener Terzi genannt, doch ist dessen Urheberschaft umstritten; wahrscheinlich ist der Bau dem Spanier Juan de Herrera zuzuschreiben. Geweiht hat man die Kirche dem hl. Vinzenz, dem offiziellen Stadtpatron von Lissabon. Das Stadtwappen zieren übrigens das Schiff, mit dem sein Leichnam von der Algarve nach Lissabon transportiert worden ist, und zwei Raben, die das Schiff der Legende nach begleitet haben sollen.

Durch sein lichtes Tonnengewölbe wirkt der manieristische Bau sehr leicht und luftig. Rechts vorne befindet sich in einer Seitenkapelle das Grab des deutschen Kreuzritters Henrique o Alemão. Er kämpfte 1147 bei der Eroberung Lissabons von den Mauren auf Seiten der Christen. Um das Grab ranken sich einige Legenden – so sollen Palmen aus ihm gewachsen sein.

Im Kloster nebenan residiert heute der Patriarch (Kardinal) von Lissabon. Kurz hinter dem Eingang ins Kloster geht es übrigens nach rechts zu einem kleinen Café und zu einer Aussichtsplattform mit Blick auf den Tejo. Die Säle des Klosters sind mit prächtigen blau-weißen Azulejos aus dem frühen 18. Jh. ausgeschmückt. Sie erzählen von der Einnahme Lissabons von den Mauren, vom Bau des Klosters und zeigen Jagd- und Landschaftsszenen bzw. Motive aus den Fabeln von La Fontaine. Außerdem befindet sich hier das Pantheon der portugiesischen Dynastie Bragança mit den Särgen der letzten portugiesischen Könige. Im nächsten Saal sind Lissabons Patriarchen begraben. Dieser Raum ist fast vollkommen ungeschmückt und macht einen unwirtlichen Eindruck, sodass man froh ist, gleich wieder im hellen Licht der weißen Kreuzgänge stehen zu dürfen.

Straßenbahn 28 bis Haltestelle Voz Operário. ✆ 218810559, www.patriarcado-lisboa.pt. Kloster: Di–So 10–18 Uhr (letzter Einlass 17 Uhr), Mo geschl. Eintritt 5 €, Studenten und ab 65 J. 50 % Ermäßigung, bis 12 J. frei. Kirche: So geschl. (außer während Gottesdiensten). Eintritt frei.

Da hat sich die lange Bauzeit doch gelohnt – prächtige Kuppel des Panteão Nacional

Nationale Begräbnisstätte

Panteão Nacional

Das Bauwerk ist eigentlich eine barocke Kirche und wurde 1916 zum Nationalpantheon erklärt. Erst Mitte des 20. Jh. setzte man der *Igreja de Santa Engrácia* die Kuppel auf – der letzte Akt einer knapp 300-jährigen Bauzeit, die 1683 begonnen hatte. Kein Wunder, dass die lange Bauzeit der Kirche sprichwörtlich geworden ist: „obras de Santa Engrácia" (gemeint ist: „Das dauert so lange wie die Bauarbeiten an der Kirche Santa Engrácia.").

In den Nebenräumen des kreuzförmigen Baus stehen die Sarkophage mehrerer Staatspräsidenten Portugals, des Schriftstellers Almeida Garrett, der Dichterin Sophia de Mello Breyner Andresen und der Fado-Sängerin Amália Rodrigues. Letzter „Neuzugang" ist der in der ehemaligen portugiesischen Kolonie Mosambik geborene Fußballer Eusébio Ferreira da Silva, der 2015 ins Pantheon umgebettet wurde. Manche Sarkophage haben nur symbolische Bedeutung und stehen leer. Mit einem Lift kann man unter die Kuppel fahren; oben genießt man von der Aussichtsplattform einen schönen Blick über die Alfama und den Tejo.

Campo de Santa Clara, ✆ 218854820, www.patrimoniocultural.pt. Ⓜ Santa Apolónia oder Tram 28 bis Haltestelle Voz Operário. Tägl. (außer Mo und Fei) 10–18 Uhr (Okt.–April nur bis 17 Uhr). Einlass bis 20 Min. vor Schluss. Eintritt 4 €, ab 65 J., Studenten, mit Cartão Jovem sowie Familien ab 2 Kindern 50 % Ermäßigung, bis 12 J. frei. Erster Sonntag im Monat generell freier Eintritt. Kombiticket mit Museu Nacional do Azulejo 7 €.

Waffen und Gemälde

Museu Militar

In dem prächtigen Museumsgebäude aus dem 18. Jh. befand sich früher ein Waffendepot, später eine Pulverfabrik. Die insgesamt 32 Säle hat man mit Gemälden und Skulpturen bedeutender portugiesischer Künstler des 18., 19. und 20. Jh. ausgeschmückt, die auch so

Mouraria und Graça → Karte S. 58/59

Lissabon im Kasten
Mit der Straßenbahn 12 rund um den Burgberg

Praça da Figueira – Martim Moniz – São Tomé – Praça da Figueira (nur in dieser Richtung)

An der Praça da Figueira (Ⓜ Rossio) beginnt die Linie 12 ihren Rundkurs. Sie ist meist längst nicht so überfüllt wie ihre „große Schwester", die Tram 28. Dabei fährt die deutlich kürzere Linie 12 ebenfalls eine attraktive Route und wird auch mit historischen Trams betrieben: An der Praça Martim Moniz biegen sie in die engen Gassen der Mouraria ein, um sich dann die Rua dos Cavaleiros hinaufzuquälen. Millimetergenau passieren sie eng an die Bordsteine geparkte Autos. Manchmal muss dennoch kurz angehalten werden, wenn ein Bierwagen Geschäfte an der Strecke beliefert. Ab und zu fährt der Straßenbahnfahrer langsamer, um Bekannte direkt vor ihrer Haustüre abspringen zu lassen. Weniger beliebt bei den Tramfahrern sind die jugendlichen „Surfer", die ohne Ticket auf den Stufen am Ausstieg mitfahren. Meist werden sie aber widerwillig geduldet. Oben angekommen, geht es durch die Rua de São Tomé zum Miradouro de Santa Luzia (zur Burg hier aussteigen). Anschließend fährt die Tram quietschend die Rua do Limoeiro hinunter und passiert die sehenswerte Kathedrale. Durch die geschäftige Rua da Prata durchquert die Tram – nun deutlich schneller als in den engen Gassen der Alfama – die Baixa. An der Praça da Figueira endet der Rundkurs, ein neuer kann beginnen.

sehenswert wären. Ausgestellt sind verschiedene Militärutensilien: Ritterrüstungen, Uniformen, Pistolen, Gewehre und Kanonen.

Largo do Museu de Artilharia, ☎ 218842567 und 218842300, www.exercito.pt. Ⓜ Santa Apolónia. Tägl. (außer Mo und Fei) 10–17 Uhr (Sa/So Pause von 12.30 bis 13.45 Uhr). Letzter Einlass 45 Min. vor Schluss. Eintritt 3 €, bis 12 J. frei, unter 18 J. und über 65 J. 50 % Ermäßigung. Erster Sonntag im Monat generell freier Eintritt.

Praktische Infos   → Karte S. 58/59

Restaurants

Via Graça ◢4◣ Tägl. 19.30–23 Uhr, Mo–Fr auch 12.30–15 Uhr. Unterhalb des Miradouro da Nossa Senhora do Monte. Abschreckende Fassade, innen aber das Restaurant mit dem besten Ausblick Lissabons. Die elegant eindeckten Tische verteilen sich auf zwei Stockwerke. Die auf Fisch und Meerestiere spezialisierte Küche ist hochwertig, das Preisniveau aufgrund der Aussicht aber auch: Hauptgerichte ab 16 €. Rua Damasceno Monteiro, 9-B, ☎ 218870830, www. restauranteviagraca.com.

Santa Clara dos Cogumelos ◢9◣ Di–Sa 19.30–23 und Sa auch 13–15.30 Uhr, So/Mo geschl. Ganz auf Pilze spezialisiertes Lokal: vom Pilz-Risotto über Pilz-Ravioli, Lachs und Steaks mit Pilz-Soße bis zum Dessert mit Pilzen. Hauptgerichte ab 14 €. Als Vorspeise ist das leckere Pilz-paté mit Brot ein Tipp. Reservierung empfohlen, da nur wenige Tische im Obergeschoss der Markthalle auf dem Gelände des Flohmarkts Feira da Ladra. Heimelige Atmosphäre mit Ausblick Richtung Pantheon und in die Markthalle. Trotz touristischer Lage viele einheimische Gäste. Mercado de Santa Clara, Campo de Santa Clara, 7-1° (erster Stock), ☎ 218870661, www. santaclaradoscogumelos.com.

Cervejaria Ramiro ◢2◣ Tägl. (außer Mo) 12–0.30 Uhr. Etwas nördlich der Praça Martim Moniz. Typische und seit vielen Jahren sehr beliebte Lissabonner Cervejaria mit holzgetäfelter Decke. Langusten drehen in Aquarien ihre letzten Runden. Ausschließlich Meeresfrüchte im Angebot. Die meisten werden nach Gewicht verkauft. Es kann, wenn voll besetzt und wenn die Kellner durch die Gänge eilen, auch etwas laut werden. Die Portion Muscheln ab 10,85 €, empfehlenswert die *amêijoas à Bulhão Pato* (Herzmuscheln in Zitronensoße). Av. Almirante Reis, 1-H, Ⓜ Intendente, ✆ 218851024, www.cervejariaramiro.pt.

Haweli Tandoori 3 Tägl. (außer Di) 12–15 und 19–22.30 Uhr. Etwas versteckt in der Graça auf dem Weg zum Aussichtspunkt Nossa Senhora do Monte. Schlichtes, orientalisch inspiriertes Inneres. Nordindische Küche aus dem Ofen *(tandoor)*. Als Vorspeise sind die *chamuças* (frittierte Teigtaschen), als Beilage *nan* (indisches Brot) zu empfehlen. Vegetarische Gerichte ab 6,75 €, Hauptgerichte mit Fleisch ab 8,50 €. Travessa do Monte, 14, ✆ 218867713, www.facebook.com/Haweli.

Satélite da Graça 5 Tägl. (außer Mo) 11–22.30 Uhr. Direkt am Hauptplatz des Stadtteils Graça (Haltestelle der Tram 28 vor der Tür). Einfaches Nachbarschaftsrestaurant mit zwei Speisesälen. Etwas laut, da der Schall von den gefliesten Wänden reflektiert wird. Portugiesische Küche mit Fleisch und Fisch vom Grill. Wer es schnell haben will, isst an der Bar. Fernseher in der Ecke. Hauptgerichte ab 7,50 €. Largo da Graça, 42, ✆ 218862679.

Cantina Baldracca 13 Mo–Fr 12–15 Uhr und Mo–Sa 18.30–24 Uhr, So geschl. Wenige Meter von der Igreja de São Cristóvão entfernt. Eine Treppe führt in den lang gestreckten Raum hinunter. Sehr eng bestuhlt, um jeden möglichen Raum gut auszunutzen. Junges Publikum. Italienische Küche mit Pasta und Fleischgerichten ab 5 €. Empfehlenswert die *baldracca* (Nudeln mit Mehlwurst). Rua das Farinhas, 1, Ⓜ Rossio, ✆ 918751784, www.facebook.com/494818280712.

Cafés

As Marias com Chocolate 10 Di 6–18.15 Uhr, Mi–Fr 10–18 Uhr, Sa 6–19 Uhr, So/Mo geschl. Schmales Stehcafé im Marktgebäude des Mercado de Santa Clara, draußen einige Tische auf einer winzigen Terrasse. Viele Schokospezialitäten, vom Kuchen über Kekse bis zum Kakao. Campo de Santa Clara, Loja 1, Ⓜ Santa Apolónia, ✆ 965550457, www.facebook.com/asmariascomchocolate.

Clara Clara 8 Tägl. 10–23 Uhr (bei gutem Wetter), nur bei starkem Regen geschl. Terrassencafé im Park hinter der Markthalle Mercado de Santa Clara. An kalten Tagen wärmen Decken. Etwa ein Dutzend Tische im Freien, bedient wird aus einem Metallkiosk in der Mitte. Von hier aus lässt sich in Ruhe das benachbarte Pantheon betrachten, in der Ferne ist das Tejo-Delta zu sehen. Kleine Kinder können nebenan auf dem Spielplatz toben. WLAN kostenlos. Breite Auswahl an Sandwiches, Toasts und Croissants. Campo de Santa Clara, Ⓜ Santa Apolónia, ✆ 218850172, www.facebook.com/claraclaracafe.

Café Clara Clara – herrlicher Tejo-Blick im Grünen

Casa Independente  Di–Do 14–24 Uhr, Fr 14–2 Uhr, Sa 12–2 Uhr. Ein unscheinbarer Eingang führt zu diesem Café und Kulturzentrum im 1. Stock eines bürgerlichen Wohnhauses. Innen Konzertsaal und Café, im Hinterhof eine Terrasse, die im „Flohmarkt"-Stil eingerichtet ist. Die Konzerte, DJ-Sets und Lesungen haben neues Leben an den Largo do Intendente gebracht, der zuvor vor allem vom Straßenstrich und Drogenhandel geprägt war. Neben Cocktails, Limonaden und Tees auch kleine Speisen im Angebot. Largo do Intendente, 45 (erster Stock), Ⓜ Intendente, ✆ 218875143, www.casaindependente.com.

Esplanada da Graça  Tägl. 10–2 Uhr. Direkt am Miradouro da Graça (neben der Igreja da Graça) liegt dieses Terrassencafé mit herrlichem Blick auf die Burg, die Brücke des 25. April und das Bairro Alto. Aufgrund der langen Öffnungszeiten auch als Bar mit Aussicht sehr beliebt. Alle Tische im Freien. Largo da Graça, ✆ 218865341, www.facebook.com/esplanadaigrejada.graca.

Einkaufen

Flohmarkt Feira da Ladra , dieser Markt ist weltberühmt und heißt nicht umsonst „Markt der Diebin", da man dort unter Umständen seine gestohlenen Sachen wiederfinden kann (eigene Erfahrung des Co-Autors). Di und Sa zwischen der São-Vicente-Kirche und dem Panteão Nacional im Stadtteil Graça (Straßenbahn 28 oder Ⓜ Santa Apolónia). Auf dem jahrhundertealten Flohmarkt bekommt man fast alles von krummen, rostigen Nägeln über gebrauchte LPs und CDs bis zur getragenen Mode des Vorjahres. Es empfiehlt sich, nicht zu spät zu kommen, da die Schnäppchen dann alle verkauft sind. Bei Regen bleibt man besser gleich weg, dann fehlen nämlich die Kleinanbieter. In der Mitte des Geländes liegt die Markthalle des Campo de Santa Clara, in der sich Antiquariate, Souvenirläden und eine Kochschule befinden.

Souvenirs Porta 16  Mo–Fr 11–18.30 Uhr, Sa 10–18 Uhr. Auch wenn der Name anderes nahelegt, so verbirgt sich dieses Geschäft für hochwertiges, farbenfrohes Kunsthandwerk hinter der Haus-Nr. 28 der Rua de São Vicente unweit des gleichnamigen Klosters im Viertel Graça. Vieles aus Stoff wie Einkaufstaschen sowie Mobiles und Plüschtiere für Kinder. Auch Ohrringe, Tonfiguren und buntbemalte Azulejos. Rua de São Vicente, 28, ✆ 964355403 und ✆ 933846836, www.porta16.blogspot.com.

Am Largo da Severa wurde der Fado, die Volksmusik Lissabons, geboren

Konzertsaal der Casa Independente

Auf der „Freiheitsallee"
Tour 4

Ein Spaziergang entlang der Prachtallee Avenida da Liberdade ist touristisches Pflichtprogramm. Sie führt direkt auf den Stadtpark Parque Eduardo VII zu. Oberhalb erstreckt sich der Santana-Hügel – der wohl am häufigsten übersehene Stadtteil Lissabons, aber vielleicht gerade deswegen einen Besuch wert.

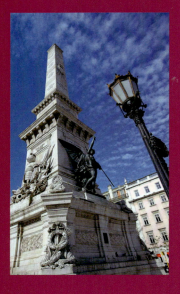

Parque Eduardo VII, Lissabons Central Park, S. 70

Pavilhão dos Desportos Carlos Lopes, prächtige Azulejo-Fassade, S. 71

Metrostation Parque, Meisterwerk der Lissabonner U-Bahn, S. 72

Lissabons Champs-Élysées
Avenida da Liberdade und Santana

Die 1885 errichtete grüne Prachtstraße Avenida da Liberdade ist imposante 100 m breit. Ihr Vorgänger, der Stadtgarten *Passeio Público*, wurde bei den Bauarbeiten zerstört. Die „Freiheitsallee" erstreckt sich von der Praça dos Restauradores am Nordende der Unterstadt Baixa über eineinhalb Kilometer bis zur Praça Marquês de Pombal, die dem Wiedererbauer der Lissabonner Unterstadt gewidmet ist. Hoch über dem Platz thront eine Statue Pombals. Er scheint aus lichter Höhe die Autokolonnen zu betrachten, die den Platz umkreisen. Am Kreisverkehr bündeln sich zahlreiche Straßen, einige unterqueren den Platz in Tunnels. Hier beginnt auch der Zubringer zu den Autobahnen nach Westen Richtung Cascais und nach Süden über die Tejobrücke des 25. April.

Spaziergang

Der Spaziergang startet an der Praça dos Restauradores (Ⓜ Restauradores). Den „Platz der Erneuerer" ziert ein 30 m hoher Obelisk, auf dem die Daten der wichtigsten Schlachten zur Befreiung Portugals von der spanischen Herrschaft verzeichnet sind. Kurz nach dem Beginn der Avenida da Liberdade geht es nach rechts zum Largo da Anunciada und zur Talstation des **Ascensor do Lavra**. Diese Standseilbahn hebt die Fahrgäste bequem auf die Höhe des Santana-Hügels.

Wer will, kann unweit der Bergstation einen Abstecher in die Calçada de Santana anschließen. Die steil ansteigende, schmale Straße gehört zu den volkstümlichsten Lissabons, zahlreiche preiswerte Restaurants bieten sich hier zum Essen an.

Ansonsten steuert man den nahe gelegenen Campo Santana an. Der Platz auf der Spitze des Hügels heißt eigentlich offiziell Campo dos Mártires da Pátria. Im Mittelalter diente das damals noch vor den Stadtmauern gelegene Feld zur Veranstaltung von Märkten und Stierkämpfen. 1817 hängte man hier die Rebellen, die sich gegen die Besetzung des Landes durch die Briten aufgelehnt hatten. Daran soll nun der offizielle Name des Platzes, „Märtyrer des Vaterlandes", erinnern. Heute residieren hier die deutsche Botschaft und das Goethe-Institut.

Am Südrand des Platzes schmücken vor der medizinischen Fakultät der *Universidade Nova de Lisboa* Hunderte Steintafeln, Kerzen und Blumensträuße die Statue des portugiesischen Arztes José Tomás de Sousa Martins, der aufgrund seines Einsatzes für die Armen bekannt wurde. Obwohl der 1897 an Tuberkulose verstorbene Arzt selbst nicht gläubig war, erhoffen sich viele Menschen von ihm wundersame Hilfe bei Krankheiten. Wenn es klappt, legen sie dann eine Votivtafel an der Statue ab.

Auf dem Weg zurück in das Tal der Avenida da Liberdade eignet sich der **Jardim do Torel** ideal für eine Pause. Der kleine Park bietet einen der versteckten Aussichtspunkte Lissabons. Versteckt ist auch der untere Ausgang des Parks, der in die Rua do Telhal mündet, nur wenige Meter oberhalb der Avenida da Liberdade. Die Prachtstraße Lissabons glänzt mit Banken, Luxushotels und Boutiquen, doch zugleich gilt sie auch als der Ort mit der höchsten Luftverschmutzung in Lissabon. Vor allem an windstillen Sommertagen stauen sich Abgase in dem vom Bairro Alto sowie vom Santana-Hügel gesäumten Tal.

Doch gleichzeitig ist keine Straße der portugiesischen Hauptstadt so grün. Mehrere Café-Kioske laden mit ihren Terrassen zu einer Pause ein. Auf der Höhe der Metrostation Avenida sieht man auf dem linken Streifen ein Denkmal, das den portugiesischen Soldaten des Ersten Weltkriegs gewidmet ist. Direkt daneben, an der Ecke Avenida da Liberdade/Rua do Salitre, befindet sich die Botschaft Spaniens. Ein kleines Paradoxon, denn der Name „Freiheitsallee" wurde zum Gedenken an die Befreiung von der spanischen Herrschaft 1640 gewählt.

Auf der anderen Seite der Avenida, gegenüber der spanischen Botschaft, steht ein auffälliges Gebäude mit der Hausnummer 170. Es wurde zwischen 1934 und 1936 vom Architekten Cassiano Branco gebaut und ist im Stil des Art déco und des Modernismus gehalten. Früher beherbergte es das Hotel Vitória, heute ist hier das Hauptquartier des PCP, der Kommunistischen Partei Portugals, untergebracht.

Ganz in dessen Nähe liegt mit der Nummer 182 das Kino **Cine Teatro Tivoli** von Raul Lino aus dem Jahr 1924.

Parque Ⓜ

Tour 5: Avenidas Novas ▲ siehe S. 76/77

Pavilhão Carlos Lopes

Parque Eduardo VII

1

Ⓟ

Av. Sidónio Pais

Avenida Fontes Pereira de Melo

R. Cam.

Praça Marquês de Pombal

Av. Duque de Loulé

Castelo Branco

Rua Rodrigues

◄ Tour 7: Campo de Ourique und Amoreiras siehe S. 100/101

Ⓜ Marquês de Pombal

Diário de Notícias

R. de S. Marta

Rua Redondo

Rua de S. Marta

+ Hospital Santa Marta

Rua Ribeiro

R. Luciano Cordeiro

Alam. Santo An dos Capuc

2

Ⓟ

Rua Braamcamp

Rua D. Palmela

Rua M.

Rua A. Herculano

Avenida da Liberdade

Sampaio

Tv. Santa Marta

Tv. Despacho

Rua P. Coutinho

Tv. Parreiras

3

Rua de Santa Marta

Tv. Loureiro

Tv. Larga

Rua do Passadiço

Ⓟ

Casa-Museu Fundação Medeiros e Almeida

Rua A. Silveira

Rua Rosa Araújo

Barata Salgueiro

Rua Castilho

R. R. Fonseca

Rua Caridade

Rua Esp. Cardá

Rua Esp. Carrião

Rua da Fé

Cinema São Jorge

Rua Machado

Ⓜ Avenida

Cinema Tivoli

R. Nª Jesus Coelho

Rua de S. José

Hotel Vitória

Rua do Salitre

5

R. N. São Mamede

Avenida da Liberdade

Parque Mayer

Ⓟ

Tv. do Salitre

R. Preta

Rua do Telhai

Jardi do To

Jardim Botânico

6

Pr. da Alegria

R. Escola Politéc.

Rua da Alegria

Rua Mãe d'Água

7

Lg. da Anunciada

Rua da Conceição Glória

Rua da Glória

Rua da Glória

Cç. Eng. M. Pais

R. de São Marçal

9

Praça do Príncipe Real

R. S. António da Glória

Rua das Taipas

Elevador da Glória

Restaurado

Rua D. Pedro V

Bairro Alto

Avenida da Liberdade
und Santana

150 m

Estação Central Rossio ℹ

Ⓟ

Restaurado

Tour 6: Die Oberstadt/ Bairro Alto siehe S. 88/89 ▼

E ssen & Trinken
(S. 72/73)
1 Sapore
2 PSI
3 O Forninho Saloio
4 Goethe Café
5 Os Tibetanos
7 Jardim doSentidos
8 A Tigelinha
10 Verde Minho

N achtleben (S. 215/216)
6 Hot Clube de Portugal (HCP)
9 Chafariz do Vinho - Enoteca

Es war früher Lissabons prächtigster Kinosaal mit etwa 1000 Plätzen, der heute aber vor allem für Konzerte, Theater und Festivals genutzt wird.

Wer ein Herz für Antiquitäten hat, der sollte einen kurzen Abstecher in die Rua Rosa Araújo zum **Casa-Museu Fundação Medeiros e Almeida** unternehmen. Es zeigt die Privatsammlung des Bankiers António Medeiros e Almeida (1895–1986) in seiner ehemaligen Privatvilla. Ein Teil der prächtig geschmückten Villa ist dabei noch so belassen, wie sie der Bankier bewohnt hat.

An der Praça Marquês Pombal, dem Ende der Avenida da Liberdade, schließt sich der Stadtpark **Parque Eduardo VII** an. Früher hieß er dementsprechend auch *Parque da Liberdade*, wurde aber anlässlich eines Besuchs des englischen Königs Edward VII. umbenannt.

Besonders im oberen Bereich öffnet sich ein schöner Blick auf die Avenida da Liberdade und den Tejo. Zwischen zwei weithin sichtbaren Säulen steht hier ein Denkmal des Künstlers Jorge Cutileiro zur Erinnerung an die Nelkenrevolution 1974.

Unter dem Stadtpark liegt Lissabons schönste Metrostation, die **Station Parque** mit prächtigen modernen Azulejos. Mit der blauen U-Bahn-Linie erreicht man von hier wieder den Ausgangspunkt des Spaziergangs.

Sehenswertes

Ältester Aufzug der Stadt
Ascensor do Lavra

Die Standseilbahn verbindet den nahe der Praça dos Restauradores gelegenen Largo da Anunciada mit der Rua da Câmara Pestana auf dem Santana-Hügel. Dieser älteste Aufzug Lissabons wird auch Elevador do Lavra

Avenida da Liberdade und Santana ↘ Karte S. 68/69

genannt und wurde am 19. April 1884 eingeweiht; er funktionierte anfangs noch mit Dampfantrieb, seit 1914 aber elektrisch.

Largo da Anunciada. Ⓜ Restauradores. Tägl. alle 15 Min. 7.50–19.55 Uhr (Sa/So und Fei erst ab 9 Uhr). Benutzung mit den normalen Vorverkaufs- und Zeitkarten von Bus und Metro möglich. Einzelkarte: 3,60 € (gilt für eine Berg- und eine Talfahrt).

Park mit ungewöhnlichen Perspektiven

Jardim do Torel

Von dem Garten aus genießt man eine einzigartige Aussicht auf das gegenüberliegende Bairro Alto, den Jardim Botánico und das Tal der Avenida da Liberdade. Seit 1928 gehört das Gelände zur Stadt, die hier den öffentlich zugänglichen Park mit seinen Terrassenebenen anlegte. In der direkten Nachbarschaft finden sich übrigens außergewöhnlich viele Villen und Paläste.

Rua Câmara Pestana. Ⓜ Restauradores und dann ab dem Largo da Anunciada mit dem Ascensor do Lavra. Tägl. 7–20 Uhr (April–Sept. bis 22 Uhr).

Antiquitätensammlung

Casa-Museu Fundação Medeiros e Almeida

Eine wahre Sammelsucht muss den Bankier António Medeiros e Almeida umgetrieben haben. Anders ist es kaum zu erklären, wie er zu dieser gigantischen Antiquitätenkollektion gekommen ist. Von zerbrechlichen chinesischen Vasen der Ming-Dynastie über flandrische Wandteppiche des 16. Jh. bis hin zu kunstvollen, französischen Sekretären aus dem 19. Jh. – kaum eine Antiquität, die Medeiros e Almeida nicht auf einer Auktion gekauft hätte.

Rua Rosa Araújo, 41, ✆ 213547892, www.casamuseumedeirosealmeida.pt. Ⓜ Marquês de Pombal. Mo–Fr 13–17.30 Uhr, Sa 10–17.30 Uhr, So und Fei geschl. Einlass bis 30 Min. vor Schluss. Eintritt 5 €, ab 65 J. 3 €, bis 18 J. frei, Sa 10–13 Uhr generell freier Eintritt.

Lissabons Central Park

Parque Eduardo VII

Mit seinen 25 ha Fläche gehört der Parque Eduardo VII zu den größten Grünanlagen der Stadt. Hier hat man einen

Jardim do Torel: „Geheimtipp" unter Lissabons Aussichtspunkten

Zahlreiche Monumente säumen die Avenida da Liberdade

schönen Blick auf die Avenida da Liberdade und das andere Ufer des Tejo.

Im Westteil des Parks befindet sich in einem ehemaligen Basaltsteinbruch seit 1933 eine der grünen Oasen der Stadt, die **Estufa Fria**. Ein riesiges Gewächshaus mit tropischen Pflanzen, Seen und allerlei Getier. „Kalt" *(fria)* heißt es deswegen, weil die Sonne durch ein Dach aus Holzlatten abgehalten wird. Unmittelbar an die Estufa Fria angeschlossen ist das „heiße Gewächshaus", die *Estufa Quente.* Dort gedeihen Kakteen und weitere tropische Pflanzen. Am Ostrand der Estufa Fria findet man einen großen, selten benutzten Veranstaltungssaal. Sein Dach dient kurioserweise auch als Fundament der westlichen Rampe, die zum oberen Ende des Stadtparks führt.

☎ 213882278,   http://estufafria.cm-lisboa.pt. Ⓜ Parque oder Marquês de Pombal. Der Park selbst ist immer geöffnet, die Estufa Fria tägl. 10–19 Uhr (während der Winterzeit 9–17 Uhr). Einlass bis 30 Min. vor Schluss. Neujahr, 1. Mai und 25. Dez. geschl. Eintritt 3,10 €, mit Cartão Jovem, bis 18 J. und Rentner 2,33 €, Studenten 1,55 €, bis 5 J. frei. So bis 14 Uhr generell freier Eintritt.

Prächtige Azulejo-Fassade

Pavilhão dos Desportos Carlos Lopes

Der neoklassizistische Palast wurde erstmals 1923 in Rio de Janeiro für eine Ausstellung aufgebaut, dann demontiert, nach Lissabon verschifft und 1932 an der jetzigen Stelle im östlichen Teil des Parque Eduardo VII wieder errichtet. Die Fassaden hat der Künstler Jorge Colaço mit wunderschönen Azulejo-Bildern geschmückt, die wichtige Ereignisse der portugiesischen Geschichte illustrieren: So zeigt das in tiefblau gehaltene Werk *Cruzeiro do Sul* das nur in der südlichen Hemisphäre sichtbare Sternbild „Kreuz des Südens" und erinnert an die Seefahrt von Pedro Álvares Cabral im Jahr 1500 nach Brasilien. Bis 2003 diente das Gebäude als Sporthalle, dann wurde es aufgrund von Baufälligkeit geschlossen. Zum Recherchezeitpunkt war geplant, den Palast zu renovieren und zukünftig als Veranstaltungsraum zu nutzen.

Avenida da Liberdade und Santana → Karte S. 68/69

Meisterwerk der Lissabonner U-Bahn

Metrostation Parque

Beim Bau einiger U-Bahn-Stationen hat man so viel Wert auf deren Gestaltung gelegt, dass wahre Kunstwerke entstanden sind. Das Meisterwerk der Lissabonner U-Bahn ist die Station Parque, die 1994 neu gestaltet wurde. Hier kann man stundenlang die vielfältigsten Motive betrachten. Die dunkelblauen Wände zieren Zeichnungen zur Geschichte der Sklaverei, außerdem sind Schiffe, Pflanzen, geometrische Figuren und Landkarten abgebildet. Doch am meisten beeindruckt die Decke: Buchstabe für Buchstabe ist auf je einem Azulejo die Erklärung der Menschenrechte verewigt. Die belgische Künstlerin Françoise Schein schuf hier ein Meisterwerk.

Praktische Infos   → Karte S. 68/69

Restaurants

🌿 **PSI 2** Tägl. (außer So) 12.30–22 Uhr. Vegetarisches Restaurant in schöner Lage unweit der deutschen Botschaft. Esoterisch angehauchte Oase gesunder Ernährung inmitten einer kleinen Parkanlage. Im Innern freundliche Dekoration in warmen Farbtönen, oft asiatische Meditationsmusik. Im Sommer auch Betrieb im Glaspavillon und auf der Terrasse. Hauptgerichte ab 10,90 €, exotische Salate und viele Säfte. Alameda Santo António dos Capuchos – Jardim dos Sabores, ✆ 213590573, www.restaurante-psi.com.

Pavilhão dos Desportos Carlos Lopes

🌿 **Os Tibetanos 5** Mo–Fr 12.15–14.45 und 19.30–22.30 Uhr, Sa 12.45–15.30 und 20–23 Uhr, So 12.45–15.30 und 19.30–22.30 Uhr, Fei nur abends. Vegetarisches Restaurant in einem tibetisch-buddhistischen Meditationszentrum. Kleine Räumlichkeiten mit Blick auf den botanischen Garten und die Burg, ruhiges Ambiente. Man kann auch im begrünten Hof essen. Große Auswahl an Tees. Mittagsmenu ab 9,50 €, sonst à la carte ab 9,90 € für das Hauptgericht. Rua do Salitre, 117, Ⓜ Avenida, ✆ 213142038, www.tibetanos.com.

🌿 **Jardim doSentidos 7** Mo–Fr 12–15 Uhr und Mo–Sa 19–22.30 Uhr (Fr/Sa bis 23 Uhr), So geschl. Vegetarisches und auch veganes Restaurant etwas oberhalb der Praça da Alegria. Das gewölbeartige Gemäuer ist gelungen in orientalisch-fernöstlichem Ambiente gestaltet, die begrünte Terrasse im Hinterhof ist ebenfalls sehr einladend. Mittags wird im Restaurant ein vegetarisches Büfett serviert (ab 8,90 €), abends à la carte mit Hauptgerichten ab 8,90 €. Viele Salate, Tofu und Seitan im Angebot. Rua da Mãe d'Água, 3, Ⓜ Avenida, ✆ 213423670, www.jardimdosentidos.com.

O Forninho Saloio 3 Tägl. (außer So) 12–22.30 Uhr. In einer Seitengasse nahe der Rua de Santa Marta. Zwei kleine, mit Azulejos geschmückte Speisesäle, die mittags mit zahlreichen Büroangestellten besetzt sind. Auf Fisch und Fleisch vom Holzkohlegrill spezialisiert, die schmackhaft zubereitet werden. Einfach eingerichtet. Hauptspeisen ab 7,40 €. Travessa das Parreiras, 39, Ⓜ Marquês de Pombal, ✆ 213532195, www.forninhosaloio.com.

Verde Minho 10 Tägl. (außer So) 12–23 Uhr. Kleiner Raum, durch den der Rauch der auf Holzkohle gegrillten Fische zieht. Seit 1993 typisches Nachbarschaftsrestaurant: Azulejos

Praça dos Restauradores mit Cineteatro Éden von Architekt Cassiano Branco

Avenida da Liberdade und Santana → Karte S. 68/69

zieren die Wände, der Fernseher fehlt natürlich auch nicht. Küchenchefin Dona Maria kommt aus der für ihre gute Küche bekannten nordportugiesischen Region Minho. Hauptgerichte ab 7 €, für den normalen Hunger reichen die halben Portionen ab 5 €. Calçada de Santana, 17 und 19, Ⓜ Rossio, ✆ 218860657, www.facebook.com/149748581725522.

Goethe Café 🄴 Mo–Do 8.30–20 Uhr, Fr 8.30–18 Uhr, Sa 9–16.30 Uhr, So geschl. Im 1. Stock des Goethe-Institutes. Tagesgerichte ab 6 € (kein Abendessen), auch vegetarisch. Außerdem Currywurst, Sandwiches und gute Salatauswahl. Das Innere erinnert an eine Uni-Mensa, aber im Sommer ist hinter dem Gebäude der angenehm schattige Biergarten geöffnet: Abgeschieden vom Trubel der Großstadt kann man im Schatten des ältesten Drachenbaums Portugals bei einem Paulaner-Weizenbier, einem Kaffee oder einem Fruchtsaft die Aussicht auf die Stadt und die außergewöhnliche Ruhe genießen. Goethe-Institut, Campo dos Mártires da Pátria, 37, ✆ 218824528, www.facebook.com/goethecafelisboa.

A Tigelinha 🄶 Tägl. 8–23 Uhr. Snackbar etwas oberhalb des Rossio auf dem Santana-Hügel. Kleiner, voll verkachelter Speiseraum. TV läuft in der Ecke. Die Kundschaft kommt vor allem aus dem Viertel. Solide, schmackhafte portugiesische Küche ohne Finessen, aber dafür mit reichlichen Portionen. Spezialität ist gegrillter Fisch. Hauptgerichte ab 6,75 €, halbe Portionen schon ab 4,75 €. Calçada de Santana, 62, Ⓜ Rossio, ✆ 218873110.

Sapore 🄱 Tägl. (außer So) 12–15.30 und 19–23 Uhr. Sehr preisgünstiger Italiener am Rand des Stadtparks. Mittelgroßer Speiseraum. Mittags meist dicht besetzt – wenn es zu voll wird, gibt es einen weiteren Raum im Keller. Bei gutem Wetter auch einige Tische auf der Terrasse. Einfache, italienische Küche mit Pizzen und Nudelgerichten ab 5,50 €, auch Salate. Av. Sidónio Pais, 2-B, Ⓜ Parque, ✆ 213140434.

Cafés

Linha d'Água 🄵 (→ Karte „Av. Novas" S. 76/77) Tägl. 10–20 Uhr (im Sommer bis 2 Uhr). Modernes Selbstbedienungscafé, das um den Rand eines Wasserbeckens im Jardim Amália Rodrigues gebaut wurde. Dieser Park schließt sich direkt an den Stadtpark Parque Eduardo VII an. Die weithin sichtbare, große portugiesische Fahne weht nicht weit entfernt. Viele Tische im Freien unter einem schattenspendenden Vordach aus Metalllamellen. Innen weiterer Raum mit großer Fensterfront. Beliebter Treffpunkt für frisch verliebte Paare. Rua Marquês da Fronteira, Jardim Amália Rodrigues, Ⓜ São Sebastião, ✆ 213814327, www.linhadeagua.pt.

Im modernen Stadtzentrum
Tour 5

In den Avenidas Novas pulsiert
das moderne Leben der
portugiesischen Hauptstadt.
Bürogebäude prägen das Bild,
aber auch Paläste aus dem 19. Jh.
und die pseudomaurische
Stierkampfarena am Campo
Pequeno. Mehrere Museen lohnen
den Besuch, darunter das
weltbekannte Museum des
armenischen Kunstsammlers und
Ölmagnaten Calouste Gulbenkian.

Museu Calouste Gulbenkian,
Kunstmuseum von
internationalem Rang , S. 75

Campo Pequeno,
Stierkampfarena, S. 79

Die neuen Alleen Lissabons
Avenidas Novas

Unter der Woche sind die Avenidas Novas sehr belebt, besonders während der
Rushhour schieben sich lange Auto-
schlangen durch die Hauptverkehrs-
achsen Avenida Fontes Pereira de
Melo, Avenida da República und Avenida Almirante Reis. Am Wochenende
dagegen, wenn die Büros geschlossen
sind, fällt eine gewisse Schläfrigkeit
über die sonst so quirlige Viertel. Bei
gutem Wetter spielt sich das Leben
dann in den Grünanlagen der Avenidas
Novas ab. Dort sitzen die Rentner und
spielen eine Partie *sueca*, ein portugiesisches Kartenspiel, während sich die
Kinder beim Fußballspielen vergnügen.
So manch einer verbringt seine Freizeit
auch bei einem für Mitteleuropäer eher
befremdlichen Spektakel: dem Stierkampf in der opulenten Arena am
Campo Pequeno.

Die „Neuen Alleen" wurden Ende des
19. und Anfang des 20. Jh. angelegt, um
Lissabon in das vom Tejo abgewandte
Gebiet hinein zu erweitern. Spätestens
mit dem Bau der U-Bahn ab 1959 mau-
serte sich die Gegend zum modernen
Zentrum der portugiesischen Hauptstadt: Große, mehrstöckige Bürogebäude, Hotels und Einkaufszentren verdrängten die alten Villen aus der Wen-
dezeit vom 19. zum 20. Jh. Obwohl die
meisten Häuser aus dieser Epoche inzwischen der Abrissbirne zum Opfer
gefallen sind, entdeckt man immer
wieder schöne Altbauten und kleine Ju-
gendstilpaläste.

Vielen Gebäuden ist es von außen
nicht anzusehen, dass die Avenidas
Novas zu den teuersten Wohnvierteln
der Stadt gehören. Selbst das ehemalige Arbeiterviertel Arco do Cego ist
inzwischen eher etwas für Wohl-
habendere. Wer weniger hat, wohnt
vor allem um die südliche Hälfte der
Avenida Almirante Reis im Ostteil der
Avenidas Novas.

Spaziergang

Mit der Metro geht es zur Station Praça de Espanha, um dort eines der bedeutendsten Kunstmuseen Portugals, das **Museu Calouste Gulbenkian**, zu besichtigen.

Vom Gulbenkian-Park um das Museum schlendert man zu Fuß die grüne Avenida Elias Garcia entlang. An der Kreuzung mit der Avenida Marquês de Tomar lohnt sich ein kurzer Abstecher nach links zur Kirche Igreja de Fátima mit ihrer modernistischen Architektur aus der Zeit des Diktators Salazar. Über die Avenida da República erreicht man den **Campo Pequeno** mit der prächtig dekorierten Stierkampfarena Lissabons und seinem angeschlossenen Museum.

Im Palácio Galveias an der Südseite des Platzes befindet sich die Stadtbibliothek Biblioteca Municipal. Bereits nicht zu übersehen ist der gegenüberliegende Hauptsitz der Nationalsparkasse Caixa Geral de Depósitos (CGD), der mit seinem weißen Granit an eine gigantische Akropolis erinnert. Neben dem riesigen Gebäude der Nationalsparkasse liegen die Häuschen des ehemaligen Arbeiterstadtteils Arco do Cego.

Die Gebäude an der benachbarten Praça de Londres sind typische Beispiele der Estado-Novo-Architektur unter Salazar. Dieser Stil wird in Portugal wegen seiner schnörkellosen und regelmäßigen Bauweise *Português Suave* („sanfter portugiesischer Stil") genannt.

In derselben Epoche wurde auch die nahe gelegene Prachtallee Alameda Dom Afonso Henriques mit ihrem beleuchteten Springbrunnen und der Technischen Universität *Instituto Superior Técnico* errichtet. Ein besonders auffälliges Beispiel der Salazar-Architektur sind die ältesten Hochhäuser Lissabons am Endpunkt der Spaziergangs, der Praça do Areeiro, die offiziell Praça Francisco Sá Carneiro heißt.

Wer sich für chinesisches Porzellan interessiert, sollte anschließend noch mit der U-Bahn bis zur Station Saldanha fahren (von der Station Alameda fährt die rote Linie direkt dorthin). Hier bietet die **Casa-Museu Dr. Anastásio Gonçalves** eine sehenswerte Sammlung in einem Jugendstilhaus.

Sehenswertes

Kunstmuseum von internationalem Rang

Museu Calouste Gulbenkian

Erbaut wurde das Museum mit den Dollars des reichen Armeniers Calouste Sarkis Gulbenkian, der den Lebensabend in Lissabon verbrachte und seine Ölmilliarden einer Stiftung vermachte. Es gibt zwei Museumsgebäude: Zum einen die *Coleção do Fundador*, die 1969 speziell für seine 6000 Werke umfassende Kunstsammlung errichtet wurde. Zum anderen die *Coleção Moderna*,

Ü bernachten (S. 250/251)
47 Hotel Zenit Lisboa
48 Eurostar Lisboa Parque Hotel

E ssen & Trinken (S. 80–83)
1 Salsa & Coentros
2 Os Courenses
3 Pizzeria Ristorante Lucca
5 Carnalentejana
11 O Talho
13 Siam Square
14 Espiral

C afés (S. 83/84)
6 Pastelaria Mexicana
7 Museu Calouste Gulbenkian
8 Choupana Caffe
9 Pastelaria Versailles
10 Museu Calouste Gulbenkian
15 Linha d'Água (S. 73)
16 Esplanada do Miradouro do Monte Agudo

E inkaufen (S. 84)
4 Mercado Biológico
12 El Corte Inglés

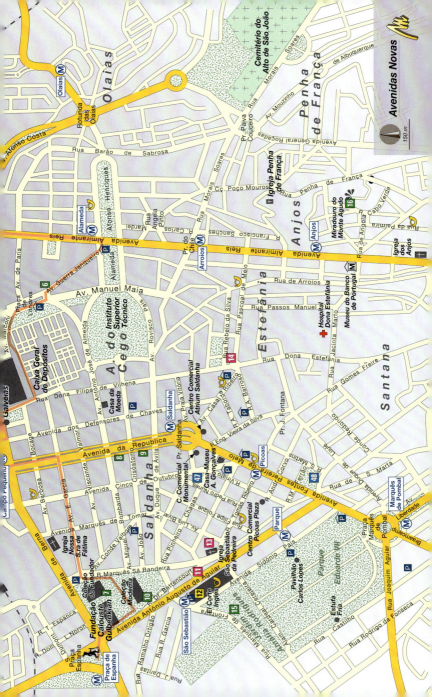

die moderne Kunst zeigt und nicht vom persönlichen Geschmack des Armeniers geprägt ist, da sie später entstanden ist. Zwischen beiden Gebäuden liegt der schön begrünte Park Jardim Gulbenkian, der ebenso wie die beiden Museumscafés zum Verweilen einlädt (→ „Cafés", S. 83).

Der Rundgang durch die *Coleção do Fundador* gliedert sich in zwei große Blöcke: Der eine widmet sich der orientalischen, fernöstlichen und griechisch-römischen Kunst, der andere der europäischen Kunst ab dem 11. Jh. Ausgestellt sind neben Möbeln, Teppichen und Skulpturen vor allem Gemälde, darunter Werke von Rubens, Renoir, Rembrandt, La Tour, van Dyck und vielen anderen europäischen Meistern. Raumfüllend ist eine Serie Wandteppiche aus Mantua, Italien. Sie sind um 1540 entstanden und zeigen Kinderspiele.

Zahlreiche Werke stammen aus dem Nahen, Mittleren und Fernen Osten: Teppiche sowie Azulejos aus Persien, Syrien und der Türkei aus dem 16./17. Jh. (sie sind mit geometrischen Mustern und Koransuren verziert), Glaslampen aus ägyptischen und syrischen Moscheen. Aus China sind Porzellangefäße des 17./18. Jh. ausgestellt. Ein eigener Raum ist der anmutigen

Mister 5 Percent – Calouste Sarkis Gulbenkian

Geboren wurde der Ölmilliardär als Sohn armenischer Eltern am 14. April 1869 in Konstantinopel. Aufgewachsen ist er in Marseille und London, wo er 1902 die englische Staatsbürgerschaft erwarb. Die langen Aufenthalte in verschiedenen Ländern sind auch der Grund für seine ungewöhnlichen Sprachkenntnisse: Calouste Sarkis Gulbenkian sprach neben Armenisch, Türkisch, Arabisch, Englisch und Französisch auch Deutsch und Italienisch. Als Vermittler für den amerikanischen Ölkonzern Standard Petroleum erwarb er kurz vor dem Ersten Weltkrieg die alleinigen Bohrrechte in den damaligen türkischen Gebieten und gründete die Turkish Petroleum. An ihr war er wie auch an der Nachfolgefirma Iraq Petroleum mit 5 % beteiligt. Das brachte ihm den Spitznamen „Mister 5 Percent" ein. Neben Öl handelte Gulbenkian mit Kupfer, Kautschuk und Motoren. Zeitweise galt er mit einem auf zwischen 600 Millionen und 2,4 Milliarden Euro geschätzten Vermögen sogar als der reichste Mann der Welt. Bis zum Zweiten Weltkrieg lebte der Armenier in einem Palast in Paris und begann dort, seine riesige Kunst- und Münzensammlung anzuhäufen. Dann zog er nach Lissabon ins Hotel Aviz, das später dem Betonbau des Sheraton-Hotels weichen musste. Im Alter von 86 Jahren starb Gulbenkian am 20. Juli 1955 in Lissabon. Sein Vermögen hinterließ er zum größten Teil der Gulbenkian-Stiftung.

Ölmagnat und Kunstmäzen Gulbenkian

Metrostation Parque – von den portugiesischen Überseefahrten inspirierte Dekoration

Diana-Statue von Jean-Antoine Houdon gewidmet (Paris 1780). In einem weiteren Saal werden Schmuck, Kämme und Vasen präsentiert, die der französische Jugendstilkünstler René Lalique im 20. Jh. in Paris entworfen hat.

Im zweiten Museumsbau *Coleção Moderna* sind dagegen vor allem Werke portugiesischer Maler des 20. Jh. ausgestellt. Darunter der von Paul Cézanne beeinflusste Eduardo Viana (1881–1967), der Pionier des Surrealismus Portugals António Dacosta (1914–1990) oder José de Almada Negreiros (1893–1970), einer der bekanntesten und vielseitigsten portugiesischen Künstler des 20. Jh. Dazu gibt es hier regelmäßig sehr sehenswerte Sonderausstellungen.

www.gulbenkian.pt/museu. Coleção do Fundador: Av. de Berna, 45A, ℰ 217823000, Ⓜ Praça de Espanha. Coleção Moderna: Rua Dr. Nicolau Bettencourt, ℰ 217823474. Ⓜ São Sebastião. Beide Museumsteile: Mi–Mo 10–18 Uhr, Di/Fei zu. Einlass bis 30 Min. vor Schluss. Eintritt 10 € (für Sonderausstellungen teilweise gesonderter Eintritt). Ermäßigungen: ab 65 J., für Studenten bis 30 J. und mit Cartão Jovem 50 %, unter 12 J. kostenlos bzw. unter 18 J. in Begleitung eines Familienangehörigen, außerdem jeden So ab 14 Uhr generell freier Eintritt.

Stierkampfarena

Campo Pequeno

Die Stierkampfarena mit ihrer verspielt pseudomaurischen Architektur wurde vom Architekten António José Dias da Silva entworfen und 1892 eröffnet. Der kreisrunde Innenraum hat einen Durchmesser von 40 m. Um ihn reihen sich die Tribünen mit Platz für 7000 Zuschauer. Seit der Renovierung 2006 ist die Arena komplett überdacht, sodass hier inzwischen auch Konzerte stattfinden und im Erd- und Untergeschoss Restaurants, Geschäfte sowie ein Kino eingezogen sind. Im Obergeschoss kann man sich im *Museu do Campo Pequeno* über die Geschichte des portugiesischen Stierkampfs informieren. Ausgestellt sind Degen und Uniformen sowie Plakate, Zeichnungen und Fotografien. Außerdem werden im Museum auch Führungen durch die Arena angeboten.

ℰ 217998450 und 217998456, www.campo pequeno.com. Ⓜ Campo Pequeno. Museum: tägl. 10–13 und 14–19 Uhr (Nov.–März nur bis 18 Uhr, an Tagen mit Stierkämpfen steht das Museum bis 20 Uhr offen, die Führungen

Praça de Londres: im Stil des Estado Novo Salazars gestaltet

enden aber um 16 Uhr). Eintritt für Museum und Führung 5 €, Studenten und Rentner 3 €. Nur Arena-Führung 3 €, Studenten und Rentner 2 €. Unter 12 J. generell frei.

Porzellan und Malerei

Casa-Museu Dr. Anastásio Gonçalves

Der erste Schwerpunkt des Museums ist eine der international bedeutendsten Sammlungen von blau-weißem chinesischem Porzellan des 16./17. Jh. Der zweite Schwerpunkt sind naturalistische Gemälde und Aquarelle bekannter portugiesischer Künstler des 19. und 20. Jh., darunter Silva Porto, Columbano Bordalo Pinheiro, Domingos Antó-

nio de Sequeira und José Malhoa. Untergebracht ist das Museum im ehemaligen Haus des Malers José Malhoa, das 1904 im Jugendstil erbaut wurde. Der Architekt Manuel Joaquim Norte Júnior erhielt dafür 1905 den bedeutendsten portugiesischen Architekturpreis, den *Prémio Valmor*. Später wohnte hier der Arzt und Kunstsammler Dr. Anastásio Gonçalves, aus dessen Sammlung die etwa 2000 Ausstellungsstücke stammen.

Av. 5 de Outubro, 6–8, ☎ 213540923, http://blogdacmag.blogspot.pt. Ⓜ Saldanha. Tägl. (außer Mo und Fei) 10–18 Uhr. Eintritt 3 €, unter 25 J. und ab 65 J. 50 % Ermäßigung, mit Cartão Jovem 60 %, bis 14 J. frei. Kombiticket mit dem Museu do Chiado 5 €. Erster So im Monat generell freier Eintritt.

Praktische Infos   → Karte S. 76/77

Restaurants

mein.Tipp O Talho 🔟 Tägl. 12.30–17 und 19.30–23.30 Uhr. Der Himmel auf Erden für karnivore Feinschmecker liegt in Lissabon in einem

schlichten Bürohaus direkt neben der U-Bahn-Station São Sebastião. Der Name des Restaurants („Fleischerei") ist Programm: Im vorderen, kühlen Raum wird rohes Fleisch aus Portugal und Uruguay verkauft, im hinteren, angenehm beleuchteten Saal werden exzellent zubereitete Fleischspeisen serviert. Hauptgerichte ab 16,90 €. Als Vorspeise sollte man die Gyozas, japanische Maultaschen, probieren. Es macht Spaß, dem emsigen Arbeiten der Küchenmannschaft des portugiesischen Chefs Kiko Martins zuzusehen. Die sehr kreative Küche ist eine der beliebtesten Lissabons, daher unbedingt reservieren. Rua Carlos Testa, 1-B, Ⓜ São Sebastião, ✆ 213154105, www.otalho.pt.

🌿 **Carnalentejana** 5 Tägl. 12–15 und Mo–Sa 19–23 Uhr, So Abend zu. Direkt links vom Haupteingang der Stierkampfarena Campo Pequeno. Unten Barbereich und Fleisch-Verkauf, oben mehrere Säle mit rohen Steinen und Betonwänden, gekonnt minimalistisch eingerichtet. Hier serviert eine Kooperative von Züchtern der seltenen Rinderrasse Alentejana schmackhafte Steaks ab 12,95 € und Hamburger ab 7,50 €. Die Rinder werden im Alentejo in Südportugal in extensiver Wirtschaft gehalten, wachsen deutlich langsamer als in Massentierhaltung heran und entwickeln so ein zartes, geschmackvolles Fleisch. Neben Rind auch iberisches Landschwein (*porco preto*) und Lamm im Angebot. Wer Knoblauch und Koriander mag, sollte den Brotbrei *açorda* als Beilage probieren. Es gibt auch eine Filiale in der Nähe des Cais do Sodré: Vicente by Carnalentajana (in

der Rua das Flores, 6). Praça de Touros Campo Pequeno, Loja 601, Ⓜ Campo Pequeno, ✆ 218237126, www.facebook.com/Restaurante Carnalentejana.

MeinTipp **Salsa & Coentros** 1 Tägl. (außer So) 12.30–15 und 19.30–23 Uhr (Küche bis 22 Uhr). Etwas abseits touristischer Pfade im Stadtteil Alvalade gelegen. Exzellente südportugiesische Küche aus dem Alentejo. Fast immer komplett ausgebucht, dann bleiben nur noch die Tische unter der Markise auf dem Bürgersteig. Spezialität ist Wild wie z. B. Rebhuhn (*perdiz*). Große Auswahl auch an Gerichten mit Fleisch vom sog. schwarzen Schwein (Iberisches Schwein): empfehlenswert ist z. B. die gegrillte Lende mit einer Soße aus Öl, Essig und Petersilie sowie frischem Koriander (*lombo porco preto grelhado*). Hauptgerichte ab 10,25 €. Rua Coronel Marques Leitão, 12, Ⓜ Alvalade (oder Bus 744 ab Saldanha bis Halt Bombeiros Alvalade), ✆ 218410990, www.salsaecoentros.pt.

Siam Square 13 Mo–Fr 12–15 Uhr und Mo–Sa 19–23 Uhr, So geschl. Thailändisches Restaurant etwas versteckt in einer Querstraße südlich des Gulbenkian-Museums. Reichhaltige Auswahl, angefangen beim Couvert aus Gemüserollen, Salat und verschiedenen Soßen – für

Campo Pequeno: heute dient die Stierkampfarena vor allem als Restaurantmeile

den normalen Hunger dürfte das als Vorspeise ausreichen. Große Auswahl an Hauptgerichten ab 9,75 € (Mo–Fr mittags ab 6 €), die dem thailändischen Original nahekommen. Der Speiseraum ist mit bunten Regenwaldmotiven bemalt, sonst aber eher gehobenes Ambiente. Av. Luis Bivar, 7-A, Ⓜ São Sebastião, ✆ 213160529, www.restaurantesiamsquare.com.

Os Courenses 2 Mo–Sa 11.30–15.30 Uhr und Mo–Fr 19–22 Uhr, So geschl. Die Küche erfreut sich bei den Bewohnern des Stadtteils Alvalade großer Beliebtheit: mittags häufig komplett besetzt, dann muss mit Wartezeiten gerechnet werden. Oben ein langgestreckter Speiseraum, hinter dem sich überraschend ein weiterer, dicht bestuhlter Saal öffnet. Gerichte aus verschiedenen portugiesischen Regionen vom deftigen Eintopf (*cozido à portuguesa*) über Steak zum Selbstbraten (*naco de lombo na pedra*) bis zum Fisch vom Holzkohlegrill. Tagesgerichte ab 9 €. Rua José Duro, 27-D, Ⓜ Alvalade, ✆ 210469514, www.restauranteoscourenses.com.

Pizzeria Ristorante Lucca 3 Tägl. 12–15.30 und 19–1 Uhr. Pizzeria in der Nähe des Bahnhofs Roma-Areeiro. Großer Speiseraum mit gelb gestrichenen Wänden, die von leicht grünlichem Licht angestrahlt werden. Hinten kann man durch ein breites Fenster in die Küche schauen. Gerne von Familien aus der Nachbarschaft besucht, daher geht es ab und zu auch mal lebhafter zu. Leckere Pizzen und Calzonen aus dem Holzofen ab 8,20 €. Auch Nudeln und Fleisch. Travessa Henrique Cardoso, 19-B, Ⓜ Roma, ✆ 217972687, www.lucca.pt.

Espiral 14 Tägl. 12–22.30 Uhr (So nur bis 15.30 Uhr), Frühstück in der Cafeteria Mo–Sa ab 8 Uhr. Vegetarisches Restaurant im Stadtteil Estefânia: Im Keller eine Selbstbedienungstheke und der mit viel Holz eingerichtete Speiseraum. Man hat die Wahl zwischen fertig zusammengestellten Gerichten oder Einzelkomponenten. Es gibt makrobiotisches, vegetarisches und veganes Essen wie Suppen, Nudel- und Reisgerichte. Im Speiseraum kann man sich

Bühne im Park der Gulbenkian-Stiftung

kostenlos Tee einschenken. Hauptgerichte 6,45 €, Menu 7,90 €. Oben findet man ein Geschäft mit esoterischen Artikeln, einen Naturkostladen und nebenan im Haus 14-B eine kleine Selbstbedienungs-Snackbar. Praça da Ilha do Faial, 14-A, Ⓜ Saldanha, ✆ 214094487, www.espiral.pt.

Cafés

Choupana Caffe 🔳 Tägl. 7–20 Uhr. Modernes Café, das man vom Stil her eher in Mitteleuropa vermuten würde. Sehr beliebt zum Frühstücken, Brunchen und eine schnelle Mahlzeit zwischendurch, da das Angebot über das übliche Sortiment hinausreicht: Scones, Bagels, Sandwiches, Toasts, Wraps, breite Joghurt-Auswahl sowie Brote aus der eigenen Bäckerei. Berühmt aber aufgrund der leckeren Croissants (z. B. mit Apfel, Nutella oder Schokolade). Junges Hipster-Publikum. Av. da República, 25-A, Ⓜ Saldanha, ✆ 213570140, www.choupanacaffe.pt.

𝘮𝘦𝘪𝘯Tipp Esplanada do Miradouro do Monte Agudo 🔳 Tägl. (außer Mo) 12–20 Uhr. Café an einem der unbekanntesten Aussichtspunkte Lissabons. Zu erreichen von der Metrostation Anjos über die Rua de Angola und die Rua Ilha do Príncipe (hier die Treppen rechts hoch). Neben diversen Getränken gibt es Toasts. Nur Terrassencafé, keine Tische im Inneren. Unerwartet schöner Blick auf die Avenidas Novas, Santana, Estrela, die Brücke des 25. April und die Graça – besonders schön bei Sonnenuntergang. Miradouro do Monte Agudo, Ⓜ Anjos, ✆ 218120654, www.facebook.com/CafeEsplanadaDoMiradouroDoMonteAgudo.

Pastelaria Mexicana 🔳 Tägl. 7.30–22 Uhr. Diese Lissabonner Institution wurde 1946 eröffnet und aufgrund der modernistischen Architektur sogar unter Denkmalschutz gestellt. Besonders sehenswert ist ein 1962 an der Rückwand des Speisesaals angebrachtes Keramikbild „Sol Mexicano" („mexikanische Sonne") des portugiesischen Künstlers Querubim Lapa. Viele qualitativ hochwertige Gebäckspezialitäten aus eigener Produktion, besonders unter Verwendung von Eigelb. Es werden auch Mittag- und Abendessen angeboten. Wer will, kann auf der großen Terrasse an der Praça de Londres Platz nehmen, die früher Praça do México hieß und dem Café den Namen gegeben hat. Av. Guerra Junqueiro, 30, Ⓜ Alameda, ✆ 218486117, www.mexicana.pt.

Museu Calouste Gulbenkian 🔳 und 🔟 Tägl. (außer Di und Fei) 10–17.45 Uhr. Im Gulbenkian-Museum gibt es gleich zwei sehr empfehlenswerte Museumscafés: Das hübschere der beiden liegt im Untergeschoss des Gebäudes der Coleção do Fundador (hier kann man sogar auf einer kleinen Terrasse inmitten des Gulbenkian-Parks speisen). Das bessere Speiseangebot bietet aber die Cafetaria im Erdgeschoss der Coleção Moderna. Von 12 bis 16 Uhr gibt es hier an einer Selbstbedienungstheke Hauptgerichte ab 6,20 € sowie eine große Auswahl an leckeren Salaten und Nachspeisen. Einziger Nachteil: Oft gibt es lange Warteschlangen. Coleção do Fundador: Av. de Berna, 45A, ✆ 217823000, Ⓜ Praça de Espanha. Coleção Moderna: Rua Dr. Nicolau Bettencourt, Ⓜ São Sebastião, ✆ 217823474, www.gulbenkian.pt/museu.

Pastelaria Versailles 🔳 Tägl. 7.15–24 Uhr. Großer Saal mit Empore, Säulen, Stuckdecke, Spiegeln und Marmor. 1922 eröffnet und eines der schönsten Cafés Lissabons. Sehr angenehme

Avenidas Novas → Karte S. 76/77

Atmosphäre, die an Wiener Kaffeehäuser erinnert. Hervorragende Auswahl an vorzüglichem Gebäck (z. B. die *pastéis de nata,* die mit Gabel serviert werden). Vor allem ältere Herrschaften verkehren hier, die sich nicht von den etwas über dem Normalniveau liegenden Preisen abschrecken lassen. Av. da República, 15-A, Ⓜ Saldanha, ✆ 213546340, www.facebook.com/125661190814840.

Einkaufen

Einkaufszentren   **El Corte Inglés** 🔢 Tägl. 10–22 Uhr (Fr/Sa bis 23.30 Uhr, So nur bis 20 Uhr). Direkter Eingang von der Metrostation São Sebastião. Am oberen Ende des Stadtparks Eduardo VII. Das einzige große Kaufhaus in Lissabon und zugleich die erste portugiesische Filiale dieser spanischen Kette. Im Untergeschoss ein Supermarkt mit einer guten Lebensmittelauswahl, darunter zahlreiche portugiesische Weine und deutsche Biersorten. Ansonsten die üblichen Abteilungen für Damen- und Herrenmode, Sport, Haushalt und Kosmetik. Beeindruckende Ausmaße auf 13 Etagen. Av. António Augusto de Aguiar, 31, ✆ 902224411, Ⓜ São Sebastião, www.elcorteingles.pt.

🔖 **Märkte**   **Mercado Biológico** 🔢 Jeden Sa 9–14 Uhr. Biomarkt im Park um die Arena Campo Pequeno mit Anbietern aus den ländlichen Regionen um Lissabon. Jardim do Campo Pequeno, Ⓜ Campo Pequeno, www.agrobio.pt.

Lissabon im Kasten
Portugiesischer Stierkampf

Die goldene Zeit des Stierkampfs in Portugal waren die Jahre zwischen 1920 und 1950, seitdem hat er auch hier drastisch an Beliebtheit und Akzeptanz verloren. Tierschützer fordern ähnlich wie in Barcelona auch für Lissabon ein Verbot – und das obwohl der Stier in Portugal seit etwa Mitte des 19. Jh. anders als in Spanien und Lateinamerika nicht mehr beim Kampf getötet wird. 1928 wurde diese Tradition sogar gesetzlich festgeschrieben, und bis auf wenige Ausnahmen wird das Tötungsverbot auch eingehalten. Das Verbot bezieht sich allerdings ausdrücklich auf die Tötung des Tieres in der Arena. Sterben muss es dennoch – und zwar nach dem Kampf im Schlachthof, wo es verletzt mitunter noch eine ganze Weile ausharren muss, bis die Tötung vollzogen wird. Auch der Kampf in der Arena ist keineswegs unbrutal. Im Vergleich zu ihren spanischen Artgenossen bleiben den portugiesischen Stieren dort lediglich die Lanzenstiche der *picadores* und das unwürdige Herumstochern von spanischen Anfängertoreros erspart, die es nicht schaffen, dem Stier den tödlichen Degenstoß zu versetzen.

Der eigentliche Kampf beginnt mit einem Angriff des *cavaleiro* (Reiter), der versucht, *farpas* (Pfeile mit bunten Bändeln) in den Nacken des Tieres zu stoßen. Die Hörner des Stiers sind dabei mit Lederkappen versehen, damit das Pferd des Reiters geschont wird. Anschließend betritt ein *matador* die Arena, um den Stier mit einem roten Tuch, der *muleta,* weiter zu reizen und zu ermüden. Zum Abschluss haben die *forcados* (Stiertreiber) ihren Auftritt. Sie sind die heimlichen Stars des portugiesischen Stierkampfs und haben die Aufgabe, den Stier ganz ohne Waffen zu Boden zu zwingen: Einer springt ihm todesmutig zwischen die Hörner, die anderen helfen von den Flanken, um das Tier zu überwältigen. Ist das geschafft, kommt das für Nichteingeweihte unerwartete Ende: Unter Glockengeläute werden weitere Rinder in die Arena gelassen, denen der überwältigte Stier in der Regel brav bis zum Ausgang folgt. Von dort geht's dann auf direktem Weg zur wirklich finalen Station Schlachthof.

Die Stierkampf-Saison beginnt jedes Jahr am Ostersonntag und endet im Oktober.

Stadtbibliothek im Palácio Galveias

Durch Lissabons Szeneviertel
Tour 6

In diesem Altstadtgebiet mit seinen zahlreichen Bars spielt sich ein Großteil des Lissabonner Nachtlebens ab, auch viele kleine Modeläden und Galerien sind zu finden. Mehrere schöne Aussichtspunkte und der botanische Garten lockern die rechtwinklig verlaufenden Gassen ein wenig auf.

- **Igreja de São Roque**, prachtvoll ausgestattete Jesuitenkirche, S. 89
- **Convento dos Cardaes**, Kloster mit reicher Barockkunst, S. 91
- **Miradouro de Santa Catarina**, Riesenaussicht, S. 92

Die Oberstadt
Bairro Alto

Das Bairro Alto (= Oberstadt) entstand bereits im 16. Jh. Durch die Reichtümer aus den Kolonien erlebten der städtische Handel und das Handwerk einen enormen Aufschwung, neue Geschäftsviertel wurden benötigt. Ein idealer Kandidat war das noch weitgehend brachliegende Bairro Alto. Nachdem die Jesuiten hier 1553 ihren Lissabonner Hauptsitz eingerichtet hatten, zogen zunehmend auch Adelige in die Oberstadt und errichteten dort zwischen den Wohnhäusern der Unterschichten ihre noblen Paläste.

Noch heute hat das Viertel ein ganz besonderes Flair. In den letzten Jahren ließen sich hier viele kleine Modeläden und Szenegeschäfte nieder. Nachmittags herrscht im Bairro Alto ein buntes Durcheinander aus Studenten, Touristen und Hausfrauen, die auf dem Balkon ein Schwätzchen halten. Für die Lissabonner bedeutet das Bairro Alto jedoch vor allem Nachtleben (→ S. 214–221)!

Spaziergang

Von der Praça dos Restauradores (Ⓜ Restauradores) ist die Oberstadt mit dem Aufzug **Ascensor da Glória** bequem zu erreichen. Oben angekommen, kann man vom Aussichtspunkt *Miradouro de São Pedro de Alcântara* einen schönen Blick auf die Burg genießen. Direkt gegenüber liegt das ehemalige Franziskanerkloster *Convento de São Pedro de Alcântara*, das dem Aussichtspunkt zu seinem Namen verhalf. In der Klosterkirche aus dem Jahr 1670 (Eingang Rua Luísa Todi, 1) sind schöne Azulejos mit Szenen des Mönchsordens zu sehen.

Nach einem kurzen Fußweg die Rua de São Pedro de Alcântara hinunter, erreicht man die barocke Jesuiten-Prunkkirche **Igreja de São Roque** mit dem Museum für sakrale Kunst, dem **Museu de São Roque.**

Nun geht es in die Gassen des Bairro Alto: Man kann sich im rechtwinkligen Gassenraster einfach treiben lassen oder unserem vorgeschlagenen Weg folgen: Travessa da Queimada, Travessa dos Inglesinhos und dann rechts in die Rua da Rosa. Auf der Anhöhe angekommen, erreicht man den elegantesten Platz der Oberstadt, die *Praça do Príncipe Real.* Hier kann man in der Platzmitte im Café eine Ruhepause einlegen und die sehenswerten Paläste betrachten. Besonders auffällig ist der pseudo-maurische Palacete Ribeiro da Cunha aus dem 19. Jh., in dem das Luxus-Einkaufszentrum *Embaixada* untergebracht ist (→ „Einkaufen", S. 97).

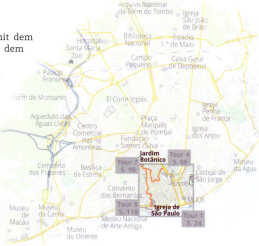

Direkt hinter dem Príncipe Real liegt der **Jardim Botânico.** Die grüne Oase inmitten der Stadt lohnt nicht nur wegen ihrer Ruhe und der exotischen Pflanzen aus aller Welt; außerdem hat man eine schöne Aussicht auf das Tal, in dem die Avenida da Liberdade verläuft.

Schnurstracks geht es dann die Rua do Século nach unten bis zum barocken **Convento dos Cardaes**, einem der wenigen noch bewohnten Klöster Lissabons, die zu besichtigen sind. An der Ecke Rua da Academia das Ciências kommt man am ehemaligen Wohnhaus des Premierministers Marquês de Pombal vorbei, unter dessen Ägide Lissabon nach dem verheerenden Erdbeben von 1755 wieder aufgebaut wurde. Auch die deutsche kaiserliche Gesandtschaft hatte hier bis zum Ersten Weltkrieg ihren Sitz. Auf der anderen Straßenseite liegt der schlichte *Chafariz do Século*, einer der einst vom Aquädukt gespeisten Brunnen, an dem sich die Lissabonner in früheren Zeiten mit Trinkwasser

versorgten. An dieser Stelle bietet sich ein Abstecher nach rechts zum **Museu Geológico** an. Mit seinen alten Holzvitrinen und den vergilbten, handgeschriebenen Zettelchen, mit denen die Fundstücke beschriftet sind, ist das Museum eine Reise in die Museumsgeschichte des 19. Jh.

Geht man aber auf der Rua do Século weiter geradeaus, gelangt man fast automatisch zur Travessa de Santa Catarina, die zum zweiten Aussichtspunkt des Bairro Alto führt, dem **Miradouro de Santa Catarina.** Er bietet den schönsten Blick auf die Lissabonner Hafenanlagen. Nebenan entführt das gut gestaltete Apothekenmuseum **Museu da Farmácia** in die Welt der Medikamente. Im Tal nebenan fährt der **Ascensor da Bica,** die Lissabonner Standseilbahn mit der schönsten Route.

Unten am Tejo sollte man sich einen Besuch des ehemaligen Großmarkts *Mercado da Ribeira* mit seinem weit sichtbaren Kuppeldach nicht entgehen lassen (→ „Einkaufen", S. 97). Gegenüber der Markthalle ist der Bahnhof Cais do Sodré mit der gleichnamigen Metrostation nicht zu übersehen – hier fahren auch die Vorortzüge nach Cascais und Estoril ab.

Tour 4: Avenida da Liberdade ▲ siehe S. 68/69

◄ Tour 8: Die Westlichen Altstadtviertel siehe S. 112/113

Rua da Escola Politécnica

Museu de Ciência/Museu Nacional de História Natural Jardim Botânico

Palácio Ribeiro da Cunha

Praça do Príncipe Real

Rua D. Pedro V

Convento São Pedro de Alcântara

Ascensor da Glória

Miradouro São Pedro de Alcântara

Praça dos Restauradores

Restauradores Ⓜ

Av. da Liberdade

Convento dos Cardães

Tribunal Constitucional

Casa do Marquês de Pombal

Chafariz do Século

Hospital Saint Louis

Museu Geológico

Igreja de Jesus

Largo de Jesus

Bahnhof Rossio

Igreja de São Roque

Largo Trindade Coelho

Museu Maçónico Português

Largo da Trindade

Centro Comercial Espaço Chiado

Igreja de Santa Catarina

Praça de Luís Camões

WC

Baixa/Chiad

Museu da Farmácia

Ⓜ

Miradouro de Santa Catarina Ascensor da Bica

Museu das Comunicações

Largo do Conde Barão

Rua de Dom Luís Primeiro

Igreja de São Paulo

Igreja do Corpo Santo

Praça Dom Luís Primeiro

Mercado da Ribeira

Avenida Vinte e Quatro de Julho

Cais do Sodré Ⓜ

Bahnhof Cais do Sodré

Praça do Duque da Terceira

Estação Fluvial Cais do Sodré (Fährbahnhof)

Cais do Sodré

Cacilhas

Cais da Ribeira

Bairro Alto

200 m

E ssen & Trinken
(S. 93–96)
3 Atalho Real
6 A Cevicheria
7 Tascardoso
11 The Insólito
12 Terra
17 Esperança Bairro
24 Casa Cabaças
28 Sea Me - Peixaria Moderna
32 La Brasserie de L'Entrecôte
33 Madame Petisca
37 Taqueria Pistola y Corazón
41 Sol e Pesca
45 Time Out Mercado da Ribeira

C afés (S. 96)
2 Bettina & Niccoló Corallo
9 Boutique do Pão de São Roque
25 A Padaria Portuguesa
27 Manteigaria União
34 Noobai Café
39 Café Tati

N achtleben (S. 209 u. 216–219)
8 Pavilhão Chinês
10 Miradouro de São Pedro de Alcântara
13 Solar do Vinho do Porto
14 Panificação de São Roque
15 Páginas Tantas
16 BA Wine Bar do Bairro Alto
18 Tasca do Chico
19 A Capela
20 Zé dos Bois - ZDB
21 Mascote da Atalaia
22 Park
23 Café Suave
29 Terrace BA/Café-Bar BA
30 Baliza Café Bar
31 Bicaense
35 Quiosque do Adamastor
36 By the Wine
38 Lounge Bar
40 O Bom O Mau e O Vilão
42 Pensão Amor
43 Musicbox Lisboa
44 British Bar
46 Cacau da Ribeira
47 B.Leza

E inkaufen (S. 96/97)
1 Casa dos Tapetes de Arraiolos
4 Embaixada Conceptual Shopping Gallery
5 Solar
26 Filipe Faísca

Sehenswertes

Standseilbahn ins Bairro Alto

Ascensor da Glória

Die 1885 in Betrieb genommene Bahn ist verkehrstechnisch die wichtigste der drei Lissabonner Standseilbahnen. Heute benutzen sie besonders gerne die nächtlichen Ausflügler, um ins Bairro Alto zu kommen. Gebaut wurde die 265 m lange Bahn mit ihren beachtlichen 18 % Steigung übrigens von der deutschen Maschinenfabrik Eßlingen. Früher gab es etwa zehn dieser Standseilbahnen in Lissabon, mit der Konkurrenz von Straßenbahn und Bus verschwanden einige jedoch nach und nach wieder aus dem Stadtbild.

Praça dos Restauradores und Rua São Pedro de Alcântara. Ⓜ Restauradores. Alle 12–15 Min. Mo–Do, So und Fei 7–23.55 Uhr, Fr 7–0.25 Uhr, Sa 8.30–0.25 Uhr. Benutzung mit den normalen Fahrkarten von Bus und Metro möglich. Einzelkarte: 3,60 € (gilt für eine Berg- und eine Talfahrt).

Prachtvoll ausgestattete Jesuitenkirche

Igreja de São Roque

Bietet sich dem Besucher zuerst eine eher schlichte Fassade im manieristischen Stil, so wird er beim Betreten der Kirche von der überladen-prunkvollen Inneneinrichtung schier erdrückt. Überdacht ist die einschiffige Jesuitenkirche, deren Grundstein 1566 gelegt wurde, mit einer perspektivisch bemalten Holzdecke. Acht Seitenkapellen protzen mit barockem Überfluss: geschnitzte Heiligenfiguren, umgeben von rosafarbenen und goldenen Engeln, dazu Reliquien- und Marmoraltäre. Besonders zu beachten ist die *Kapelle Johannes des Täufers* aus blauem Marmor ganz vorne links. Sie wurde komplett in Rom gefertigt, in Einzelteile zerlegt und nach Lissabon verschifft!

Auf dem Platz vor der Kirche fällt das Denkmal des Losverkäufers ins Auge.

Bairro Alto → Karte S. 88/89

Nebenan liegt der Sitz der Wohlfahrtsorganisation *Santa Casa da Misericórdia*, die das einträgliche Losgeschäft
betreibt. Die Losverkäufer (*cauteleiros*)
gehörten früher mit den meist jugendlichen Zeitungsverkäufern (*ardinas*)
und den weiblichen Fischverkäuferinnen (*varinas*) zum typischen Stadtbild
Lissabons.

Largo Trindade Coelho, ☎ 213235383, www.
museudesaoroque.com. Ⓜ Baixa/Chiado. Mo
14–19 Uhr, Di–So 9–19 Uhr, Do bis 20 Uhr, Fei
und während Gottesdiensten geschl. Okt.–
März tägl. nur bis 18 Uhr. Eintritt frei.

Kirchenschatz
Museu de São Roque

Neben der Kirche ist das Museum für
sakrale Kunst zu besichtigen. Ausgestellt sind prächtige sakrale Gerät-
schaften, kunstvolle Priestergewänder
und Heiligenbilder. Zum Museum gehört auch ein Museumscafé im schön
renovierten und angenehm schattigen
Kreuzgang aus dem 16. Jh.

Largo Trindade Coelho, ☎ 213235065, www.
museudesaoroque.com. Ⓜ Baixa/Chiado. Mo

14–19 Uhr, Di–So 10–19 Uhr, Do bis 20 Uhr,
Fei geschl. Okt.–März tägl. nur bis 18 Uhr. Einlass bis 30 Min. vor Schluss. Eintritt 2,50 €, Familienticket (mit 3 oder mehr Kindern) 5 €, mit
Cartão Jovem 1 €, bis 14 J., Studenten und ab
65 J. sowie So bis 14 Uhr freier Eintritt.

Garten mit verwunschenem Charme
Jardim Botânico

Der botanische Garten gehört zum Naturwissenschaftlichen Museum der
Universidade de Lisboa. In dem 1873
angelegten Park wachsen auf abschüs-
sigem Gelände überwiegend tropische
und subtropische Pflanzen. Der deutsche Gärtner Edmund Goeze hat den
Park im 19. Jh. zusammen mit seinem
französischen Kollegen Jules Daveau
mit Arten bepflanzt, die sie vor allem
aus den portugiesischen Kolonien in
Afrika und Asien importierten. Besonders hervorzuheben sind der große
Drachenbaum (linker Hand des Weges
nach dem Eingang), das Schmetterlingshaus sowie eine Allee mit 35
verschiedenen Palmenarten. Viele un-
aufgeräumte Ecken, die aber einen ver-
wunschenen Charme versprühen.

Igreja de São Roque: Prunkkirche der Jesuiten mit Museum

Rua da Escola Politécnica, 58 (nahe Príncipe Real), ✆ 213921800, www.museus.ulisboa.pt. Ⓜ Rato. Tägl. 9–20 Uhr, Nov.–März Mo–Fr nur bis 17 Uhr, Sa/So/Fei bis 18 Uhr. Letzter Einlass 30 Min. vor Schluss. Eintritt 2 €, bis 18 J., ab 65 J. und Studenten 50 % Ermäßigung, Familien (2 Erw., 2 Kinder) 5 €, unter 6 J. frei, So bis 14 Uhr generell freier Eintritt. Kombiticket mit dem Naturwissenschaftlichen Museum (auf dem Gelände) 6 €. Hinweis: Schmetterlingshaus nur April bis Mitte Sept. geöffnet: Di–Fr 10–13 und 14–17 Uhr, Sa/So 11–13 und 14–18 Uhr, Mo geschl.

Kloster mit reicher Barockkunst

Convento dos Cardaes

In diesem Kloster aus dem Jahr 1681 wohnten einst Unbeschuhte Karmeliterinnen in völliger Isolation. Die Ordensschwestern lebten bis zu ihrem Tod in strenger Klausur. Nicht einmal zu Gottesdiensten zeigten sich die Schwestern: In der Kapelle nahmen sie hinter einem schweren, mit Spitzen bewehrten Eisengitter für die anderen Gläubigen unsichtbar an den Messen teil.

Während der Konvent von außen durch seine schlichten weiß gekalkten Wände kaum auffällt, beeindruckt er im Inneren durch reiche barocke Kunst. So ist die Kapelle mit blau-weißen Azulejos des Amsterdamer Künstlers Jan van Oort ausgefliest, die Szenen aus dem Leben der hl. Teresa von Ávila, der Gründerin des Karmeliterordens, zeigen.

Kurios ist die Drehschublade im Eingangsraum: Durch sie konnten die Schwestern Waren empfangen, ohne von den Lieferanten gesehen zu werden.

Auch heute leben übrigens noch Ordensschwestern im Konvent, allerdings inzwischen sieben Nonnen der weltoffeneren Dominikanerinnen, die sich um etwa 40 blinde Mädchen und Frauen kümmern.

Rua do Século, 123, ✆ 213427525, www.conventodoscardaes.com.   Ⓜ Baixa/Chiado. Führungen durch das Kloster auf Portugiesisch, Englisch und teilweise Deutsch, Dauer ca. 1,5 Std. Tägl. (außer So und Fei) 14.30–17.30 Uhr. Einlass nur bis 16.30 Uhr. Eintritt 4 €, für Studenten und ab 65 J. 3 €, bis 12 J. frei.

Rua da Hera: Gasse mit Treppen

Umfassende Fossiliensammlung

Museu Geológico

Das Geologiemuseum zeigt die ersten in Portugal systematisch gesammelten geologischen Funde. Im Dachboden des ehrwürdigen Gebäudes der Akademie der Wissenschaften, der *Academia das Ciências*, sind unglaubliche Mengen an Mineralien sowie Pflanzen- und Reptilienfossilien ausgestellt, darunter Seeschnecken, Anemonen und Dinosaurierknochen. Höhepunkte sind ein versteinerter Baumstumpf neben dem Eingang, die mittelsteinzeitlichen Funde aus Muge im Tejo-Tal sowie römische Werkzeuge aus den Minen von Ajustrel im Alentejo.

Rua da Academia das Ciências 19-2°, ✆ 213463915, www.lneg.pt. Ⓜ Baixa/Chiado. Tägl. (außer So und Fei) 10–18 Uhr. Eintritt 2,50 €, Studenten und ab 65 J. 50 % Ermäßigung, unter 10 J. frei.

Riesenaussicht
Miradouro de Santa Catarina

Bäume umrahmen den schönen Aussichtspunkt mit Blick auf die gegenüberliegende Tejo-Seite, die Brücke des 25. April und die Hafenanlagen von Santos und Alcântara. Geprägt wird der Miradouro von einer großen Statue des vom Dichter Luís de Camões erfundenen Riesen namens Adamastor. Der direkt neben der Adamastor-Statue gelegene Kiosk ist mit seinem Terrassen-Café ein beliebter Treffpunkt der Kneipengänger.

Ⓜ Baixa/Chiado.

Die Welt der Apotheken
Museu da Farmácia

Hauptattraktion dieses Museums sind die Apotheken, die nach liebevoller Restaurierung hier wiederaufgebaut wurden. Sehenswert ist die Feldapotheke von 1908 des portugiesischen Militärs oder die chinesische Apotheke Tai Neng Tong aus Macao mit Medizin aus Nashornschädeln und Krokodilen. Besonders kurios ist ein englisches Kondom aus Schafshaut aus dem 18. Jh. am Ende der Ausstellung. Im ersten Stock des Museums findet man das mit alten Arzneischränken und Behandlungsstühlen dekorierte Museumsrestaurant *Pharmacia*, das auch über seine Terrasse mit Tejo-Blick gegenüber dem Miradouro de Santa Catarina erreichbar ist.

Rua Marechal Saldanha, 1, ✆ 213400688, www.museudafarmacia.pt. Ⓜ Baixa/Chiado. Mo–Fr 10–18 Uhr, Sa 14–18 Uhr, So geschl. Eintritt 5 €, Studenten und ab 65 J. 3,50 €, Familien (2 Erw., 2 Kinder) 14 €, bis 2 J. frei.

Enge Aufzugs-Kabine
Ascensor da Bica

Die kleinste Lissabonner Standseilbahn mit nur 9 Sitz- und 14 Stehplätzen.

Aussichtspunkt auf zwei Ebenen – Miradouro de São Pedro de Alcântara

Entworfen hat sie, wie die anderen Standseilbahnen Lissabons auch, der Erbauer des Elevadors de Santa Justa, Raoul Mesnier du Ponsard. Alle sind seit 2002 als Nationaldenkmal geschützt. Bei der Eröffnung 1892 wurde sie noch mit Wassergewichten angetrieben, später mit Dampfkraft, um dann zusammen mit den anderen Standseilbahnen Lissabons 1914/15 elektrifiziert zu werden. Das Tal im Stadtteil Bica, in dem sie den Berg erklimmt, öffnete sich übrigens beim Erdbeben von 1597.

Rua de São Paulo und Largo do Calhariz. Alle 15 Min. tägl. 7–21 Uhr (So/Fei erst ab 9 Uhr). Ⓜ Cais do Sodré (Talstation) und Baixa/Chiado (Bergstation). Benutzung mit den normalen Fahrkarten von Bus und Metro möglich. Einzelkarte: 3,60 € (gilt für eine Berg- und eine Talfahrt).

Praktische Infos

Restaurants

La Brasserie de L'Entrecôte 32   Mo–Do 12.30–15 und 19.30–23.30, Fr–So 12.30–16 und 19.30–24 Uhr. Inspiriert durch das für sein Entrecôte berühmte Genfer Restaurant Café de Paris serviert man hier nur Steaks mit französischer Kräuter-Soße, Salat und Pommes frites (ab 18,95 €). Für Vegetarier gibt es Seitan-Steaks, ein Fleischersatz der japanischen Küche aus Weizen- oder Glutenmehl. Hohe Granitbögen, ausladende Spiegel und dunkles Holz schaffen eine angenehme, stilvolle Atmosphäre. Rua do Alecrim, 117, Ⓜ Baixa/Chiado, ☏ 213473616, www.brasserieentrecote.pt.

Sea Me – Peixaria Moderna 28   Mo–Fr 12.30–15.30 und 19.30–24 Uhr (Fr bis 1 Uhr), Sa 12.30–1 Uhr, So 12.30–24 Uhr. Lissabons hippstes Fischrestaurant: Weiße, von Neoröhren beleuchtete Wände erinnern an einen Fischmarkt. Der Fisch liegt tatsächlich noch auf Eis und kann vom Kunden ausgesucht werden. Küche rund ums Meer, von Vorspeisen wie Thunfisch-Carpaccio über eine breite Sushi-Auswahl bis zu gegrillten Fischen. Allerdings könnten die Köche unserer Meinung nach mit den teuren Zutaten geschmacklich mehr erreichen. Teilweise sehr voll und laut, der Service kommt dann nicht mehr hinterher (Tischreservierung sehr empfohlen). Hauptgerichte ab 17,50 €, die meisten Fische werden aber pro kg abgerechnet. Rua do Loreto, 21, Ⓜ Baixa/Chiado, ☏ 213461564, www.peixariamoderna.com.

The Insólito 11   Tägl. (außer So/Mo) 18–24 Uhr (Do–Sa bis 1 Uhr, Küche jeweils bis 23.30 Uhr). Aussichtsterrassen-Restaurant im Hostel The Independente (Reservierung empfohlen). Im Erdgeschoss anmelden und dann geht es mit einem der ältesten und kleinsten Lifte Lissabons nach oben unters Dach. Wild

Embaixada Shopping Gallery

eingerichtet mit alten Azulejos, ausgehängten Türen und langen Holztischen. Das junge Publikum kommt gerne auch, um einfach nur etwas zu trinken und den herrlichen Blick auf die Burg zu genießen. Auch die Küche überzeugt mit außergewöhnlichen Zutaten. Hauptgerichte ab 14 €. Rua de São Pedro de Alcântara, 83, Ⓜ Baixa/Chiado, ☏ 211303306, www.theinsolito.pt.

meinTipp **Atalho Real 3**   Tägl. 12–24 Uhr. im Untergeschoss des Einkaufszentrums Embaixada (auch separater Eingang von außen).

Bairro Alto → Karte S. 88/89

Gemütlich-rustikale Atmosphäre in den beiden mit viel Holz dekorierten Speiseräumen. Zubereitet wird hochwertiges Fleisch, das wie in der Metzgerei in einer Auslage präsentiert und weltweit bezogen wird: vom iberischen Landschwein bis zum Lamm aus Neuseeland. Man kann sowohl bei der Fleischmenge als auch den Beilagen variieren. Mein Tipp: Maminha Black Angus (sehr zartes Rindfleisch mit etwas Fett) und als Beilage Gratin Dauphinoise und den gemischten Salat. Hauptgerichte ab 12 €, Hamburger ab 7 €. Reservierung sehr empfohlen, da wenige Tische und großer Andrang. Calçada do Patriarcal, 40, Ⓜ Rato, ✆ 213460311, www.grupoatalho.pt.

Time Out Mercado da Ribeira 🔳45 Tägl. 10–24 Uhr (Do–Sa bis 2 Uhr). Im westlichen Flügel des ehemaligen Großmarktes Lissabons betreibt die Zeitschrift Time Out eine Schlemmermeile mit zahlreichen Restaurants, Getränkeständen und Feinkostläden. Man holt sich das Essen selbst und setzt sich dann an einen der 750 Plätze an langen Holzbänken in der Markthalle oder auf der Terrasse. Lautes, umtriebiges Ambiente, eher etwas für ein schnelles Essen oder größere Gruppen und weniger für ein romantisches Tête-à-tête. Preislich eher gehoben und nicht auf günstigem Marktniveau. Mercado da Ribeira, Av. 24 de Julho, 49, Ⓜ Cais do Sodré, ✆ 213461199, www.facebook.com/TimeOutMarketLisboa.

MeinTipp **A Cevicheria** 🔳6 Tägl. 12.30–24 Uhr. Der portugiesische Chefkoch Kiko Martins hat hier etwas Einzigartiges erschaffen: Er hat die Essenz der traditionell peruanischen Spezialität *ceviche*, bei der roher Fisch mit Limettensaft und roten Zwiebeln mariniert wird, bewahrt, sie aber mit Zutaten wie Mango oder Kartoffelpüree um neue Geschmacksdimensionen erweitert. Die kleinen Portionen ab 10,70 € sind nichts für eine Völlerei, aber als leichte Mahlzeit an einem Sommerabenden perfekt. Komplett gekachelter, an ein Fischgeschäft erinnernder Raum, der mit einem riesigen Plastikkraken dekoriert ist. Keine Reservierung möglich: Wer einen der wenigen Plätze will, sollte am besten früh oder sehr spät kommen. Sonst in die Liste eintragen lassen und viel Geduld mitbringen; das Restaurant empfiehlt für die Wartezeit den peruanischen Traubenschnapps-Cocktail *pisco sour*. Rua Dom Pedro V, 129, Ⓜ Rato, ✆ 218038815, www.facebook.com/ACevicheriaChefKiko.

🍃 **Terra** 🔳12 Di–So 12.30–15.30 und 19.30–24 Uhr (Küche bis 15 bzw. 22.30 Uhr), Mo geschl. Vegetarisches Restaurant unterhalb des Príncipe Real. Länglicher Speiseraum, nach hinten geht es auf eine komplett begrünte Terrasse unter Bäumen. Ruhige Stimmung. Veganes Büfett mit reichhaltiger Auswahl von Pizzen über Nudeln bis zu Salaten. Preis für das Büfett Mo–Fr mittags 12,50 € pro Person (Getränk und Nachtisch inkl.), abends sowie Sa/So ganztags 15,90 € (Getränke und Nachtische werden separat berechnet). Es sind viele Getränke aus biologischem Anbau im Angebot: Säfte, Kakao, Kaffee, Bier, Wein. Rua da Palmeira, 15, Ⓜ Rato, ✆ 213421407, www.restauranteterra.pt.

Esperança Bairro 🔳17 Tägl. 19.30–0.30 Uhr (Fr/Sa bis 1.30 Uhr), Sa/So auch 13–16 Uhr.

Rua da Barroca: tagsüber ruhige Straße, nachts laute Partymeile

Italienisches Restaurant mitten im Bairro Alto (es gibt den Ableger Esperança Sé in der Alfama). Die Gäste nehmen entweder an den wenigen Tischen in der Gasse oder im eng bestuhlten Speiseraum Platz. Ein Kronleuchter sorgt für angenehmes Ambiente. Breite Auswahl an Pizzen mit knusprigem Boden, dazu mehrere Nudelgerichte und Risottos. *Pizza Marinara* für 7 €, die anderen Hauptgerichte deutlich teurer. Rua do Norte, 95, Ⓜ Baixa/Chiado, ✆ 213432027, www.facebook.com/RestauranteEsperancaBairro.

Madame Petisca 33 Tägl. 12–24 Uhr. Gehört zum Monte Belvedere Hotel und befindet sich im vollverglasten Dachgeschoss (Aufzug in die 3. Etage). Beeindruckende Aussicht von innen und von der Terrasse auf den Lissabonner Westen und die andere Tejo-Seite. Ideal, um sonnige Nachmittage ausklingen zu lassen. Solide portugiesische Küche mit Hauptgerichten ab 8 € und viele Tapas. Mo–Fr preisgünstiges Mittagsmenu für 9 €, Sa/So (nicht im Juli und August) gibt es den Brunch mit der besten Aussicht Lissabons für 16 €/Person. Rua de Santa Catarina, 17, Ⓜ Baixa/Chiado, ✆ 915150860, www.madamepetisca.pt.

Tascardoso 7 Tägl. (außer So und Fei) 12–15.30 und 19–24 Uhr. Einfaches, volkstümliches Restaurant am Rande des Príncipe Real. Portugiesische Küche mit einer Auswahl an gut zubereiteten Fisch- und Fleischgerichten. Zwei Eingänge und zwei kleine, eng bestuhlte Speise-

räume. Zahlreiche Stammgäste aus der Nachbarschaft, aber auch viele Touristen im Publikum. Hauptgerichte ab 7 €. Rua Dom Pedro V, 137 und Rua do Século, 242, Ⓜ Rato, ✆ 213427578.

Casa Cabaças 24 Di–Fr 12–15 Uhr und Di–So 19–24 Uhr, Mo geschl. Nahe der Praça Luís de Camões; am besten an der Hausnummer orientieren, da das populäre Restaurant so gut wie nicht ausgeschildert ist. An der Decke hängen Flaschenkürbisse (port. *cabaças*), daher der Name. Wer genau hinsieht, findet das Schattengewächs auch im Stuck. Portugiesische Küche: Lecker schmeckt *naco na pedra*, ein saftiges Stück Rindernacken, das man sich selbst auf einem heißen Stein brutzelt. Früh kommen, da nicht nur bei Touristen, sondern auch bei Portugiesen sehr beliebt. Hauptgerichte ab 7 €. Rua das Gáveas, 8–10, Ⓜ Baixa/Chiado, ✆ 213463443, www.facebook.com/cabacasrestaurante.

Taqueria Pistola y Corazón 37 So/Di–Fr 12–15 und Mo–So 18–24 Uhr. Von Mexikanern betriebenes Fast-Food-Restaurant: Scharfe Original-Tacos statt fader Tex-Mex-Verschnitt ist das Motto. Die ausgezeichnete Qualität hat sich unter den jungen Lissabonnern herumgesprochen, so bilden sich abends bis Mitternacht lange Warteschlangen vor dem kleinen Lokal (keine Reservierungen möglich), daher besser sehr früh oder am Mittag kommen. Mittagsmenu 9 €, sonst Tacos ab 6,50 €. Mein Tipp: *tinga de pollo* (Hähnchen mit sehr scharfer Soße). Sonntag gibt es mittags mexikanischen

Bairro Alto → Karte S. 88/89

Brunch mit Köstlichkeiten wie *chilaquiles* (frittierte Tortillas) oder *molletes* (getoastetes Brot mit Bohnenmus) für 15 €/Pers. Rua da Boavista, 16, ☎ 213420482, Ⓜ Cais do Sodré, ✆ www.pistolaycorazon.com.

Sol e Pesca 🔢**41** Tägl. 12–2 Uhr (Do–Sa bis 4 Uhr). An der rosa gestrichenen Fußgängerzone Rua Nova do Carvalho im ehemaligen Seemannsviertel am Cais do Sodré. Es werden ausschließlich Fischkonserven serviert, und zwar auf einem Teller mit Kräutern und Zitronen angerichtet (dazu kann man Brot bestellen). Besonders empfehlenswert sind die nachhaltig gefangenen Thunfische der Firma Santa Catarina von der Azoreninsel São Jorge, z. B. mit Süßkartoffeln (*batata doce*), Oregano (*orégão*) oder Thymian (*tomilho*). Das ungewöhnliche Restaurant ist in einem ehemaligen Geschäft für Fischereibedarf untergekommen. Zwischen Angeln, Netzen und Haken haben die neuen Besitzer einfach kleine Tische aufgestellt. Es gibt auch komplette Gerichte aus Konservenfischen ab 6,50 € pro Hauptgericht. Rua Nova do Carvalho, 44, Ⓜ Cais do Sodré, ☎ 213467203, www.solepesca.com.

Cafés

A Padaria Portuguesa 🔢**25** Tägl. 7.30–23 Uhr. Direkt am Camões-Platz. Zahlreiche traditionell hergestellte Brote, auch Vollkorn. Teilweise mit Käse und Schinken belegt. Dazu süße Teilchen. Gut für ein preiswertes Frühstück. Selbstbedienung: Man zieht eine Nummer und reiht sich am Tresen ein. Mit dem Tablett kann man sich dann oben an einen der Tische setzen. Weitere Filialen dieser Bäckerei-Kette findet man in anderen Stadtvierteln Lissabons. Praça Luís de Camões, 44, Ⓜ Baixa/Chiado, ☎ 213426346, www.apadariaportuguesa.pt.

Bettina & Niccoló Corallo 🔢**2** Tägl. (außer So) 10–19 Uhr (im Sommer bis 20 Uhr). Geschäft und Café der italienischen Chocolatiers-Familie Corallo. Genauer gesagt von Bettina Corallo und ihrem Sohn Niccoló. Vater Claudio baut im zentralafrikanischen Inselstaat São Tomé und Príncipe weltbekannten Luxus-Kakao an. Da die Familie sich aber inzwischen getrennt hat, wird in Lissabon nun vor allem aus lateinamerikanischem Kakao Luxus-Schokolade hergestellt und für ca. 10 € pro 100 Gramm verkauft, u. a. mit Orange, Ingwer oder Salz – gut als exklusives Mitbringsel geeignet. Man kann sie aber auch direkt an einem der wenigen Tische verkosten. Ebenso gibt es

exzellenten italienischen Café, heiße Schokolade, Brownies und leckeres Schoko-Eis für 3 € pro Kugel. Sündhaft gut und sündhaft teuer ... Rua da Escola Politécnica, 4, Ⓜ Rato, ☎ 213862158, www.claudiocorallo.com.

Boutique do Pão de São Roque 🔢**9** Tägl. 7–22 Uhr. Alte, etwas in die Jahre gekommene Bäckerei mit aufwendigen Verzierungen an Wänden und Decken. Eine im Halbrund angeordnete stattliche Säulenreihe vollendet das Ensemble. Allerlei Gebäck und Kaffee, der Service glänzt unserer Erfahrung nach allerdings längst nicht so wie der gläserne Tresen des Cafés ... Rua Dom Pedro V, 57, Ⓜ Rato, ☎ 213224350, www.panifsroque.pt.

Café Tati 🔢**39** Tägl. (außer Mo) 11–1 Uhr. Hinter dem Markt am Cais do Sodré. Fantasievoll dekoriertes Gewölbe, das etwas an Omas Wohnzimmer erinnert. Gemütliche Atmosphäre mit jungem Publikum, das sich einen der zahlreichen Weine im Glas oder einen Tee bestellt. Leckere kleine Speisen wie Quiches, Toasts, Salate und Käseplatten. Sa/So mittags Brunch und abends oft Live-Jazz. WLAN frei. Rua da Ribeira Nova, 36, Ⓜ Cais do Sodré, ☎ 213461279, www.cafetati.blogspot.com.

Manteigaria União 🔢**27** Tägl. 8–24 Uhr gehen Tausende *pasteis de nata* über den Tresen dieser Bäckerei mit Stehcafé. Sie ist in einer früheren Butterei untergekommen, von der sie die ehrwürdige Fassade und den Namen übernommen hat. Die Cremetörtchen kommen hier frisch aus dem Ofen und können vom Geschmack mit dem Original aus Belém absolut mithalten, auch wenn sie etwas süßer sind und weniger Blätterteig haben. Rua do Loreto, 4, Ⓜ Baixa/Chiado, ☎ 213471492, www.facebook.com/manteigariacamoes.

Noobai Café 🔢**34** Tägl. 10–24 Uhr. Café und Bar direkt am Aussichtspunkt Santa Catarina, mit dem es den herrlichen Blick teilt. Eine Eisentreppe führt auf die Panorama-Terrasse. Wer will, kann auch innen sitzen, wo ein paar Holztische aufgestellt sind. Ruhiges Ambiente mit Jazzmusik. In einer Spielecke können sich Kinder beschäftigen. Kostenloses WLAN. Zum Essen gibt es Sandwiches, Tapas und Suppen. Mittags auch Tagesgerichte. Miradouro de Santa Catarina, Rua Santa Catarina, Ⓜ Baixa/Chiado, ☎ 213465014, www.noobaicafe.com.

Einkaufen

Azulejos Solar 🔢**5** Mo–Fr 10–19 Uhr, Sa 10–13 Uhr (Juli/Aug. Sa geschl.). Der ganze Keller

Eingangshalle des ehemaligen Zentralmarktes Mercado da Ribeira

dieses 1957 gegründeten Geschäftes ist voll mit Azulejos aus vergangenen Jahrhunderten. Historische Azulejos sind aber ein beliebtes Mitbringsel, sie werden dementsprechend teuer gehandelt. Rua Dom Pedro V, 70, ✆ 210458993, www.solar.com.pt.

Einkaufszentren **Embaixada Conceptual Shopping Gallery 4** Tägl. 12–20 Uhr (Restaurants teilweise bis 2 Uhr). Luxuseinkaufszentrum im Inneren des pseudomaurisch gestalteten Palasts Palacete Ribeiro da Cunha an der Praça do Príncipe Real. Auf 3 Etagen werden in den aufwendig restaurierten ehemaligen Wohnräumen Mode, Juwelen und Designobjekte verkauft. Viele Produkte aus Portugal. Im Innenhof mit seinen fein verzierten Rundbögen findet man ein Restaurant-Café. Kostenloses WLAN. Praça do Príncipe Real, 26, Ⓜ Rato, ✆ 213461345, www.embaixadalx.pt.

Märkte **Mercado da Ribeira**. Tägl. (außer So) 6–14 Uhr. Blumenverkauf Mo–Sa 6–20 Uhr, So 10–20 Uhr. Der ehemalige Großmarkt für Obst und Gemüse ist in einer wunderschönen Markthalle aus dem Jahr 1882 untergebracht. Von Weitem nicht zu übersehen ist das charakteristische weiße Kuppeldach dieses ältesten Marktes Lissabons. Seit dem Umzug des Zentralmarkts nach São Julião do Tojal im Norden Lissabons werden Obst, Gemüse, Fleisch und Fisch nur noch in kleinen Mengen verkauft.

Einzig der Blumenmarkt ist im alten Umfang geblieben. Auf den frei gewordenen Flächen ist die Time-Out-Schlemmermeile untergekommen. Am Wochenende gibt es zusätzliche Aktionen: Sa 10–18 Uhr Kunsthandwerks- und Antiquitäten-Markt **Sábados da Ribeira,** So 9–13 Uhr Sammlermarkt **Mercado das Coleções** für Briefmarken, Münzen und Postkarten. Av. 24 de Julho, 49, Ⓜ Cais do Sodré, www.cm-lisboa.pt.

Mode **Filipe Faísca 26** Mo–Fr 10–13 und 14–19 Uhr, Sa nur nach Voranmeldung, So geschl. Filipe Faísca gehört zu den bekanntesten portugiesischen Modedesignern. Elegante Damen- und Herrenmode. Schlichte, klare Linien. Nicht schrill, eher klassische Farben. Sein kleines Atelier kann man im Vorbeigehen leicht übersehen. Calçada do Combro, 99, ✆ 213420014, www.filipefaisca.com.

Souvenirs **Casa dos Tapetes de Arraiolos 1** Tägl. (außer So) 10–19 Uhr (Sa nur bis 14 Uhr). Gegenüber dem Eingang zum botanischen Garten. Offizieller Verkaufsposten der bekannten portugiesischen Knüpfteppiche aus Arraiolos im Alentejo. Die kostbaren Teppiche werden komplett in Handarbeit gefertigt. Man kann auch Teppiche nach eigenen Motiven in Auftrag geben. Rua da Imprensa Nacional, 116-E, Ⓜ Rato, ✆ 266419526, www.casatapetesarraiolos.com.

Zwei ungleiche Nachbarn
Tour 7

Der Stadtteil Campo de Ourique wird wegen seiner rechtwinkligen Anlage auch „Baixa des Lissabonner Westens" genannt. Nachts ist die weiße Kuppel der Basílica da Estrela weithin sichtbar, Hauptsehenswürgkeit ist aber der Cemitério dos Prazeres, der „Friedhof der Vergnügungen". Den Nachbarstadtteil Amoreiras beherrschen ein futuristisches Einkaufszentrum – und ein prachtvolles Aquädukt.

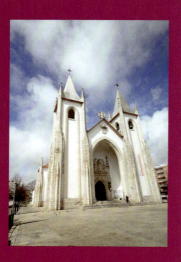

Cemitério de Prazeres, romantischer Friedhof, S. 102

Mãe d'Água, Wasserspeicher mit Aussicht, S. 104

Aqueduto das Águas Livres, monumentales Bauwerk des 18. Jh., S. 106

Von der „Baixa des Westens" zum Aquädukt
Campo de Ourique und Amoreiras

Campo de Ourique, ein typischer Mittelschichtsstadtteil, bietet mit seinen grünen, baumgesäumten Straßen ein sehr angenehmes Erscheinungsbild. Dies schätzte schon der berühmte Dichter Fernando Pessoa, der hier seinen Lebensabend verbrachte.

Amoreiras ist das älteste Arbeiterviertel ganz Portugals. Die ersten Industriebetriebe das Landes hat hier Premierminister Marquês de Pombal im 18. Jh. unter König Dom José I. errichten lassen. Die königlichen Manufakturen stellten zum ersten Mal Kämme, Messer und Uhren in Massenfabrikation her. Die dafür notwendige kontinuierliche Wasserversorgung sicherte das 1748 fertiggestellte Aquädukt Lissabons. Der Name Amoreiras wird mittlerweile aber fast ausschließlich als Synonym für das hiesige Einkaufszentrum verwendet. Das 1985 eröffnete *Centro Comercial das Amoreiras* war der erste große Konsumtempel Lissabons. Das Werk des Architekten Tomás Taveira wirkt wie eine Mischung aus Spaceshuttle und Zuckerbäckerarchitektur. Über den Geschäften sind in verschiedenen Türmen Büros und Luxuswohnungen untergebracht. Ansonsten leben in Amoreiras vor allem Angehörige des einfachen Mittelstands.

Spaziergang

Dieser Spaziergang beginnt an der Hauptsehenswürdigkeit des Stadtteils Campo de Ourique, am grünen Friedhof **Cemitério dos Prazeres**. Man erreicht ihn mit der Straßenbahn 28 (ab der

Rua da Conceição in der Baixa bis Endhaltestelle Campo de Ourique/Prazeres). Von dort geht es in die Rua Saraiva de Carvalho, vorbei an der Igreja do Santo Condestável, eine für den Baustil unter dem Diktator Salazar typischen Kirche. Sehenswert sind die modernistischen Glasgemälde von José de Almada Negreiros in den Querschiffen. Am Eckhaus mit der Rua do Patrocínio sieht man schöne Jugendstil-Azulejos des in Zürich geborenen Künstlers Ernesto Korrodi aus dem Jahr 1910.

Über die Rua Domingos Sequeira erreicht man die **Basílica da Estrela.** Den Besuch der prachtvollen Barockbasilika sollte man mit einem Abstecher in den gegenüberliegenden „Sternenpark" **Jardim da Estrela** verbinden. Besonders an Sommerwochenenden nutzen ihn die Lissabonner für ein gemütliches Picknick im Grünen. Hinter dem Park liegt der **britische Friedhof** hinter hohen Mauern, eine zu unrecht kaum beachtete Sehenswürdigkeit Lissabons.

Von dort führt die Rua da Estrela zum ehemaligen Wohnhaus Fernando Pessoas, des bekanntesten modernen Dichters des Landes (1888–1935). Hier widmet sich heute die **Casa Fernando Pessoa** dem Nachlass des Schriftstellers.

Über die Rua Saraiva de Carvalho und die Rua do Sol ao Rato kommt man zur nächsten Station des Spaziergangs, der **Mãe d'Água.** Die „Mutter des Wassers" diente früher als Kopfpunkt der Lissabonner Trinkwasserversorgung. Von hier aus wurde das kostbare Nass auf die Privathäuser der reichen Bürger und die öffentlichen Brunnen *(chafarizes)* in der ganzen Stadt verteilt.

Gegenüber der Mãe d'Água befindet sich das Museum der **Fundação Arpad Szenes/Vieira da Silva,** das dem gleichnamigen ungarisch-portugiesischen Künstlerehepaar gewidmet ist. Vor allem Liebhaber moderner Kunst sollten sich das Museum nicht entgehen lassen.

In den Monaten März bis November kann man bei gutem Wetter einen Besuch des beeindruckenden Lissabonner Aquädukts anschließen (sonst kommt man vom Largo do Rato mit der Metro bequem zurück ins Stadtzentrum). Zum Eingang des **Aqueduto das Águas Livres** ist es noch ein kleiner Fußmarsch: Ab der Fundação Arpad Szenes/Vieira da Silva geht man die Rua das Amoreiras bis zum nicht zu übersehenden *Centro Comercial das Amoreiras* (→ „Einkaufen", S. 108). Neben dem Einkaufszentrum überquert man an der Fußgängerampel die vielbefahrene Av. Eng. Duarte Pacheco und folgt der Rua Prof. Sousa da Câmara. Diese geht in die Calçada da Quintinha über und führt zum Eingang des Aquädukts. Bus 702 fährt ab der Ecke Rua Conde das Antas/Calçada da Quintinha zur Metro Marquês de Pombal.

Tour 4: Avenida da Liberdad
siehe S. 68/69

M São Sebastião

Parque
Eduardo VII

Estufa
Fria

Alameda Cardeal Cerejeira

Rua Marquês de Fronteira

Rua Castilho

Rua

Rua Rodrigo da Fonseca

Rua Artilharia - Um

R. Artilharia Um

1

Rua Eng. Duarte Pacheco

Estabelecimento
Prisional de Lisboa

Av. C. F. de Sousa

Tour 11: Ziele im
Norden Lissabons
siehe S. 144

Av. Miguel Torga

Rua de Campolide

Rua Conde das Antas

Rua de Mascarenhas

Rua Vítor Bastos

Rua Gen. Taborda

Rua Dom Carlos I Prof. Sousa Câmara

Rua do Arco do Carvalhão

Rua do Arco do Carvalhão

Gulbenkian

Calouste

Avenida

Bahnhof
Campolide

Campolide

BUS

Rua dos Mestres

Calçada da Quintinha

Livres

Aqueduto das Águas Livres

Bairro
da
Serafina

E ssen & Trinken (S. 106–108)

1 Sabor & Arte
3 Estórias na Casa da
Comida
4 Chão de Pedra
5 Natraj
8 Stop do Bairro
9 Mercado de Campo de
Ourique

C afés (S. 108)

6 Pastelaria 1800
7 Casa de Chá de Santa
Isabel - Vicentinas

N achtleben (S. 220)

2 Procópio

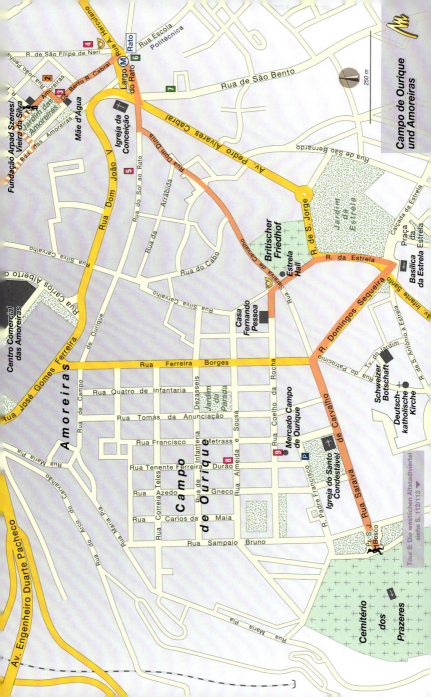

Campo de Ourique
und Amoreiras

250 m

Fundação Árpád Szenes /
Vieira da Silva

Rua Escola
Politécnica

Rato

M Largo
do Rato

Rua de São Bento

Jardim das
Amoreiras

Mãe d'Água

Igreja da
Conceição

Rua das Amoreiras

Rua de São Filipe de Neri

Rua Dom João V

Rua do Sol ao Rato

Arrábida

Rua Dom Dinis

Av. Pedro Álvares Cabral

R. de São Bernardo

Jardim
da
Estrela

Britischer
Friedhof

Estrela
Hall

Casa
Fernando
Pessoa

R. de S. Jorge

R. da Estrela

Praça
da
Estrela

Basílica
da Estrela

Rua da

Rua do Cabo

Calçada da Estrela

R. Infante Santo

Calçada do Combro

Rua Silva Carvalho

Centro Comercial
das Amoreiras

Rua Silva Carvalho

Rua Carlos Alberto c

Rua José Gomes Ferreira

de Ourique

R. Domingos Sequeira

Tv. do Jardim

R. de S. António à Estrela

Schweizer
Botschaft

Deutsch-
katholische
Kirche

Amoreiras

Rua Ferreira Borges

Rua Quatro de Infantaria

Rua Tomás da Anunciação

Rua Francisco

Rua Tenente Ferreira

Rua   Azedo   Gneco

Rua   Correia   Teles

Rua   Carlos   da   Maia

Rua   Sampaio   Bruno

Dezasseis

Metrass

Durão

Campo de Ourique

Rua de Infantaria

Rua Almeida e Sousa

Jardim
da
Parada

Rua Coelho da Rocha

Mercado Campo
de Ourique

Rua Saraiva de Carvalho

R. Padre Francisco

Igreja de Santo
Condestável

Pr. S. J.
Bosco

Rua São João de Brito

Av. Engenheiro Duarte Pacheco

Rua do Arco do Carvalhão

Rua Maria Pia

Rua Maria Pia

Rua Maria Pia

Tour 8: Die westlichen Altstadtviertel
siehe S. 112/113 ▶

Cemitério
dos
Prazeres

Sehenswertes

Romantischer Friedhof

Cemitério de Prazeres

Der „Friedhof der Freuden" wurde 1833 anlässlich einer Cholera-Epidemie angelegt und ist eine kleine Stadt für sich. Unter den Alleen reiht sich ein Familienmausoleum an das andere, alle reich verziert und aus edlem Stein. Man merkt, dass sich die Stadt Lissabon bei der Konzeption den Pariser Parkfriedhof Cimetière du Père-Lachaise zum Vorbild genommen hatte. An der letzten Ruhestätte der Verstorbenen wird wahrhaftig nicht gespart, nicht umsonst gilt er als bevorzugte Ruhestätte der Lissabonner Eliten. So ist auf der linken Seite der Hauptallee in einer der üppigsten Grabkapellen der Multimillionär António Augusto Carvalho Monteiro beerdigt, der Erbauer der Quinta da Regaleira in Sintra. Der sonderbare Name des Friedhofs kommt übrigens von einer Marien-Kapelle, die sich hier vor dem Bau befand und der *Nossa Senhora dos Prazeres* (Unserer Lieben Frau der Freude) geweiht war. In der Kapelle kann der historische Autopsieraum besichtigt werden, auf dessen Marmortisch die Lissabonner Toten bis 1899 obduziert wurden. Vom hinteren Bereich des Friedhofs hat man einen guten Blick auf die Tejo-Brücke und Alcântara.

Praça São João Bosco, ℡ 213961511. Straßenbahn 25 (nur Mo–Fr) und 28 bis Haltestelle Campo de Ourique (Prazeres). Tägl. 9–17 Uhr (Mai–Sept. bis 18 Uhr), Einlass bis 30 Min. vor Schluss. Eintritt frei.

Sternenbasilika

Basílica da Estrela

Die blendend weiße Basilika ist eines der schönsten spätbarocken Bauwerke der Stadt. Architekt Mateus Vicente de Oliveira hat die Basilika zwischen 1776 und 1790 auf Veranlassung Königin Dona Marias I. errichtet. Der Grund: Sie hatte ein Gelübde abgelegt, in dem sie sich zum Bau verpflichtete, falls sie einen Sohn gebären würde. Beeindruckend ist die prächtige Fassade mit

Familiengrab auf dem Cemitério dos Prazeres

Auf dem Dach der Basílica da Estrela

Statuen aus der Schule von Mafra. Im Inneren erhebt sich über der Kreuzung beider Kirchenschiffe eine große Kuppel, die von außen weithin sichtbar ist. Bei gutem Wetter ist die Kuppel im Rahmen einer Führung begehbar, ebenso einer der beiden Glockentürme – zum richtigen Zeitpunkt erlebt man auch das Läuten der Glocken. Dazu muss man 114 Stufen über eine enge Wendeltreppe auf das Dach steigen. Belohnt wird man mit interessanten Blicken ins Innere der Kirche und auf Lissabon. Ebenfalls sehenswert ist die imposante barocke Krippe (*presépio*), die im Bereich hinter dem Grab von Dona Maria I. zu besichtigen ist. Mit etwa 500 Tonfiguren soll sie die größte Krippe Portugals sein.

Largo da Estrela, ☎ 213960915. Straßenbahn 25 (nur Mo–Fr) und 28 bis Haltestelle Estrela. Basilika: tägl. 7.30–13 und 15–20 Uhr (Mo erst ab 16 Uhr). Eintritt frei. Dachterrasse: Führungen tägl. 10–12 und 14–18.30 Uhr alle 30 Min. Eintritt 4 €. Treffpunkt im Gang zur Rezeption direkt rechts neben dem Haupteingang der Basilika. Für kleine Kinder nicht zu empfehlen, da das Dach nicht gut gesichert ist und elektrische Drähte gegen Tauben freiliegend

verlegt sind. Krippenausstellung: tägl. 10–11.30 und 15–17 Uhr (Mo nachmittags geschl.). Eintritt 1,50 €.

Kleiner Stadtpark
Jardim da Estrela

Gegenüber der Basílica da Estrela erwartet den Besucher ein schöner Park aus dem Jahr 1842 mit Palmenallee, Schwanenteichen und Terrassencafé. Sein offizieller Name lautet *Jardim Guerra Junqueiro*, im Volksmund wird er aber Jardim da Estrela genannt. Dazu gibt es eine Kuriosität zu bewundern: die kleinste Bibliothek Lissabons, die in einem winzigen Kiosk untergebracht ist.

Largo da Estrela. Straßenbahn 25 (nur Mo–Fr) und 28 bis Haltestelle Estrela oder Ⓜ Rato. Tägl. 7–24 Uhr.

Verwunschene Stille
Britischer Friedhof

Inmitten von Palmen, Linden und Zypressen beerdigt die britische Gemeinde Lissabons ihre Toten, beispielsweise den britischen Romanautor Autor Henry

Fielding, der 1754 in Lissabon gestor-
ben ist. Im hinteren Teil steht die St.
George's Church aus dem Jahr 1889, die
Kirche der anglikanischen Christen
Lissabons. Der mittelgroße British Ce-
metery, der auch Cemitério dos Ingleses
genannt wird, ist weiter in Betrieb. Mit
seinen verwilderten Beeten macht er
aber einen verfallenen und verwun-
schenen Eindruck. Wer Friedhofsroman-
tik sucht, findet sie hier ohne die Besu-
chermassen des Cemitério dos Prazeres.

Rua de São Jorge, 6. Straßenbahn 25 (nur Mo–
Fr) und 28 bis Haltestelle Estrela oder Ⓜ Rato.
Mo–Fr und So 10–13 Uhr, Sa (im Aug. auch Di
und Do) geschlossen. Erbeten wird eine Spen-
de von mind. 1 €/Pers. zum Erhalt des Friedhofs.
Am Eingang klingeln. www.lisbonanglicans.org.

Letzter Wohnsitz des Dichters

Casa Fernando Pessoa

Der Dichter Fernando Pessoa verbrachte hier von 1920 bis 1935 seinen
Lebensabend. Das Haus ist inzwischen
modern umgestaltet worden und präsentiert neben einer umfangreichen
Pessoa-Bibliothek persönliche Gegenstände aus dem Nachlass des Dichters.
Das ehemalige Zimmer Pessoas ist im
zweiten Stock zu finden und wird
regelmäßig von bildenden Künstlern
neu gestaltet. Im Erdgeschoss sind an
der Wand des Durchgangs zum Innenhof (separater Eingang) die Horos-
kope von Ricardo Reis und Alberto
Caeiro, zwei der 17 Heteronyme, unter
denen Pessoa seine Werke veröffentlichte, aufgemalt. Für fast alle der von
ihm geschaffenen Autorenpersönlich-
keiten hatte der leidenschaftliche Ok-
kultismus-Experte nämlich auch Ho-
roskope entwickelt.

Rua Coelho da Rocha, 16–18, ☎ 213913270,
www.casafernandopessoa.pt. Straßenbahn 25
(nur Mo–Fr) und 28 bis Haltestelle Rua Saraiva
Carvalho. Mo–Sa 10–18 Uhr (Einlass bis
30 Min. vor Schluss), So/Fei geschl. Englische
Führung tägl. 11.30 Uhr. Eintritt 3 € (mit Führung 4 €), Studenten bis 25 J. und ab 65 J. 2 €,
Familien (4 Personen) 8 €.

Wasserspeicher mit Aussicht

Mãe d'Água

In diesem großen, kastenförmigen Gebäude findet das Lissabonner Aquädukt seinen Schlusspunkt. Entworfen
hat die Mãe d'Água der ungarische
Architekt Carlos Mardel im Jahr 1746.
Das beeindruckende, 7 m tiefe Reservoir hat eine Kapazität von 550.000 l
und steht auch heute noch voll
Wasser. Im hinteren Teil des Saals
führt eine enge Treppe steil nach oben
auf eine Plattform mit Aussicht auf
den Tejo, die Burg und das Stadtviertel Amoreiras.

Praça das Amoreiras, 10, ☎ 218100215 (Museu
da Água), www.epal.pt. Ⓜ Rato. Di–Sa 10–
12.30 und 13.30–17.30 Uhr, So/Mo und Fei
geschl. Eintritt 5 €, Kombiticket mit Aquädukt
6 €, ab 65 J., mit Cartão Jovem, Studenten,
Familien 50 % Ermäßigung, bis 12 J. frei.
Kombiticket mit Aquädukt und Museu da Água
12 € (drei Monate gültig).

Im Lissabonner Untergrund

Die Mãe d'Água befindet sich an einer zentralen Stelle der Trinkwasserversorgung
Lissabons des 19. Jh. Das Wasser wurde
von hier über unterirdische Gänge an
öffentliche Brunnen verteilt. Heute können
die Gänge auf mehreren Kilometern Länge
besichtigt werden. Der Besuch ist trockenen Fußes und erhobenen Hauptes möglich, da die Leitungen nicht mehr verwendet werden und die Decke nur auf wenigen
Abschnitten niedriger als 2 m ist. Führungen starten Fr 15 Uhr sowie am ersten
und letzten Sa im Monat ab dem Nebengebäude Casa do Registo (5 €/Pers., Ermäßigungen s. o.). Außerdem Sa 11 und 15
Uhr auf einer kürzeren Strecke erst ab der
Praça do Príncipe Real im Bairro Alto. Der
Eingang befindet sich in der Platzmitte im
Reservatório da Patriarcal (3 €/Pers.).
Beide Touren enden hinter einer unscheinbaren Tür am Aussichtspunkt São
Pedro de Alcântara. Anmeldung per
☎ 218100215 oder in der Mãe d'Água
erforderlich, da mind. 10 Pers. pro Tour
teilnehmen müssen.

Kleines Kunstmuseum

Fundação Arpad Szenes/ Vieira da Silva

Im Haus der Stiftung sind auf zwei Stockwerken Werke des ungarisch-portugiesischen Künstlerehepaars Arpad Szenes (1897–1985) und Maria Helena Vieira da Silva (1908–1992) zu besichtigen. Beide lebten Mitte des 20. Jh. in Paris und Rio de Janeiro. Ihr Werk ist von Surrealismus und Kubismus sowie von Künstlern wie Matisse und Cézanne beeinflusst. Zusätzlich zur Dauerausstellung zeigt das Museum regelmäßig Sonderausstellungen, die aus dem umfangreichen Fundus an weiteren Werken von Vieira da Silva und Szenes zusammengestellt werden sowie aus Arbeiten anderer moderner Künstler.

Praça das Amoreiras, 56, ℘ 213880044, www. fasvs.pt. Ⓜ Rato. Tägl. (außer Mo und Fei) 10–18 Uhr. Eintritt 5 €, Studenten und Rentner 50 % Ermäßigung, bis 14 J. frei. Erster So im Monat freier Eintritt.

Centro Comercial das Amoreiras

Lissabon im Kasten

Fernando Pessoa – obskur, verschroben, genial

Fernando Pessoa (1888–1935) schrieb nicht nur unter seinem eigenen Namen, sondern auch unter 17 verschiedenen Pseudonymen wie Ricardo Reis, Álvaro de Campos, Alberto Caeiro und Bernardo Soares. Vielen davon gab er einen völlig eigenen Stil, eine originäre Handschrift und sogar eine eigene Biografie. Der Dichter trieb es so weit auf die Spitze, dass er mit einigen seiner Heteronyme sogar Briefwechsel führte. Interessanterweise verfasste Pessoa auch zahlreiche Gedichte auf Englisch, außerdem den auch auf Deutsch erhältlichen Reiseführer *Mein Lissabon – Was der Reisende sehen sollte*.

Seine Eltern emigrierten nach Südafrika, als Pessoa fünf Jahre alt war; er besuchte dann dort die Schule. Nach seiner Rückkehr 1905 nach Portugal führte er ein sehr zurückgezogenes Leben und verdiente seinen Lebensunterhalt als Fremdsprachensekretär für Handelsfirmen. Zum introvertierten Wesen des Dichters passt auch, dass er zu Lebzeiten kaum eines seiner zahlreichen Werke veröffentlichte. Der Großteil seines literarischen Schaffens verschwand in einer Truhe. *Das Buch der Unruhe*, vielleicht sein bekanntestes Werk, erschien erst 1986, gut fünf Jahrzehnte nach seinem Tod. Pessoa wurde im Kreuzgang des Mosteiro dos Jerónimos in Belém beigesetzt.

Campo de Ourique und Amoreiras ↓ Karte S. 100/101

Monumentales Bauwerk des 18. Jh.

Aqueduto das Águas Livres

Das Aquädukt erstreckt sich auf 19 km Länge vom Vorort Queluz bis Lissabon; mit allen Nebenverzweigungen misst es insgesamt sogar mehr als 58 km. Am auffälligsten ist es bei Campolide, wo auf 941 m Länge 35 imposante Bögen das Tal von Alcântara überspannen. Der größte Bogen überbrückt 28 m und erreicht eine Höhe von 65 m. Damit ist er der größte aus Stein gemauerte Spitzbogen der Welt. Das elegante Bauwerk wurde zwischen 1731 und 1748 errichtet, um des chronischen Wassermangels der Stadt Herr zu werden. Wie durch ein Wunder überstand das Aquädukt das Erdbeben von 1755 unbeschadet. Heute verlaufen im Inneren zwar noch Wasserleitungen, die aber seit 1974 nicht mehr für die Trinkwasserversorgung verwendet werden.

Calçada da Quintinha, 6, ✆ 218100215, www.epal.pt. Ab Ⓜ Marquês de Pombal Bus 702 bis Haltestelle Cç. Mestres. Di–Sa 10–17.30 Uhr, So/Mo und Fei sowie von 30. Nov. bis 1. März geschl. Eintritt 3 €, Kombiticket mit Mãe d'Água 6 €, ab 65 J., mit Cartão Jovem, Studenten, Familien 50 % Ermäßigung, bis 12 J. frei. Kombiticket mit Mãe d'Água und Museu da Água 12 € (drei Monate gültig).

Praktische Infos   → Karte S. 100/101

Restaurants

Estórias na Casa da Comida 🄳 Tägl. (außer So) 19–24 Uhr. Seit 1977 eine der ersten Adressen der Lissabonner Gastronomie, insgesamt 13-mal gab es dafür auch einen Michelin-Stern. Die Küche hat sich auf kreative Neuinterpretationen portugiesischer Gerichte spezialisiert. Heller, liebevoll dekorierter Speisesaal mit Fensterfront und schattiger Innenhof. Sehr lose bestuhlt, ideal für ein romantisches Dinner zu zweit oder ein vertrauliches Geschäftsessen. Hauptgerichte ab 17,50 €. Reservierung empfohlen. Travessa das Amoreiras, 1, Ⓜ Rato, ✆ 213860889, www.casadacomida.pt.

Lissabon im Kasten

Maria Helena Vieira da Silva

Die bekannteste portugiesische Künstlerin kam am 13. Juni 1908 in Lissabon zu Welt. Ihr Vater, ein Zeitungsdirektor, förderte früh ihr künstlerisches Talent durch Museumsbesuche und Kunstunterricht. Ab 1928 studierte Maria Helena Vieira da Silva in Paris an der *Académie de la Grande Chaumière* Bildhauerei und Malerei. An der Akademie lernte sie den ungarischen Juden Arpad Szenes kennen, den sie 1930 heiratete. Auf einer Reise nach Marseille soll sie beim Anblick der Schwebefähre Le Pont Transbordeur ein visuelles Schlüsselerlebnis gehabt haben. Fortan entwickelte Vieira da Silva ihren eigenen künstlerischen Stil, der in der Vereinfachung von Formen bestand und von ihr selbst mit dem Begriff „mathematische Klarheit" belegt wurde.

Was damit genau gemeint ist, wird sofort klar, wenn man sich die von ihr gestaltete Lissaboner Metrostation *Cidade Universitária* anschaut.

Aus Furcht vor den Nationalsozialisten gingen Vieira da Silva und Arpad Szenes 1939 nach Rio de Janeiro ins Exil. Nach dem Krieg kehrte das Ehepaar 1945 wieder nach Paris zurück. Dort schuf Vieira da Silva 1949 mit *Gare Saint-Lazare* ihr bekanntestes Gemälde. 1956 wurde sie französische Staatsbürgerin und gründete mit anderen Künstlern (u. a. mit Hans Hartung) die Gruppe *École de Paris* (Schule von Paris), die ihre Arbeiten trotz aller Abstraktionen als „lyrisch" bezeichnete. Im Alter von 83 Jahren starb Maria Helena Vieira da Silva am 6. März 1992 in ihrem Haus in Yévre-le-Chatel bei Paris.

Modern mit historischen Anleihen: Igreja do Santo Condestável

Mercado de Campo de Ourique 9 Tägl. 10–23 Uhr (So/Mi bis 24 Uhr, Do–Sa bis 1 Uhr). In der Mitte der städtischen Markthalle aus dem Jahr 1934 kann man an mehreren Ständen Essen und Getränke wie Wein, Bier und Kaffee zu sich nehmen. Lebhafte Atmosphäre, vor allem abends sehr beliebt. Breite Auswahl: von Sushi über Tapas bis Torten. Mein Tipp ist das hochwertige Fleisch vom Stand *Atalho do Mercado*, gebraten im Brötchen ab 6,20 €, als Tellergericht ab 11 €. Rua Coelho da Rocha, 100, ℡ 211323701, www.mercadodecampodeourique.pt.

meinTipp **Sabor & Arte** 1 Tägl. (außer So) 12–24 Uhr (Küche bis 23 Uhr). Im Innenhof des Pátio Bagatella, der mit seinen entkernten und sanierten Altbauten etwas an südamerikanische Einkaufszentren erinnert. Zahlreiche Tische im Hof, Sonnenschirme sorgen für Schatten. Innen 2 Speisesäle (einer für Raucher), die mittags vor allem von Angestellten der nahen Büros besucht werden. Viel frischer Fisch, aber auch zahlreiche Fleischgerichte und Salate. Die Küche schafft es reichhaltige Portionen und Kreativität zu verbinden. Mein Tipp: Bacalhau im Blätterteig mit Koriandersoße (*mil folhas de bacalhau com molho de coentros*). Hauptgerichte ab 12,90 €. Gute Auswahl an portugiesischen Weinen. WLAN frei. Páteo Bagatella, Rua da Artilharia Um, 51 – Loja R, Ⓜ Rato, ℡ 213865390, www.saborarte.pt.

meinTipp **Chão de Pedra** 4 Mo–Fr 12–16 Uhr und Mo–Sa 19–23 Uhr, So geschl. Schlichte, aber geschmackvolle Einrichtung. Auffällig der Boden aus groben Granitplatten, ebenso die schönen Deckenbögen. Wird abends gerne von Gruppen besucht, dann kann es etwas laut werden. Die Speisen der portugiesischen Küche werden sehr kreativ angerichtet. Etwa ein Dutzend Hauptgerichte ab 9,50 € mit Fisch und Fleisch zur Auswahl (keine vegetarischen Optionen). Günstiges Mittagsmenü für 9 €. Rua São Filipe Neri, 18/20, Ⓜ Rato, ℡ 213885157, www.chaodepedra.pt.

Stop do Bairro 8 Tägl. (außer Mo) 12–16 und 19–23 Uhr. Beliebtes, volkstümliches Lissabonner Restaurant mit vielen Stammkunden aus der Nachbarschaft. Kleiner, sehr eng bestuhlter Speisesaal (Rauchen erlaubt). Die Einrichtung ist etwas in die Jahre gekommen, der reichhaltigen portugiesischen Küche tut das keinen Abbruch. Nicht zu übersehen ist die Fußballleidenschaft des Wirts João Sabrino, der für den dritten Lissabonner Club, die Belenenses, fiebert: Die Wände sind überall mit Fanschals und Trikots verziert. Hauptgerichte ab 8,50 €. Rua Tenente Ferreira Durão, 55-A, ℡ 213888856, www.facebook.com/stopdobairro.

Natraj 5 Tägl. 12–15 und 19–23.30 Uhr. Reichhaltige Küche aus Punjab in Nordindien, große Auswahl inkl. zahlreicher vegetarischer Gerichte. Zu den Hauptgerichten ab 7 € bestellt

Campo de Ourique und Amoreiras → Karte S. 100/101

man Reis, sehr lecker der *arroz natraj* mit Kardamon, Lorbeer und Rosinen. Oft sehr voll, daher hin und wieder längere Wartezeiten, um einen Tisch in einem der beiden eng bestuhlten Speiseräume zu ergattern. Rua do Sol ao Rato, 50/52 (eine weitere Filiale in der Baixa in der Rua dos Sapateiros, 171), Ⓜ Rato, ✆ 213880630, www.restaurantenatraj.com.

Cafés

Casa de Chá de Santa Isabel – Vicentinas 🼕 Di–Fr 11.30–19 Uhr, Sa/So/Mo 15.30–19 Uhr (an diesen drei Tagen aber immer wieder zu Veranstaltungen geschl.). Teehaus der katholischen Vinzentinerinnen, für seine gemütliche *teatime* berühmt. Religiöses Ambiente mit Heiligenbildern, es sind aber explizit alle Menschen eingeladen und niemand muss befürchten, missioniert zu werden. Ab 15.30 Uhr gibt es Tees, Kuchen und *scones*, ein typisch britisches Gebäck und Spezialität des Hauses. Di–Fr kann man hier auch preiswert zu Mittag essen. Rua de São Bento, 700, Ⓜ Rato, ✆ 917422749, www.casadecha.org.

Pastelaria 1800 🼓 Tägl. (außer So) 6–21 Uhr. Auffälliges Café mit schöner Azulejo-Fassade an der Ecke Rua da Escola Politécnica und Largo do Rato. Ein altes Eisentor führt in den schlicht eingerichteten Caféraum. Existiert „erst" seit dem Jahr 1857 und nicht 1800, wie der Name

vermuten lässt. Bekannt für schmackhaftes Gebäck und günstige Mittagsgerichte. Wird zur Mittagszeit oft voll, wenn die Angestellten aus den nahen Büros hierherkommen. Largo do Rato, 7, Ⓜ Rato, ✆ 213882631.

Einkaufen

Einkaufszentrum   Centro Comercial das Amoreiras. Tägl. 10–23 Uhr. Der Bau wirkt wie eine Stadt in der Stadt – und ist es auch. Von der Post bis zur Kirche ist alles vorhanden. Auf den beiden Stockwerken mit über 300 Geschäften gibt es Straßennamen, damit man sich nicht verläuft. Im EG der Supermarkt **Jumbo Pão de Açúcar** und das Sportgeschäft **Sportzone**. Dazu Buchhandlungen sowie ein außergewöhnlich breites Angebot mit über 140 Mode- und Schmuckgeschäften. Ein Teil der oberen Etage wird von über 50 Restaurants und Cafés eingenommen. Darüber hinaus stehen 7 Kinos zur Auswahl. Auf einem der Türme hat man von einer Plattform aus einen herrlichen Rundum-Blick auf Lissabon (geöffnet Mo–Fr 10–12.30 und 14.30–18 Uhr, Sa/So 10–18 Uhr, im Sommer teilweise länger, letzter Einlass 20 Min. vor Schluss). Tickets gibt es am Infoschalter im Einkaufszentrum: 15 Minuten kosten 5 €, unter 12 J. 3 €, unter 5 J. frei (www.amoreiras 360view.com). Av. Engenheiro Duarte Pacheco, Ⓜ Rato, ✆ 213810200, www.amoreiras.com.

Jardim da Estrela

Hauptbecken der Mãe d'Água

Enge Gassen, noble Paläste
Tour 8

Die Altstadtviertel westlich des Bairro Alto werden zu Unrecht oft übersehen. Vor allem der kleine Stadtteil Madragoa mit seinen entzückenden Gassen ist einen Besuch wert. Der Nachbarstadtteil Lapa dagegen ist mit seinen Botschaften und Palästen das aristokratischste und vornehmste Viertel Lissabons.

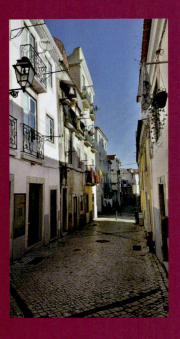

▬ **Museu Nacional de Arte Antiga,**
Alte Kunst aus aller Welt, S. 112

▬ **Assembleia da República,**
stattlicher Präsidentenpalast,
S. 114

Lapa, Madragoa und São Bento
Die westlichen Altstadtviertel

Ein Besuch der **Lapa** kann zuweilen etwas frustrierend sein: viele Paläste mit hübschen Gartenanlagen, doch kommt man fast nirgendwo hinein. Der Grund: In vielen Gebäuden sind ausländische Botschaften untergebracht, die wenig Wert auf fremde Besucher legen. Vor allem in der Rua do Sacramento à Lapa und in der Rua Pau de Bandeira reiht sich eine Botschaft an die andere. Einen Vorteil hat das Ganze dennoch: Es gibt eine Reihe erstklassiger Restaurants, denn der hungrige Botschaftermagen lässt sich nicht mit Durchschnittsküche verköstigen (das gilt auch für die Abgeordneten des nahen Parlaments).

Die **Madragoa** ist einer der ältesten Stadtteile Lissabons. Früher lebten hier hauptsächlich Fischer und Fischverkäuferinnen (die berühmten *varinas*). Dem Charme der engen Gassen und kleinen Häuschen des gut erhaltenen Stadtteils kann sich kaum ein Besucher entziehen. Teilweise wird das Viertel auch *Santos* genannt, was sich dann vor allem auf den unteren Teil in der Nähe des Tejo bezieht. Tagsüber trifft man viele Designer, die hier Büros und Studios eröffnet haben, abends vor allem auf Jugendliche, die durch die Bars und Kneipen von Santos ziehen.

Östlich des markanten Gebäudes des portugiesischen Parlaments verlaufen dagegen die Gassen und Straßen von **São Bento**. Das Viertel erstreckt sich den Hang hinauf und geht fließend in die Oberstadt Bairro Alto über.

Spaziergang

Die Tour beginnt am **Museu Nacional de Arte Antiga** im Stadtteil Lapa. Zu erreichen ist es mit der Straßenbahn 15 ab der Praça do Comércio; von dort fährt man bis zur Haltestelle Cais da Rocha. Das „Nationalmuseum der alten Künste" wurde bereits 1884 eröffnet und zählt damit zu den ältesten Museen des Landes. Untergebracht ist es im Alvor-Palast oberhalb der Tramhaltestelle. Nach seinen grünen Fenstern wird er auch *Janelas Verdes* genannt. In der hiesigen Ausstellung hat der portugiesische Staat vor allem die Kunstschätze der bei der Säkularisierung von 1834 aufgelösten Klöster zusammengetragen.

Über die Achse Rua das Janelas Verdes/Rua de Santos-o-Velho erreicht man den Nachbarstadtteil Madragoa. Nach der Kirche Igreja de Santos-o-Velho und dem benachbarten französischen Kulturinstitut geht es halblinks in die Rua da Esperança. Hier ist der Treppenaufgang zum ehemaligen Kloster **Convento das Bernardas** nicht zu übersehen, wo aber keine Nonnen mehr leben, sondern zahlreiche Familien. Außerdem ist in den alten Klostermauern das Marionettenmuseum **Museu da Marioneta** untergebracht.

Direkt hinter dem Kloster geht es die pittoreske Gasse Calçada do Castelo Picão steil nach oben und dann rechts in die zweite Gasse, die Rua Vicente Borga. An deren Ende findet man links in der Travessa do Pasteleiro einen der letzten öffentlichen Waschplätze Lissabons. In der Luft liegt der Geruch der typisch portugiesischen blau-weißen Kernseife, die – obwohl sie seit 1850 in Portugal produziert wird – kurioserweise als *Sabão Offenbach* bekannt ist. Tagsüber seifen, schrubben und spülen ältere Frauen Tischdecken, Bettlaken und Kleider. Eigentlich kann hier jeder waschen, doch die Betonbecken sind in fester Hand der professionellen Wäscherinnen, die für kleines Geld den Nachbarn die Wäsche säubern.

Über die Rua das Francesinhas erreicht man bald das portugiesische Parlament **Assembleia da República** mit seiner weit ausladenden Fassade und den Nachbarstadtteil **São Bento**. Für Kunstinteressierte lohnt sich ein Abstecher zum kleinen **Atelier-Museum Júlio Pomar**, das einem der bedeutendsten zeitgenössischen Maler Lissabons gewidmet ist.

Ansonsten folgt man neben dem Parlament der Rua de São Bento, in der sich außergewöhnlich viele Antiquitätengeschäfte niedergelassen haben. Hinter der Hausnummer 193 verbirgt sich der Eingang zur *Casa-Museu Amália Rodrigues*, dem ehemaligen Wohnhaus der berühmtesten Fado-Sängerin Portugals. Das darin eingerichtete Museum ist aber nur eingefleischten Fans der 1999 verstorbenen Amália zu empfehlen, zu besichtigen sind die Eingangshalle und fünf Zimmer, deren Einrichtung nach dem Tod der Künstlerin nicht verändert wurde.

Am Ende der Rua de São Bento stößt man dann auf den Largo do Rato mit seiner Metrostation.

Sehenswertes

Alte Kunst aus aller Welt

Museu Nacional de Arte Antiga

Hier ist die bedeutendste Kunstsammlung Portugals zusammengetragen worden: sakrale Gold- und Silberarbeiten, portugiesische und asiatische Keramik, Knüpfteppiche aus Persien und Portugal, afrikanische Kunst sowie antike Möbel. Als interessanteste Abteilung gilt jedoch die umfangreiche Bildergalerie mit Gemälden aus dem 14. bis 19. Jh. Vertreten sind zahlreiche namhafte europäische Künstler, u. a. Lucas Cranach der Ältere, Albrecht Dürer und Hans Holbein der Ältere. Herausragende Einzelstücke sind das *Triptychon mit der Versuchung des hl. Antonius* von Hieronymus Bosch und das *Poliptychon von São Vicente* des portugiesischen Malers Nuno Gonçalves. Ebenfalls sehr sehenswert sind japanische Wandschirme, welche die Ankunft der ersten Portugiesen in Japan zeigen, sowie Arbeiten des portugiesischen Künstlers Domingos Sequeira aus dem 19. Jh.

Im Museumsinneren kann man auch die barocke *Capela das Albertas* mit ihren Schnitzarbeiten und Azulejos bewundern. Sie ist Überbleibsel eines im Zuge des Museumsbaus abgerissenen Albertinerklosters.

Rua das Janelas Verdes, ℰ 213912800, www. museudearteantiga.pt. Straßenbahn 15 bis Haltestelle Cais da Rocha. Tägl. (außer Mo und Fei) 10–18 Uhr (letzter Einlass 17.30 Uhr). Eintritt 6 €, Studenten, mit Cartão Jovem, ab 65 J. sowie Familien ab 4 Personen 50 % Ermäßigung, bis 12 J. frei. Erster So im Monat generell freier Eintritt.

Puppen hinter klösterlichen Mauern

Convento das Bernardas/ Museu da Marioneta

Die Geschichte des Gebäudes ist bemerkenswert. Von seinem Bau 1655 bis zur staatlich befohlenen Auflösung aller

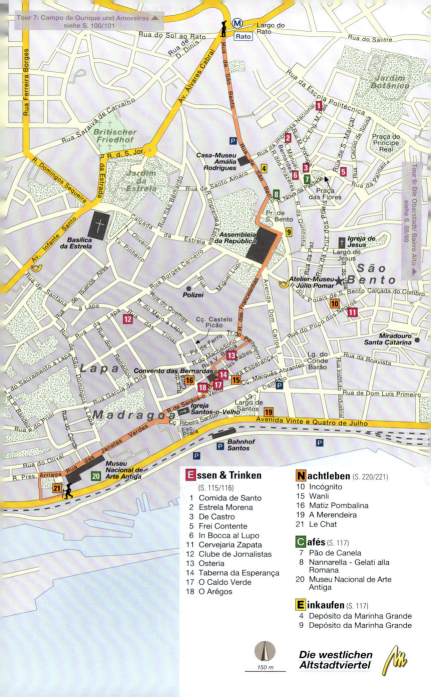

Die westlichen Altstadtviertel

Essen & Trinken (S. 115/116)

1 Comida de Santo
2 Estrela Morena
3 De Castro
5 Frei Contente
6 In Bocca al Lupo
11 Cervejaria Zapata
12 Clube de Jornalistas
13 Osteria
14 Taberna da Esperança
17 O Caldo Verde
18 O Arêgos

Nachtleben (S. 220/221)

10 Incógnito
15 Wanli
16 Matiz Pombalina
19 A Merendeira
21 Le Chat

Cafés (S. 117)

7 Pão de Canela
8 Nannarella - Gelati alla Romana
20 Museu Nacional de Arte Antiga

Einkaufen (S. 117)

4 Depósito da Marinha Grande
9 Depósito da Marinha Grande

150 m

religiösen Orden 1834 lebten hier Zisterziensernonnen. Danach wurde das Kloster wie viele andere religiöse Gebäude als Schule genutzt, bis sich Anfang des 20. Jh. über 100 arme Familien in den engen und dunklen Klosterzellen niederließen. Ende der 90er-Jahre wurde der Konvent schließlich auf Betreiben der Stadtverwaltung saniert. Seitdem leben nur noch 35 Familien im Kloster, allerdings unter erheblich besseren sanitären Bedingungen als zuvor.

Im Konvent ist außerdem das Marionettenmuseum untergebracht, das über 1000 Figuren aus unterschiedlichen Zeiten und Kulturkreisen präsentiert. Einen großen Raum nehmen dabei die portugiesischen Marionetten ein. Im Kreuzgang findet man das gehobene Restaurant-Café A Travessa.

Rua da Esperança, 146, ☎ 213942810, www.museudamarioneta.pt. Ab Praça do Comércio Tram 25 (nur Mo–Fr) bis Haltestelle Santos-o-Velho oder Tram 15 bis Haltestelle Santos. Zugang in den Klosterkreuzgang über das Museu da Marioneta. Tägl. (außer Mo und Fei) 10–13 und 14–18 Uhr, letzter Einlass 30 Min. vor Schluss. Eintritt 5 €, unter 30 J. und ab 65 J. 3 €, Familien (2 Erw., 2 Kinder) 13 €, bis 5 J. 1,50 €, bis 2 J. und Sonntagmorgen frei.

Stattlicher Parlamentspalast

Assembleia da República

Besonders beeindruckend ist die Säulenfront am Haupteingang des Parlaments, zusätzlich unterstrichen durch den breiten Treppenaufgang. Das Gebäude, auch *Cortes* oder *São Bento* genannt, wurde 1896 auf den Ruinen des alten Konvents *São Bento da Saúde* erbaut. Dabei hat der Architekt Miguel Ventura Terra neoklassizistische Elemente verwendet. Seit 1902 tagt das portugiesische Parlament hier im Plenarsaal, der mit Steinstatuen des bekannten portugiesischen Künstlers Artur Gaspar Anjos Teixeira ausgestaltet ist. Im hinteren Gebäudeteil liegt der Amtssitz des portugiesischen Premierministers.

Palácio de São Bento, Ⓜ Rato. Der Plenarsaal ist während Parlamentsdebatten öffentlich zugänglich: in der Regel Mi/Do ab 15 Uhr sowie Fr ab 10 Uhr (Sommerpause von Mitte Juli bis Mitte Sept.). Besuchereingang an der Nordostseite des Parlaments – Personalausweis oder Pass mitbringen! Wer mehr als den Plenarsaal sehen möchte, kann am letzten Sa im Monat um 15 und 16 Uhr (nicht Aug. und Dez.) an kos-

Parlament Palácio de São Bento

tenlosen Führungen teilnehmen: Anmeldung unter ℘ 213919625 oder cic.rp@ar.parlamento.pt, www.parlamento.pt.

Zeitgenössische Kunst

Atelier-Museum Júlio Pomar

In einer hohen, hellen Halle werden Arbeiten des Lissabonner Malers Júlio Pomar (geb. 1926) ausgestellt. Seine Malereien und Zeichnungen waren zu Beginn seiner Karriere noch eher figürlich und realitätsgetreu, später entwickelte er einen abstrakten und minimalistischen Stil. Wer sich von seinem Schaffen ein Bild machen will, kann sich neben den wechselnden Ausstellungen im Atelier-Museum auch die von ihm bemalten Azulejos in der U-Bahn-Station Alto dos Moinhos ansehen.

Rua do Vale, 7. Straßenbahn 28 bis Halt Cç. do Combro. Di–So 10–18 Uhr, Mo und Fei geschlossen. Eintritt frei. ℘ 215880793, www.ateliermuseujuliopomar.pt.

Convento das Bernardas

Die westlichen Altstadtviertel → Karte S. 100/101

Praktische Infos   → Karte S. 112/113

Restaurants

Mein Tipp **Clube de Jornalistas** 🔢 Tägl. (außer So) 12.30–14.30 und 19.30–22.30 Uhr. Man muss am Eingang klingeln, um in das Restaurant des Journalistenclubs zu gelangen. Der brasilianische Betreiber hat es zu einem der besten Lokale der Stadt gemacht: Angefangen beim aufmerksamen, persönlichen Service, über die mediterrane, sehr kreative Küche bis zur umfangreichen Karte portugiesischer Weine. Gehobenes, aber informelles Ambiente: ideal für einen romantischen Abend zu zweit oder in einer Kleingruppe. Mehrere Tische in den mit dunklem Holz eingerichteten Räumen des palastähnlichen Altbaus aus dem 18. Jh., die meisten jedoch im ruhigen Garten hinter dem Haus. Hauptgerichte ab 15,50 €. Reservierung abends empfohlen, mittags geht es auch ohne. Rua das Trinas, 129, ℘ 213977138, www.restauranteclubedejornalistas.com.

Comida de Santo 🔢 Tägl. (außer Di) 12.30–15.30 und 19.30–1 Uhr. Kleines, brasilianisches Restaurant in der Straße gegenüber dem Ein-

gang zum Jardim Botânico. Am Eingang klingeln. Unbedingt reservieren, da sehr beliebt. Am Anfang wird eine Caipirinha angeboten – in Brasilien nicht gerade ein typischer Aperitif. Ansonsten kommt die schmackhafte Küche dem brasilianischen Original aber sehr nahe, auch was die großen Portionen betrifft. Hauptgerichte ab 16,50 €. Es gibt auch vegetarische Gerichte ab 12 €. Calçada do Engenheiro Miguel Pais, 39, Ⓜ Rato, ℘ 213963339, www.comidadesanto.pt.

De Castro 🔢 Tägl. 12.30–15 und Mo–Do 19.30–23 sowie Fr/Sa 19.30–23.30 Uhr, So abends geschl. „Portugiesische Küche mit modernem Dreh", definiert der bekannte portugiesische Koch Miguel Castro e Silva sein Lokal. So wird z.B. das portugiesische Thunfisch-Steak mit dem brasilianischen Fischeintopf Moqueca verfeinert. Mein Tipp: *Bacalhau à Brás* (Stockfisch mit Pommes Frites und Eiern). Gehobene, aber ungezwungene Atmosphäre im Inneren, auch mehrere Tische auf der Terrasse an der hübschen Praça das Flores. Hauptgerichte ab 11,80 €. Rua Marcos Portugal, 1, Ⓜ Rato, ℘ 215903077, www.facebook.com/decastroflores.

Frei Contente 5 Mo–Fr 12–15 Uhr und Mo–Do 19.30–23.30 Uhr sowie Fr/Sa 20–2 Uhr, So geschl. Etwas oberhalb der Praça das Flores. Der Name des Restaurants stammt von einem „zufrieden grinsenden Mönch", der an der Wand als Gemälde zu sehen ist. Der Boden ist weiß-schwarz gepflastert, ähnlich wie die Bürgersteige Lissabons. Kleine Auswahl an kreativ zusammengestellten und schmackhaften Gerichten der portugiesischen Küche. Abends viele portugiesische Gruppen im Publikum. Hauptgerichte ab 12 €, Mittagsmenü 9 €. Rua de São Marçal, 94, Ⓜ Rato, ☎ 938212749, www.facebook.com/freicontente.

Osteria 13 Mi–So 12–16 Uhr und Mo–Sa 19.30–0.30 Uhr. Reservierung dringend empfohlen. Eher Bistro (auf Italienisch „osteria") als Restaurant. Kleiner Speiseraum, in eine Ecke hat man die Küche gezwängt. Massiver Steinboden, historische Werbeplakate und Spiegel an den Wänden tragen zum gemütlichen Ambiente bei. Dazu passt das Konzept der Besitzer: *cucina di amici*, italienische Küche von Freunden präsentiert. Es empfiehlt sich mehrere der tägl. wechselnden Gerichte ab 10 € zu bestellen und untereinander zu teilen. Vor allem Pasta, Lasagne und Risotto, keine Pizzen. Di–Fr Mittagsmenu 8,50 €. Rua das Madres, 52, ☎ 213960584, www.osteria.pt.

O Caldo Verde 17 Tägl. (außer Mo) 11.30–15.30 und 19.30–24 Uhr. Schräg gegenüber dem Convento das Bernardas. Die Betreiber kommen aus Trás-os-Montes. Der Küche aus der nordöstlichsten Region Portugals sind sie auch in Lissabon treu geblieben. Gastraum klein und etwas dunkel. Die Decke ist mit bäuerlichen Arbeitsgeräten, Flaschenkürbissen und Knoblauchzöpfen dekoriert. Fisch- und Fleischgerichte ohne große Schnörkel, aber sehr schmackhaft und reichlich. Hauptgerichte ab 8,50 €, viele Gerichte aber deutlich teurer. Rua da Esperança, 89–91, ☎ 213903581.

Cervejaria Zapata 11 Tägl. (außer Di) 10–2 Uhr. Nach dem mexikanischen Revolutionsführer Emiliano Zapata benanntes Restaurant im Stadtteil São Bento, dessen Küche aber wenig revolutionär auf altbewährte portugiesische Fleisch- und Fischgerichte setzt. Wer aufgrund des großen Andrangs in den drei kleinen, minimalistisch eingerichteten Speiseräumen keinen freien Tisch mehr findet, kann auch am Tresen Platz nehmen. Laut, hektisch und bis spät in die Nacht betriebsam. Ein Raum für Raucher. Große Portionen, Hauptgerichte ab 7,80 €. Rua do Poço dos Negros, 41–49, ☎ 213908942.

In Bocca al Lupo 6 Tägl. (außer Mo/Di) 19–23 Uhr. Reservierung empfohlen. Moderne Bio-Pizzeria, schlicht, aber elegant eingerichtet. Die schmackhaften Pizzen aus dem Holzofen sind dem römischen Vorbild nachempfunden, es werden nur Bio-Zutaten aus Portugal und Italien verwendet. Große Auswahl, man kann den Köchen in der einsehbaren Küche über die Schulter schauen. Die *Marinara* für 8 €, die meisten Pizzen sind aber deutlich teurer. Mein Tipp zum Nachtisch: *parfait au chocolat*. Rua Manuel Bernardes, 5–A, Ⓜ Rato, ☎ 213900582, www.inboccaallupo.pt.

Taberna da Esperança 14 Di–Sa 19.30–2 Uhr. Im Stil eines französischen Bistros eingerichtet. Holztische mit Steinplatten, ruhige Musik, sanfte Beleuchtung. Viele Portugiesen unter den Gästen. Die Gerichte werden mit Kreide auf einer Tafel angeschrieben. Nach Ende der Essenszeit auch Weinbar. Viele kleinere Gerichte und Vorspeisen, aber auch Tagesgerichte (ab ca. 7 €). Rua da Esperança, 112, ☎ 213962744, www.facebook.com/tabernadaesperanca. In Hausnummer 102 gibt es den Ableger *Petiscaria Ideal*, falls in der Taberna wieder einmal kein Platz sein sollte (gleiche Öffnungszeiten, ☎ 213971504).

Estrela Morena 2 Mo–Sa 11–15.30 Uhr und Di–Sa auch 19–22.30 Uhr, So geschl. Afrikanisches Restaurant zwischen Rato und Praça das Flores. Schlichter, kleiner Speiseraum. Sehr beliebt bei der kapverdischen Gemeinde in Lissabon und abends regelmäßig komplett ausgebucht (Reservieren empfehlenswert). Einfache kapverdische und portugiesische Küche. Selbst wenn sie nicht auf der Karte stehen sollte, so gibt es dennoch oft *cachupa* – der Bohneneintopf mit Spiegelei ist das kapverdische Nationalgericht. Hauptgerichte ab 7 €. Rua da Imprensa Nacional, 64-B, Ⓜ Rato, ☎ 965185310, www.facebook.com/109882215713521.

O Arêgos 18 Tägl. (außer So) 12–15 und 19–23 Uhr. Volkstümliches portugiesisches Restaurant: einfacher Speiseraum mit Fernseher. Einige, wenige Fischgerichte und vor allem viel gegrilltes Fleisch vom Hähnchen bis zum *naco na pedra*, ein Steak, das zum Selberbraten auf einem heißen Stein serviert wird. Viele Portugiesen aus der Nachbarschaft unter den Gästen, sie schätzen die großen und günstigen Portionen. Tagesgerichte ab 4,95 €. Rua da Esperança, 182–186, ☎ 213965034, www.facebook.com/228324060514305.

Stadtteile Lapa und Amoreiras vom südlichen Tejo-Ufer aus gesehen

Cafés

meinTipp **Museu Nacional de Arte Antiga [20]**
Tägl. (außer Mo und Fei) 10–17.30 Uhr. Die Cafetaria des Nationalmuseums für alte Kunst liegt in einem ruhigen Garten mit Bäumen, Wiese und Blick auf Hafen, Fluss und Tejo-Brücke. Da fällt das Entspannen nach einer anstrengenden Stadttour leicht. Aufpassen muss man nur auf die frechen Tauben, die in unbeobachteten Momenten blitzschnell das Essen vom Teller picken. Self-Service-Theke im Inneren, dort auch weitere Tische. Kostenloses WLAN. Zugang ins Café ohne Eintritt zu bezahlen über den Hintereingang des Museums in der Rua das Janelas Verdes, ℡ 213912860, www.museudearteantiga.pt.

🍃 **Nannarella – Gelati alla Romana [8]** Tägl. 12–22 Uhr. Das beste Speiseeis Lissabons gibt es in dieser kleine Eisdiele der Italienerin Constanza Ventura neben dem Parlament São Bento. An warmen Tagen ist sie angesichts der Menschenschlange auf dem Bürgersteig kaum zu verfehlen. Hochwertige, 100 % natürliche Zutaten und handwerkliche Produktion in kleinen Mengen. Für 2, 3 oder 3,50 € kann man sich eine bestimmte Menge Eis im Hörnchen oder Becher servieren lassen: Dabei darf man mehrere der täglich wechselnden Geschmacksrichtungen auswählen. Keine Sitzplätze: nur zum Mitnehmen.

Rua Nova da Piedade, 68, Ⓜ Rato, ℡ 926878553, www.facebook.com/GelateriaNannarella.

meinTipp **Pão de Canela [7]** Tägl. 7.30–23 Uhr. An der hübschen, verkehrsberuhigten Praça das Flores unweit des Parlaments. Zwei getrennte Räume und zwei Terrassen, auf denen man gemütlich dem Treiben auf dem Platz mit seinem kleinen Park zusehen kann. Mit viel Holz und einigen Azulejos dekoriert. Großes Angebot an Toasts, Hamburgern, Wraps, Blätterteiggebäck und Ähnlichem. Die Preise sind draußen etwas höher als drinnen. Auch Restaurantbetrieb mit Mittag- und Abendessen. Sa/So und Fei kann man von 10 bis 17 Uhr für 18 € pro Person familienfreundlich brunchen (Kinder bis 8 J. 7 €, bis 3 J. frei). Praça das Flores, 25 und 27, Ⓜ Rato, ℡ 213972220, www.canela.pt.

Einkaufen

Gläser/Vasen Depósito da Marinha Grande ([4] und [9]). Tägl. (außer Sa/So) 9–13 und 15–19 Uhr. Die beiden Geschäfte sind von unten bis oben voller Gläser aus dem für seine Glasherstellung berühmten Ort Marinha Grande in Mittelportugal. Vom kleinen Schnapsglas über den filigranen Sektkelch bis zur großen Blumenvase ist praktisch alles zu haben. Rua de São Bento, 418/420 und 234/236, Ⓜ Rato, ℡ 213963096 bzw. ℡ 213963234, www.dmg.com.pt.

Eine mächtige Brücke im Blick

Tour 9

Lissabons Hafenanlagen ziehen sich über mehrere Kilometer an der Uferlinie entlang, ein wesentlicher Teil liegt in Alcântara. Über dem quirligen Verkehrszentrum schwingen sich die Ausläufer der Brücke des 25. April, die Lissabon mit der Tejo-Südseite verbindet. Bars und Restaurants bringen nachts Leben in den Stadtteil. Tagsüber lohnt das Orient-Museum mit einer der besten Sammlungen asiatischer Kunst in Europa einen Besuch.

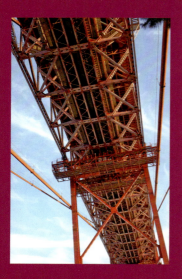

Ponte 25 de Abril, Meisterwerk der Brückenbaukunst, S. 120

Museu do Oriente, die Seefahrernation und der Ferne Osten, S. 121

Im Hafenviertel

Alcântara

Auch wenn die Zeiten Alcântaras als industrielles Zentrum Lissabons definitiv vorbei sind, ist die Arbeiteratmosphäre des Viertels dennoch weiter unverkennbar. Alte Fabrikhallen zeugen von Zeiten, in denen Alcântara Schauplatz heftiger Streiks war. Leider sind viele dieser Industriebauten inzwischen der Abrissbirne zum Opfer gefallen und mussten teuren Appartements weichen. In einigen Fällen blieb immerhin die Fassade erhalten. Noch gut erschnuppern kann man die alte Industrieatmosphäre im Kultur- und Designzentrum LX Factory, das in eine leerstehende Textilfabrik eingezogen ist (→ „Alternatives Kulturzentrum", S. 125).

Aber auch an klassischen Sehenswürdigkeiten mangelt es in Alcântara nicht. Man kann das Straßenbahn- oder das Orient-Museum besuchen und sich das portugiesische Außenministerium, den allerdings nicht öffentlich zugänglichen Palácio das Necessidades, anschauen oder in dessen weitläufigem Park spazieren gehen.

Spaziergang

Die Tram Nr. 15 (z. B. ab der Praça do Comércio) fährt bis zur Haltestelle Santo Amaro am Straßenbahndepot von Alcântara, dem Ausgangspunkt dieses Spaziergangs. Hier lädt das **Museu da Carris** zu einem Besuch ein; präsentiert wird eine eindrucksvolle Sammlung historischer Busse und Straßenbahnen. Gegenüber dem Ausgang führen Steintreppen auf einen kleinen Hügel zur Kapelle **Ermida de Santo Amaro** hinauf. Von der Plattform der Kapelle eröffnet sich ein prächtiger Blick auf die Tejo-Brücke **Ponte 25 de Abril** und den Hafen von Alcântara. Über die Treppen wieder nach unten, geht es rechts in die Rua da Junqueira. Liebhaber chinesischer Kunst sollten einen Besuch des Ostasien-Museums **Museu de Macau** anschließen.

Links in die Travessa da Guarda und nun geht es – vorbei am Centro de Congressos de Lisboa, dem Kongresszentrum Lissabons – an das Tejo-Ufer. Zuerst überquert man die Eisenbahnlinie und die Schnellstraßen auf der Fußgängerbrücke. Dann, am Tejo-Ufer angekommen, hält man sich links und geht unter der Brücke des 25. April hindurch zum Segelhafen Doca de Santo Amaro. Hier haben sich mehrere Bars und Restaurants in alten Hafenanlagen angesiedelt.

Auf der andern Seite des Jachthafenbeckens steht der Hafenbahnhof Gare Marítima de Alcântara mit seiner interessanten Architektur aus den 40er-Jahren. Über ihn flüchteten im Zweiten Weltkrieg Emigranten aus ganz Europa vor den Nazis in die USA oder nach Lateinamerika. Später transportierten Schiffe portugiesische Soldaten in die Kolonialkriege nach Afrika. Heute legen hier moderne Container- und Kreuzfahrtschiffe an. Sollte das Gebäude gerade einmal geöffnet sein, lohnt ein Blick ins Innere, um die Fresken des portugiesischen Künstlers José de Almada Negreiros aus dem Jahr 1945 anzusehen.

Zurück geht es bis kurz vor die Hauptstraße Av. de Brasília, wo man an den Eisenbahnschienen dem Tejo-Radweg nach rechts folgt. Am Ende des ersten lang gestreckten Lagerhauses geht es links rein. Hier fällt der längliche Betonbau Edifício Pedro Álvares Cabral ins Auge, entworfen hat ihn Architekt João Simões Antunes im Jahr 1939 im Estado-Novo-Stil. Sehenswert sind vor allem die Reliefe des Bildhauers Barata Feyo auf der Nordseite. Jahr-

zehntelang wurde hier eingesalzener Kabeljau *(bacalhau)* kühl gelagert. Das Gebäude beherbergt heute das Orient-Museum, **Museu do Oriente**, eine der führenden Sammlungen ostasiatischer Kunst in Europa. Beim Umbau der ehemaligen Lagerhalle in das 2008 eröffnete Museum hatten die Bauarbeiter übrigens einige Mühe, den intensiven Fischgeruch aus dem Gebäude zu bekommen.

Nach dem Besuch des Museums geht es zurück zum Tejo-Radweg und links an zwei weiteren langgestreckten Lagerhäusern entlang. Dann links, um auf einer Brücke die Av. de Brasília, die Cascais-Eisenbahnlinie und die Av. 24 de Julho zu überqueren (wer will, kann bereits hier die Tram 15 zurück Richtung Innenstadt nehmen). Nach der Brücke geht es 50 m die Av. Infante Santo entlang und an der Bushaltestelle die Treppen nach oben zur Rua do Sacramento. Hier links und dann gleich rechts, um über die Tv. do Sacramento a Alcântara und die Rua das Necessidades den **Palácio das Necessidades**, den Sitz des Außenministeriums, und zugehörigen ehemaligen Wildpark **Tapada das Necessidades** zu erreichen.

Gegenüber dem Parkeingang führt die Calçada do Livramento nach unten, wo man rechts in die Rua Prior do Crato abbiegt. An deren Ende geht es links die viel befahrene Rua de Cascais und die Bahngleise entlang bis zur Kreuzung mit der Avenida 24 de Julho. Hier fährt die Straßenbahn 15 wieder zurück ins Zentrum.

Sehenswertes

Straßenbahnmuseum
Museu da Carris

Die erste Abteilung des Museums zeigt Dokumente zur Geschichte der Lissabonner Verkehrsbetriebe Carris, die 1870 kurioserweise in Rio de Janeiro gegründet wurden. Alte Uniformen, Fahrkarten und Fotografien runden diesen Teil der Ausstellung ab. Mit einer historischen Straßenbahn gelangt man in den zweiten Teil des Museums. Hier können Straßenbahnen und Busse aus allen Epochen von 1901 bis zur Gegenwart bewundert werden. Ein Besuch der Straßenbahnwerkstätten schließt sich an.

Rua Primeiro de Maio, 101/103, ✆ 213613087, http://museu.carris.pt. Straßenbahn 15 bis Haltestelle Santo Amaro. Mo–Fr 10–18 Uhr, Sa 10–13 und 14–18 Uhr, So/Fei geschl. Einlass bis 30 Min. vor Schluss. Eintritt 4 €, bis 18 J. und ab 65 J. 50 % Ermäßigung, unter 6 J. frei.

Renaissance-Kapelle
Ermida de Santo Amaro

Bei der manieristischen Kapelle handelt es sich um einen Rundbau, eine in Portugal recht seltene Bauform. Er stammt aus dem Jahr 1549 und wurde vom Erdbeben 1755 verschont. Auch die herrlichen Azulejos der Ermida datieren aus dem 16. Jh. Sie zeigen Szenen aus dem Leben des heiligen Amarus, der einer christlichen Legende nach per Schiff über den Atlantik das irdische Paradies erreicht haben soll. Als Architekt der Kapelle gilt Diogo de Torralva, der auch am Bau des Mosteiro dos Jerónimos in Lissabon beteiligt war.

Escadinhas de Santo Amaro. Straßenbahn 15 bis Haltestelle Santo Amaro.

Meisterwerk der Brückenbaukunst
Ponte 25 de Abril

Die Anfahrt auf der 2,2 km langen Hängebrücke über den Tejo ähnelt einem Landeanflug – 70 m über Normalnull schwebt man in die Hauptstadt ein. 1966 wurde die damals *Ponte Salazar* genannte Brücke nach nur vierjähriger Bauzeit eingeweiht. Bis zu 3.000 Arbeiter schufteten pro Tag, um die Brücke zu errichten. Sie verbauten alleine 72.600 Tonnen Stahl. Nach der Nelkenrevolution erhielt sie ihren heutigen Namen. Obwohl bereits beim Bau der Brücke eine Eisenbahnlinie unter der Autofahrbahn vorgesehen war, um Lissabon auch per Zug mit der Tejo-Südseite zu verbinden, dauerte es über 30 Jahre, bis die Bahnlinie 1999 fertiggestellt war.

www.lusoponte.pt. Wer die Brücke ohne Auto queren will, nimmt am besten einen Fertagus-Zug ab Entrecampos (Ⓜ Entrecampos) oder

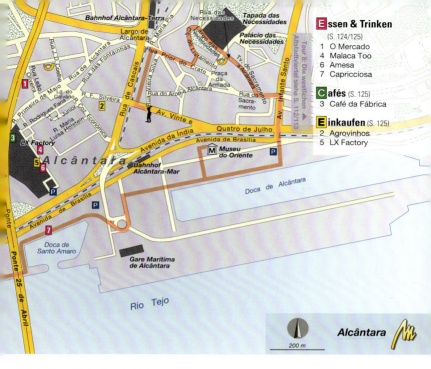

Sete Rios (Ⓜ Jardim Zoológico) Richtung Süden, z. B. bis Pragal. Alternativ auch mit den TST-Bussen: Sie fahren an der Av. de Ceuta auf der gegenüber dem Bahnhof Alcântara-Terra gelegenen Seite ab. Achtung: Die normalen Lissabonner Fahrkarten gelten in beiden Fällen nicht (Zapping-Karten funktionieren aber bei Fertagus).

Geschichte und Kultur einstiger Kolonie

Museu de Macau

Reproduktionen alter Karten, Schiffsmodelle sowie Gemälde illustrieren die Geschichte Macaos, des ehemaligen portugiesischen Verwaltungsgebiets gegenüber von Hongkong. Im vom portugiesischen Bildungsministerium betriebenen Museum gibt es außerdem die größte Sammlung chinesischer Kunst in Portugal zu sehen: Porzellan, Silberarbeiten und Fächer aus dem 18. bis 20. Jh. Zeitlich weiter zurück reicht die umfangreiche Kollektion von 1200 Münzen, die im 11. Jh. v. Chr. beginnt.

Sehenswert ist auch die Abteilung mit Opiumpfeifen.

Rua da Junqueira, 30, ☎ 213617570, www.cccm.pt. Tram 15 ab Praça do Comércio bis Haltestelle Rua da Junqueira. Tägl. (außer Mo und Fei) 10–18 Uhr. Eintritt 3 €, mit Cartão Jovem, Studenten und ab 65 J. 50 % Ermäßigung, bis 14 J. und So bis 14 Uhr freier Eintritt.

Die Seefahrernation und der Ferne Osten

Museu do Oriente

Die Ausstellung im 1. Stock des Gebäudes führt den Besucher nach Indien, Macao und Japan, die drei Regionen Asiens, mit denen die Portugiesen am meisten Kontakt hatten. Aus Macao bzw. China sind kunstvolle Seidengewänder, handbemaltes Porzellan und liebevoll verzierte Spielkisten zu sehen. Besonders auffällig ist das detailgetreue Modell einer 13-stöckigen Pagode aus Holz und Elfenbein, gefertigt im Jahr 1809. Aus Japan präsentiert das Museum beeindruckende Ritterrüstungen,

1966 vom Stahlkonzern US Steel gebaut: die Brücke des 25. April

kunstvolle Schwerter und winzige Medikamentenkisten. Kirchenmodelle, Kruzifixe und Monstranzen veranschaulichen die Expansion des Christentums in Indien durch die Portugiesen. Auch eine der Erstausgaben des legendären Werkes *Os Lusíadas*, in dem der Dichter Luís de Camões die Reisen der Portugiesen nach Asien verewigt hat, ist zu sehen. Der Teil zu Osttimor kommt dagegen deutlich kürzer – hier werden archaisch wirkende Holzmasken, Statuen und Tücher gezeigt.

Der 2. Stock des Museums widmet sich komplett den asiatischen Gottheiten. Prachtvoll beladene Altäre aus Indien, Tibet, China, Vietnam und Japan lassen die Religionen Asiens lebhaft vor Augen treten. In schneller Folge kann man sich ein Bild von Hinduismus, Buddhismus, Taoismus und Schintoismus verschaffen. Idealerweise würde man sich aber vor dem Museumsbesuch noch ein paar grundlegende Kenntnisse asiatischer Religionen aneignen, denn dann kann man die Masken, Götterstatuen und Gebetsrollen noch besser einordnen. Nicht verpassen sollte man vor allem die liebevoll hergestellten Figuren eines hinduistischen Schattentheaters von der indonesischen Insel Java. Alles ist portugiesisch und englisch beschildert, was die Orientierung erleichtert.

Avenida de Brasília – Doca de Alcântara, ℰ 213585200, www.museudooriente.pt. Direkt neben dem Bahnhof Alcântara-Mar. Mit der Tram 15 ab Praça do Comércio bis Haltestelle Av. Infante Santo (dann die Brücke über die Bahnlinie nehmen). Tägl. (außer Mo) 10–18 Uhr (Fr bis 22 Uhr). Einlass bis 30 Min. vor Schluss. Eintritt 6 €, bis 12 J. 2 €, Studenten 2,50 €, ab 65 J. 3,50 €, Familien mit bis zu drei Kindern 14 €, bis 5 J. frei sowie generell Fr 18–22 Uhr freier Eintritt. Das mittags geöffnete Museumsrestaurant im obersten Stock verfügt über einen herrlichen Blick auf den Hafen von Alcântara. Das Museumscafé dagegen findet man etwas verloren im Keller. Für Café und Restaurant ist der Eintritt frei.

sidades („Maria, Heil der Kranken") geweiht wurde. Zum Dank dafür, dass er nach Gebeten zu Maria von einer schweren Krankheit geheilt wurde, gestaltete König Dom João V. die Kapelle später in eine barocke Kirche um. Direkt daneben ließ er vom Architekten Caetano Tomás de Sousa einen Palast für seine Brüder, die Prinzen Dom Manuel und Dom António, errichten, der 1750 fertiggestellt wurde. Heute ist hier das portugiesische Außenministerium untergebracht, ein Besuch des Palasts ist daher nicht möglich.

Frei zugänglich ist dagegen der ehemalige Wildpark des Palastes, die Tapada das Necessidades, den inzwischen exotische Pflanzen dominieren, Wild bekommt man nicht mehr zu Gesicht. Der junge deutsche König Portugals aus dem Hause Sachsen-Coburg-Gotha, Fernando II., hat hier im 19. Jh. mit Hilfe des französischen Gärtners Bonard zahlreiche fremdländische Arten angepflanzt. In der Parkmitte finden sich Teiche und die prächtige Glaskuppel eines früheren Gewächshauses, etwas weiter oben ein großes Kakteen- und Agavenfeld. Vom Park aus öffnen sich immer wieder schöne Ausblicke auf Alcântara und die Ponte 25 de Abril.

Largo das Necessidades, ✆ 213932110. Straßenbahn 15 bis Haltestelle Alcântara (Av. 24 de Julho). Der Eingang zum Park liegt auf der linken Seite des Palasts. Mo–Fr 8–18 und Sa/So 10–18 Uhr (April–Sept. tägl. bis 19 Uhr). Eintritt frei. www.cm-lisboa.pt.

Sitz des Außenministeriums

Palácio das Necessidades/ Tapada das Necessidades

An der Stelle, an der sich heute der rosarote Palast befindet, hatten im 16. Jh. Matrosen aus der Mannschaft Vasco da Gamas eine kleine Einsiedlerkapelle gebaut, die der *Nossa Senhora das Neces-*

Alcântara → Karte S. 120/121

Lissabon im Kasten
Weinberg in Lissabon

Wie ein grüner Korridor zieht sich das Gelände der landwirtschaftlichen Fakultät der Universität Lissabon den Monsanto-Hügel nach oben. Wer das Tor an der Calçada da Tapada (erreichbar mit Bus 760 ab Praça do Comércio bis Halt Pavilhão Desportivo Ajuda) hinter sich gelassen hat, betritt eine ruhige Welt, die so gar nichts mit dem gewohnten, quirligen Stadtleben zu tun haben will. Neben den Universitätsgebäuden gibt es auf dem 100 Hektar großen Areal des *Instituto Superior de Agronomia* (www.isa.ulisboa.pt) Alleen, Äcker und sogar den einzigen Weinberg im Stadtgebiet Lissabons. Im oberen Bereich hat König Pedro V. 1861 die Sternwarte *Observatório da Ajuda* anlegen lassen, die inzwischen von Kiefern und hohen Kakteen umgeben ist. Außerdem überrascht die filigrane Eisenkonstruktion des Veranstaltungssaals *Pavilhão de Exposições*.

Praktische Infos

→ Karte S. 120/121

Restaurants

Malaca Too 4 Tägl. 12.30–15 und 20–23.30 Uhr. Auf dem Gelände der LX Factory an der Ostseite der Hauptstraße neben der Buchhandlung. Sehr kurioses Interieur: Man speist zwischen den ausrangierten Druckmaschinen, die hier früher in Betrieb waren. Die moderne Deko greift die Industriemotive auf. Ruhige Atmosphäre. Kleine Auswahl asiatischer Gerichte von Thailand über Vietnam, China und Korea bis Japan: Thai-Currys treffen auf Hongkong Ente und japanische Gyoza. Die Hauptgerichte ab 9,50 € sind für die kleinen Portionen teilweise etwas teuer, Mo–Fr gibt es mittags aber ein sehr preiswertes Tagesgericht mit Getränk für 5,90 €. Rua Rodrigues Faria, 103, ℡ 967104142, www.facebook.com/malacatoolxfactory.

O Mercado 1 Mo-Sa 8–24 und So 10–16 Uhr. Unter einem Brückenpfeiler der Ponte 25 de Abril in der Markthalle von Alcântara gelegen, nebenan eine Lidl-Filiale. Terrasse unter Zeltdach, dazu Speisesäle auf drei Etagen mit Platz für insgesamt 200 Personen. Im ersten Stock hat man Einblick in den Markt. Fisch und Fleisch werden hier wie in einem Lebensmittelgeschäft in einer Kühltheke präsentiert. Große Auswahl an gut zubereiteter portugiesischer Kost. Hauptgerichte ab 9,95 €. Rua Leão de Oliveira, Mercado Rosa Agulhas, ℡ 213649113, www.mercadodealcantara.com.

Capricciosa 7 Tägl. 12–24 Uhr (Fr/Sa bis 1 Uhr). Helles, weiß-rot eingerichtetes Lagerhaus an der Doca de Santo Amaro. In den auf zwei Etagen befindlichen Speiseräumen der Pizzeria sowie vor allem auf der Terrasse kann man den Blick über den Jachthafen und die Brücke des 25. April schweifen lassen. Kinder können nebenan an einer kleinen Rutsche spielen. Wie bei allen Filialen dieser Kette ist die Lage superb, die Atmosphäre lebhaft und das Essen in Ordnung. Pizzen ab 8,30 €. Auch viele Nudelgerichte und Salate. Doca de Santo Amaro – Armazém 8, ℡ 213955977, www.grupodocadesanto.com.pt.

Amesa 6 Di 19.30–23.30 Uhr, Mi–Sa 12.30–15 und 19.30–23.30 Uhr, So 12.30–16.30 Uhr, Mo geschl. Pizzeria im alternativen Kulturzentrum LX Factory. „Uma Pizzeria – Uma Mesa" / „Eine Pizzeria – Ein Tisch" ist das Motto und

Ostasienmuseum Fundação Oriente

Flohmarkt LX Market in der LX Factory

das ist durchaus wörtlich zu nehmen: Im Speisesaal steht neben der offenen Küche nur ein langer Tisch, an dem bis zu 50 Gäste gleichzeitig Platz nehmen können. Leicht hallender Saal, daher kann es lauter werden. Aber dieses Restaurant wird sowieso niemand für ein intimes Geschäftsessen wählen. Die knusprigen Pizzen ab 10,90 € sind nach Lissabonner Stadtteilen benannt. Im Angebot auch Pizzen mit brasilianischem Catupiry-Schmierkäse, ebenso Nudeln und Salate. Die Gäste bezahlen beim Rausgehen. LX Factory, Rua Rodrigues Faria, 103, ☎ 213624351, www.amesadolx.pt.

Cafés

Café da Fábrica 🄳 Mo–Fr 9.30–20 (Fr bis 22.30), Sa 11–22.30, So 11–19 Uhr. Im liebevoll dekorierten Häuschen gegenüber dem Haupteingang des Kulturzentrums LX Factory. Große Terrasse vor der Tür. Hebt sich durch sein eher heimeliges Ambiente von den meisten, eher auf schick getrimmten Lokalen auf dem LX-Factory-Gelände ab. Neben Kaffee und süßen Teilchen auch Quiches, Wraps, Suppen und frisch gepresste Fruchtsäfte. Am Wochenende Brunch (Reservierung erforderlich). Rua Rodrigues Faria, 103, ☎ 214011807, www.facebook.com/cafedafabrica.

Einkaufen

Alternatives Kulturzentrum/Flohmarkt LX Factory 🄵 Tägl. morgens bis etwa Mitternacht offen. Auf dem ehemaligen Gelände der Textilfirma Companhia de Fiação e Tecidos Lisbonense haben sich Designer, Galerien, Möbelgeschäfte, Buchhandlungen, Cafés, Restaurants und Casting-Agenturen niedergelassen. Außerdem werden in einer der Hallen immer wieder Theaterstücke aufgeführt oder Konzerte gegeben. Insgesamt haben mehr als 100 Firmen und Restaurants diverser internationaler Küchen hier am Rande der Pfeiler der Brücke des 25. April ein Zuhause gefunden. So 12–19 Uhr findet auf dem Gelände der Flohmarkt *LX Market* statt. Er hat höherwertige und trendigere Produkte im Angebot als die Feira da Ladra, ist allerdings auch deutlich kleiner. Hier gibt es vor allem Kleidung aus zweiter Hand, teilweise auch Neuware, Kindersachen und Bücher. Rua Rodrigues Faria, 103, ☎ 213143399, www.lxfactory.com und www.lxmarket.com.pt.

Wein Agrovinhos 🄴 Mo–Fr 9.30–21, Sa 9–14 Uhr, So geschl. Preiswertes Weingeschäft in der Nähe des Largo do Calvário. Hunderte Rot- und Weißweine aus ganz Portugal. Außerdem auch Portweine, Fruchtliköre und Schnäpse. Rua Fradesso da Silveira, 45/47, ☎ 213636944, www.lojadovinho.com.

Grüne Stadtteile im Westen

Tour 10

Belém ist ein freundlicher Stadtteil an der Tejo-Mündung, etwa 7 km westlich des Zentrums. Viel Grün, gepflegte Parks, mehrere interessante Museen und das bemerkenswerteste Bauwerk Lissabons: das Jerónimos-Kloster im verspielten manuelinischen Stil der Entdeckerzeit. Beeindruckend ist auch das über Belém thronende Königsschloss Palácio Nacional da Ajuda.

Jardim Botânico da Ajuda, Pflanzenvielfalt und spektakulärer Brunnen, S. 129

Mosteiro dos Jerónimos, Portugals schönstes Kloster, S. 133

Museu Coleção Berardo, moderne und zeitgenössische Kunst, S. 137

Torre de Belém, Wachturm im Tejo, S. 138

Lauter Superlative

Belém und Ajuda

Der eigentliche Kern von **Belém** ist relativ klein; entsprechend wohnen hier nur wenig Menschen. Dazu gehörten allerdings seit Anfang des 18. Jh. die gekrönten Häupter des Landes, die im Palácio de Belém residierten (sofern sie sich nicht gerade in einem ihrer übrigen Paläste in Ajuda, Queluz, Sintra oder Mafra aufhielten). Diese Tradition wird heute durch den portugiesischen Staatspräsidenten fortgeführt.

Nordwestlich von Belém liegt der Stadtteil Restelo, das vornehmste Wohnviertel Lissabons. In den Einfamilienhäusern mit Garten und Tejo-Blick leben zahlreiche Diplomaten. Vom Ankerplatz in Restelo starteten die portugiesischen Seefahrer ihre Reisen ins Ungewisse: so Vasco da Gama, der im Juli 1497 aufbrach, um den Seeweg nach Indien zu entdecken, oder Pedro Álvares Cabral, der als erster Europäer nach Brasilien segelte. Allerdings wird die Anekdote erzählt, er sei nur deshalb dort angekommen, weil er bei der Umsegelung Afrikas einen zu großen Bogen Richtung Westen schlug …

Der nördlich von Belém gelegene Stadtteil **Ajuda** wirkt mit seinen einfachen, einstöckigen Häusern wie eine Kleinstadt oder sogar wie ein Dorf. Hier haben sich vor allem Angehörige der unteren Mittelschicht Lissabons niedergelassen.

Spaziergang

Auf dieser Route liegen so viele Museen, dass man sie an einem Tag sicher nicht alle besichtigen kann. Deswegen sollte man vorab eine Auswahl treffen bzw. das eine oder andere Museum separat besuchen.

Ab Praça do Comércio (Ⓜ Terreiro do Praço) kann mit Bus 760 (Richtung Cemitério da Ajuda) bis Haltestelle Lg. Ajuda (Palácio) der Ausgangspunkt der Tour, der **Palácio Nacional da Ajuda**, bequem erreicht werden. Der große, weiße Bau war Sitz der letzten portugiesischen Könige und beherbergt eine Fülle von Möbelstücken und Kunstwerken aus dem 19. Jh. Gegenüber dem Ajuda-Palast bietet sich der herrliche Garten **Jardim Botânico da Ajuda** für eine Pause an. Wer den Weg nach unten über die Calçada da Ajuda Richtung Tejo einschlägt, passiert die Reithalle **Picadeiro Henrique Calado**, in der die staatliche portugiesische Reitschule Dressurreiten in barockem Stil aufführt.

Unten am Tejo steht ein weiterer ehemaliger Königspalast, der rosarote **Palácio de Belém**, heute Sitz des portugiesischen Präsidenten. In einem Anbau des Palácio de Belém sowie in einem auffälligen Betonneubau auf der anderen Straßenseite ist das Kutschenmuseum, das **Museu Nacional dos Coches**, untergebracht. Mit seinen 400.000 Besuchern pro Jahr ist es Portugals meistbesuchtes Museum. Weniger Menschen zieht es ins **Museu da Eletricidade**. Dennoch lohnt sich ein Abstecher zum Elektrizitätsmuseum, das in einem ehemaligen Kohlekraftwerk untergekommen ist. Es handelt sich um eines der wenigen zu besichtigenden Industriedenkmäler Lissabons.

In der Rua de Belém empfiehlt sich unbedingt eine Pause in der Konditorei *Pastéis de Belém:* Der Duft der herrlichen Puddingtörtchen *(pastéis de Belém* bzw. *pastéis de nata)* durchzieht die ganze Konditorei (→ „Cafés", S. 141). Bei den Lissabonnern ist sie besonders beliebt für ein kleines Schwätzchen nach dem Wochenendspaziergang in den Grünanlagen von Belém. Aufmerksame Besucher können in der Nähe der Konditorei im Park *Jardim Vasco da Gama* übrigens eine kunstvoll verzierte Holzpagode entdecken, die Thailand 2012 den Portugiesen zum 500-jährigen Jubiläum der bilateralen Beziehungen schenkte.

Am Ende der Rua de Belém liegen der „Überseegarten" **Jardim Botânico Tropical** und Lissabons wichtigste Sehenswürdigkeit, das Hieronymiten-Kloster **Mosteiro dos Jerónimos**. Es gilt als vollkommenstes Werk der Manuelinik, der portugiesischen Variante der Spätgotik. Durch die weite Parkanlage vor dem 300 m langen Gebäude kommt die reich verzierte Kalksteinfassade voll zur Geltung. Der Besuch des Klosters ist ein Muss.

In Nebenflügeln des Klosters sind das **Museu Nacional de Arqueologia** und das Marinemuseum **Museu de Marinha** untergebracht. Schräg gegenüber dem Kloster fällt ein moderner, in leicht rosafarbenem Marmor gehaltener Komplex mit ähnlichen Dimensionen wie das Hieronymiten-Kloster ins Auge. Es handelt sich um das **Centro Cultural de Belém**, das Kulturzentrum von Belém, mit dem sehr sehenswerten Museum für moderne Kunst **Museu Coleção Berardo**.

Auf der anderen Seite der Bahnlinie (Fußgängerunterführung) kann man sich noch den **Padrão dos Descobrimentos** (Denkmal der Entdeckungen) anschauen. Noch weiter Richtung Westen erhebt sich an der Tejo-Einfahrt Lissabons beliebtestes Fotomotiv, der Wehrturm **Torre de Belém** – das zweite berühmte Gebäude Lissabons im manuelinischen Stil. Nebenan folgen an der Tejo-Uferpromenade das etwas zu bombastisch geratene **Monumento aos Combatentes do Ultramar**, das Denkmal für die in den Kolonialkriegen gefallenen Soldaten, sowie das zugehörige Museum des portugiesischen Veteranenverbands **Museu dos Combatentes.**

Wer von hier aus zurück ins Stadtzentrum will, kann die Straßenbahnlinie 15 (Richtung Praça da Figueira) ab der Haltestelle Largo da Princesa nehmen. Dazu quert man die Eisenbahnlinie über die Fußgängerbrücke der Avenida de Brasília und geht bis zur Rua de Pedrouços.

Wer dagegen noch Lust auf einen kleinen Bummel hat, steigt den Hügel bis zur Einsiedelei **Ermida de Belém** nach oben. Dort wird man mit einem fantastischen Blick auf Belém und den Tejo bis weit hinaus aufs Meer belohnt.

Nicht weit entfernt findet sich auch das **Museu Nacional de Etnologia**, das sich Fans von Völkerkundemuseen nicht entgehen lassen sollten.

Sehenswertes

Unvollendeter Königspalast

Palácio Nacional da Ajuda

Der Grundstein des Königspalasts wurde im Jahr 1795 gelegt. An dieser Stelle standen zuvor Holzbaracken, die sog. *Barracas Reais*, in die sich die königliche Familie aus Angst vor Erdbeben zurückgezogen hatte. Die barocken Originalpläne für den Palast stammten vom portugiesischen Architekten Manuel Caetano de Sousa; kurz nach Baubeginn modifizierten der Italiener Francisco Fabri und der Portugiese José da Costa e Silva den Entwurf jedoch nach den Maßstäben der neuen klassizistischen Ästhetik. Aber schon 1807, als König João VI. vor den Invasionstruppen Napoleons nach Brasilien floh, ruhten die Bauarbeiten. Erst nach mehr als einem Jahrzehnt nahm man sie wieder auf; der Westflügel blieb allerdings unvollendet. 1861 zog die königliche Familie unter König Dom Luís I. in den klassizistischen Palast. Heute wird er von den portugiesischen Präsidenten für Festbankette genutzt.

Immer wieder, zuletzt 1995, hat man die Arbeiten am Westflügel wieder aufgenommen. Geplant war die Fertigstellung für 1998, aber die Bauarbeiten wurden bald wieder eingestellt. Es wird wohl noch lange Jahre dauern, bis der Palast vollendet ist …

Im unteren Geschoss kann man die Gemächer des Königs und der Königin be-

wundern; das Zimmer der Königin ist ganz in Blau gehalten und mit einem riesigen Himmelbett ausgestattet. Im oberen Stockwerk liegt die ganz in dunklem Holz gehaltene Kunstgalerie von König Dom Luís. Anschließend folgen nach 130 m Korridor der prächtige Kronsaal und zwei Ballsäle mit großen Gemälden, glitzernden Kronleuchtern und hohen Decken.

Largo da Ajuda, ℡ 213637095, www.palacio ajuda.pt. Ab Praça do Comércio (M Terreiro do Paço) mit Bus 760 (Richtung Cemitério da Ajuda) bis Haltestelle Lg. Ajuda (Palácio). Tägl. (außer Mi und Fei) 10–18 Uhr, letzter Einlass 30 Min. vor Schluss. Eintritt 5 €, ab 65 J., mit Cartão Jovem, Studenten sowie Familien ab 4 Personen 50 % Ermäßigung, bis 12 J. und erster So im Monat freier Eintritt. Kombiticket mit Museu Nacional dos Coches (nur Neubau!) 7,50 €.

Pflanzenvielfalt und spektakulärer Brunnen

Jardim Botânico da Ajuda

Er gilt als ältester botanischer Garten Portugals. König Dom José I. ließ ihn bereits 1768 durch den italienischen Botaniker Domingos Vandelli anlegen. Seit 1910 gehört er zur landwirtschaftlichen Fakultät der Universität von Lissabon.

Palácio Nacional da Ajuda

Die schönste Zeit für einen Besuch ist Ende Mai bis Anfang Juni, wenn im oberen Teil eine herrliche Allee von Jacaranda-Bäumen violett blüht. Den unteren Teil dominieren dagegen exakt gestutzte Buchshecken in Dreiecksform. Im Schatten der seltenen tropischen Bäume streiten sich alte Männer beim Kartenspiel und toben eine Menge Kinder herum. Spektakulärer Höhepunkt des Gartens ist der Brunnen *Fonte das 40 Bicas*, dessen 40 Wasseröffnungen als abenteuerliche Tiere gestaltet sind: Schlangen, Enten, Frösche, Fische und Seepferdchen speien um die Wette.

Calçada da Ajuda, ℡ 213622503, www.isa.ulisboa.pt/jba. Ab Praça do Comércio Bus 760 (Richtung Cemitério da Ajuda) bis Haltestelle Lg. Ajuda (Palácio). Tägl. 9–17 Uhr (April und Oktober: Sa/So bis 19 Uhr, Mai–Sept. Sa/So bis 20 Uhr). Eintritt 2 €, Studenten und ab 65 J. 50 % Ermäßigung, Familien mit bis zu 3 Kindern 5 €, unter 6 J. frei.

Portugiesische Reitkunst
Picadeiro Henrique Calado

Hier können Pferdefans das Training und die Vorführungen der staatlichen portugiesischen Reitschule *(Escola Portuguesa de Arte Equestre)* besuchen. Die Schule bewahrt die einzigartige Reitweise des portugiesischen Königshauses aus dem 19. Jh. mit ihren außergewöhnlichen Luftsprüngen. In der Reithalle findet montags bis freitags ein öffentliches Dressurtraining der Lusitano-Pferde statt. Diese mittelgroßen, muskulösen Pferde sind mit den spanischen Andalusiern verwandt; seit Jahrhunderten werden sie in Portugal vor allem für den Stierkampf gezüchtet. Außerdem gibt es meist einmal die Woche eine 45-minütige Vorführung und in der Regel einmal im Monat eine eineinhalbstündige Gala, bei denen sich die Reiter in traditionelle Seidenkostüme kleiden (Termine und Vorverkauf auf der Webseite).

Calçada da Ajuda, 23, ℡ 219237300, www.arteequestre.pt. Öffentliches Training: in der Regel Mo–Fr 11 Uhr. Eintritt 8 €, bis 18 J. und ab 65 J. 6 €, Familien (2 Erw. und 2 Kinder) 25 €, bis 5 J. frei. Vorführung: meist Mi 11.30 Uhr. Eintritt 15 €, bis 5 J. frei. Gala: Eintritt 25 €, bis 5 J. frei.

Präsidentensitz und Museum
Palácio de Belém

Der rosarote Palast dient den portugiesischen Staatspräsidenten seit 1912 als Amtssitz und offizielle Wohnung. König Dom João V. hatte den Palast im Jahr 1726 erworben und ihn zur königlichen Residenz umbauen lassen. Die Säle sind mit goldenen Wandtüchern, Kronleuchtern und Wandgemälden verziert. Ein schöner Springbrunnen liegt inmitten der herrlichen Gärten, umgeben von gelben und roten Rosen sowie kunstvoll beschnittenen Buchshecken. Unterhalb des Palastbalkons

Lissabon im Kasten
Windmühlen mitten in Lissabon?

Etwa 750 m nordwestlich des Ajuda-Palastes drehen zwei Windmühlen ihre Segel. An den Verstrebungen befestigte Tonkrüge sorgen für ein pfeifendes Geräusch. 1762 errichtet, um Mehl für die Bewohner Lissabons zu mahlen, hat man sie 1965 renoviert. Wer den Weg hierher in die kleine Grünanlage Parque Recreativo dos Moinhos de Santana gefunden hat, wird außerdem mit dem besten Blick im Westen Lissabons belohnt: Von der Brücke des 25. April über den weiten Atlantik bis hin zum Palácio Nacional da Pena im 30 km entfernten Sintra reicht das fantastische Panorama. Geöffnet ist der Park an der Estrada de Caselas tägl. 9–18 Uhr (April–Sept. bis 20 Uhr). Man erreicht ihn mit Bus 760 ab Praça do Comércio bis zur Haltestelle Cemitério da Ajuda.

Zeugnis monarchischer Verschwendung: Kutschenmuseum in Belém

mit herrlichem Tejo-Blick sind in einer kleinen Einbuchtung Reliefe römischer Kaiser zu sehen; so kann sich selbst der republikanische Präsident ein bisschen als Monarch fühlen. In einem Nebengebäude ist das *Museu da Presidência* untergebracht. Hier sind Geschenke anderer Staatsoberhäupter, Orden und persönliche Gegenstände der Präsidenten ausgestellt, darunter das berühmte Monokel António de Spínolas, des ersten Präsidenten nach der Nelkenrevolution.

An jedem dritten Sonntag im Monat findet um 11 Uhr der feierliche Wachwechsel der Guarda Nacional Republicana vor dem Palast statt.

Praça Afonso de Albuquerque, ☎ 213614660, www.museu.presidencia.pt. Straßenbahn 15 bis Haltestelle Belém. Palast: Besichtigung nur Sa 10.30–13 und 14–16.30 Uhr! Eintritt (Palast und Museum) 5 €, Studenten und ab 65 J. 3,50 €, bis 14 J. frei, Familien (5 Personen) 14 €. Museum: Di–Fr 10–18 Uhr, Sa/So 10–13 und 14–18 Uhr. Mo/Fei geschl. Einlass bis 30 Min. vor Schluss. Eintritt 2,50 €, Studenten und ab 65 J. 1,50 €, Familien (bis zu 5 Personen) 6 €, bis 14 J. und generell So bis 13 Uhr freier Eintritt. Sicherheitschecks wie am Flughafen.

Kutschen, Kutschen, Kutschen
Museu Nacional dos Coches

Am Rand der Altstadt von Belém fällt der wuchtige Neubau mit seinen ausladenden Stahlbetonträgern ziemlich aus dem Rahmen. Im Inneren versteht man aber die Motive des brasilianischen Architekten Paulo Mendes da Rocha: In den riesigen, Flugzeughangars ähnlichen Hallen kommen die Kutschen perfekt zur Geltung.

Das älteste Gefährt stammt aus dem Jahr 1619 und gehörte dem spanischen König Philipp IV., der Portugal als Filipe III. in Personalunion regierte. Interessant sind die in Portugal *Berlindas* genannten Modelle, die ursprünglich in Berlin entwickelt und nach der deutschen Hauptstadt benannt wurden: Hier ist die Passagierkabine für mehr Komfort an Lederriemen aufgehängt. Besonders entzücken die kleinen Kutschen, in denen die Prinzen und Prinzessinnen von Ponys durch die Gärten der Königspaläste gezogen wurden. Genauer ansehen sollte man sich die Kutsche, in der 1908 König Carlos I. und

Kronprinz Manuel erschossen wurden (→ „Baixa", S. 31): Die Einschusslöcher sind noch gut zu erkennen.

Als Nebengebäude des Museums dient die ehemalige Reithalle (*Picadeiro Real*) des Königsschlosses von Belém schräg gegenüber auf der anderen Straßenseite. Gezeigt werden hier acht weitere goldglänzende Gefährte, die von der Prunksucht und Verschwendung früherer Zeiten zeugen. Im Obergeschoss sind Ölporträts der Dynastie Bragança sowie das Brautkleid von Königin Amélia, die hier 1904 dieses weltweit einzigartige Museum ins Leben gerufen hatte, ausgestellt.

Avenida da Índia, 136 und Praça Afonso de Albuquerque, ✆ 210732319 und ✆ 213610850, www.museudoscoches.pt. Straßenbahn 15 bis Haltestelle Belém. Tägl. (außer Mo und Fei) 10–18 Uhr, letzter Einlass 30 Min. vor Schluss. Eintritt nur Neubau 6 €, nur Picadeiro Real 4 €, Kombiticket 8 €. Ab 65 J., Studenten, mit Cartão Jovem sowie Familien ab 2 Kindern 50 % Ermäßigung, bis 12 J. frei. Erster So im Monat generell freier Eintritt.

Energieerzeugung früher und heute
Museu da Eletricidade

Das Elektrizitätsmuseum befindet sich in einem sehenswerten alten E-Werk direkt am Tejo gegenüber der Bahnstation Belém und wird von der Stiftung des ehemaligen Strommonopolisten EDP (*Fundação EDP*) betrieben. Das Kohlekraftwerk war 1914 erbaut worden; danach wurde es durch das Wasserkraftwerk Castelo do Bode abgelöst. Tejo-Schiffe lieferten die Kohle an, die dann Förderbänder ins Kraftwerk transportierten. Überbleibsel aus dieser Zeit sind heute noch zu sehen, z. B. Öfen, Lüftungsrohre, Turbinen, Generatoren und Kommandotische (Beschriftungen auch auf Englisch). Besonders beeindruckt die Maschinen-Haupthalle. Im futuristischen Nebengebäude MAAT werden Ausstellungen moderner Kunst und Architektur gezeigt.

Central Tejo, Av. de Brasília, ✆ 210028190, www.fundacaoedp.pt. Straßenbahn 15 bis Haltestelle Belém. Tägl. (außer Mo und Fei) 10–18 Uhr. Eintritt frei.

Exotische Pracht
Jardim Botânico Tropical

Inmitten schöner Palmenalleen und kleiner Teiche wachsen auf der 7 ha großen Anlage tropische und subtropische Pflanzen aus allen Erdteilen, darunter seltene Drachenbäume, exotische Araukarien (Schuppentannen) und ausladende Feigenbäume. Im oberen Teil findet man eine schöne Freifläche mit Buchshecken und Gewächshaus, Picknicken ist hier leider aber verboten!

Largo dos Jerónimos, ✆ 213921850, www.iict. pt. Straßenbahn 15 bis Haltestelle Mosteiro dos Jerónimos. Tägl. 10–17 Uhr (Febr./März/Okt. bis

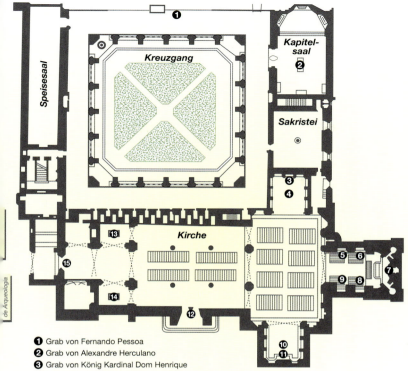

1 Grab von Fernando Pessoa
2 Grab von Alexandre Herculano
3 Grab von König Kardinal Dom Henrique
4 Gräber der Kinder von Dom Manuel I.
5 Grab von Königin Dona Maria de Castela
6 Grab von König Dom Manuel I.
7 Grab von König Dom Alfonso VI. und Herzogin Dona Catarina de Bragança
8 Grab von König Dom João III.
9 Grab von Königin Dona Catarina de Castela
10 Gräber der Kinder von Dom João III.
11 Symbolisches Grab von Dom Sebastião
12 Südportal
13 Grab von Vasco da Gama
14 Symbolisches Grab von Luís de Camões
15 Westportal

Mosteiro dos Jerónimos

10 m

18 Uhr, April/Sept. bis 19 Uhr, Mai–Aug. bis 20 Uhr). Letzter Einlass 30 Min. vor Schluss. Weihnachten und Neujahr geschl. Eintritt 2 €, bis 18 J. und ab 65 J. 50 % Ermäßigung, unter 12 J. frei.

Portugals schönstes Kloster

Mosteiro dos Jerónimos

Laut einer weit verbreiteten Legende ließ König Manuel I. das Kloster 1499 zu Ehren der Entdeckung des Seewegs nach Indien bauen. Die historischen Fakten sehen allerdings anders aus: Bereits 1496 hatte Papst Alexander VI. dem portugiesischen König den Bau eines Hieronymiten-Klosters in Belém genehmigt – ein Jahr, bevor Vasco da Gama zu seiner berühmten Reise aufbrach …

Die Arbeiten an dem auch *Santa Maria de Belém* genannten Kloster begannen 1501. Bis zur Fertigstellung vergingen etwa hundert Jahre, beteiligt waren insgesamt vier Architekten: Diogo de Boitaca, João de Castilho, Diogo de Torralva und Jerónimo de Ruão. Der lange Westflügel ist gar erst in der zweiten Hälfte des 19. Jh. gebaut worden, um dort das Marine- und das Archäologiemuseum unterzubringen.

Geweiht wurde das Kloster dem Ordensgründer Hieronymus, dessen kirchengeschichtliche Bedeutung vor allem darin liegt, im Auftrag von Papst Damasius I. eine verbindliche lateinische Bibelübersetzung geschaffen zu haben, die sog. *Vulgata*. Hieronymus, der zwei Jahre seines Lebens im heutigen Syrien in völliger Abgeschiedenheit verbrachte, übersiedelte im Jahr 385 nach Bethlehem, wo er mehrere Klöster leitete. In Portugal hatten die Mönche des Hieronymiter-Ordens u. a. die Aufgabe, für die Seele des Königs zu beten und den am Strand von Restelo abfahrenden Seeleuten geistlichen Beistand zu leisten.

Das Kloster wurde infolge der Säkularisierung 1834 aufgelöst. Bis 1940 diente es als Waisenhaus. Heute gilt es als *das*

Bauwerk der portugiesischen Nation schlechthin. Sein Symbolwert ist beträchtlich, denn hier ruhen nicht nur die Könige der Dynastie Aviz, unter der Portugal seinen Höhepunkt an internationaler Bedeutung erreichte, sondern mit Luís de Camões, Alexandre Herculano und Fernando Pessoa auch drei der wichtigsten portugiesischen Schriftsteller sowie der bedeutende Seefahrer Vasco da Gama. Seit 1983 zählt das Kloster zum UNESCO-Weltkulturerbe.

Über dem großartig geschmückten **Südportal** an der 300 m langen Fassade ist Maria mit dem Jesuskind dargestellt, über dem **Westportal** die Geburt Jesu – beides Anspielungen auf den Namen des Klosters (Belém = Bethlehem). Außerdem sind am Westportal zwei Figurengruppen des französischen Bildhauers Nicolas Chantereine zu sehen: Die linke zeigt König Manuel I. (kniend) mit dem hl. Hieronymus; rechts Königin Dona Maria, begleitet von Johannes dem Täufer.

Das **Kirchenschiff** wird von zitronengelbem Licht durchflutet, welches durch

Ehemaliges Kohlekraftwerk: Museu da Eletricidade

Mosteiro dos Jerónimos: Kreuzgang und Empore

eine Rosette an der Westseite herein-fällt. Sechs reich verzierte, 25 m hohe Säulen erinnern an einen Palmengarten. Unter der Empore stehen zwei mächtige Sarkophage. Gleich links neben dem Eingang erkennt man das Grabmal Vasco da Gamas mit den Symbolen von Macht und Eroberung: Weltkugel, Karavelle und Kreuzritterzeichen. Auf der anderen Seite befindet sich das Grabmal der schönen Künste mit Buch, Federkiel und Leier. Letzteres wurde symbolisch zu Ehren des Dichters Luís de Camões geschaffen, der dort nicht wirklich beigesetzt werden konnte, da er 1580 als Opfer einer Pestepidemie seine letzte Ruhe in einem Massengrab fand.

Der **Chor** entstand erst einige Jahrzehnte nach dem Kirchenschiff unter der Leitung der Architekten Diogo de Torralva und Jerónimo de Ruão als Mausoleum für das Königshaus Aviz. Er hebt sich mit seinem farbigen Marmor und seinem italienischen klassisch-nüchternen Renaissancestil völlig von der übrigen Kirchengestaltung ab.

Märchenhaft verspielt ist der **Kreuzgang**. Dessen Untergeschoss wurde 1517 vom französischen Architekten Boytac (in Portugal *Diogo de Boitaca* genannt) im rein manuelinischen Stil entworfen. Einige Jahrzehnte später entstand das Obergeschoss unter dem Baumeister João de Castilho – es ist bereits deutlich sichtbar von Renaissance-Einflüssen geprägt.

Im oberen Teil des Kreuzgangs befindet sich auch der Eingang zur Empore. Neben einem beeindruckenden Blick in die Kirche sind hier Gemälde der zwölf Apostel und ein altes Holzkruzifix zu sehen. Außerdem kann man sich im Obergeschoss in einer Ausstellung über die Geschichte des Klosters informieren. Auf dem Gang im Untergeschoss erinnert ein Monument an den Dichter Fernando Pessoa. Er wurde 1985 vom Friedhof Cemitério dos Prazeres hierher umgebettet.

Praça do Império, ℡ 213620034, www.mosteirojeronimos.pt. Straßenbahn 15 bis Haltestelle Mosteiro dos Jerónimos. Tägl. (außer Mo und Fei) 10–17.30 Uhr (Mai–Sept. bis 18.30 Uhr).

Letzter Einlass 30 Min. vor Schluss. Freier Eintritt in die Kirche. Eintritt Kreuzgang 10 €, ab 65 J., Studenten, mit Cartão Jovem sowie Familien ab 2 Kindern 50 % Ermäßigung, bis 12 J. frei. Erster So im Monat generell freier Eintritt (Leser berichten allerdings, dass sie an diesen Tagen aufgrund des Andrangs über 2 Std. auf Einlass warten mussten). Kombiticket mit Torre de Belém oder mit Museu Nacional de Arqueologia 12 € (mit beiden 16 €).

Schätze portugiesischer Archäologie
Museu Nacional de Arqueologia

Das Museum im Nebenflügel des Jerónimos-Klosters präsentiert archäologische Kostbarkeiten aus allen Regionen Portugals wie frühgeschichtliche Steinwerkzeuge, Äxte aus der Bronzezeit, römische Amphoren, maurische Grabsteine oder Säulen aus dem hohen Mittelalter – alles gut arrangiert. Eine eigene Abteilung ist der Geschichte Ägyptens gewidmet. Darüber hinaus gibt es regelmäßig sehenswerte Sonderausstellungen. Gegründet wurde das Museum 1893 von dem portugiesischen Archäologen José Leite de Vasconcelos. Nach dem Ende der Monarchie brachte man auch die königlichen Sammlungen hierher.

Praça do Império, ☎ 213620000, www.museuarqueologia.pt. Straßenbahn 15 bis Haltestelle Mosteiro dos Jerónimos. Tägl. (außer Mo und Fei) 10–18 Uhr. Eintritt 5 €, Studenten, mit Cartão Jovem, Familien ab 4 Personen und ab 65 J. 50 % Ermäßigung, bis 12 J. frei. Erster So im Monat generell freier Eintritt. Kombiticket mit Mosteiro dos Jerónimos 12 €, mit Mosteiro dos Jerónimos und Torre de Belém 16 €.

Das maritime Erbe Portugals
Museu de Marinha

In den Räumen des Marinemuseums im Westflügel des Jerónimos-Klosters wird die Geschichte der portugiesischen Seefahrt dokumentiert. Zu sehen gibt es Schiffsmodelle, Karten und Marineuniformen. Am interessantesten sind die Karavellen der alten portugiesischen Entdecker. In einer Nebenhalle (*Pavilhão das Galeotas*) können traditionelle Fischer- und Fährboote, Jachten, Galeeren, Kanus und alte Walfangboote von den Azoren im Original bewundert werden. Der Kuppelbau nebenan beherbergt das ebenfalls zum Museum gehörende Planetarium, das *Planetário Calouste Gulbenkian* (Eintritt extra, Vorführtermine siehe Webseite).

Praça do Império, ☎ 210977388, http://ccm.marinha.pt. Straßenbahn 15 bis Haltestelle Centro Cultural de Belém. Tägl. (außer Mo und Fei) 10–17 Uhr (Mai–Sept. bis 18 Uhr). Eintritt 6,50 €, bis 18 J., Studenten und über 65 J. 50 % Ermäßigung, unter 12 J. frei.

Kultur in modernem Monumentalbau
Centro Cultural de Belém – CCB

Das Kulturzentrum von Belém ist der bedeutendste zeitgenössische Neubau,

CCB – Centro Cultural de Belém

der vom portugiesischen Staat in Auftrag gegeben wurde. Der gigantische Komplex, ganz in leicht rosafarbenem Marmor aus dem Alentejo gehalten, verschlang gleich mehr als das Sechsfache der ursprünglich vorgesehenen Baukosten von 32,5 Mio. Euro. Dabei war der Bau nicht einmal pünktlich fertig geworden. Zudem scheiden sich die Geister an seiner von dem Italiener Vittorio Gregotti und dem Portugiesen Manuel Salgado entworfenen Architektur: Die einen finden sie sehr schön und gelungen, die anderen empfinden sie als hässliches Monstrum. Auf jeden Fall gelang es der *Fundação das Descobertas* das von ihr betreute Kulturzentrum mit Leben zu erfüllen: In den Auditorien finden gut besuchte Konferenzen, Konzerte und Theateraufführungen statt.

Praça do Império, ℘ 213612400, www.ccb.pt. Straßenbahn 15 bis Haltestelle Centro Cultural de Belém.

Moderne und zeitgenössische Kunst

Museu Coleção Berardo

Das Museum im Centro Cultural de Belém beherbergt Portugals beste Sammlung moderner Kunst. Gezeigt werden Werke aus der Sammlung des 1944 auf Madeira geborenen Finanzinvestors Joe Berardo. Sie geben einen guten Überblick über moderne Kunstrichtungen von Surrealismus über Pop-Art bis zu Videoinstallationen. Darunter Künstler des 20. Jh. wie Hans (Jean) Arp, Salvador Dalí, Marcel Duchamp, Max Ernst, René Magritte, Joan Miró und Pablo Picasso. Beeindruckend ist besonders das zehn Meter lange und drei Meter hohe Wandgemälde „Watchman, What of the Night?" des Chilenen Roberto Matta mit seiner düsteren Aura.

Die weiten Hallen lassen die großformatigen Werke von Pop-Art-Künstlern wie Roy Lichtenstein, Robert Rauschenberg und Andy Warhol gut zur Geltung kommen. Portugiesische Künstler sind im Museum allerdings

Museu Coleção Berardo

nur spärlich vertreten. Viel Raum für meist sehenswerte Sonderausstellungen.

Praça do Império, ℘ 213612878, www.museuberardo.pt. Tram 15 bis Haltestelle Centro Cultural de Belém. Tägl. 10–19 Uhr. Letzter Einlass 30 Min. vor Schluss. Am 25.12. und 31.12. nachmittags, am 1.1. vormittags und am 25.12. ganztags geschlossen. Eintritt frei.

Denkmal mit Aussichtsplattform

Padrão dos Descobrimentos

Das wie der Bug einer Karavelle geformte „Denkmal der Entdeckungen" stammt aus der Salazar-Zeit. Die erste Version des Denkmals war 1940 im Rahmen einer Ausstellung zur Präsentation Portugals und seiner Kolonien noch aus schlecht haltbarem Material erbaut worden. 1960, im Jahr des 500. Todestages Heinrich des Seefahrers, dessen Seefahrerschule von Sagres die Keimzelle der überseeischen Expeditionsfahrten war, ersetzte die Regierung es durch eine stabile Stahlbetonkonstruktion. Vorne auf der Reling sind die Heroen der portugiesischen Entdeckungsfahrten aufgereiht, an ihrer Spitze Prinz Heinrich.

Betrachtet man das Denkmal von einem vorbeifahrenden Schiff, so sieht es wie der Bug einer echten Karavelle aus. Von Landseite erscheint es dagegen wie ein riesiges Schwert, das Wahrzeichen der Dynastie Aviz, unter der die Kolonien erobert und unterworfen wurden. Man kann das Denkmal auch von innen erklimmen. Von oben hat man einen sehr guten Ausblick auf Belém und den Tejo. Auf dem Platz vor dem Denkmal sind auf einer Windrose mit riesiger Marmorweltkarte alle ehemaligen überseeischen Kolonien des Landes eingearbeitet. Portugal erhielt die Weltkarte als Geschenk der Republik Südafrika.

Av. Brasília, ✆ 213031950, www.padraodosdescobrimentos.pt. Straßenbahn 15 bis Haltestelle Centro Cultural de Belém. Mai–Sept. tägl. 10–19 Uhr, Okt.–Febr. nur Di–So 10–18 Uhr, Fei geschl. Letzter Einlass 30 Min. vor Schluss. Eintritt 4 €, Studenten mit Cartão Jovem und ab 65 J. 50 % Ermäßigung, Familien 10 € (2 Erw. und 2 Kinder), unter 12 J. frei.

Wachturm im Tejo

Torre de Belém

Der kunstvoll im manuelinischen Stil gehaltene Verteidigungsturm wurde zwischen 1514 und 1520 unter Leitung des Architekten Francisco de Arruda erbaut. Ab 1580 diente er den spanischen Eroberern als Kerker für unbequeme Patrioten. Während der napoleonischen Invasion zwischen 1807 und 1809 wurde er dann zerstört; knapp 40 Jahre später, im Jahr 1846, ließ man ihn rekonstruieren. Ursprünglich stand der Turm mitten im Fluss, das Jerónimos-Kloster direkt am Ufer. Durch Aufschüttungen und das Erdbeben von 1755 wurde das Ufer weiter hinausgeschoben, sodass der Turm nun vom Land aus zugänglich ist. Über eine Zugbrücke geht es ins Innere. Die Aussichtsplattform ganz oben bietet einen guten Blick auf die umliegenden Stadtteile und den Tejo.

✆ 213620034, www.torrebelem.pt. Straßenbahn 15 bis Haltestelle Largo da Princesa. Tägl. (außer Mo und Fei) 10–17.30 Uhr (Mai–Sept. bis 18.30 Uhr). Letzter Einlass je 17 Uhr. Eintritt 6 €, ab 65 J., Studenten, mit Cartão Jovem sowie Familien ab 4 Personen 50 % Ermäßigung, bis 12 J. frei. Erster So im Monat generell freier Eintritt. Kombiticket mit Mosteiro dos Jerónimos 12 €.

Monumento aos Combatentes do Ultramar – Denkmal für die Kämpfer der Kolonialkriege

Lissabon im Kasten

Manuelinik – überbordender Architekturstil der Entdeckungen

Die Manuelinik ist die portugiesische Variante der Spätgotik. Benannt wurde diese Stilform nach König Manuel I. (1495–1521). Er regierte zur großen Zeit Portugals im 15. und 16. Jh., als die Weltmeere befahren und überseeische Entdeckungen und Eroberungen gemacht wurden. Die Seefahrer und Abenteurer kamen damals mit einer Fülle von Eindrücken zurück, die insbesondere den Baumeistern der Epoche viel Stoff für neue künstlerische Ideen lieferten. Der strenge gotische Stil wurde zusehends von fantastischen und exotischen Elementen überlagert, wobei neben indischer und orientalischer Ornamentik vor allem Fabelmotive und maritime Symbole wie Algen, Muscheln, Schnecken, Korallen und Anker eine bedeutende Rolle spielten. Die Baumeister profitierten bei ihren Arbeiten vom Reichtum, der aus den Kolonien nach Portugal floss, denn erst dadurch wurde es möglich, die Bauten so üppig zu dekorieren, wie es in dieser Zeit geschah.

Militärmuseum

Museu dos Combatentes

Das Museum des portugiesischen Veteranenverbandes ist im Forte do Bom Sucesso untergekommen. Die sehenswerte Festung wurde 1780 vom französischen General Guilherme de Vallerée entworfen, um die Verteidigungslinie am Tejo zu stärken. Unter freiem Himmel sind Panzerwagen, Kanonen und Flak-Scheinwerfer zu sehen. Zahlreiche Innenräume beherbergen Ausstellungen zu Luftwaffe (Flugzeugmodell-Sammlung), Heer, Marine, Polizei PSP und den Kolonialkriegen. Der Erste Weltkrieg nimmt viel Platz ein – damals kämpfte Portugal in Europa und in Mosambik gegen das Deutsche Reich. Ein begehbarer Nachbau eines Schützengrabens lässt die Schrecken des Krieges sehr anschaulich werden.

Forte do Bom Sucesso, ✆ 919903210, www. ligacombatentes.org.pt. Straßenbahn 15 bis Haltestelle Largo da Princesa. Tägl. 10–18 Uhr. Eintritt 4 €, Studenten und Rentner 3 €, bis 6 J. frei. Ticketverkauf in der Cafeteria mit Tejo-Blick links neben dem Eingang zum Fort.

Denkmal für die Überseekämpfer

Monumento aos Combatentes do Ultramar

Zwei Stelen „überdachen" ein Feuer, das in der Mitte einer spiegelnden Wasserfläche angebracht ist. Die schiere Menge der in Steintafeln eingravierten Namen der Gefallenen beeindruckt. Welchen Sinn es hatte, dass so viele Portugiesen bis 1975 für das Festhalten an den Kolonien in Afrika sterben mussten, wird aber am Überseekämpfer-Denkmal nicht hinterfragt. Genauso wenig wird der Kriegsopfer unter der Kolonialbevölkerung gedacht.

Straßenbahn 15 bis Haltestelle Largo da Princesa.

Manuelinische Kapelle

Ermida de Belém

Die kleine, viereckige Einsiedelei ist im manuelinischen Stil gehalten, wirkt aber vor allem durch ihre weiße Fassade im Vergleich zu vielen anderen manuelinischen Bauwerken sehr nüchtern. Die Kapelle im Stadtteil Restelo wurde 1514 nach einem Plan des berühmten Architekten Diogo de Boitaca erbaut. Eigentlich heißt sie *Capela de São Jerónimo*, da sie früher zum Jerónimos-Kloster gehörte.

Rua Pero da Covilhã. Straßenbahn 15 bis Haltestelle Largo da Princesa. Die Einsiedelei ist innen leider nicht zu besichtigen.

Völkerkundemuseum

Museu Nacional de Etnologia

Von dem hässlichen Betonbau aus dem Jahr 1976 des Völkerkundemuseums sollte man sich nicht abschrecken lassen. Es präsentiert vor allem Exponate aus Portugal und den ehemaligen Kolonien, z. B. Puppen aus Süd-Angola. Sehr sehenswert sind die Theatermasken und Marionetten aus Mali. Die interessantesten Bereiche sind aber die beiden Kellerdepots, die leider nur im Rahmen von Führungen besucht werden können (vorherige Anmeldung und mindestens fünf Teilnehmer nötig). Die *Galerias da Vida Rural* präsentieren eine beeindruckende Sammlung von Arbeitsgeräten der Landwirte Portugals. Unter den 4.000 Objekten sind Ochsenkarren, außergewöhnlich viele Holzpflüge und mobile Schilfhütten, die Schafhirten als Unterstand dien-

ten. Die *Galerias da Amazónia* umfasst 2.000 nicht minder interessante Objekte wie Masken, Fruchtbarkeitsamulette und Totenkopf-Trophäen der Waurà, eines zu den Xingu gehörenden indigenen Volkes aus dem Amazonasgebiet.

Avenida Ilha da Madeira, ☎ 213041160, www.mnetnologia.wordpress.com. Bus 728 ab Cais do Sodré bis Halt Estádio do Restelo. Di 14–18 Uhr, Mi–So 10–18 Uhr, Mo und Fei geschlossen. Letzter Einlass jeweils 17.30 Uhr. Eintritt 3 €, ab 65 J., Studenten, mit Cartão Jovem sowie Familien ab 2 Kindern 50 % Ermäßigung, bis 12 J. frei. Der erste So im Monat ist generell frei. Führungen: Galerias da Vida Rural Di 14.30 Uhr, Galerias da Amazónia Do 14.30 Uhr; Anmeldung unter visitasguiadas@mnetnologia (mind. fünf Teilnehmer erforderlich).

Praktische Infos

→ Karte S. 128/129

Restaurants

Enoteca de Belém 5 Tägl. 13–22.30 Uhr (Küche durchgehend). Gehobenes Lokal in der ersten Gasse östlich der Pastéis de Belém (Abzw. von der Rua de Belém). Erstklassige, modern interpretierte und mit dem Blick fürs Detail angerichtete Gerichte aus Portugal ab 16 €. Kleine Portionen, mit größerem Hunger sollte man sich an das schmackhafte Couvert halten (3,50 €/Person). Mehrere Kühlschränke sind mit einer guten Auswahl portugiesischer Weine gefüllt, die meisten können auch im Glas bestellt werden. Wie bei der exponierten Lage zu erwarten, vor allem von Touristen besucht. Nur Raum für 20 Personen, daher mittags und abends zu Stoßzeiten Reservierung anzuraten. WLAN frei. Travessa do Marta Pinto, 12, ☎ 213631511, www.travessadaermida.com.

meinTipp **Estufa Real 1** Speisesaal Mo–Fr 12.30–15 und So 12.30–16 Uhr, Terrasse So–Fr 9–17 Uhr (nur kleine Speisen und Getränke), Sa in der Regel Hochzeitsgesellschaften und daher geschl. Im Westteil des botanischen Gartens von Ajuda (nur beim Betreten via Calçada do Galvão muss kein Eintritt für den Garten bezahlt werden). Luftiges Ambiente in einem ehemaligen Gewächshaus mit schönem Blick in den Garten. Exquisite mediterrane Küche mit frischen Gewürzen gelungen temperiert wird. Mo–Fr Hauptgerichte à la carte ab 12 €,

am So Brunch für 37 € pro Person (Kinder bis 10 J. 50 %, Reservierung empfohlen). Jardim Botânico da Ajuda, Calçada do Galvão, ☎ 213619400, www.estufareal.com.

Descobre 6 Tägl. 11.30–24 Uhr (Küche durchgehend). Abseits des touristischen Gewimmels an den Schienen der Tram 15, etwa auf halbem Weg zwischen den Haltestellen Centro Cultural de Belém und Largo da Princesa. Mischung aus Feinkostladen mit Verkauf von Portwein, Olivenöl und Marmeladen sowie gehobenem Restaurant. Fusionsküche, die portugiesische Gerichte mit Einflüssen anderer Küchen gelungen erweitert. Zahlreiche Vorspeisen, auch an Vegetarier ist gedacht. Einfallsreich angerichtete Hauptgerichte ab 9,50 €, aber ohne Beilagen, die je mit 2 bis 3 € zu Buche schlagen, was die Rechnung nach oben treiben kann. Rua Bartolomeu Dias, 65/69, ☎ 218056461, www.descobre.com.pt.

meinTipp **Espaço Açores 2** Tägl. (außer Mo) 12–15 und 19–23.30 Uhr (Küche bis 22.30 Uhr). Im linken Seitenflügel des Marktes von Ajuda. Bus 760 hält direkt vor der Tür (Haltestelle Boa Hora). Gehobenes Ambiente, lichter Raum mit Holzdecke und Granitboden. Herrlicher Blick durch die Fensterfront auf die Brücke des 25. April und den Cristo Rei. Sehr gute regionale Küche von den Azoren: von der Butter über die Weine bis hin zu den Besitzern des Restaurants kommt fast alles von den Inseln. Vor allem Fleisch, aber auch Fisch im Angebot. Leckeres Couvert. Mein Lieblingsgericht ist die *espetada açoriana* (Rindfleischspieß mit Chili, dazu Ananas und frittierter Maniok). Fr mittags und So mittags gibt es den berühmten *cozido das Furnas* (Eintopf mit Schlachtwürsten). Do kein à la carte, sondern Menü vom Büfett mit 6 wechselnden azorischen Spezialitäten für 19,90 €. Hauptgerichte ab 10,50 €. Largo da Boa Hora, ℡ 213640881, www.espacoacores.com.

O Carvoeiro 7 Di–Sa 12–22, So 12–15 Uhr, Mo geschl. Das kleine Restaurant existiert bereits seit 1900 und ist inmitten der Restaurantmeile von Belém an der begrünten Hausfassade zu erkennen. Man muss aufpassen, dass man sich nicht versehentlich auf die Terrasse eines der Nachbarlokale setzt. Dunkles Inneres, die meisten Gäste sitzen aber sowieso draußen. Der Familienbetrieb hat sich selbst zum „König der gegrillten Sardine" (*Rei da Sardinha Assada*) ausgerufen. Das Gericht für 7,80 € (mit Kartoffeln und Salat) ist in der Tat eine gute Wahl, da der Fisch täglich direkt vom Hafen in Sesimbra bezogen wird, wie die Besitzerin versichert. Definitiv keine Sterneküche, aber in dieser touristischen Lage deutlich über dem Durchschnitt. Rua Vieira Portuense, 66/68, ℡ 213637998.

Cafés

meinTipp **Pastéis de Belém 4** Tägl. 8–23 Uhr (Juli–Sept. bis 24 Uhr). Legendäre Konditorei neben dem Mosteiro dos Jerónimos. Innen ein Labyrinth mit mehreren Sälen, das insgesamt 500 Plätze bieten. Hier gibt's die besten *pastéis de Belém* (auch *pastéis de nata* genannt), köstliches Blätterteiggebäck mit Puddingcreme, das nach alten Rezepten der Mönche des Jerónimos-Klosters hergestellt wird. Nach der Säkularisierung und Auflösung der Klöster in Portugal hatten für viele Klosterbewohner wirtschaftlich harte Zeiten begonnen. Und so hat wohl jemand aus dem Mosteiro dos Jerónimos 1837 angefangen, hier die Blätterteigtörtchen zu verkaufen. So lautet zumindest die offizielle Geschichte der Pastéis de Belém. Sie sind auch zum Mitnehmen im Karton zu einem halben Dutzend und je einer Tüte Zimt und Puderzucker erhältlich. Nur wer *pastéis* mitnehmen möchte oder am Tresen verzehren will, muss sich übrigens in der Schlange vor der Kasse anstellen und vorausbezahlen. Sonst einfach an einen freien Tisch setzen. *Pastéis de Belém* pro Stück 1,05 €, Bica 0,75 €. Rua de Belém, 84–92, ℡ 213637423, www.pasteisdebelem.pt.

À Margem 9 Tägl. 10–22 Uhr (Fr/Sa bis 1 Uhr). Café am Tejo-Ufer westlich des Padrão dos Descobrimentos. Ein Dutzend Tische im Freien und im Inneren der architektonisch interessanten Metall-Glas-Konstruktion. Schöner Blick auf den Fluss mit den kreuzenden Transtejo-Fähren nach Trafaria und Porto Brandão sowie auf die Ponte 25 de Abril. Neben Espresso für 2 € weitere Getränke, Hauptgerichte und kleine Speisen wie Toasts im Angebot. Doca do Bom Sucesso, ℡ 918620032, www.amargem.com.

Darwin's Café 8 Tägl. 12.30–24 Uhr (Mo nur bis 16 Uhr). Nächster Tramhalt ist die Linie 15 an der ca. 500 m entfernten Haltestelle Largo da Princesa. Bereits von Weitem fallen die futuristischen Gebäude der Champalimaud-Stiftung mit ihrem elliptischen Grundriss ins Auge. Gegründet hat die Stiftung samt Klinik 2004 der Bankier António de Sommer Champalimaud: Der reichste Portugiese vermachte ihr mit seinem Tod 500 Mio. Euro. Forschungs- und Behandlungsschwerpunkte der Klinik sind die Nerven-, Krebs- und Augenheilkunde. Öffentlich zugänglich ist das Café-Restaurant im Nebengebäude mit schöner Tejo-Aussichtsterrasse (Schirme). Hier Cafébetrieb mit Espresso für 2 € und kleinen Speisen. Innen gehobenes Restaurant mit Hauptgerichten mittags und abends ab 14 €. Der geräumige Speisesaal greift mit seiner kreisförmigen Bar die Formensprache des vom indischen Architekten Charles Correa entworfenen Gebäudekomplexes auf. Champalimaud Centre for the Unknown, Av. Brasília, Ala B, ℡ 210480222, www.darwincafe.com.

Einkaufen

Azulejos Fábrica Sant'Anna 3 Verkaufsraum: Mo–Fr 9.30–12.30 und 13.30–18 Uhr. Fabrikbesichtigung: in der Regel Mo (am besten nach Voranmeldung). Hier werden Wandfliesen kunstvoll von Hand bemalt. Die etwa 30 Angestellten wenden dabei im Wesentlichen noch die gleichen Techniken wie zur Zeit der Firmengründung im Jahr 1741 an. Auch die Maße der Fliesen 14 x 14 x 0,8 cm sind weiterhin die damals üblichen. Kunden der renommierten Fabrik sind vor allem Touristen. Calçada da Boa-Hora, 94-B (Ladengeschäft) und 96 (Fabrik), Tram 15 bis Haltestelle Hospital Egas Moniz, ℡ 213638292, www.fabrica-santanna.com.

Belém und Ajuda → Karte S. 128/129

Wohnsilos und ländliche Idylle
Tour 11

Mit ihren großen Wohnblöcken wirken die Stadtteile im Norden Lissabons auf den ersten Blick eher abschreckend. Dennoch lohnt sich ein Besuch, da es reizvolle Überbleibsel aus der ländlichen Vergangenheit zu sehen gibt, so beispielsweise den schönen Parque Botânico do Monteiro-Mor im Stadtteil Lumiar oder prächtige Paläste wie den Palácio Fronteira in Benfica.

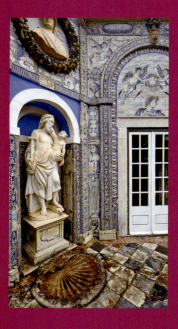

Jardim Zoológico de Lisboa, Zoo mit Aussicht, S. 143

Palácio Fronteira, prachtvolle Azulejos, romantischer Garten, S. 143

Benfica, Carnide und Lumiar
Ziele im Norden Lissabons

Mit seinen ca. 70.000 Einwohnern ist **Benfica** im Nordwesten Lissabons heute eines der wichtigsten Viertel der Stadt. Sein Name ist weit über Lissabon und Portugal hinaus bekannt, denn Benfica ist die Heimat des international renommiertesten portugiesischen Fußballclubs. Auch die ewige Lichtgestalt des portugiesischen Fußballs, Eusébio (da Silva Ferreira), spielte hier. Dessen Glanzzeit fiel in die 1960er-Jahre, als sich das Stadtbild Benficas – vorher kaum mehr als eine Ansammlung von Bauernhöfen und Stadtpalästen – grundlegend zu ändern begann. Überall regte sich emsige Bautätigkeit, und bis weit in die 1980er-Jahre hinein entstanden vielgeschossige Wohnblöcke und Bürogebäude aus Beton und Glas und verdrängten die Bauernhöfe fast vollständig. Heute leben in Benfica vor allem Angestellte und Beamte sowie andere Angehörige des Mittelstands.

Im Gegensatz zu Benfica ist der alte Ortskern von **Carnide** fast komplett erhalten geblieben. Mit seinen ein- bis zweistöckigen Häusern macht dieses Viertel östlich von Benfica auch heute noch einen ländlichen Eindruck. Der historische Dorfkern von Carnide liegt zwischen dem Largo da Luz und der Estrada da Correia (Ⓜ Carnide). Hier haben sich viele Restaurants niedergelassen, die für ihre gute, rustikale Küche bekannt sind.

Zwischen Carnide und dem noch weiter östlich gelegenen Flughafen liegt **Lumiar**: Hier wechseln sich ebenfalls monotone Wohnsilos mit historischen Palästen ab, in einem von ihnen befindet sich heute das sehenswerte Stadtmuseum *Museu de Lisboa*. Nebenan liegt das Stadion von *Sporting*, dem nach *Benfica* zweitwichtigsten Lissabonner Fußballclub.

Sehenswertes

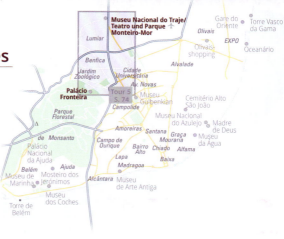

Zoo mit Aussicht
Jardim Zoológico de Lisboa

Der Zoo wurde 1884 als erster Tiergarten der Iberischen Halbinsel gegründet; seit 1905 befindet er sich auf dem Gelände in Benfica. Insgesamt sind etwa 330 verschiedene Arten zu sehen, darunter Bären, Büffel, Elefanten, Giraffen, Löwen, Nashörner und Tiger. Im Vergleich zu anderen Zoos gibt es außergewöhnlich viele Antilopen- und Papageienarten sowie eine sehr großzügig angelegte Affenanlage, den „Primatentempel" (*Templo dos Primatas*). Kurios ist der Tierfriedhof hinter dem Bärengehege, in dem die Lissabonner ihre Haustiere bestatten können.

In den vergangenen Jahren wurde der Zoo komplett modernisiert und auf den Artenschutz ausgerichtet. Leider ist das Delfinarium geblieben, obwohl die Meeressäuger nach Ansicht zahlreicher Tierschützer nicht artgerecht in Gefangenschaft gehalten werden können. Einzigartig sind die Iberischen Luchse, die mit Glück im oberen Bereich auf dem Hügel beobachtet werden können. Die scheuen, vom Aussterben bedrohten Tiere werden dort für die freie Wildbahn nachgezüchtet.

Um einen ersten Überblick zu bekommen, empfiehlt sich die 20-minütige Fahrt in der „Eimer"-Gondelbahn, mit der man das Gelände in einem Dreieckskurs überfliegen kann: Neben dem schön begrünten und angenehm schattigen Zoogelände ist viel von der Umgebung wie dem Monsanto-Park, dem Aquädukt und den umliegenden Hochhausschluchten zu sehen.

Praça Marechal Humberto Delgado, Sete Rios, ☎ 217232900, www.zoo.pt. Ⓜ Jardim Zoo-lógico. Tägl. 10–20 Uhr, Einlass bis 18.45 Uhr. Vom 21. Sept. bis 20. März nur bis 18 Uhr (Einlass bis 17.15 Uhr). Eintritt 19,50 €, ab 65 J. 15,50 €, bis 11 J. 14 €, bis 2 J. frei. Im Zoo sind mit Ausnahme des Zügchens alle Attraktionen inklusive. Noch vor dem Zookassen liegt eine Art Mini-Rummelplatz namens Animax: Die Attraktionen wie das Karussell müssen hier extra bezahlt werden.

Prachtvolle Azulejos, romantischer Garten
Palácio Fronteira

Diesen herrschaftlichen Palast direkt am Fuße des Monsanto-Parks ließ Dom João de Mascarenhas, der erste Marquês de Fronteira, im 17. Jh. erbauen. Die Familie bewohnt den Palast übrigens noch heute.

Anlass für seinen Bau war die Wiedererlangung der portugiesischen Unabhängigkeit. So sind in der *Sala das Batalhas* die Wände mit Azulejos bedeckt, welche die acht wichtigsten Schlachten gegen die Spanier nach 1640 darstellen. Nach draußen gelangt man über einen Balkon, dessen berühmte Azulejos mit Affenmotiven man auf Grund der witzigen Motive beachten sollte. Sie karikieren das Leben der herrschenden Schichten. Am Ende des Balkons liegt eine Kapelle, die kunstvoll mit Muscheln und zerbrochenem Porzellan ausgekleidet ist.

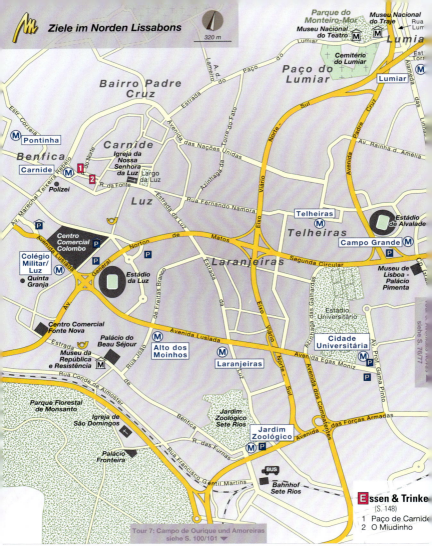

Map labels

Ziele im Norden Lissabons

320 m

Parque do Monteiro-Mor

Museu Nacional do Traje

Rua

Museu Nacional do Teatro

Lumia

Cemitério do Lumiar

Paço do Lumiar

Est Torr

Lumiar

Alameda das

Bairro Padre Cruz

Pontinha

Benfica

Carnide

Carnide

1

2

Igreja da Nossa Senhora da Luz

Largo da Luz

R. da Fonte

Polizei

Av. Rainha d. Amélia

Luz

Estrada da Luz

Rua Fernando Namora

Telheiras

Telheiras

Estádio de Alvalade

Campo Grande

Centro Comercial Colombo

Norton

Matos

de

Segunda Circular

Museu de Lisboa - Palácio Pimenta

Colégio Militar/ Luz

Laranjeiras

Quinta Granja

Estádio da Luz

Estádio Universitário

Centro Comercial Fonte Nova

Avenida Lusíada

Cidade Universitária

Palácio do Beau Séjour

Alto dos Moinhos

Laranjeiras

Avenida Egas Moniz

Estrada

Museu da República e Resistência

Rua Conde de Almoster

Parque Florestal de Monsanto

Igreja de São Domingos

Jardim Zoológico Sete Rios

Avenida das Forças Armadas

Jardim Zoológico

Palácio Fronteira

R. das Furnas

BUS

Bahnhof Sete Rios

Essen & Trinke

(S. 148)

1 Paço de Carnide

2 O Miudinho

Tour 7: Campo de Ourique und Amoreiras siehe S. 100/101 ▼

Wunderschön ist der Garten mit seinen Buchshecken. Das einzigartige Licht der dunkelblauen Mauern erzeugt ein romantisches Flair. Auf einer mit Azulejos verzierten Galerie sind Büsten fast aller Könige Portugals ausgestellt, die sich in einem Teich spiegeln.

Largo São Domingos de Benfica, 1, ℡ 217782023, www.fronteira-alorna.pt. Ⓜ Jardim Zoológico,

dann ca. 15 Min. Fußweg: über die Rua das Furnas und die Rua de São Domingos de Benfica bis zur Fußgängerüberführung an der Bahnlinie nach Sintra, der Palast liegt auf der anderen Seite. Einstündige Führungen auf Portugiesisch, Englisch und Französisch tägl. (außer So und Fei) 11 und 12 Uhr, Juni–Sept. auch 10.30 und 11.30 Uhr. Palast und Garten 7,50 €, nur Garten 3 €, keine Ermäßigungen. Fotografieren nur im Garten erlaubt.

Größtes Stadion Portugals

Estádio da Luz

Die Spielstätte gehört dem Fußballclub Benfica und wurde für die Europameisterschaft 2004 gebaut: Hier verlor damals Portugal das Finale 0:1 gegen Griechenland. Erst zwölf Jahre später konnten die Portugiesen bei der EM in Frankreich ihren ersten großen Fußball-Titel erringen …

65.000 Zuschauer finden in dem neuen Stadion Platz, im alten aus dem Jahr 1954, das dem Neubau weichen musste, waren es sogar gut 120.000. Aber auch das neue Luz-Stadion gehört weiterhin zu den schönsten Spielstätten Portugals. Es werden Stadionführungen auf Portugiesisch und Englisch angeboten, während derer man die Kabine der Gästemannschaft, Spielertunnel, Trainerbank, Tribünen sehen kann und mit Glück auch das Flugtraining der Adler, der Wappentiere des Clubs, die vor jedem Heimspiel ihre Runden im Stadion drehen.

In einem Gebäude neben dem Stadion kann man das Vereinsmuseum **Museu Benfica – Cosme Damião** besichtigen. Auf drei Etagen wird die Geschichte von Verein und Stadion mit Ausstellungsstücken und in Filmen präsentiert (alles auch auf Englisch). Insgesamt sind 700 Pokale der verschiedenen Sportarten vom Radsport über Rollhockey bis zu Rugby zu sehen, darunter Kuriositäten wie der riesige Martini-Cup und natürlich auch die beiden Fußball-Europapokale. Die Besucher können auf eine Torwand schießen oder sich per Computer ihre Lieblingsmannschaft zusammenstellen. Einen eigenen Bereich hat sich Eusébio, Benficas berühmtester Spieler aus der ehemaligen portugiesischen Kolonie Mosambik, verdient. Er erzielte in seinen 614 Spielen 638 Tore für Benfica und galt in den 1960er-Jahren als der beste Spieler Europas. Auf dem Vorplatz des Stadions ist dem 2014 verstorbenen Fußballer eine Statue gewidmet.

Av. Eusébio da Silva Ferreira und Av. General Norton de Matos, ☏ 217219590, www.slbenfica.pt. Ⓜ Colégio Militar/Luz und Ⓜ Alto dos Moinhos. Stadionführungen starten am Eingangstor Porta 18 alle 20 Min. tägl. 10–19 Uhr (an Spieltagen keine Führungen, bei europäischen Spielen auch zwei Tage davor und ein Tag danach keine Führungen!). Museum tägl. 10–18 Uhr (außer 1.1. und 25.12., an Spieltagen ab Spielbeginn geschl.). Karten gibt es im Museum oder im Fangeschäft Benfica Megastore.

Ziele im Norden Lissabons → Karte S. 144

Statue zu Ehren Eusébios, des erfolgreichsten Spielers Benficas

Nur Stadionführung oder nur Museum: 10 €, ab 65 J. 6 €, bis 13 J. 4 €, Familien (4 Personen) 20 €, bis 2 J. frei. Kombiticket Führung und Museum: 15 €, ab 65 J. 10 €, bis 13 J. 6 €, Familien 34 €, bis 2 J. frei.

Portugiesische Trachten und Kostüme

Museu Nacional do Traje

Auf dem Programm stehen portugiesische Trachten, Kostüme und andere Kleidungsstücke aus der Zeit ab dem 18. Jh., insgesamt 38.000 thematisch und chronologisch sortierte Exponate, von denen aber nur ein Bruchteil in den Ausstellungen zu sehen ist (Beschriftungen in der Regel nur auf Portugiesisch). Besonders elegant sind die höfischen Kleider aus dem 18. Jh., die in den prächtigen Rokokosälen des Palácio do Marquês de Angreja aus dem gleichen Jahrhundert voll zur Geltung kommen. Ergänzt wird die Sammlung des Trachtenmuseums durch die Präsentation von Webstühlen und Werkzeugen wie Textildruckstempeln.

Largo Júlio de Castilho, ☎ 217567620, www. museudotraje.pt. Von der Metrostation Lumiar zu Fuß links in die Estrada da Torre, dann rechts in die Rua do Lumiar und unter der Nord-Süd-Autobahn hindurch, dann links über die Schnellstraße Av. Padre Cruz in die Rua do Alqueidão. Tägl. (außer Mo und Fei) 10–18 Uhr (Di erst ab 14 Uhr). Letzter Einlass 17.30 Uhr. Eintritt 4 €. Kombiticket mit Parque Botânico do Monteiro-Mor und dem benachbarten Theater- und Tanzmuseum Museu do Teatro e da Dança 6 €. Jeweils ab 65 J., Studenten, mit Cartão Jovem sowie Familien ab 4 Personen 50 % Ermäßigung, bis 12 J. frei. Erster So im Monat generell freier Eintritt.

Schöner Park mit Skulpturengarten

Parque Botânico do Monteiro-Mor

Der dritte Marquês de Angreja ließ diesen 11 ha großen sich an den Palácio do Marquês de Angreja anschließenden Park in der zweiten Hälfte des 18. Jh. anlegen. Neben Ulmen und Eschen wurden viele exotische Bäume gepflanzt, darunter Palmen und die erste Araukarie (Schuppentanne) Portugals. Dazu gibt's einen Skulpturengarten.

Largo Júlio de Castilho, www.museudotraje.pt. Ⓜ Lumiar. Tägl. (außer Mo und Fei) 10–18 Uhr (Di erst ab 14 Uhr). Letzter Einlass 17.30 Uhr. Eintritt in den Park (ohne Museen) 3 €, ab 65 J., Studenten, mit Cartão Jovem sowie Familien ab 4 Personen 50 % Ermäßigung, bis 12 J. frei. Erster So im Monat generell freier Eintritt.

Der Zoo Lissabons überrascht mit klassischer Architektur

Igreja Paroquial do Lumiar in der Nachbarschaft des Museu Nacional do Traje

Geschichte der Stadt Lissabon

Museu de Lisboa – Palácio Pimenta

Untergebracht ist das Stadtmuseum im gut erhaltenen Palácio Pimenta aus dem 18. Jh., der alleine schon einen Besuch wert wäre. Das Museum spannt den Bogen von prähistorischer Zeit bis zur Ausrufung der Republik im Jahr 1910. Dokumentiert wird die Geschichte u. a. mit Bildern, Zeichnungen, Holzschnitten, Keramiken und historischen Gebrauchsgegenständen.   Interessant ist das große Stadtmodell, das jedes einzelne Haus Lissabons vor dem großen Erdbeben von 1755 zeigt.

Campo Grande, 245, ☎ 217513200, www.museu delisboa.pt. Ⓜ Campo Grande. Tägl. (außer Mo und Fei) 10–18 Uhr. Letzter Einlass 30 Min. vor Schluss. Eintritt 3 €, mit Cartão Jovem, Familien und ab 65 J. 50% Ermäßigung, Studenten, bis 12 J. und So bis 13 Uhr generell frei.

Gelbgrüne Fußballarena

Estádio José Alvalade

Das Stadion gehört zum zweiten Lissabonner Fußballclub, dem *Sporting Clube de Portugal*, kurz *Sporting* genannt. Zur Europameisterschaft 2004 hat der Verein dieses Stadion komplett neu erbaut, das alte nebenan hat man abgerissen. Die 50.000 Zuschauer fassende Arena ist in grellem Gelb und der Vereinsfarbe Grün gehalten. Nicht jeder hält diese Farbwahl des Stararchitekten Tomás Taveira für gelungen (er zeichnete auch schon für das Amoreiras-Einkaufszentrum verantwortlich). Unter dem Stadion erstreckt sich ein Einkaufszentrum, das noch greller gestaltet ist. Kostenpunkt des Neubaus waren 79 Mio. Euro, davon kamen 18,3 Mio. vom Staat.

Neben 18 nationalen Meisterschaften ist der größte Erfolg der Europapokal der Pokalsieger 1964. Der 1906 gegründete Club ist auch für seine gut geführte Nachwuchsabteilung bekannt, aus der mit Cristiano Ronaldo und Luís Figo zwei der bedeutendsten Fußballer Portugals hervorgegangen sind. Auf der Führung durch das Stadion bekommt man neben den Tribünen auch den Nachbau einer Umkleidekabine gezeigt und darf sogar einen Blick in die Präsidentenloge werfen.

Das informativ und modern gestaltete **Museu Sporting** erinnert über die Fußballerfolge hinaus an die weiteren zahlreichen von Sporting erzielten Titel in anderen Sportarten wie z. B. Rollhockey, Schwimmen und Leichtathletik, darunter der Olympiasieg im Marathon von Carlos Lopes 1982.

Rua Professor Fernando da Fonseca, ☎ 217516164, www.sporting.pt. Ⓜ Campo Grande. Eingang über „Hall-Vip/Porta 1" auf der Rück-seite des Stadions. Eineinhalbstündige Stadionführungen auf Portugiesisch und Englisch tägl. um 11.30, 14.30, 15.30 und 16.30 Uhr (nicht an Spieltagen!). Museum Mo–Fr 11–13 und 14.30–18 Uhr (letzter Einlass bis 17.30 Uhr, an Spieltagen schließt es 4 Std. vor dem Spiel). Nur Stadionführung: 8 €, ab 65 J. 7 €, Familien (2 Erwachsene, 2 Kinder) 25 €, bis 13 J. 3,50 €, bis 3 J. frei. Nur Museum: 10 €, ab 65 J. 8 €, Familien 25 €, bis 13 J. 5 €, bis 3 J. frei. Kombiticket Führung und Museum: 14 €, ab 65 J. 10 €, Familien 33 €, bis 13 J. 7 €, bis 3 J. frei.

Praktische Infos   → Karte S. 144

Restaurants

meinTipp **Paço de Carnide 1** Tägl. (außer Mo) 12–15 und 19–22 Uhr. In einer Seitengasse direkt gegenüber dem Musikerpavillon. Heller Speiseraum mit portugiesischem Straßenpflaster, aber am besten geht man nach hinten durch zur windgeschützten und überdachten

Terrasse mit Blick auf den Vorort Pontinha. Hier kann man auch den Köchen beim Grillen von Fleisch und Fisch zusehen, Spezialität des Hauses sind dabei Sardinen. Man kann sich auch Steaks zum Selberbraten auf einem heißen Stein bestellen *(naco na pedra)*. Reichhaltige Portionen. Hauptgerichte ab 9,50 €. Rua do Norte, 11, Ⓜ Carnide, ☎ 217161144.

O Miudinho 2 Tägl. (außer Mi) 12–15 und 19–22 Uhr. Am Hauptplatz von Carnide. Namensgeber ist die Figur eines pinkelnden Jungen im Vorderraum. Drei Speiseräume. Traditionelle ländliche Küche, deren Zutaten frisch vom Markt kommen. Als Vorspeise werden gebratener *chouriço* (Räucherwurst) und *morcela* (Blutwurst) gereicht. Große Auswahl an Fleisch und Fisch, die auf dem Grill zubereitet werden. Zahlreiche weitere empfehlenswerte Restaurants mit portugiesischer Küche in der Nachbarschaft. Hauptgerichte ab 8 €. Rua Neves Costa, 21, Ⓜ Carnide, ☎ 217140120, www.omiudinho.com.

Einkaufen

Einkaufszentrum Centro Comercial Colombo. Tägl. 9–24 Uhr (nur am 24.12. und 1.1. geschl.). Direkt neben der Metrostation Colégio Militar/Luz erhebt sich dieser Konsumtempel. Parallelen mit dem Amoreiras-Zentrum (→ S. 108) drängen sich auf, nur ist alles mit etwa 420 Geschäften auf ca. 400.000 m² noch größer: Immerhin handelt es sich um eines der größten Einkaufszentren der gesamten Iberischen Halbinsel. Verteilt sind die Läden auf drei Stockwerken. Ganz unten befindet sich der Hipermercado Continente. Er ist so groß geraten, dass ihn die Angestellten auf Rollschuhen durchqueren. Av. Lusíada, Ⓜ Colégio Militar/Luz, www.colombo.pt.

Einkaufszentrum Colombo

Sport Lisboa e Benfica (SLB) – Portugals erfolgreichster Fußballclub

Der überall schlicht und einfach unter *Benfica* bekannte Club hat fast die Hälfte aller nationalen Meisterschaften gewonnen, konnte 1961 und 1962 zweimal den Europapokal der Landesmeister (heute Champions League) mit nach Hause nehmen und brachte es darüber hinaus auf fünf weitere Endspielteilnahmen in diesem Wettbewerb. Nach Umfragen drücken 47% der Portugiesen die Daumen für diesen Club, laut der UEFA sind in keinem anderen Land Europas die Vorlieben so stark konzentriert. Dabei gilt Benfica als Mannschaft der Arbeiter und Unterschichten, der Konkurrenzclub Sporting dagegen traditionell als Club der Aristokratie und der Oberschichten.

In den vergangenen Dekaden machte der Verein, der den stolzen Adler als Wappentier trägt, aber auch einige Krisen durch: vor allem nach dem Pokalsieg von 1995/96. Ohnmächtig mussten die *Benfiquistas* mit ansehen, wie der *FC Porto* aus Nordportugal zahlreiche Meisterschaften mit großem Abstand gewann. Auch finanziell bewegte sich Benfica mit ca. 200 Mio. Euro Schulden Richtung Abgrund.

Tiefpunkt war die Ära unter Vereinspräsident João Vale e Azevedo (1997–2000), der bei Spielertransfers den Club um über 4 Mio. Euro betrogen hat und dafür zu über zehn Jahren Gefängnis verurteilt wurde. Sein Nachfolger Luís Filipe Vieira fiel durch den Skandal „Apito Dourado" *(Goldener Pfiff)* auf, bei dem sich Benfica illegal bestimmte Schiedsrichter für Ligaspiele ausgesucht hatte. Dazu kamen finanzielle Unregelmäßigkeiten: Vor der EM 2004 hatte die Stadt Lissabon dem Club im Rahmen des Stadionneubauprojekts (→ Estádio da Luz, S. 145) 10 Mio. Euro überwiesen, die für die Errichtung von Wohnungen neben der neuen Arena vorgesehen waren. Gebaut wurden die Wohnungen nie, eine Prüfung des Rechnungshofs legte die Versäumnisse der Clubführung offen.

Nach diesen Skandaljahren trat eine neue, seriöse Vereinsführung an, was sich 2009/10 auch sportlich mit dem Gewinn der Meisterschaft auszahlte. 2013/14 folgte sogar das erste Triple Portugals mit Meisterschaft, Portugal-Pokal und Liga-Pokal. Und 2014/2015 sowie 2015/16 gewann Benfica mit Meisterschaft und Liga-Pokal jeweils das Double. Die Fans verwandelten die Praça do Marquês de Pombal bei den traditionellen Siegesfeiern in ein Meer aus roten Trikots, Schals und Fahnen.

International warten die *Benfiquistas* aber schon seit 1962 (Europapokal der Landesmeister) auf einen Titel. Achtmal stand Benfica seitdem in einem Endspiel und verlor. So 2013 im Finale der Europa League, das der FC Chelsea erst in der Nachspielzeit für sich entschied. 2014 folgte eine noch bitterere Finalniederlage, als der Sevilla Fútbol Club im Elfmeterschießen gegen Benfica gewann. Mancher führt den Misserfolg auf einen Fluch des ungarischen Trainers Béla Guttmann zurück. Als ihm Benfica nach dem Gewinn des zweiten Europapokals nicht die von ihm geforderte Gehaltserhöhung genehmigen wollte, trennte er sich vom Club und prophezeite, dass Benfica 100 Jahre lang in Europa nicht gewinnen würde.

Bauen für die Weltausstellung

Tour 12

Im Osten, am Ufer des Tejo, liegt Lissabons neuester Stadtteil, das ehemalige Gelände der Weltausstellung von 1998. Faszinierender Höhepunkt ist das größte Ozeanarium Europas. Weitere Sehenswürdigkeiten im Osten sind das Nationalmuseum für Fliesenkunst und der Friedhof Alto de São João.

Museu Nacional do Azulejo, 500 Jahre Fliesenkunst, S. 151

Oceanário, Meeresbewohner aus aller Welt, S. 154

Lissabons modernster Teil

Ziele im Osten Lissabons

Der Osten des heutigen Stadtgebiets wurde lange Zeit weitgehend landwirtschaftlich genutzt. Später ließen sich hier Orden und Adelsfamilien nieder. Einige der damals erbauten Konvente und Paläste sind noch heute zu sehen, z. B. der *Convento Madre de Deus*, in dem inzwischen das **Museu Nacional do Azulejo**, das Museum für Fliesenkunst, untergebracht ist.

Auch das größte Stadtviertel des Lissabonner Ostens, **Olivais**, war früher ein Dorf. Als die portugiesische Regierung zwischen 1955 und 1960 begann, hier zahlreiche Sozialwohnungen zu bauen, war es mit der ländlichen Idylle aber schnell vorbei. Die EXPO 98 brachte einen neuen Entwicklungsschub. Rund um das Ausstellungsgelände, das heute **Parque das Nações** genannt wird, entstand auf etwa 50 ha ein komplett neuer Stadtteil am Tejo-Ufer, allerdings eher für Lissabonner mit mittlerem bis gehobenem Einkommen.

Das Gelände ist dank seiner Grünanlagen mit insgesamt 20.000 Bäumen sowie Attraktionen wie dem Meeresaquarium **Oceanário**, dem Technikmuseum **Pavilhão do Conhecimento** und der Spielbank *Casino Lisboa* ein beliebtes Ausflugsziel der Lissabonner und der Bewohner der nördlichen Vororte. Viele kommen auch hierher, um im Einkaufszentrum *Vasco da Gama* zu shoppen oder um Konzerte in der Mehrzweckhalle *Pavilhão Atlântico/ Meo Arena* anzuschauen.

Inzwischen haben sich auch zahlreiche Firmen wie Vodafone und IBM im Parque das Nações niedergelassen, der sich so zu Lissabons modernstem Büro-Standort entwickelt hat. Attraktiv macht ihn besonders die exzellente Verkehrsanbindung mit der **Gare do Oriente**, Lissabons neuem Hauptbahnhof.

Im nördlichen Teil des Parque das Nações steht am Tejo-Ufer mit der *Torre Vasco da Gama* das höchste Gebäude Lissabons. Der schlanke Betonturm bringt es auf 142 m. Seit 2012 „schmiegt" sich das Myriad Sana Hotel direkt an ihn. Noch weiter nördlich verbindet die **Ponte Vasco da Gama** Lissabon mit der Tejo-Südseite. Mit ihren 17,1 km ist sie die längste Brücke Europas.

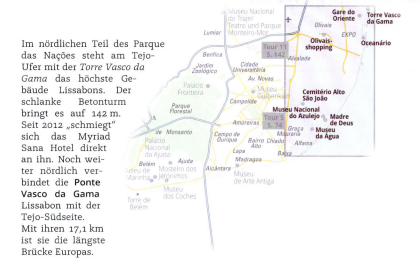

Sehenswertes

Geschichte der Wasserversorgung

Museu da Água

Diese Ausstellung zum Thema Wasserversorgung ist im ehemaligen Convento dos Barbadinhos aus dem Jahr 1739 untergebracht. In dem Klostergebäude pumpten ab 1880 Dampfmaschinen Wasser aus dem 100 km entfernten Rio Alviela nach Lissabon. Das Lissabonner Wasser kommt z. T. auch heute noch von dort, die Pumparbeit erledigen inzwischen allerdings Elektromotoren im benachbarten Neubau. Das alte Gebäude ist eine der wenigen Industrieanlagen aus dem 19. Jh., die heute noch zu sehen sind.

Rua do Alviela, 12, ℡ 218100215, www.epal.pt. Von der Metrostation Santa Apolónia der Rua Caminhos de Ferro/Rua da Bica do Sapato auf der nördlichen Seite der Bahnlinie folgen und nach dem kurzen Anstieg links in die Calçada dos Barbadinhos einbiegen, dann erste Straße rechts. Di–Sa 10–12.30 und 13.30–17.30 Uhr, So/Mo und Fei geschl. Eintritt 5 €, ab 65 J., mit Cartão Jovem, Studenten, Familien 50 % Ermäßigung, bis 12 J. frei. Kombiticket mit Mãe d'Água und dem Aquädukt 12 € (drei Monate gültig).

500 Jahre Fliesenkunst

Museu Nacional do Azulejo

Dokumentiert wird die ca. 500-jährige Geschichte der typisch portugiesischen Fliesen und ihrer Fertigung. Zu bewundern sind viele kunstvolle Exemplare aus Portugal und anderen Ländern vom 15. Jh. bis zur Gegenwart. Besonders eindrucksvoll ist ein über 20 m langes Stadtbild aus blau-weißen Azulejos, das Lissabon vor dem Erdbeben 1755 darstellt. Neben der Dauerausstellung werden wechselnde Sonderausstellungen mit modernen Keramiken präsentiert. Auf dem Rundgang durch das Museum kann man zudem die ehemalige Klosterkirche *Igreja da Madre de Deus* besuchen. Diese vielleicht „portugiesischste Kirche" Lissabons stammt aus dem Jahr 1509. Außen sind ein schlichtes, aber dennoch schönes Portal und Fenster im manuelinischen Stil zu bewundern. Innen ist die Kirche mit interessanten Azulejos ausgefliest, die historische Motive der Stadt zeigen. Vor allem an heißen Tagen lädt das Café-Restaurant im Museumsinnenhof zu einer Verschnaufpause ein.

Lissabon im Kasten

Azulejos – typisch portugiesische Fliesenkunst

Wichtiger Bestandteil der portugiesischen Kunst und Kultur sind die Azulejos, bemalte Fliesen, die man im ganzen Land an und in den verschiedensten Bauwerken findet. Klöster, Paläste und Bürgerhäuser sind damit ebenso gefliest wie Bahnhöfe und U-Bahn-Stationen.

Ursprünglich haben die Mauren dieses Kunsthandwerk auf die Iberische Halbinsel gebracht. Der Name *Azulejo* leitet sich aus dem arabischen Wort *al zulaique* ab, was in etwa „polierter Stein" bedeutet. Im 14./15. Jh. wurden die ersten mit geometrischen Mustern bemalten Fliesen aus Spanien nach Portugal importiert. Nachdem die Mauren aus Spanien vertrieben worden waren, setzte sich im 16. Jh. die aus Italien stammende *Majolika-Technik* als vereinfachtes Herstellungsverfahren durch. Im 17. Jh. entwickelte sich zunehmend ein eigener portugiesischer Stil.

Das streng geometrische Design nach arabischem Vorbild wurde nun von naturalistischen und exotischen Motiven verdrängt. Ende des 17. Jh. kamen dann die fein gezeichneten flämischen Fliesen in Blau-Weiß immer mehr in Mode, in Deutschland kennt man sie als „Delfter Kacheln".

Nach dem Erdbeben von 1755 gründete der damalige Premierminister Marquês de Pombal in Lissabon eine königliche Azulejo-Fabrik, die *Real Fábrica* am Largo do Rato. Durch den Wiederaufbau nach dem Erdbeben war der Bedarf an Azulejos gewaltig angestiegen. Ein weiterer Meilenstein auf dem Weg zur industriellen Massenproduktion war die maschinelle Herstellung im Siebdruckverfahren, die um 1860 eingeführt wurde. Neben den großen Azulejo-Fabriken gibt es heute immer noch kleine Firmen, welche die Fliesen handwerklich herstellen und von Hand bemalen.

Rua da Madre de Deus, 4, ☎ 218100340, www.museudoazulejo.pt. Ab Praça do Chile (Ⓜ Arroios) mit den Bussen 718 (Richtung ISEL) oder 742 (Richtung Bairro Madre de Deus) oder ab Ⓜ Terreiro do Paço mit dem Bus 794 (Richtung Estação Oriente) jeweils bis Haltestelle Igreja Madre Deus. Tägl. (außer Mo und Fei) 10–18 Uhr. Letzter Einlass 30 Min. vor Schluss. Eintritt 5 €, ab 65 J., Studenten, mit Cartão Jovem sowie Familien ab 4 Personen 50 % Ermäßigung, bis 12 J. frei. Erster So im Monat generell freier Eintritt. Kombiticket mit Panteão Nacional 7 €.

Größter Friedhof der Stadt
Cemitério do Alto de São João

Der prächtigste und größte Friedhof der Stadt wurde 1841 nach einer anhaltenden Choleraepidemie angelegt. Zuvor waren die Toten in den Kirchen bestattet worden, was zu einer schnelleren Ausbreitung von Seuchen führte. Gleich links neben dem Eingang steht die beeindruckende neomanuelinische

Grabkapelle der katholischen Wohlfahrtsorganisation *Santa Casa da Misericórdia*, rechts gegenüber befindet sich die Gruft des Grafen von Valbom. Geradeaus geht es zum einzigen Krematorium Lissabons. Im rechten Teil des Friedhofs, der sich den Hügel hinunter erstreckt, findet man die einfacheren Gräber und Beinhäuser.

Parada do Alto de São João, ☎ 218161020, www.cm-lisboa.pt. Ab Praça do Chile (Ⓜ Arroios) mit den Bussen 718 (Richtung ISEL) oder 742 (Richtung Bairro Madre de Deus) bis Halt Cemitério Alto S. João. Tägl. 9–17 Uhr (Mai–Sept. bis 18 Uhr). Letzter Einlass 30 Min. vor Schluss.

Bahnhof mit spektakulärem Glasdach
Gare do Oriente

Der Ostbahnhof wurde nach Plänen des valencianischen Architekten Santiago Calatrava pünktlich zur Weltausstellung 1998 fertiggestellt und hat dem Bahnhof Apolónia inzwischen fast den

Rang abgelaufen. Bei der Auswahl der Überdachung hat sich Calatrava von Bäumen inspirieren lassen und ein „waldartiges" Glasdach über die Bahnsteige und große „Flügel" über den benachbarten Busbahnhof sowie den Vorplatz gespannt. Das herrliche Gebäude scheint fast zu schweben. Wer schon andere Werke Calatravas wie die Bahnhöfe Lüttich-Guillemins und Lyon-Saint-Exupéry TGV oder die Kronprinzenbrücke in Berlin Mitte gesehen hat, erkennt sofort seinen neofuturistischen Stil wieder.

Av. D. João II und Av. Berlim, Ⓜ Oriente.

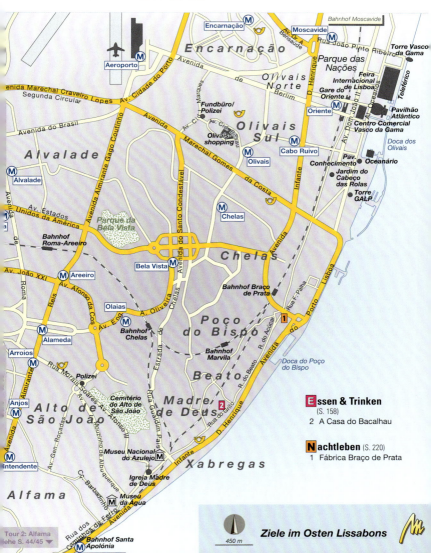

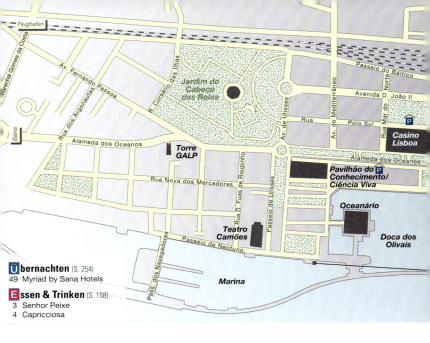

Übernachten (S. 254)
49 Myriad by Sana Hotels

Essen & Trinken (S. 158)
3 Senhor Peixe
4 Capricciosa

Wissenschaft zum Mitmachen

Pavilhão do Conhecimento/ Ciência Viva

Im „Pavillon des Wissens" werden wechselnde Ausstellungen zu wissenschaftlichen Themen gezeigt, die allgemeinverständlich und kindgerecht aufbereitet sind. Es kann auch experimentiert werden. Bei heißem Wetter können sich die Kinder an den Wasserfontänen auf dem Vorplatz erfrischen. Der vom bekannten portugiesischen Architekten João Luís Carrilho da Graça entworfene Pavillon war ein Höhepunkt der Weltausstellung 1998 und ist mit seinem großen Innenhof, um den sich lange Aufgänge nach oben winden, architektonisch sehr interessant.

Alameda dos Oceanos, Lote 2.10.01, ℰ 218917100, www.pavconhecimento.pt. Ⓜ Oriente. Mo–Fr 10–18 Uhr, Sa/So 11–19 Uhr. Letzter Einlass 30 Minuten vor Schluss. Eintritt 9 €, bis 17 J. 6 €, ab 65 J. und bis 6 J. 5 €, bis 2 J. frei, Familienkarte 20 €, mit Cartão Jovem und Studenten 50 % Ermäßigung. Es gibt auch ein Museumscafé mit Terrasse (kostenloses WLAN).

Meeresbewohner aus aller Welt

Oceanário

Hier können sich die Besucher Fische aus fünf verschiedenen Klimazonen der Erde hinter Glasscheiben ansehen – manchmal hat man jedoch den Eindruck, dass es eher die Fische sind, die sich Besucher aus fünf Kontinenten anschauen. Insgesamt sind 15.000 Tiere etwa 200 verschiedener Arten von Fischen über Vögel und Säugetiere bis hin zu Reptilien zu sehen.

Der auffällige quadratische Bau des englischen Architekten Peter Chermayeff ragt aus einer Wasserfläche an der Doca dos Olivais heraus. Die Besucher erreichen das Ozeanarium über einen langen Steg, der sie auf die obere Ebene des Gebäudes bringt.

Im Hauptbecken, an vielen Stellen durch große Glaswände einsehbar, ist

die typische Flora und Fauna des offenen Meeres nachempfunden. Hier tummeln sich neben großen Makrelenschwärme auch Stachelrochen und Barrakudas. Am auffälligsten sind die Mobularochen (eine den Mantas sehr ähnliche Teufelsrochenart) sowie die kreisrunden Mondfische. Die vorbeiziehenden Haie sorgen beim Publikum immer wieder für leichtes Fröstein, auch wenn es sich dabei vor allem um harmlose Riffhaie handelt.

An die vier Ecken des Hauptbeckens schließen sich Nachbildungen felsiger Küstenregionen der Weltmeere an. Der Nordatlantik wird durch die Azoren vertreten. Zu sehen gibt es hier neben Lachsen auch Kabeljaue, die die Grundlage für das Lieblingsgericht der Portugiesen, den *bacalhau*, bilden. Der Indische Ozean wird durch ein Seychellen-Korallenriff mit typischen Tropenfischen repräsentiert. Die Antarktis bietet Pinguine und Seevögel. Im Pazifik-Nebentank schwimmen dagegen Otter, sie sind die heimlichen „Stars" des Ozeanariums.

Wer werktags am Vormittag kommt, hat gute Chancen, die Mitarbeiter des Ozeanariums dabei zu erleben, wie sie die Fische oder Vögel füttern, mit den Haien tauchen oder die Anemonen von Schmutz befreien. In einem Nebengebäude werden wechselnde Sonderausstellungen gezeigt (separater Eingang). Fotos mit Blitz sind übrigens verboten, um die Tiere zu schonen.

Esplanada D. Carlos I, Doca dos Olivais, ℡ 218917000, www.oceanario.pt. Ⓜ Oriente. Tägl. 10–19 Uhr (im Sommer bis 20 Uhr). Letzter Einlass 1 Std. vor Schluss. Eintritt 14 € (mit Sonderausstellung 17 €), bis 12 J. und ab 65 J. 9 € (mit Sonderausstellung 11 €), bis 3 J. frei, Familienticket 36 € bzw. 44 € (2 Erw. und 2 Kinder bis 12 J.). Alle Tickets (inkl. Sonderausstellung) können online mit 10 % Rabatt gekauft werden, und man spart sich so die Schlange am Schalter. Auch im Sommer ist es empfehlenswert, eine dünne Jacke mitzunehmen, da es in manchen Zonen des Ozeanariums kühl werden kann.

Ozeanarium: Tordalke, Otter, Mondfisch und Stachelmakrelen (v. o. nach u.)

Seilbahn über das Expo-Gelände
Telecabine Lisboa

Wer den Tejo und den Parque das Nações von oben betrachten will, kann diese Seilbahn benutzen, die in der Nähe des Ozeanariums zur Torre Vasco da Gama startet. Die österreichische Doppelmayr-Gruppe betreibt die Gondelbahn. Von den Kabinen aus hat man eine sehr gute Aussicht auf den *Pavilhão de Portugal* mit seinem filigranen, weit gespannten Vordach aus Beton, die Gärten *Jardins Garcia de Orta* und die Ausstellungshallen der Messe Lissabon, der *Feira International de Lisboa (FIL)*.

Passeio das Tágides, ℡ 218956143, www.tele cabinelisboa.pt. Ⓜ Oriente. Tägl. 11–19 Uhr (Juni bis Mitte Sept. 10.30–20 Uhr, Mitte Okt. bis Mitte März 11–18 Uhr). 3,95 € einfach, hin und zurück 5,90 €, bis 12 J. und ab 65 J. 2 € einfach, hin und zurück 3,35 €, bis 6 J. frei. Bei Sturm geschlossen.

Längste Brücke Europas
Ponte Vasco da Gama

Die zweite Tejobrücke Lissabons wurde anlässlich der Weltausstellung 1998 errichtet. Für den Bau brauchte man insgesamt 3300 Arbeiter und 900 Millionen Euro. Im Gegensatz zur Ponte 25 de April liegt die Fahrbahn hier weit tiefer. Nur an zwei Stellen schwingt sich die ausschließlich dem Auto- und LKW-Verkehr dienende Brücke nach oben, um den Weg für den Schiffsverkehr frei zu machen. Ansonsten schwebt die Ponte Vasco da Gama nur knapp über der Wasserfläche. Am Horizont verschmilzt das fast endlos wirkende Binnenmeer des Tejo mit der Skyline des fernen Lissabon.

www.lusoponte.pt. Wer die Brücke ohne Auto queren will, nimmt am besten einen TST-Bus Richtung Süden ab Ⓜ Oriente, z. B. nach Alcochete. Achtung: Die normalen Lissabonner Fahrkarten gelten hier nicht (auch Zapping funktioniert nicht).

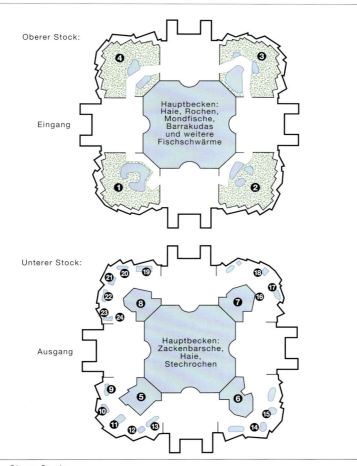

Oberer Stock:

Eingang

Hauptbecken:
Haie, Rochen,
Mondfische,
Barrakudas
und weitere
Fischschwärme

Unterer Stock:

Ausgang

Hauptbecken:
Zackenbarsche,
Haie,
Stechrochen

Oberer Stock:

1 Nordatlantik: Papageientaucher, Trottellumme, Tordalken, Katzenhaie

2 Südlicher Ozean: Pinguine, Inkaseeschwalben

3 Pazifik (gemäßigtes Klima): Otter

4 Indischer Ozean: Korallenriffe

Unterer Stock:

5 Nordatlantik: Kabeljau, Katzenhaie

6 Südlicher Ozean: Pinguine

7 Pazifik (gemäßigtes Klima): Otter

8 Indischer Ozean (tropisches Klima): Korallenriffe

9 Felsenriffe

10 Plattfische

11 Schwarmfische

12 Seegraswiesen

13 Fische der Azoren

14 Fische aus Südaustralien

15 Fetzenfische

16 Kelpwald

17 Seewölfe

18 Kraken (Octopus)

19 Korallenriffe

20 Fluoreszierende Korallen

21 Clownfische

22 Muränen

23 Mangrovenwälder

24 Seenadeln

Oceanário

Tejo-Brücke im Osten: Ponte Vasco da Gama

Praktische Infos

 → Karte S. 153 und S. 154/155

Restaurants

Senhor Peixe **3** → Karte S. 154/155 Di–So 12–15.30 Uhr sowie Di–Sa 19–22.30 Uhr. Mo geschl. „Wie Setúbal in Lissabon" ist das Motto dieses Fischrestaurants und in der Tat schmeckt der Fisch so gut wie in der südlich von Lissabon gelegenen Hafenstadt. Zuerst wird man an die Kühltheke gebeten, um den Fisch auszusuchen. Dieser wandert dann auf die Waage, um den Preis nach Gewicht zu bestimmen, anschließend geht es direkt auf den Grill. Kartoffeln sind inklusive, weitere Beilagen wie Reis oder Salat extra. Das kann die Rechnung deutlich nach oben treiben. Hauptgerichte ab 13 €. Umfangreiche Auswahl portugiesischer Weine. Schattige Terrasse mit Tejo-Blick. Zona Ribeirinha Norte, Rua da Pimenta, 35, Parque das Nações, Ⓜ Oriente, ☎ 218955892, www.facebook.com/310123395770692.

A Casa do Bacalhau **2** → Karte S. 153, tägl. 12–15 und Mo–Sa 19.30–23 Uhr. Etwas schwer zu finden im alten Stadtteil Beato, der hinter Industrieanlagen versteckt liegt. Am besten ab Praça do Chile (Ⓜ Arroios) Bus 718 (Richtung ISEL) bis Haltestelle Alameda Beato nehmen. Untergebracht im eleganten Gewölbe des ehemaligen Reitstalls des Conde de Lafões. Etwa 15 verschiedene Bacalhau-Varianten. Wer den Kabeljau nicht zu schätzen vermag, findet auch Fleischgerichte und Vegetarisches im Angebot. Gehobenes portugiesisches Publikum. Haupt-

gerichte ab 14 €. Rua do Grilo, 54, ☎ 218620000, www.acasadobacalhau.com.

Capricciosa **4** → Karte S. 154/155, tägl. 12–24 Uhr (Fr/Sa bis 1 Uhr). Am Tejo-Ufer hinter dem Pavilhão Atlântico. Die Pizzeria findet man im 1. Stock. Rot dekorierte Holztische und -stühle im Inneren. Am breiten Fenster hat man einen schönen Blick auf den Tejo, am besten ist er jedoch von der Veranda, auf der bei gutem Wetter einige Tische stehen. Pizzen und Calzone aus dem Holzofen ab 8,30 €. Auch Nudelgerichte sowie Salate. Keine Spitzengastronomie, aber solide Küche. Abends viele Gruppen, daher öfters etwas laut. Passeio das Tágides, Lote 2.26.01, Parque das Nações, Ⓜ Oriente, ☎ 218922595, www.grupodocadesanto.com.pt.

Einkaufen

Einkaufszentrum Centro Comercial Vasco da Gama. Im ehemaligen Haupteingang der EXPO 98 eingerichtet. Tägl. 9–24 Uhr. Ca. 160 Geschäfte und 35 Restaurants. Das Einkaufszentrum wird vom Motto Meer geprägt. Sehenswert ist das gläserne Dach, über das als natürliche Klimaanlage Wasser fließt. Hauptgeschäft ist ein Continente-Hipermercado im Erdgeschoss. Ganz oben gelangt man auf eine Terrasse mit Restaurants und einem Panoramablick über den Tejo und den Parque das Nações. Alameda dos Oceanos, Ⓜ Oriente (direkter Zugang von der Metrostation), www.centrovascodagama.pt.

Parque das Nações

Paläste, Schlösser und das Meer

Ausflüge rund um Lissabon

Zwei noble Badeorte an der nahen Atlantikküste, **Estoril und Cascais,** und vor allem die UNESCO-Welterbe-Stadt **Sintra** mit ihrer pittoresken Altstadt und ihren berühmten Palästen und Schlössern sind die Hauptattraktionen im Umkreis der Tejo-Metropole. Beide sind nur rund 25 km von Lissabon entfernt und können ganz bequem mit dem Zug angesteuert werden. Noch näher liegt **Almada**: Mit der Fähre geht's in ein paar Minuten auf die andere Seite des Tejo, wo die riesige **Christkönig-statute** auf Tagesbesucher wartet.

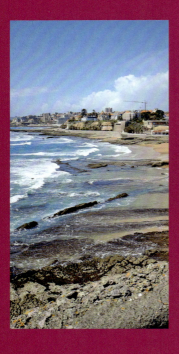

Noblesse an der Atlantikküste

Estoril und Cascais

In gut einer halben Stunde hat man sie erreicht, die beiden vornehmen, nahezu zusammengewachsenen Badeorte vor Lissabons Haustür. Zu entdecken gibt es zahlreiche herrschaftlichen Villen und Paläste sowie mehrere interessante Museen, darunter die Sammlung der portugiesischen Malerin Paula Rego. Am beeindruckendsten ist aber die landschaftliche Schönheit der Gegend, die von Sandstränden und Felsküsten geprägt ist.

Kein Wunder also, dass der portugiesische Tourismus zu Beginn des 20. Jh. in Estoril seinen Ausgang nahm. Zu den ersten, die es sich an der Lissabonner Costa do Sol gut gehen ließen, zählten Monarchen, die im Zuge politischer Umwälzungen abdanken und ihr Land verlassen mussten.

Das Zentrum Estorils wird vom Casino und seinem Palmengarten dominiert. Nachts ist der Park eine von Tausenden Lämpchen erhellte Oase, am oberen Ende thront in helles Flutlicht getaucht das größte Spielcasino Europas aus Glasbeton.

Eine felsenreiche Küste mit nur wenigen sandigen Buchten umgibt Cascais. Der Ort war früher ein kleines Fischernest und zeigt heute eigenwillige Kontraste: In den Hafenbecken liegen bunt bemalte Fischerboote neben stromlinienförmigen Aluminiumjachten, im Ort stehen alte Prunkvillen vor hoch aufragenden Appartementhäusern.

In Cascais und Estoril hat sich die Oberschicht der Region Lissabon niedergelassen, dazu eine ganze Reihe von Ausländern, besonders Engländer und Deutsche (in Estoril gibt es sogar eine deutsche Schule). Man zahlt die höchsten Miet- und Wohnungspreise in ganz Portugal, speist in guten und teuren Restaurants, ist Mitglied in einem der zahlreichen Golfclubs und genießt ansonsten das angenehme Klima, das durch den Atlantik bedingt ist: Im Winter ist es nicht zu kalt, im Sommer nicht zu warm, und auch die Temperaturschwankungen zwischen Tag und Nacht halten sich in Grenzen.

Von Lissabon aus fahren Züge nach Estoril und Cascais ab dem Kopfbahnhof Cais do Sodré (Ⓜ Cais do Sodré) über Alcântara-Mar und Algés (Endstation der Tram 15). Man kann auch in Santos und Belém zusteigen, dann muss man aber Mo–Fr 7–10.15 und 17–20.30 Uhr in Oeiras umsteigen, da zu diesen Zeiten die Züge zwischen Cais do Sodré und Cascais nicht an allen Stationen halten. Die Züge verkehren in der Hauptverkehrszeit alle 12 Min., sonst alle 20–30 Min. tägl. bis spätnachts. Die Fahrt bis Cascais dauert 40 Min. Ein Großteil der Strecke führt direkt am Ufer vorbei, für den besten Blick sitzt man auf der linken Seite. www.cp.pt.

Der Preis für die einfache Fahrt beträgt 2,15 € (ab 65 J. sowie bis 12 J. 50 %, bis 4 J. frei). Die Einzelfahrkarten müssen pro Person auf eine Viva-Viagem-Chipkarte geladen werden, die am Automaten bzw. am Schalter für 0,50 € erhältlich ist. Am einfachsten ist es Zapping-Guthaben zu benutzen, denn dann kostet jede Fahrt immer 1,80 €. Für die Fahrt hat man in jedem Fall 2 Std. Zeit. Man darf die Fahrt beliebig oft unterbrechen, muss aber die letzte Teilstrecke 30 Min. vor Ende der Gültigkeitsdauer wieder angetreten haben.

Sa/So/Fei wird auch die Tageskarte *Bilhete Família & Amigos* für Gruppen angeboten. Für 3 Pers. kostet sie bspw. 11,25 €.

Achtung: Alle Tickets müssen vor der Fahrt an den Zugangsschranken zum Bahnhof oder, falls es keine Schranken gibt, am Chip-Lesegerät auf dem Bahngleis aktiviert werden!

Mit dem Rad durch Cascais

In Cascais bietet die Stadt Leihräder an (Preis 1,99 €/Std., 3,90 €/Tag; Ausleihe nicht über Nacht möglich). Die sog. BiCas kann man gegen Vorlage des Personalausweises gegenüber dem Bahnhof neben der Bank Millennium BCP, am Naturtourismus-Infostand Posto de Informação de Turismo de Natureza in der Av. da República und am Kreisverkehr von Guia ausleihen (tägl. 8–20 Uhr, Ausgabe nur bis 1:30 Std. vor Schluss). Durch die Parks darf aber nicht geradelt werden, auf der Strandpromenade sind Zweiräder nur zu Randzeiten erlaubt, also wenn sich dort weniger Fußgänger aufhalten (Aushänge beachten). Infos: www.mobicascais.pt.

Spaziergang

Gegenüber dem Bahnhof von Estoril fällt sofort das Casino mit seinem Palmenpark ins Auge. Den Hauptstrand von Estoril, die Praia do Tamariz, erreicht man dagegen über die Unterführung direkt am Bahnhof. Von hier bietet sich über die Strandpromenade ein herrlicher Spaziergang zur Praia da Conceição in der Nachbarstadt Cascais an. Dort angekommen, kann man sich ins Getümmel der belebten Fußgängerzone in der Rua Frederico Arouca stürzen, die sich durch die pittoreske, gut erhaltene Altstadt zieht. Am Rande des Zentrums überragen die imposanten Festungsmauern der **Cidadela** den Hafen der Stadt.

Felsklippen in Cascais beim „Höllenschlund" Boca do Inferno

Etwas außerhalb des Stadtzentrums präsentiert die **Casa das Histórias Paula Rego** sehenswerte Ausstellungen von Werken der portugiesischen Malerin Paula Rego. Gegenüber dem Museum erstreckt sich der erfrischend grüne Parque Municipal da Gandarinha. Dort erhebt sich auch einer der schönsten Paläste von Cascais, in dem heute das **Museu Condes de Castro Guimarães** untergekommen ist.

Über die Estrada da Boca do Inferno schlendert man am Marinehafen von Cascais, dem kleinen Strand Praia de Santa Marta und dem sehenswerten Leuchtturm-Museum **Farol Museu Santa Marta** entlang. Nach dem Leuchtturm folgt ein Kilometer schöne und weitgehend unbebaute Steilküste bis die **Boca do Inferno**, ein interessanter Felsenkessel, erreicht ist.

Von der Boca do Inferno verläuft der Rückweg über die Avenida Vigia do Facho und die Avenida da República. Hier passiert man viele herrschaftliche Villen. Über die Rua Marquês Poncada, die Rua dos Navegantes und die Rua Alexandre Herculano geht es durch die Altstadt zum Bahnhof Cascais.

An der Boca do Inferno hält auch der Stadtbus 427 *BusCas,* der bis zum Bahnhof fährt. Abfahrt alle 10 bis 15 Min., Fahrpreis 1 €.

Sehenswertes

Zitadelle mit schönem Rundumblick

Cidadela

Innerhalb der schroffen Festungsmauern erstreckt sich ein Sammelsurium diverser Verteidigungsanlagen und Paläste. Das Ensemble wurde in verschiedenen Bauphasen errichtet, beginnend mit der Torre de Santo António de Cascais, die ab dem 14. Jh. die Bucht vor Piraten schützen sollte.

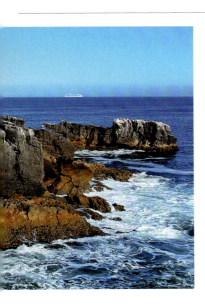

hauptsächlich als Kaserne verwendet wurde und einzelne Teile deutlich verfielen. Seit 2012, nachdem hier ein Luxus-Hotel der Pousada-Kette eröffnet wurde, ist die Feste wieder öffentlich zugänglich. Man kann über den Mauerring *Caminho da Ronda* spazieren und die Aussicht auf das Meer und den Hafen genießen (Aufgang direkt rechts nach dem Haupteingang; Achtung: ungesichert und daher für kleine Kinder und Nichtschwindelfreie gefährlich).

Im Rahmen von einstündigen Führungen kann auch der *Palácio da Cidadela de Cascais*, die ehemalige Residenz der Könige und Präsidenten, besichtigt werden. Von außen lässt die schlichte Architektur des gelb angestrichenen Gebäudes eher auf ein simples Wohnhaus schließen. Das Innere überrascht dagegen mit teuren Holzarbeiten, kostbarem Porzellan und aufwendig verzierten Stuckdecken. Der Luxus der gekrönten und ungekrönten Staatsoberhäupter ist überall zu spüren. Besonders der große Bankettsaal mit Blick auf die Bucht von Cascais beeindruckt. Noch heute dient der Palast übrigens als offizielles Gästehaus für Staatsbesuche

Ab dem Jahr 1870 diente der Komplex als königliche Sommerresidenz. Später folgten die Präsidenten, bis die Zitadelle ab den 1960er-Jahren jahrzehntelang

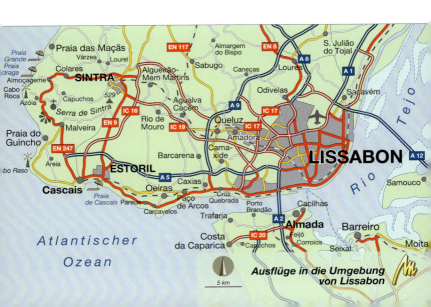

Ausflüge in die Umgebung von Lissabon

und wird für Empfänge des portugiesischen Präsidenten verwendet. Daher kann er an manchen Tagen auch geschlossen sein.

Festungsgelände: tägl. rund um die Uhr geöffnet. Der Großteil der Zitadelle ist Hotelgelände, aber Geschäfte, Cafés und Restaurants stehen allen Besuchern offen. Eintritt frei. **Palast**: Führungen Mi–So 14–20 Uhr, Eintritt 4 €, Studenten, bis 18 J. und ab 65 J. 2,50 €, Familien bis zu 5 Personen 12 €, bis 14 J. frei. Sicherheitscheck am Eingang. Av. Dom Carlos, ℘ 213614980, www.museu.presidencia.pt.

Gemäldeausstellung

Casa das Histórias Paula Rego

Dieses in einem markanten roten Gebäudensemble untergebrachte Museum präsentiert Werke der 1935 in Lissabon geborenen, heute in Großbritannien lebenden Malerin Paula Rego (früher verheiratet mit dem 1988 verstorbenen britischen Maler Victor Willing). Rego hat der Stadt Cascais mehr als 400 Gemälde und Stiche überlassen. Viele Gemälde ähneln zerstückelten Geschichten, die neu zusammengesetzt wurden, oft mit einer surrealistischen Anmutung. Frauen und ihre Unterdrückung, aber auch weibliche Stärke spielen eine zentrale Rolle in Regos Werken. Kleine Schaufläche, daher nur wechselnde Ausstellungen. Es lohnt sich auch der Besuch des Museumscafés mit Terrasse.

Av. da República, 300, ℘ 214826970, www.cas adashistoriaspaularego.com. Tägl. (außer Mo und Fei) 10–18 Uhr. Eintritt 3 €, bis 11 J. und ab 65 J. frei.

Schlossartiges Anwesen

Museu Condes de Castro Guimarães

Erst Anfang des 20. Jh. hat der in Lissabon geborene, irischstämmige Adelige Jorge O'Neill das schlossartige Gebäude errichten lassen. Später verkaufte O'Neill sein traumhaftes Anwesen an den Grafen von Castro Guimarães. Besonders die vielfältigen

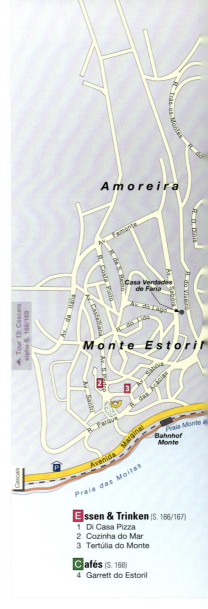

Essen & Trinken (S. 166/167)
1 Di Casa Pizza
2 Cozinha do Mar
3 Tertúlia do Monte

Cafés (S. 168)
4 Garrett do Estoril

Azulejos und der Kreuzgang mit Löwenbrunnen sind sehenswert. Zum Gebäudekomplex gehört auch die schlichte Kapelle *Capela da Ganda-*

Estoril

200 m

rinha aus dem 17. Jh. mit schönen Azulejos.

Parque Municipal da Gandarinha, ☎ 214815304, www.cm-cascais.pt/mccg. Museum: Tägl. (außer Mo und Fei) 10–13 und 14–17 Uhr. Eintritt 3 €, bis 11 J. frei. Park: tägl. 8.30–19.45 Uhr (im Winter nur bis 17.45 Uhr). Eintritt frei.

Mondäner Jachthafen Marina de Cascais

Geschichte der Leuchttürme Portugals

Farol Museu de Santa Marta

Die weiß-blauen Streifen des viereckigen Leuchtturms fallen schon von Weitem ins Auge. Im Jahr 1868 hat man ihn hier in den Gemäuern eines kleinen Forts aus dem 17. Jh. erbaut. Mit seinem Licht sollte er den Schiffen den Weg in die Fahrrinne des Tejo nach Lissabon leiten. Bis 1981 kümmerten sich Wärter um die Leuchten, seitdem funktionieren sie automatisch. Neben dem Turm selbst ist in den ehemaligen Wohnungen der Wärter eine Ausstellung zur Geschichte dieser Warnanlagen in Portugal zu besichtigen. Lampen, Karten und Filme bringen dem Besucher die etwa 50 portugiesischen Leuchttürme näher.

Rua do Farol de Santa Marta, ℰ 214815328. Der Stadtbus 427 BusCas fährt vom Bahnhof bis zur Haltestelle Estalagem do Farol. Di–Fr 10–17 Uhr, Sa/So 10–13 und 14–17 Uhr, Mo/Fei geschl. Eintritt 3 €, bis 11 J. frei. Der Turm ist ohne Reservierung nur Fr 11–12 Uhr zu besichtigen.

Tosendes Naturschauspiel

Boca do Inferno

Der „Höllenschlund" ist ein großer, vom Meer ausgewaschener Kessel mit kleinen Höhlen. Er wirkt besonders reizvoll, wenn ihn die hohe Brandung zum Überschäumen bringt, begleitet vom wild tosenden Geräusch der Wellen – vor allem an windigen und wellenreichen Tagen ein beeindruckendes Spektakel!

Av. Rei Humberto II de Itália. Der Stadtbus 427 BusCas fährt vom Bahnhof bis zur Haltestelle Boca do Inferno.

Praktische Infos → Karten S. 164/165 und 168/169

Touristeninformation

Ask Me Cascais, Largo da Cidade de Vitória, ℰ 214668167, www.visitcascais.com. Tägl. 9–18 Uhr (Mai bis Sept. bis 19.30 Uhr). Infoposten auf dem Platz neben der Fischauktionshalle.

Restaurants in Estoril
→ Karte S. 164/165

Tertúlia do Monte **3** Mo–Fr 12.30–14.30 und Mo–Sa 19.30–23 Uhr, So geschl. Im Ortsteil Monte. Restaurant mit gehobener portugiesischer Küche mit internationalen Einflüssen.

Häufig von lokalen Gästen besucht. Der Dielenboden verleiht dem Speiseraum eine angenehme, gediegene Atmosphäre. Hauptgerichte ab 13 €, preiswertes Mittagsmenü für 12 €. Av. Saboia, 515-D, ☎ 214681508, www.facebook.com/TertuliaDoMonte.

Cozinha do Mar ☑ Mo–Sa 12–15 und 19–23 Uhr, So Ruhetag. Familienbetrieb im Zentrum des Ortsteils Monte. Man sollte keine exquisiten Gastro-Höhenflüge erwarten, bekommt dafür aber eine solide Küche mit schmackhaften portugiesischen Fisch- und Fleischgerichten. Kleiner, etwas altmodisch eingerichteter und dicht bestuhlter Speiseraum. Hauptgerichte ab 11 €. Mo–Fr mittags sehr günstiges Menu für 11 €. Av. de São Pedro, 9, ☎ 214689317.

Di Casa Pizza ☑ Tägl. 12–15 und 19.30–23 Uhr. Etwas abseits des Zentrums am Rand des Stadtteils Monte. Großer Speiseraum mit viel Beton und kahlen Wänden, daher etwas laut. In der Ecke kann man dem Pizzabäcker zuschauen. Ein weiterer Saal im Keller. Die Pizzen ab 6,50 € sind nicht besonders groß, haben aber einen leckeren dünnen und knusprigen Teig. Auch Nudeln, Fleisch- und Fischgerichte sowie Salate im Angebot. Av. Fausto Figueiredo, 13-A, ☎ 214685949, www.dicasa.pt.

Restaurants in Cascais
→ Karte S. 168/169

Confraria do Sushi ☑ Tägl. 12–24 Uhr (durchgängig Küche), Fr/Sa sogar bis 1 Uhr nachts. Stark europäisch adaptiertes Sushi (z. B. mit Mayonnaise). Eher nichts für Japan-Puristen, dennoch gute Qualität und schmackhaft. Innen bunt eingerichteter Speisesaal mit relativ lauter Musik. Vor der Tür begrünte Terrasse mit ein paar Tischen, man blickt auf die Kirche Igreja da Assunção. Für die Menge eines Hauptgerichtes muss man ca. 13 € investieren. Rua Luis Xavier Palmeirim, 14, ☎ 214834614, www.confrariasushi.pt.

Paradigma ☑ So zu, sonst Mo–Fr 12.30–2 Uhr, Sa 18–2 Uhr (Küche je bis 23 Uhr). Tapas-Bar oberhalb des Hafens. Unten Cocktailbar, oben Restaurantbereich. Einige Tische auf Balkonvorsprüngen mit schöner Aussicht auf die Bucht. Wer sichergehen will, hier romantisch im Kerzenlicht dinieren zu können, sollte unbedingt reservieren. Am Wochenende legen abends DJs auf, da kann es etwas lauter werden. Neben Tapas und Burgern auch Mo–Fr portugiesische Küche mit Mittagsmenü für 9,50 €. Av. Dom Carlos I, 48, ☎ 214822265, www.facebook.com/ParadigmaCascais.

Apeadeiro ☑ Tägl. (außer Mo) 12–15 Uhr und 19–23 Uhr (Küche bis 22 Uhr). Traditionsrestaurant seit 1963. Zweigeteilt: rechts ein lichter Speisesaal, links ein Speiseraum mit Grill, auf dem die portugiesischen Fisch- und Fleischgerichte zubereitet werden. Neben den Sardinen sind die gegrillten Fleischspieße mit Schwein, Rind oder gemischt (*espetada de porco / vaca / mista*) empfehlenswert. Hauptgerichte ab 9 €. Av. Vasco da Gama, 252, ☎ 214832731, www.facebook.com/185490149074.

Capricciosa ☑ Tägl. 12.30–24 Uhr (Fr/Sa bis 1 Uhr). Diese Filiale der Lissabonner Pizzeria-Kette liegt nur wenige Meter vom Bahnhof entfernt, direkt über dem Strand Praia da Duquesa. Lange Fensterfront mit herrlichem Meerblick auf zwei Etagen. Pizzen und Pasta. Hauptgerichte ab 8,30 €. Abends viele junge Gruppen im Publikum. Wenn viel los ist, kann die Servicequalität etwas leiden. Alameda Duquesa de Palmela, Praia da Duquesa, ☎ 214820953, www.grupodocadesanto.com.pt.

Confraria do Sushi

Dom Pedro I **5** Tägl. (außer So) 12–14.30 und 19–21.30 Uhr. In einer kleinen Gasse rechts hinter dem Rathaus von Cascais. Seit mehr als 35 Jahren von Familie Coelho betrieben. Innen kleiner Speiseraum mit blau-weißen Azulejos. Auch draußen kann gegessen werden. Preiswerte portugiesische Küche mit vielen Fischgerichten, aber auch Fleisch. Hauptgerichte ab 8 €. Beco dos Inválidos, 32, ✆ 214833734, www.facebook.com/restaurantedompedro.

O Cantinho da Bélinha **7** Tägl. (außer Mo) 12–15.30 und 19–22 Uhr. Restaurant im Haus des Fischereiverbands. Terrasse im Innenhof, innen ein etwas düsterer Speisesaal. An einer Auslage kann man sich die frischen Fische aussuchen, die dann auf dem Grill sehr schmackhaft zubereitet werden. Auch Fleisch im Angebot. Hauptgerichte ab 7 €. Av. Vasco da Gama, 133, ✆ 214822504, www.facebook.com/172102976220965.

Cafés in Estoril

→ Karte S. 164/165

mein Tipp **Garrett do Estoril** **4** Tägl. (außer Di) 8–19 Uhr. Traditionsreichstes Café in Estoril: seit 1934. Man kann entweder an einem der Tische im Wintergarten oder drinnen im Saal mit Kaffeehaus-Ambiente Platz nehmen. Treffpunkt vieler wohlhabender Familien Estorils. Große Auswahl an Gebäck. Berühmt ist die Konditorei für ihren Bolo Rei, einen in Portugal traditionell an Weihnachten gegessenen Kuchen. Av. de Nice, 54, ✆ 210482089, www.pastelariagarrettestoril.pt.

Eisdielen und Cafés in Cascais

→ Karte S. 168/169

House of Wonders **3** Tägl. 10–23 Uhr. Die holländische Besitzerin hat ein kleines Juwel mitten in der Altstadt geschaffen. Im 1. Stock bereiten sie und ihre Angestellten leckere Quiches, kreativ zusammengestellte Salate und frische Fruchtsäfte zu – das Angebot wechselt täglich. Bei gutem Wetter nimmt man am besten oben auf der großen Sonnenterrasse Platz. Von gemütlichen Sitzlandschaften kann man den Blick auf die Altstadt und die nahe gelegene Igreja da Misericórdia genießen. Angeschlossen sind ein veganes Büfettrestaurant mit syrisch beeinflusster Küche im Untergeschoss und ein Gästehaus gleichen Namens. Largo da Misericórdia, 53, ✆ 911702428, www.facebook.com/houseofwonders.

Santini **2** Tägl. 11–24 Uhr. Etwas versteckt gelegene Eisdiele in einer Parallelstraße der Fußgängerzone. Vom italienischen Einwanderer Attilio Santini bereits 1949 eröffnet. Zu seinen Stammkunden zählte der exilierte italienische König Umberto II. Die Werbung der Gelateria suggeriert ganz bescheiden, das Eis sei das beste der Welt *(„I gelati più fini del mondo")*. Auch als treue Santini-Kunden finden wir das etwas sehr dick aufgetragen. Av. Valbom, 28-F, ✆ 214833709, www.santini.pt.

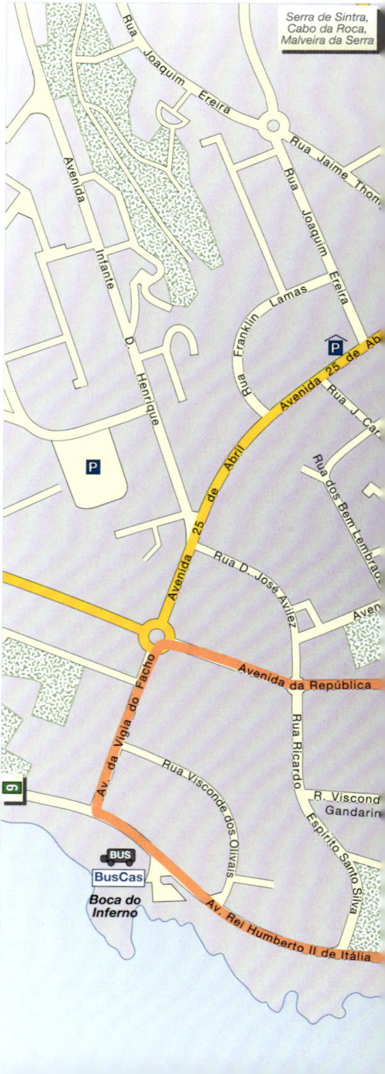
Serra de Sintra, Cabo da Roca, Malveira da Serra
Rua Joaquim Ereira
Avenida Infante D. Henrique
Rua Joaquim Ereira
Rua Franklin Lamas
Avenida 25 de Abril
Rua dos Bem Lembrad
Rua D. José Avilez
Avenida da República
Av. da Vigia do Facho
Rua Ricardo Espírito Santo Silva
Rua Visconde dos Olivais
R. Viscond Gandarin
P
9
BUS
BusCas
Boca do Inferno
Av. Rei Humberto II de Itália

Casa da Guia 9 Tägl. von morgens bis spätabends geöffnet. Diverse Cafés und Restaurants auf dem ehemaligen Landgut Quinta São José da Guia, direkt neben dem auffälligen Guia-Leuchtturm. Zu Fuß sind es ca. 1,5 km ab der Boca do Inferno, schöner Weg immer an der Küste entlang Richtung Westen. Stadtbus BusCas 427 bis Haltestelle Guia. Pavillons mit breiten Fensterfronten, die einen herrlichen Blick auf die Felsküste freigeben. In der Mitte des Geländes, auf dem es auch Mode- und Kunsthandwerksläden gibt, das herrschaftliche Haupthaus Casa da Guia aus dem Jahr 1895. Quinta São José da Guia, Estrada Nacional 247, Av. Nossa Senhora do Cabo, 101, Guia, ☎ 214843215, www.casadaguia.com.

Essen & Trinken

(S. 167/168)

1 Capricciosa
4 Apeadeiro
5 Dom Pedro I
6 Paradigma
7 O Cantinho da Bélinha
8 Confraria do Sushi

Cafés (S. 168/169)

2 Santini
3 House of Wonders
9 Casa da Guia

100 m   **Cascais**

Steile Burgmauern – Castelo dos Mouros

UNESCO-Weltkulturerbe
Sintra

Kein Ort in der Umgebung Lissabons ist so sehenswert wie Sintra. Deswegen sollte die 25 km nordwestlich der Tejo-Metropole gelegene Stadt in jedem Besucherprogramm stehen. Ihre Hauptsehenswürdigkeiten sind die pittoreske Altstadt mit ihren kleinen Gassen, die Maurenburg sowie die beiden Königspaläste Palácio Nacional de Sintra und Palácio da Pena.

Den entscheidenden Entwicklungsschub bekam Sintra unter König Dom Dinis (1279–1325), der den Palácio Real zur königlichen Sommerresidenz ausbauen ließ. Mit dem Ende der Dynastie Aviz und dem Beginn der spanischen Herrschaft im Jahr 1580 war aber auch Sintras Ära als königlicher Sommersitz zunächst vorbei. Erst 1839 ließ König Dom Fernando II. auf einem der Berggipfel der Serra de Sintra eine neue Königsresidenz errichten, den Palácio da Pena – der königliche Hof kehrte nach Sintra zurück. Dem Königshof folgten viele Aristokraten in die Stadt, um hier ihre eigenen Paläste zu errichten. Sie zogen es vor, dem heißen Sommer Lissabons ins kühle Sintra zu entfliehen.

Im 19. Jh. entdeckten die Romantiker Sintra für sich, darunter bekannte Schriftsteller wie Lord Byron. Heute leben vor allem Industriellen- und Bankiersfamilien in den prächtigen Palästen an den Berghängen der Stadt. Auch unter Ausländern erfreut sich Sintra großer Beliebtheit, und so werden besonders an Wochenenden große Touristenströme durch die Altstadt geschleust. Seit 1995 ist diese in ihrer Gesamtheit als UNESCO-Weltkulturerbe klassifiziert.

Wenn Sie nach Sintra fahren, sollten Sie an feste Schuhe denken, da viele Anstiege zu bewältigen sind. Ebenso empfiehlt es sich auch im Hochsommer eine Windjacke mitzunehmen, da es hier zu jeder Jahreszeit kühl, windig oder neblig werden kann. Mit der geeigneten Kleidung sollte dies aber kein Hinderungsgrund für einen Besuch sein, denn gerade bei Nebel wirkt die

Stadt noch romantischer und geheimnisvoller. Am 29. Juni ist in Sintra übrigens Stadtfeiertag, dann haben alle Paläste und Museen geschlossen.

Nach Sintra fahren Vorortzüge der *Linha de Sintra* ab dem Kopfbahnhof Rossio (Ⓜ Restauradores). Direkte Züge Mo–Fr 2-mal pro Std., Sa/So 1-mal stündl. Außerdem tägl. eine weitere Verbindung pro Stunde mit den Zügen Richtung Mira Sintra-Meleças und Umsteigen in Benfica auf die Züge Richtung Sintra.

Weitere Direktzüge fahren über die Lissabonner Gürtellinie ab den Bahnhöfen Gare do Oriente (Ⓜ Oriente), Roma-Areeiro (Ⓜ Areeiro), Entrecampos (Ⓜ Entrecampos) und Sete Rios (Ⓜ Jardim Zoológico) nach Sintra. Mo–Fr tagsüber alle 20 Min., Mo–Fr abends und Sa/So ganztags alle 30 Min.

Fahrtdauer ab Lissabon 40 bis 47 Min. Preis einfach 2,15 € (ab 65 J. sowie bis 12 J. 50 %, bis 4 J. frei). Die Einzelfahrkarten müssen pro Person auf eine Viva-Viagem-Chipkarte geladen werden, die am Automaten bzw. am Schalter für 0,50 € erhältlich ist. Am einfachsten ist es Zapping-Guthaben zu benutzen, denn dann kostet die Fahrt nur 1,80 €. www.cp.pt.

Spaziergang

Wenn man auf dieser Tour alle Paläste und Burgen besuchen möchte, wird vermutlich ein Tag nicht ausreichen. So trifft man entweder besser eine Auswahl oder kommt noch mal wieder.

oder Rückfahrt, 5 € für Rundticket bei beliebig vielen Stopps auf der Hinfahrt und einer Rückfahrt.

Wer vor dem Bahnhof Sintras nach links abbiegt, stößt bald auf das prunkvoll neomanuelinisch ausgestattete Rathaus der Stadt (Câmara Municipal) mit seinem auffälligen Turm. Keine hundert Meter weiter, in der Volta do Duche Nr. 12, bietet sich die Fábrica das Verdadeiras Queijadas da Sapa (→ 🄳 Karte S. 172/173) für einen Zwischenstopp an. Hier gibt es köstliche *queijadas*, kleine Törtchen, die mit einer Mischung aus Frischkäse, Eigelb, Zucker und Zimt gefüllt sind. Am Ende der Volta do Duche und des benachbarten Stadtparks *Parque da Liberdade* stößt man auf den Königspalast **Palácio Nacional de Sintra**. Schon von Weitem sind die beiden charakteristischen Kamine zu sehen.

Wer sich den schweißtreibenden, gut einstündigen Aufstieg mit mehr als 250 Höhenmetern in die Serra de Sintra ersparen möchte, kann ab Bahnhof Sintra oder der Haltestelle Centro Histórico neben dem Touristenbüro in der Altstadt mit Bus 434 *(Circuito da Pena)* der Gesellschaft ScottURB fahren. Tägl. geht es alle 15–20 Min. zum Castelo dos Mouros und Palácio Nacional da Pena. Fahrpreis 3 € pro Hin-

Gegenüber dem Königspalast erstreckt sich die Fußgängerzone der Altstadt, in der sich leider zunehmend kitschige Souvenirgeschäfte und austauschbare Fast-Food-Restaurants ausbreiten. Über die Rua das Padarias und die Rua da Fonte da Pipa erreicht man den gleichnamigen Brunnen. Hier nicht weiter geradeaus, sondern die Treppenstufen nach oben bis zur Hauptstraße Rua Maria Eugénia Reis Ferreira Navarro. Schräg links gegenüber beginnt neben der Estrada da Pena der Fußweg Richtung Villa Sassetti. Kurz nach Beginn des Fußwegs erreicht man den Eingang des Picknickparks *Parque das Merendas*: Hier geht es links durch das Tor Richtung *Quinta da Amizade/Villa Sassetti*. Achtung: Das Tor ist tägl. nur 10–18 Uhr (im Winter 9–17 Uhr) geöffnet!

Serpentinen schlängeln sich durch einen hübsch angelegten Felsengarten den Berghang nach oben bis zur palastähnlichen Villa. Farne sorgen für angenehm frisches Klima, Palmen spenden Schatten und Eukalyptus-Bäume verbreiten Duft. Direkt über der Villa Sassetti findet sich ein kleiner Aussichtsturm zwischen großen Felsblöcken.

In jedem Fall sind gutes Schuhwerk oder Wanderschuhe empfehlenswert,

Ausflüge rund um Lissabon | Sintra → Karte S. 172/173

da der folgende Abschnitt kein Spazier-, sondern ein Wanderweg ist. Vom Aussichtsturm folgt man dem Fußweg und seinen zahlreichen Treppenstufen nach oben. Linker Hand erstreckt sich Sintras ältestes und bekanntestes Klettergebiet *Penedo da Amizade*. Am Ende des Klettergebiets hält man sich halbrechts, der Weg führt nun in ein Bachtal. Dichte Vegetation umgibt den Pfad, der auf zwei Holzstegen den Bachlauf überquert und dann wieder nach oben führt. Zahlreiche Felsquader säumen den Weg und nach zwei Engstellen endet der Pfad an einem breiteren Weg, dem man rechts folgt.

Nach 120 Metern ist der Parkplatz am *Portão dos Lagos* erreicht. Auf der anderen Straßenseite liegt der Eingang zum *Parque da Pena*: Am besten kauft man hier direkt ein Kombiticket für die Maurenburg, den Pena-Palast und den Pena-Park, da dieses günstiger ist als die drei Einzeleintritte zusammen.

Durch den abwechslungsreichen und schattigen Park geht es weiter nach oben bis zum Märchenschloss **Palácio Nacional da Pena**. Von den Plattformen aus bietet sich eine umwerfend schöne Sicht auf Lissabon, Sintra und die nahe gelegene Maurenburg.

Man verlässt anschließend den *Parque da Pena* durch den Haupteingang *Portão Principal*. Knapp 400 m geht es nach links entlang der Straße bis zum Tickethäuschen der Maurenburg **Castelo dos Mouros**. Durch ein Tor betritt man einen gut ausgebauten Fußweg, der in den Burgwald führt. Am Torbogen nach 120 Metern hält man sich links und nach weiteren 200 Metern erreicht man die romanische Kirchenruine der *Igreja de São Pedro de Canaferrim*, in der archäologische Funde ausgestellt sind. Seit der Jungsteinzeit sind hier Siedlungen nachgewiesen. Direkt dahinter liegt der Eingang zur eigentlichen Burg (Ticketkontrolle erst hier). Von den weitläufigen Mauern des Castelo dos Mouros bietet sich erneut ein herrlicher Blick hinab auf Sintra und weit hinaus auf Land und Ozean.

Essen & Trinken (S. 176/177)

1 Restaurante Regional de Sintra
2 Incomum by Luís Santos
3 Caldo Entornado

Cafés (S. 177)

4 Café Saudade
5 Fábrica das Verdadeiras Queijadas da Sapa (S. 171)
6 Piriquita
7 Dona Maria

Auf dem Rückweg biegt man nach der *Igreja de São Pedro de Canaferrim* links ab, ebenso an der nächsten Abzweigung nach 80 Metern und am Tor nach weiteren 120 Metern. Auf dem Abstieg durch den Wald nach unten öffnet sich ein Panorama nach Norden auf die Hügel der Estremadura und den Palast von Mafra. Ein weiteres Tor markiert den Beginn der Straße Rampa do Castelo und des Ortsteils São Pedro de Sintra.

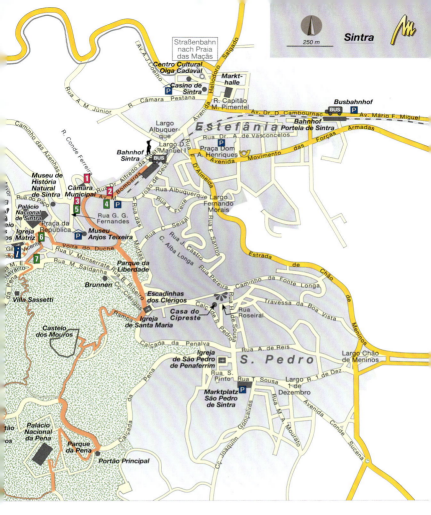

Am Ende der Straße hält man sich links und stößt gleich auf die Kirche *Igreja de Santa Maria*. 40 m weiter, direkt nach dem zweiten Haus (es heißt *Casa dos Sinos*), geht es rechts die steile Treppe der *Escadinhas dos Clérigos* hinab. Unten links (Achtung Straßenverkehr und schmaler Bürgersteig!) findet man nach 70 Metern auf der anderen Straßenseite das obere Tor des *Parque da Liberdade*. Durch den Park spaziert man zur Volta do Duche

hinunter, folgt der Straße rechts und hat es dann nicht mehr weit zum Bahnhof Sintra.

Alternativ kann man für einen weiteren Abstecher der Volta do Duche nach links folgen. Quer durch die Altstadt und über die Estrada de Monserrate erreicht man nach einem Kilometer am Westrand Sintras die sehr sehenswerte **Quinta da Regaleira**, einen öffentlich zugänglichen Privatpalast mit dem geheimnisvollsten Garten der Region Lissabon.

Sehenswertes

Wahrzeichen der Stadt

Palácio Nacional de Sintra

Schon zu maurischen Zeiten stand hier eine Burg *(Alcácer)*. Nach der Eroberung durch die Christen wurde diese unter König Dom João I. (1385–1433) erweitert und zur Sommerresidenz ausgebaut. Unter Dom Manuel I. (1495–1521) erfolgte eine weitere maßgebliche Umgestaltung, welche das manuelinische Element in die Architektur des Palastes einbrachte. Aufgrund der vielen Umbauten wirkt der Palast deshalb heute uneinheitlich und etwas zusammengewürfelt. Dennoch ist er der letzte noch erhaltene Königspalast Portugals, dessen Bausubstanz auf das Mittelalter zurückgeht.

Der Rundgang führt durch prächtig mit Deckengemälden, Wappen sowie arabischen bzw. chinesischen Kunstgegenständen geschmückte Gemächer und Säle. Höhepunkt ist die Großküche mit ihren beiden imposanten, 33 m hohen konischen Kaminen, das Wahrzeichen Sintras. Besonders sehenswert sind auch die Azulejos im Arabischen Saal in Grün, Weiß und Blau aus dem 15. Jh.

Praça da República, ✆ 219237300, www.parquesdesintra.pt. Tägl. 9.30–19 Uhr (Nov.–März nur bis 18 Uhr). Letzter Einlass 30 Min. vor Schluss. Eintritt 10 €, ca. 15 % Ermäßigung in der Nebensaison sowie unter 18 J. und über 65 J., bis 5 J. frei.

Spartipp: Wer mehr als eine der von *Parques de Sintra – Monte da Lua* verwalteten Sehenswürdigkeiten besuchen möchte (an www.parquesdesintra.pt zu erkennen), sollte ein Kombiticket kaufen. Dabei spart man ca. 5 % im Vergleich zu den Einzelpreisen. Online bekommt man weitere 5 % Rabatt.

Das „portugiesische Neuschwanstein" – Palácio Nacional da Pena

Märchenschloss mit Stilmix

Palácio Nacional da Pena

Der aus Deutschland stammende König Portugals Dom Fernando II. (1816–1885) ließ das Schloss für seine Gemahlin Dona Maria II. erbauen. Die Mitglieder des Königshauses bewohnten den Palast jedoch recht selten, da es ihnen hier zu windig und zu neblig war. Baumeister war mit Wilhelm Baron von Eschwege ebenfalls ein Deutscher; er bediente sich getreu der Philosophie des Historismus romanischer, gotischer, manuelinischer, barocker, maurischer und indischer Stilelemente. Das Ergebnis ist ein Horror für jeden Stilpuristen, aber die wahre Freude für Liebhaber unkonventioneller Bauweisen. Noch heute sind die komplett eingerichteten Gemächer der königlichen Familie zu besichtigen, deren Zustand seit der Flucht der Königsfamilie aus Portugal 1910 kaum verändert wurde.

Den schönsten Blick hat man vom *Caminho da Ronda:* Dieser Weg umrundet einmal den Palast auf einer windigen Balustrade. Empfehlenswert ist auch die Cafeteria mit Aussichtsterrasse, die einen guten Blick auf den *Parque da Pena* freigibt. Dieser Wald umgibt das Märchenschloss und wurde von König Fernando II. und seiner zweiten Frau Elise Hensler, Gräfin von Edla, im 19. Jh. angelegt.

Bus 434   (→ S. 171), ☎ 219237300, www.parquesdesintra.pt. April–Okt. tägl. 9.45–19 Uhr (Einlass bis 18.15 Uhr), Nov.–März tägl. 10–18 Uhr (Einlass bis 17 Uhr). Fotografieren im Inneren verboten. Tickets in jedem Fall bereits am Eingang in den Park kaufen. Eintritt Park und Palast: 14 €, ca. 15 % Ermäßigung in der Nebensaison sowie unter 18 J. und über 65 J., bis 5 J. frei.

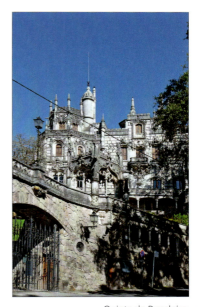

Quinta da Regaleira

durch Dom Afonso Henriques im Jahr 1147 verfiel sie zusehends und wurde erst unter König Dom Fernando II. (1816–1885) restauriert. Die nationale Denkmalverwaltung gab der Burg in den 40er-Jahren schließlich ihr heutiges Gesicht – nicht unbedingt getreu den historischen Vorgaben.

Bus 434 (→ S. 171), ☎ 219237300, www.parquesdesintra.pt. April–Okt. tägl. 9.30–20 Uhr, Nov.–März tägl. 10–18 Uhr. Einlass bis 1 Std. vor Schluss. Eintritt 8 €, ca. 15 % Ermäßigung in der Nebensaison sowie unter 18 J. und über 65 J., bis 5 J. frei. Alle Karten müssen am Tickethäuschen oben am Ausgang zur Straße gekauft werden.

Maurische Burgruine

Castelo dos Mouros

Die Maurenburg wurde unter arabischer Herrschaft im 8. oder 9. Jh. angelegt. Nach der Eroberung Lissabons

Prachtvolle Residenz

Quinta da Regaleira

Zu Beginn des 20. Jh. baute der italienische Architekt Luigi Manini den Palast als Residenz des Multimillionärs António Augusto Carvalho Monteiro (1848–

1920). Gotik, Manuelinik und Renaissance verschmelzen mit nationalen, portugiesischen Motiven zu einem prachtvollen Zeugnis der Glorie Sintras.

Unter der weitläufigen Gartenanlage erstreckt sich ein geheimnisvolles System aus Grotten, Tunnel und Höhlen. Vor allem mit einer eigenen Taschenlampe macht es großen Spaß, diese Labyrinthe zu erkunden – nur Klaustrophobiker sollte man besser nicht sein. Weltweit einzigartig dürfte der begehbare und wasserlose Brunnen *Poço Iniciático* sein. Er wurde als Initiationsstätte für Freimaurer errichtet, die dort mit verbundenen Augen einen Ausgang finden mussten.

Estrada de Monserrate, ℡ 219106650, www.cultursintra.pt. Ab Bahnhof Sintra und Bushalt neben dem Tourismusbüro in der Altstadt alle 25–45 Min. mit Linie 435 Villa Express 4 Palácios (pro Person 1 € einfach, 2,50 € mit beliebig vielen Stopps auf der Hinfahrt und einer Rückfahrt). Tägl. 10–17.30 Uhr, letzter Einlass 17 Uhr (Febr./März/Okt. bis 18.30 Uhr, letzter Einlass 18 Uhr; April–Sept. bis 20 Uhr, letzter Einlass 19 Uhr). Nur 24. und 25.12. zu. Eintritt 6 €, Familien 18 €, ab 65 J., Studenten mit Cartão Jovem je 4 €, bis 14 J. 50 % Ermäßigung, bis 8 J. frei. Es gibt auch sehr interessante zweistündige Führungen für 10 € (Anmeldung empfohlen).

Praktische Infos   → Karte S. 172/173

Touristeninformation

Ask Me Sintra – Estação CP, tägl. 10–12.30 und 14.30–18 Uhr. Infoschalter in der Bahnhofshalle. Av. Dr. Miguel Bombarda - Estação CP Sintra, ℡ 211932545, www.askmelisboa.com.

Ask Me Sintra Mitos e Lendas, tägl. 9.30–18 Uhr. Tourismusbüro im Zentrum der Altstadt. Praça da República, 23, ℡ 219231157, www.askmelisboa.com.

Restaurants

meinTipp **Incomum by Luís Santos** **2** So–Mo 12–24 Uhr (durchgehend warme Küche), Sa 16.30–24 Uhr. Restaurant der kulinarischen Oberklasse des in der Schweiz ausgebildeten Kochs Luís Santos. Kreative portugiesische Küche mit einer kleinen, regelmäßig wechselnden Auswahl (auch vegetarisch). Vor der Tür ein paar Tische auf dem Bürgersteig, die meisten Plätze aber in den beiden Speiseräumen. Mo–Fr preiswertes Mittagsmenü für 9,50 €, sonst Hauptgerichte à la carte ab 14,50 €. Rua Dr. Alfredo Costa, 22, ℡ 219243719, www.incomumbyluissantos.pt.

Caldo Entornado **3** Tägl. 12.30–15 und 19–22.30 Uhr. Im Moon Hill Hostel unterhalb des Rathauses. Portugiesische Küche modern interpretiert. Da können die Herzmuscheln Lissabonner Art (*amêijoas à Bulhão Pato*) schon mal mit gegrilltem Fisch serviert werden. Überschaubare Auswahl an Fisch und Fleisch, auch vegetarische Nudel- und Reisgerichte. Dekoration im Industriedesign, von manchen Tischen blickt man auf den Palácio Nacional de Sintra. Freies WLAN. Hauptgerichte ab 11 €. Rua Guilherme Gomes Fernandes, 19, ℡ 219244149, www.caldo-entornado.pt.

Rathaus Sintras

Villa Sassetti: Herrliche Aussicht über das Umland

Restaurante Regional de Sintra 1 Tägl. (außer Mi) 12–16 und 19–22.30 Uhr. Direkt rechts neben dem Rathaus, der Câmara Municipal. Zwei große Säle, etwas altmodisch mit schweren Vorhängen und dunklem Holz eingerichtet. Häufig von Familien aus der Region Sintra besucht. Solide lokale Küche ohne Extravaganzen. Auch ein paar Nudelgerichte im Angebot. Hauptgerichte ab 9 €. Travessa do Município, 2, ℡ 219234444, www.regional.pt.

Cafés

meinTipp Café Saudade 4 Tägl. 8.30–20 Uhr. Nur 50 m vom Endpunkt der Gleise am Kopfbahnhof Sintra entfernt. Sehenswertes Gebäude, in dem von 1888 bis 1974 die Konditorei Queijadas da Mathilde untergebracht war. Die Buchstaben in den Ecken der herrlichen Stuckdecke formen das Wort „Mathilde". Die alten Fabrikräume werden auch für Kunstausstellungen, Konzerte und den Verkauf von Keramikkunst verwendet. Große Auswahl an Sandwiches, kleinen vegetarischen Gerichten sowie süßen Teilchen. Tägl. bis 12 Uhr Frühstück sowie anschließend bis 16 Uhr Brunch. WLAN frei. Av. Miguel Bombarda, 6, ℡ 212428804, www.saudade.pt.

Piriquita 6 Tägl. (außer Mi) 9–21 Uhr. Weit bekannte und traditionsreiche Queijada-Fabrik.

Das Café liegt direkt am Anfang der Altstadtgasse, schräg gegenüber dem Palácio Nacional. Nicht nur vorzügliche *queijadas* (können auch im Pack zum Mitnehmen gekauft werden), sondern auch *travesseiros* (ein süßes Blätterteiggebäck) und anderes mehr. Die Gasse weiter nach oben gehend, erreicht man an der Hausnummer 18 die Filiale *Piriquita II*, die sogar über eine kleine Terrasse verfügt (Mi–Mo 8.30–20 Uhr, Di zu). Auch in diesem Café ist der Andrang besonders an Wochenenden enorm. Rua das Padarias, 1 und 18, ℡ 219230626, www.facebook.com/pastelaria.piriquita.

meinTipp Dona Maria 7 Tägl. (außer Mo) 10–22 Uhr. Im oberen Teil der Altstadt. Guter Blick auf den Palácio Nacional und die Stadt, am besten auf der herrlichen Terrasse, wo zudem oft eine angenehme Brise vom Atlantik weht. Das Teehaus und Restaurant ist in Teilen des ehemaligen Hotels Victor aus dem 19. Jh. untergekommen. In mehreren mit Stuck verzierten Sälen werden Tee, Kaffee und Torten kredenzt. Kunstvoll verzierte Leuchter, mit romantischen Landschaftsmotiven aus Italien bemalte Wände und liebevoll eingedeckte Tische vervollständigen das herrschaftliche Ambiente. Auch Hauptgerichte ab 14,50 €. Largo Ferreira de Castro, 3, ℡ 219241176, www.facebook.com/dona.maria.sintra.

Ausflüge rund um Lissabon | Sintra → Karte S. 172/173

Blick vom Miradouro do Castelo auf Cristo Rei, Casa da Cerca und Ponte 25 de Abril

Almada

Der Ort ist Lissabons unmittelbarer Nachbar auf der Südseite des Tejo. Sein Wahrzeichen ist die weithin sichtbare Statue Cristo Rei, deren Besucherplattform wahrhaft königliche Panoramablicke eröffnet. Doch nicht nur wegen der Aussicht, sondern auch wegen der schönen Fährfahrt lohnt sich der Ausflug.

Im Almadas Stadtteil **Cacilhas** mit seinem hübschen, aber kleinen historischen Ortskern befand sich einst das Zentrum des portugiesischen Schiffbaus. Im Jahr 1861 lief in den Werftanlagen Almadas das erste Eisenschiff Portugals vom Stapel, zahlreiche weitere folgten. Doch die Werftenindustrie kriselt auch in Portugal, und so werden in Almada seit Ende 2000 keine Frachter und Tanker mehr aufgemöbelt. Zurück blieb das gigantische, 300 t schwere Stahlportal der ehemaligen *Lisnave*-Trockendockanlage.

Bewohnt wird Almada, dessen Name sich vom arabischen Wort *al ma'din* (Gold- oder Silbermine) ableitet, vor allem von Zuwanderern aus der südportugiesischen Provinz Alentejo. Dazu kommen viele Menschen aus den ehemaligen portugiesischen Kolonien Afrikas. Die meisten Einwohner Almadas gehören den mittleren und unteren Einkommensklassen an. Viele von ihnen, die sog. *cacilheiros*, pendeln tägl. mit der Fähre nach Lissabon zur Arbeit. Die pendelnden Touristen haben meist ein Ziel: den Cristo Rei, die Christkönigstatue, deren Besucherplattform wahrhaft königliche Panoramablicke eröffnet.

In den Stadtteil Cacilhas alle 10–30 Min. mit den Tejo-Booten ab dem Cais do Sodré (Ⓜ Cais do Sodré). Die Schiffe pendeln von frühmorgens bis spät in die Nacht. Die Fahrt dauert ca. 15 Min. und kostet 1,20 €. Die Fahrkarten müssen auf eine leere Viva-Viagem-Chipkarte pro Person geladen werden (diese kostet 0,50 €). Idealerweise verwendet man eine Karte mit Zapping-Guthaben (→ „Unterwegs in Lissabon", S. 233). www.transtejo.pt.

Spaziergang

Los geht es am Fährhafen im Stadtteil Cacilhas, wo man den imposanten Segler der portugiesischen Marine, die **Fragata D. Fernando II e Glória**, besichtigen kann. Quer durch die Fußgängerzone von Cacilhas und an zahlreichen

Fischrestaurants vorbei läuft man über die Rua Cândido dos Reis, die Rua Elias Garcia und die Rua Dom José Mascarenhas langsam, aber sicher den Burghügel nach oben. Oben nach rechts in die Rua Castelo zur Burgruine, die leider nicht besichtigt werden kann, da hier die Nationalmiliz GNR untergebracht ist. Doch nebenan bietet die Terrasse des Miradouro do Castelo einen herrlichen Ausblick: Der Tejo und Lissabon liegen einem zu Füßen.

Über die Rua Henriques Nogueira nach unten durch den im Mittelalter entstandenen Stadtteil Almada Velha bis zum Rathaus am Largo Luís de Camões. Hier nach rechts in die Rua Trigueiros Martel, die zum Aussichtspunkt Miradouro Luís de Queirós mit dem Aufzug **Elevador Boca do Vento** führt. Wer das Werftenmuseum **Museu Naval** besichtigen oder in den Restaurants am Cais do Ginjal mit Tejo-Blick speisen möchte, fährt mit dem Aufzug

nach unten. Ansonsten geht es gegenüber dem Aufzug in die Calçada da Cerca zum Palast **Casa da Cerca** nach oben.

Bis zum nächsten Ziel, der Cristo-Rei-Statue, ist es nun ein längerer Weg (alternativ fährt ab der Praça Luís de Camões der Bus 101). Zu Fuß folgt man der Rua da Cerca/Rua Visconde de Almeida Garrett bis zum Ende und biegt dann rechts in die Rua Conde Ferreira ein. Anschließend geht es immer geradeaus an der São-Paulo-Kirche vorbei zur **Cristo-Rei-Statue.**

Zurück zum Fährhafen Cacilhas fährt der Bus 101 der Gesellschaft TST alle 30 Minuten ab Cristo Rei (Einzelticket 1,40 €, Zapping-Karten werden nicht akzeptiert). www.tsuldotejo.pt.

Sehenswertes

Letztes Segelschiff der Indienroute

Fragata D. Fernando II e Glória und Submarino Barracuda

Die Fregatte D. Fernando II e Glória ist das letzte Segelschiff der portugiesischen Marine und das letzte Schiff des klassischen Typs „Nau", der vor allem auf den Kolonialrouten im Einsatz war. Die Jungfernfahrt war 1845 auf der Strecke nach Goa (Indien). Später war der Segler als Schulschiff im Dienst, bis er vor Almada 1963 komplett ausbrannte. Nach der Restauration ist das Schiff nun in den ehemaligen Trockendocks der Reparaturwerft Parry zu besichtigen. Es ist weitgehend originalgetreu eingerichtet und sehr sehenswert. Im Dock nebenan liegt das portugiesische U-Boot Barracuda, das von 1967 bis 2013 im Einsatz war. Zum Recherchezeitpunkt 2016 war es aber noch nicht zu besichtigen.

Doca n°2 da ex Parry & Son, ℡ 212746295, ccm.marinha.pt, Mo 12–18 und Di–So 10–18 Uhr (Okt.–April jeweils nur bis 17 Uhr). 4 €, bis 17 J., Studenten und ab 65 J. 50 % Ermäßigung, bis 5 J. frei. Vorsicht bei Gehbehinderungen, das Schiff ist teilweise schwer zu begehen!

Panorama-Aufzug

Elevador Boca do Vento

Von der Aussichtsterrasse am oberen Ausgang des Aufzugs ist der still dahinfließende Fluss herrlich zu beobachten. Vom Panorama-Aufzug selbst bietet sich ebenfalls ein guter Blick. Er überwindet 50 m Höhenunterschied zwischen dem Stadtteil Almada Velha und den Grünanlagen am Tejoufer (alternativ gibt es auch einen Abgang über etwas verwahrloste Treppen, die Stadt warnt aber vor Steinschlaggefahr). Am Kai selbst sind die Lagerhäuser und Fabrikhallen seit Jahrzehnten dem Verfall preisgegeben, da sich die Eigentümer des in Privatbesitz befindlichen Geländes mit der Stadt Almada nicht auf ein Konzept zur Renovierung einigen können. Bis dahin bieten die Gebäude den zahlreichen neugierigen Passanten ein faszinierend morbides Bild: Angler verstecken hier ihre Utensilien, Obdachlose füttern streunende Katzen und Graffiti-Künstler toben sich an den riesigen Wänden aus.

Jardim do Rio / Largo da Boca de Vento, ℡ 800206770, www.m-almada.pt. Aufzug tägl. 8–24 Uhr auf Anforderung (Klingel drücken). Fahrpreis einfach 0,50 €, bis 8 J. frei.

Ausflüge rund um Lissabon | Almada → Karte S. 181

Werftmuseum

Museu Naval

Das Museum am Tejo-Ufer zeigt die Geschichte der Werften Almadas. Im Mittelpunkt steht die ehemalige Hochseefischereigesellschaft *Companhia Portuguesa das Pescas (CPP)*, die in den Museumsgebäuden von 1922 bis zur Firmenpleite 1984 ihre eigene Reparaturwerft unterhielt. Anhand von Werkzeugen, Fotos und Filmen wird aber auch die Geschichte der anderen Werften aus Almada veranschaulicht, darunter die legendäre *Lisnave*, die in Cacilhas das weltweit größte Trockendock betrieb. Besonders interessant: Im oberen Geschoss wird gezeigt, wie Schiffe früher vor dem Bau von Hand vorgezeichnet wurden. Erklärungen gibt es auf Portugiesisch und Englisch.

Olho de Boi, ℘ 212724980, www.m-almada.pt/museus. Mai–Sept.: Di–Sa 9.30–13 und 14–17.30 Uhr, Mo/So/Fei geschl. Okt.–April: Mo–Fr 9.30–13 und 14–17.30 Uhr, Sa/So/Fei geschl. Eintritt 0,60 €, ab 65 J. und bis 30 J. 50 % Ermäßigung, Familien bis 5 Personen 2,20 €, bis 11 J. frei.

Zeitgenössische Kunst in altem Palast

Casa da Cerca/Centro de Arte Contemporânea:

Der Palast aus dem 18. Jh. beherbergt mit dem Centro de Arte Contemporânea wechselnde Ausstellungen zeitgenössischer Kunst, ist aber schon allein wegen seiner exponierten Lage hoch über dem Tejo, den hübschen Gartenanlagen und seiner architektonischen Schönheit einen Besuch wert. Es gibt auch eine Cafeteria.

Rua da Cerca, 2, ℘ 212724950, www.m-almada.pt/casadacerca. Buslinie 101 von Cacilhas zum Cristo Rei: am Largo Luís de Camões aussteigen, dann zu Fuß über die Rua Trigueiros Martel und die Calçada da Cerca. Di–Fr 10–18 Uhr, Sa/So 13–18 Uhr, Mo geschl. Eintritt frei.

Christusfigur mit Aussichtsplattform

Cristo Rei

Die 1959 geschaffene Christkönigstatue ist der berühmten Cristo-Redentor-Statue in Rio de Janeiro nachempfunden. Während das brasilianische Vorbild auf einem Berg steht (dem Corcovado), dient in Almada ein 82 m hoher Betonsockel als Plattform für die 28 m große Christusfigur. Die Aussichtsplattform der Statue bietet ihren Besuchern einen fantastischen Ausblick auf Lissabon, die benachbarte Brücke des 25. April und die ganze Region südlich des Tejo. Seine Entstehung verdankt der Cristo Rei von Almada einem Gelübde, das die portugiesischen Bischöfe 1942 in Fátima abgelegt hatten: Man versprach, die Statue zu errichten, falls Portugal nicht in den Zweiten Weltkrieg hineingezogen werden würde.

Alto do Pragal, Av. Cristo Rei, ℘ 212751000, www.cristorei.pt. Tägl. 9.30–18 Uhr (im Sommer bis 18.45 Uhr). Eintritt 5 € (Mitte Okt. bis Ende Juni 4 €), bis 12 J. und ab 65 J. 50 % Ermäßigung, bis 7 J. frei. Zur Plattform fährt ein Lift. Anfahrt: Vom Busbahnhof am Fährhafen Cacilhas Linie 101 der TST alle 30 Min. zur Statue.

Praktische Infos

Touristeninformation

Centro Municipal de Turismo am Largo dos Bombeiros Voluntários unweit des Fährhafens von Cacilhas. Tägl. (außer Fei) 9.30–13 und 14–17.30 Uhr. ℘ 212739340, www.m-almada.pt.

Restaurants

Ponto Final 1 Tägl. (außer Di) 12–22.30 Uhr (Barbetrieb bis 24 Uhr). Über den engen Weg ab der Fährstation in Cacilhas entlang des Tejos zu erreichen (ca. 10 Min. immer geradeaus). Die Gegend entlang der Kaimauer macht mit zahlreichen leerstehenden Lagerhäusern einen verfallenen Eindruck, gilt aber nicht als gefährlich. Alternativ: mit dem Aufzug Elevador da Boca do Vento hinunterfahren. Von der Terrasse vor allem nachts überwältigender Blick auf das gegenüberliegende Lissabon. Die Aussicht bezahlt man leider mit: Hauptgerichte erst ab 15,50 €. Spezialität ist gegrillter Fisch. Cais do Ginjal, 72, ℘ 212760743.

Almada

150 m

Cova da
Piedade

Rio   Tejo

Essen & Trinken

(S. 180/181)

1 Ponto Final

2 Atira-te ao Rio

3 Cova Funda

Atira-te ao Rio 2 Di–So 12.30–23 Uhr (Mi
erst ab 17 Uhr), Mo zu. Direkt am Tejo gelegen.
Untergebracht neben einem kleinen Strand mit
einem sehr schönen Blick auf Lissabon. Rustikales Interieur. Im Winter wärmt ein Holzofen.
Im Sommer spielt sich alles vor der Türe auf
der Terrasse ab. Portugiesische Küche mit vielen
Fischgerichten, die teilweise aufwendig dekoriert
werden. Die Karte wechselt je nach Fang. Außerdem Steaks. Hauptgerichte ab 14 €. Cais do Ginjal, 69/70, ☎ 212751380, www.atirateaorio.pt.

Cova Funda 3 Tägl. (außer Mo) 9.30–24 Uhr.
Restaurant im Familienbesitz in der Nähe des
Fährbahnhofs Cacilhas. Enger Speiseraum,
aber auch zahlreiche Tische vor der Tür inmitten der Fußgängerzone. Zur Mittagszeit vor
allem von Einheimischen besucht. Der Wirt
brät Fisch und Fleisch in einer kleinen Grillecke
auf der Straße. Breite Auswahl traditioneller
portugiesischer Hauptgerichte ab 8 €. Rua Cândido dos Reis, 103, Cacilhas, ☎ 212764035,
www.facebook.com/447126048815839.

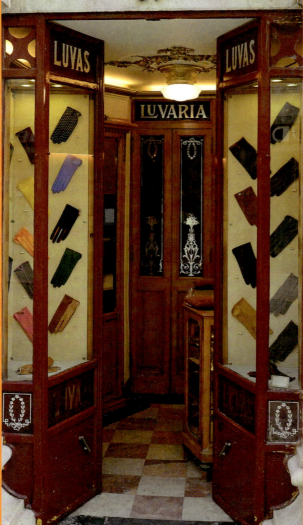

Nachlesen & Nachschlagen

Stadtgeschichte ▪ S. 184

Portugiesische Küche ▪ S. 198

Kultur und Unterhaltung ▪ S. 206

Nachtleben ▪ S. 214

Lissabon mit Kindern ▪ S. 222

Lissabon (fast) umsonst ▪ S. 226

Anreise ▪ S. 228

Unterwegs in Lissabon ▪ S. 232

Übernachten ▪ S. 242

Reisepraktisches von A bis Z ▪ S. 258

Kompakt   Museen ▪ S. 272

Kompakt   Restaurants ▪ S. 274

Von Lissabon in alle Welt – Karte vor dem Monument der Entdeckungen in Belém

Stadtgeschichte

Keine europäische Hauptstadt ist so sehr vom Atlantik geprägt wie Lissabon, das sich jahrhundertelang vollkommen aufs Meer und sein überseeisches Kolonialreich konzentriert hat. Die Einflüsse des alten Imperiums sind noch heute deutlich erkennbar, vornehmlich in der Architektur, aber auch in den Sitten und Gebräuchen der Menschen.

Zudem leben in und um Lissabon viele Einwanderer aus den ehemaligen Kolonien, die teilweise eingebürgert wurden und nun als portugiesische Staatsbürger in den Statistiken geführt werden. Darunter sind vor allem viele Brasilianer und Bewohner der einstigen afrikanischen Kolonien Kapverdische Inseln, Guinea-Bissau, São Tomé und Príncipe, Angola sowie Mosambik, aber auch Inder und Chinesen.

Gebürtige Lissabonner bezeichnen sich übrigens als *Alfacinhas*, was wörtlich „Salatköpfchen" heißt. Verschiedene mehr oder minder spekulative Thesen waren lange Zeit über den Ursprung des Stadtnamens *Lisboa* im Umlauf. Heute ist die Genese des Stadtnamens zumindest für die seriöse Geschichtsschreibung kein großes Rätsel mehr: Den Ausgangspunkt bilden die Phönizier, die die Siedlung wegen der herrlichen Lage an der Tejo-Mündung *Alis Ubbo* („Liebliche Bucht") nannten. Nach der römischen Inbesitznahme wurde sie zu Ehren von Julius Cäsar offiziell *Felicitas Julia* getauft. Bei den Einheimischen hieß sie dagegen zu dieser Zeit *Olisipo*. Unter den Westgoten wurde daraus *Olisipona*, die Araber wiederum nannten sie *Aluxbuna*. Nach dem Ende der maurischen Herrschaft setzte sich schließlich die verkürzte und lautlich assimilierte Form *Lisboa* durch.

Das antike Lissabon

Die Zeugnisse menschlicher Existenz reichen bis weit in die Zeit vor Christi Geburt zurück. Etwa ab dem 8. Jh. v. Chr. ließen sich die Phönizier an der Mündung des 1007 km langen, in der spanischen Sierra de Albarracín entspringenden Tejo nieder. Das weite

Binnenmeer des Tejo war und ist ein fast perfekter natürlicher Hafen. Die nur schmale Verbindung zum offenen Meer hält die wuchtigen Atlantik-wellen fast vollständig ab – ein idealer Platz, um in Ruhe zu ankern und Schiffe zu beladen. Die Phönizier nutzten den Hafen als Zwischenstation auf ihrem Weg nach Nordeuropa. In der Folgezeit wuchs Lissabon schnell zu einem Handelsstützpunkt heran und gewann zunehmend an Bedeutung.

Seit 218 v. Chr. wurde Lissabon administrativ, politisch, kulturell und wirtschaftlich vom Römischen Reich dominiert. Integriert in die Provinz Lusitanien, war Lissabon nun der westlichste Stützpunkt des Reiches. Um das Jahr 60 v. Chr. erhielt die Stadt dann neben dem Ehrennamen *Felicitas Julia* den Status eines römischen Kolonialmunizipiums *(Municipium Civium Romanorum)*. Damit waren die Bürger Lissabons mit denen Roms rechtlich gleichgestellt.

Die mittelalterliche Stadt

Um 411 n. Chr. beendeten die Alanen die römische Herrschaft in Lissabon durch eine Invasion. Die Westgoten ihrerseits vertrieben die Alanen aber nur fünf Jahre später wieder. Während der westgotischen Herrschaft und der Wirren der Völkerwanderung stagnierte die Entwicklung Lissabons. Als Schutz vor den „Barbaren" zogen sich die Bewohner in das Gebiet innerhalb der Stadtmauern um das Castelo de São Jorge zurück. Die städtische Bevölkerung nahm stark ab, das urbane Leben kam fast zum Erliegen.

Nach der Eroberung durch die Mauren im Jahr 714 blühte die Stadt wieder auf. Unter der neuen Herrschaft breitete sie sich erneut über die Stadtmauer hinaus aus. Die Araber bauten den Burgpalast, die *Alcáçova*, und die unter den Römern angelegte Stadtmauer aus, die daraufhin den Namen *Cerca Moura* (maurische Stadtmauer) erhielt. In dieser Zeit rückte der Hafen zunehmend in den

Mittelpunkt des Geschehens: Er wurde ein wichtiger Ausgangspunkt für die Kommunikation und den Handel mit anderen Küstenstädten und mit der restlichen Welt. Wissenschaft und Kunst wurden gefördert, Handel und Handwerk gediehen, den religiösen Minderheiten der Christen und Juden war die freie Religionsausübung gestattet.

Am 28. Juni 1147 erreichte eine Flotte von 164 Kreuzfahrerschiffen Lissabon und begann die Stadt zu belagern. König Dom Afonso Henriques hatte den Zeitpunkt geschickt gewählt: Aufgrund interner Streitigkeiten unter den Mauren konnten diese keine Verstärkung erwarten. Nach vier Monaten gelang es den Kreuzrittern die Stadt zu erobern: Die Einnahme war dabei alles andere als christlich – sie plünderten, vergewaltigten und töteten Zivilisten, darunter sogar das Oberhaupt der christlichen Gemeinde Lissabons.

Casa dos Bicos: Reste der alten römischen Stadtmauer Muralha Romana

Die Eroberer strukturierten die Stadt städtebaulich, sozial und administrativ um: Die Moscheen machten sie dem Erdboden gleich, auf ihren Trümmern bauten sie Dutzende neuer Kirchen. Alle Moslems, die sich nicht zum Christentum bekehren lassen wollten, verwiesen sie hinter die Stadtmauern in das Mauren-Ghetto Mouraria.

Um 1256 wurde Lissabon offiziell Sitz des Königshauses und somit Hauptstadt Portugals; 1290 gründete man hier die erste Universität des Landes. Durch den zunehmenden Außenhandel stieg die Einwohnerzahl kontinuierlich an, sodass die heutige Baixa als neues Wohngebiet erschlossen wurde. Das städtische Leben konzentrierte sich dennoch weiter eng um den Burgpalast.

Lissabons Bedeutung als politisches Zentrum und Handelsplatz nahm ab dem 14. Jh. rapide zu. Der Hafen wurde ausgebaut, es entstanden Werften und Warenhäuser. Der Handel mit England, Flandern und den Hansestädten blühte. Dem Aufstieg der Stadt, der Pforte zum Atlantik, stand nichts mehr im Wege.

Lissabon im Zeitalter der Eroberungen

Im 15. Jh. begann das Zeitalter der überseeischen Entdeckungsfahrten, die Portugals Aufstieg zur Weltmacht begründeten. Den Anfang bildete die Besetzung Madeiras (1419/20) und die Entdeckung der Azoren (1427). Danach tasteten sich die portugiesischen Seefahrer Schritt für Schritt die afrikanische Westküste entlang, bis Bartolomeu Dias 1488 schließlich das Kap der Guten Hoffnung umrundete. Kurz vor der Jahrhundertwende (1498) entdeckte Vasco da Gama den Seeweg nach Indien, und nur wenig später (1500) landete Pedro Álvares Cabral in Brasilien, das später Portugals größte Kolonie werden sollte.

Die Dynamik, mit der der Prozess der Entdeckungen und Eroberungen voranschritt, war auch in Lissabon zu spüren. Das starke Bevölkerungswachstum führte dazu, dass die Stadtteile um den Burgpalast im wahrsten Sinne des Wortes aus allen Nähten platzten. Kö-

Symbolisches Grab des Schriftstellers Luís de Camões im Jerónimos-Kloster

nig Dom Manuel I. verlagerte schließlich
das Stadtzentrum ans Flussufer, indem
er direkt neben den Warenhäusern und
Waffenarsenalen in Hafennähe einen
neuen Königspalast am Terreiro do
Paço (heute Praça do Comércio) bauen
ließ. Der einflussreiche Adel errichtete
bald darauf seine neuen Wohnsitze in
der Umgebung des Palastes. Im Vergleich zu früheren Jahrhunderten
breitete sich die Stadt diesmal nach
einem wesentlich geordneteren Konzept aus. Nach geometrischem Muster
entstanden bis ins 17. Jh. die Stadtteile
Bairro Alto, Bica und Madragoa.

Zerstörung und Chaos waren dagegen
die Folgen eines vernichtenden Erdbe-
bens am 25. Januar 1531, das 30.000
Menschen tötete. 1597 folgte das
nächste Beben, und auch dieses sollte
nicht das letzte gewesen sein …

Doch ungeachtet dieser großen Naturkatastrophen brachte der florierende
Handel großen Wohlstand in die Stadt.
Lissabon wurde zum Umschlagplatz
für Edelhölzer aus Brasilien, Elfenbein
aus Afrika und Gewürze aus Indien.

Auch zahlreiche afrikanische Sklaven
lebten in Lissabon: Manche Geschichts-
schreiber schätzen, dass während der
Hochzeit der Sklaverei im 16. Jh. jeder
zehnte Bewohner der Stadt afrikanischer
Herkunft gewesen sein könnte. Zahlreiche portugiesische Privathaushalte
nutzten diese billigen und leicht auszu-
beutenden Arbeitskräfte. Mehrere Wör-
ter angolanischen Ursprungs fanden damals ihren Eingang ins Portugiesische.

Aus ganz Europa kamen Künstler und
Baumeister nach Lissabon, angezogen
durch den Reichtum. Symbole aus dieser Zeit des Überflusses sind das im
16. Jh. errichtete Kloster Mosteiro dos
Jerónimos und der Wehrturm Torre de
Belém, der direkt an der Stelle platziert
wurde, von der die Expeditionen nach
Übersee starteten. Für die prunkvoll-
opulente, mit maritimer Ornamentik
durchsetzte Architektur der damaligen
Zeit hat sich später ein eigener Stil-
begriff etabliert: Manuelinik, nach dem
damaligen König Manuel I.

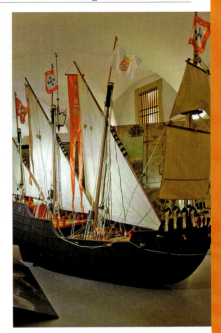

Schiffsmodell im Lisbon Story Centre

Ab 1547 verfolgte die Inquisition „ket-
zerisches" Gedankengut. Inspektoren
der Inquisition durchsuchten die in den
Hafen Lissabons einlaufenden Schiffe
nach Büchern, Flugblättern oder anderem Material, das der herrschenden katholischen Lehre hätte widersprechen
können. Die Inquisitoren folterten zahlreiche „Ketzer" und verbrannten sie in
besonders gravierenden Fällen öffentlich auf dem Rossio.

Die pombalinische Stadt

An Allerheiligen 1755 schlug die trau-
rigste Stunde Lissabons: Die Erde beb-
te, und binnen weniger Sekunden lag
ein Großteil der Stadt in Schutt und
Asche. Den Rest erledigten um sich
greifende Brände und eine riesige Flutwelle, ähnlich dem Tsunami an Weihnachten 2004 in Südostasien. Insgesamt
kamen nach heutigen Schätzungen

damals etwa 30.000 Menschen ums Leben – erst etwa 100 Jahre später erreichte die Einwohnerzahl Lissabons wieder das ursprüngliche Niveau.

Der Erdstoß hatte ungeheure Kraft: Man schätzt ihn auf 8,5 bis 8,7 auf der Richterskala. Bis heute ist er das stärkste Erdbeben aller Zeiten in Europa. Wo das Epizentrum lag, ist unter den Wissenschaftlern umstritten. Allgemein gilt der Banco do Gorringe, ein Seeberg 300 km südwestlich Lissabons, als Zentrum des Seebebens. Neuere Forschungen deuten dagegen auf eine Verwerfung bei Gibraltar als Epizentrum. Andere Theorien vermuten gleich zwei Epizentren: Einmal Gorringe und ein weiteres im Tejo-Tal.

Das Beben erschütterte nicht nur Lissabon, sondern auch das optimistische Weltbild des aufgeklärten Jahrhunderts. Dank des wachsenden Wohlstands und des vermeintlich unaufhaltsamen Fortschritts der Zivilisation war man der Auffassung, in der besten aller möglichen Welten zu leben, die von Stabilität und innerer Sinnhaftigkeit

Igreja de São Domingos in der erneuerten Baixa

gekennzeichnet war. Eine Katastrophe solchen Ausmaßes stellte diese Deutung der Welt zwangsläufig in Frage, sodass schon bald eine internationale Debatte in Gang kam, an der vor allem die Philosophen Voltaire und Jean-Jacques Rousseau beteiligt waren.

Voltaire zweifelte prinzipiell an der optimistischen Grundausrichtung seines Zeitalters und wandte sich insbesondere dagegen, die zerstörerischen Kräfte der Natur durch allerlei spitzfindige Erklärungsansätze als Teil eines zielgerichteten und letztlich sinnvollen göttlichen Plans anzuerkennen. Das immer wieder in Form von Naturkatastrophen über die Menschheit hereinbrechende Übel müsse als solches einfach hingenommen werden, selbst wenn der aufgeklärte Geist sich dagegen sträube.

Für Rousseau wiederum waren die schrecklichen Ereignisse von Lissabon nur ein weiterer Beleg für die Berechtigung seiner allgemeinen Zivilisations- und Kulturkritik. Schuld an der verheerenden Opferzahl seien im Grunde nicht die unbeherrschbaren Naturgewalten, sondern die zivilisatorischen Eingriffe des Menschen. „Gestehen Sie mir", schrieb er an Voltaire, „dass nicht die Natur zwanzigtausend Häuser von sechs bis sieben Stockwerken zusammengebaut hatte, und dass wenn die Einwohner dieser großen Stadt gleichmäßiger zerstreut und leichter beherbergt gewesen wären, so würde die Verheerung weit geringer, und vielleicht gar nicht geschehen sein." Dem schloss sich auch der Königsberger Philosoph Immanuel Kant an. Der Mensch müsse sich eben der Natur anpassen.

Doch ungeachtet aller philosophischen Debatten musste in Lissabon der Wiederaufbau organisiert werden. Übernommen wurde diese schwierige Aufgabe vom damaligen Premierminister Marquês de Pombal (→ Kasten), unter dessen Ägide die Baixa, der vom Erdbeben am stärksten betroffene Stadtteil, völlig neu errichtet wurde. Innerhalb kurzer Zeit entstand ein im Schachbrettmuster angelegtes neues

Lissabon im Kasten

Marquês de Pombal – aufgeklärter Erneuerer und brutaler Diktator

1750 berief König José I. (1750–1777) den kleinadeligen Sebastião José de Carvalho e Melo und späteren Marquês de Pombal zum Premierminister. Als überzeugter Anhänger des aufgeklärten Absolutismus griff er sogleich hart gegen die damals in Portugal herrschende Misswirtschaft durch und nahm dem ihm verhassten Klerus und Adel etliche Privilegien. Die ihm zu mächtig gewordenen Jesuiten ließ er 1759 aus Portugal und Brasilien vertreiben; als Vorwand diente ihre angebliche Beteiligung an einem Attentat auf König José I. Die Inquisition unterstellte Pombal im selben Jahr der Krone und verbot per Dekret auch die *autos-da-fé* (Ketzergerichte). Außerdem ordnete er an, dass zum Christentum übergetretene Moslems und Juden im Mutterland und in den Kolonien nicht mehr diskriminiert werden durften. Gleichzeitig erfolgte eine systematische Förderung der Wirtschaft des eigenen Landes und der Kolonien. Bekannt ist der Marquês de Pombal in Lissabon aber vor allem wegen seiner Leistungen beim raschen Wiederaufbau der Lissabonner -Unterstadt nach dem Erdbeben von 1755.

Neben diesen teilweise durchaus lobenswerten Initiativen sollte jedoch nicht vergessen werden, dass der Marquês de Pombal ein erbarmungsloser Diktator war, der seine persönlichen Feinde gnadenlos verfolgte und bestrafte. Besonders Klerus und Hochadel litten unter seiner Herrschaft. Sein Hass rührte vielleicht daher, dass er erst relativ spät zu höheren Adelsweihen kam: 1759 erhielt er von König José I. den Titel eines „Conde de Oeiras" (Graf von Oeiras), und 1770 wurde er zum „Marquês de Pombal" (nach einem Ort in Mittelportugal) befördert, womit er in Rang und Namen dem Hochadel endlich in nichts mehr nachstand – mit diesem Titel sollte er dann in die Geschichtsbücher eingehen.

Gestürzt wurde Pombal nach dem Tod König Josés I. durch dessen Tochter Königin Maria I., die eine große Abneigung gegen den Antiklerikalismus des Premierministers, aber auch gegen seinen despotischen Führungsstil hegte.

Zentrum, ausgestattet mit Abwasserkanälen und befestigten Straßen.

Nach der Wiedererrichtung der Baixa legte man nach und nach neue Wohnviertel in São Bento und in der Lapa an. Eine erste Industriezone bildete sich in Amoreiras um den Largo do Rato.

Lissabon im 19. Jh.

In der ersten Hälfte des 19. Jh. wuchs die Stadt zwar nicht weiter, dennoch fanden gravierende Veränderungen statt. 1834 wurden die kirchlichen Güter säkularisiert und wechselten den Besitzer. Die neuen Eigentümer, der Staat und das liberale Bürgertum, installierten in den ehemaligen kirchlichen Gebäuden öffentliche Schulen, Krankenhäuser und Warenlager. Die Stadtviertel Baixa und Chiado wurden in dieser Zeit zunehmend zu Intellektuellentreffs. Dort eröffneten Cafés, Theater und Buchhandlungen. Öffentliche Parks und Alleen wurden angelegt, Brunnen und Statuen aufgestellt – ganz dem von der Romantik geprägten Zeitgeist entsprechend. Prekär blieben allerdings die hygienischen Verhältnisse in der Stadt: 1856 und 1857 starben Tausende Menschen bei einer Cholera- und einer Gelbfieber-Epidemie.

Die zweite Hälfte des 19. Jh. war von einem dynamischen Stadtausbau und einer verstärkten Industrialisierung geprägt. Man baute die erste Eisenbahnlinie, einen neuen Hafen und führte die *elétricos* (elektrische Straßenbahnen) als Neuheit des öffentlichen Transportwesens ein.

Die Stadt in der Zeit des Estado Novo

Wie auch in anderen Ländern Europas hatte sich bereits zum Ende des 19. Jh. abgezeichnet, dass die Monarchie vor ihrem Aus stand. Wirtschaftskrisen und dadurch bedingte soziale Spannungen ließen die demokratische Bewegung stärker werden. Im Jahr 1910 war es dann so weit: Die Republik wurde ausgerufen, und der letzte portugiesische König, Manuel II., musste ins Exil nach England fliehen. Die Demokratie, in die viele große Erwartungen gesetzt hatten, konnte sich allerdings nie so recht konsolidieren. Korruption, Inflation und hohe Staatsschulden ließen das Land bald in Anarchie versinken.

1926 putschte schließlich das Militär mit dem erklärten Ziel, dem „Unsinn der Republik" ein Ende zu setzen. 1928 berief es dann mit António de Oliveira Salazar einen Mann zum Finanzminister, der Portugals Geschicke für fast 50 Jahre maßgeblich bestimmen sollte. 1933 legte er, inzwischen zum Minister-

präsidenten aufgestiegen, eine schein-demokratische Verfassung vor, die den sog. *Estado Novo* („Neuer Staat") begründete, mit dem die Diktatur praktisch legalisiert war. Portugal präsentierte sich nunmehr als faschistischer Ständestaat, in dem alle Parteien mit Ausnahme der Einheitspartei *União Nacional* verboten waren, in dem Pressezensur herrschte und die Bürgerrechte weitgehend außer Kraft gesetzt waren.

In Lissabon setzte sich der *Estado Novo* mit zahlreichen monumentalen Bauwerken selbst ein Denkmal. Stilistisch waren die Gebäude zwar anfangs von einem schlichten modernistischen Stil geprägt. Später baute man aber zunehmend konservativer und nahm als traditionell portugiesisch empfundene Ornamente auf. Beispielsweise umgab man die Fenster mit Steinrahmen. Anschauliche Beispiele für diesen Baustil des *Estado Novo* finden sich vor allem in der Gegend der Avenidas Novas, z. B. die Praça do Areeiro mit den ersten Hochhäusern der Stadt.

Nach der Machtübernahme durch die Nationalsozialisten in Deutschland und

Platz im Stadtteil Amoreiras – ältestes Arbeiterviertel Portugals

Street Art ist in Lissabon fast überall präsent: hier im Stadtteil Campolide

verstärkt mit dem Ausbruch des Zweiten Weltkrieges wurde Lissabon zur Hauptdrehscheibe der jüdischen Emigration nach Amerika. Hilfsorganisationen versorgten hier Zehntausende Flüchtlinge, bis diese ein Visum bekamen und die rettende Schiffspassage nach New York, Rio de Janeiro oder Buenos Aires organisieren konnten. Über Lissabon flüchteten auch zahlreiche Intellektuelle vor der Nazidiktatur, unter ihnen die Schriftsteller Alfred Döblin, Heinrich Mann und Franz Werfel.

Ende der 40er-Jahre und in den 50er-Jahren realisierte Bürgermeister Duarte Pacheco, der gleichzeitig portugiesischer Bauminister war, große städtebauliche Projekte: Im Westen der Stadt entstanden vornehme Wohnviertel in Restelo, in der östlichen Randzone Olivais errichtete man dagegen weitläufige Sozialsiedlungen, um das Problem der rapide wachsenden Stadtbevölkerung in den Griff zu bekommen. In der gleichen Zeit ließ Duarte Pacheco viele Gärten und Parks anlegen, darunter den Monsanto-Park, heute die grüne Lunge Lissabons.

Die moderne Stadt

Die Diktatur konnte sich bis Mitte der 70er-Jahre halten. Salazar war zwar bereits 1968 nach einem Schlaganfall abgelöst worden, aber sein Nachfolger Marcello Caetano hielt trotz leichter Liberalisierungstendenzen am grundsätzlichen Kurs fest. International hatte sich Portugal damit längst isoliert, und auch innenpolitisch waren über die Jahre wirtschaftliche und soziale Probleme entstanden, die man mit den bestehenden politischen Strukturen kaum mehr unter Kontrolle bringen konnte. Hinzu kam, dass Portugal es versäumt hatte, sich frühzeitig von seinen Kolonien zu trennen. Die Folge war, dass das Land auf dem afrikanischen Kontinent ab Beginn der 60er-Jahre in eine Reihe von Befreiungskriegen verwickelt war, die militärisch kaum zu gewinnen waren. Selbst unter dem Eindruck mehrerer UNO-Resolutionen, in denen das Festhalten an den Kolonien verurteilt wurde, erwies sich Caetano aber auch in dieser Hinsicht als unnachgiebig.

Widerstand gegen diese Politik formierte sich insbesondere in den Reihen der Militärs. Am 25. April 1974 kam es dann zum abrupten Ende der jahrzehntelangen Diktatur: Im Zuge der sog. Nelkenrevolution übernahmen die Militärs die Macht und legten damit die Grundlage für die Rückkehr zur Demokratie, die mit den ersten freien Wahlen von 1976 vollzogen war.

Die Kriege in den afrikanischen Kolonialgebieten waren mittlerweile beendet und die Kolonien in die Unabhängigkeit entlassen worden. Schon bald zeigten sich die bevölkerungspolitischen Folgen, denn Portugal sah sich mit einem Strom von Rückkehrern (*retornados*) und Einwanderern aus den ehemaligen afrikanischen Kolonien konfrontiert. In Lissabon entstanden an den Stadträndern große Slums und illegale Viertel. 20.000 Baracken zählte die Stadtverwaltung Mitte der 80er-Jahre, als sie begann, die Elendshütten abzureißen und ihre Bewohner umzusiedeln. Das damals formulierte Ziel, die Slums komplett zu beseitigen, wurde allerdings erst 2002 erreicht. Im Zuge der knapp 20 Jahre dauernden Arbeiten sind allerdings mit Sozialwohnungsvierteln wie Chelas neue Ghettos entstanden.

Im August 1988 erschütterte erneut eine Katastrophe die portugiesische Hauptstadt. Die Bilder des verheerenden Großbrands, der im Stadtteil Chiado über 20 Gebäude, darunter die beiden berühmtesten Kaufhäuser Lissabons, zerstörte, gingen um die ganze Welt. Schon ein Jahr später waren die Pläne für den Wiederaufbau fertig, den der bekannteste portugiesische Architekt Álvaro Siza Vieira leitete. Aufgrund eines langwierigen Gerichtsverfahrens zogen sich die Arbeiten bis zur Fertigstellung im Dezember 1999 über zehn Jahre hin. Bis dahin dienten die ausgebrannten Gebäude als Touristenattraktion – bei Nacht angestrahlt, wirkten sie fast malerisch.

1998 präsentierte die Stadt der Weltöffentlichkeit die EXPO 98, die dem Thema „Ozeane" gewidmet war. Aus diesem Anlass wurden große Teile des bis dahin eher vernachlässigten Lissabonner Ostens rundum erneuert. Neben dem Weltausstellungsgelände am Tejo entstand mit der Gare do Oriente Lissabons moderner Hauptbahnhof, der durch eine neue Metrolinie an das Lissabonner Zentrum angebunden ist. Wo vorher die Tristesse einer Mülldeponie, eines Schlachthofs und einer alten Ölraffinerie herrschte, steht heute ein neues Wohnviertel mit viel Grün und Tejo-Blick. Ein weiteres Großereignis war die Fußballeuropameisterschaft 2004. Dafür baute man jeweils ein neues Stadion für die beiden Lokalrivalen Sporting und Benfica.

In den 80er- und 90er-Jahren wurde den Lokalpolitikern die Bedeutung des kulturellen Erbes der Stadt zunehmend bewusst, sodass 1992 endlich ein Plan zum Erhalt und zur Sanierung der historischen Bausubstanz verabschiedet wurde. Dies war bitter nötig, da der vorherige, christdemokratische Bürgermeister Lissabons, Krus Abecasis (CDS), großzügig Abrissgenehmigungen erteilt hatte. Sein Nachfolger, der Sozialist Jorge Sampaio (PS), versuchte zum ersten Mal, dem kontinuierlichen Verfall der alten Stadtviertel entgegenzuwirken.

Einen weiteren Aufschwung erlebte die Stadterneuerung unter dem konservati-

Protest gegen Sparpolitik

Das portugiesische Parlament im Stadtteil São Bento

ven Pedro Santana Lopes (PSD), der 2001 als Bürgermeister den glücklosen João Soares (PS) ablöste. Trotz aller Mühen stehen heute aber noch immer viele Altstadtgebäude in Ruinen, sind zugemauert oder nur notdürftig vor dem Einsturz gesichert. Jedes zweite Gebäude in den historischen Vierteln befindet sich in einem sehr schlechten Zustand, schätzt die Stadtverwaltung.

Unter Santana Lopes sperrte die Stadt außerdem zahlreiche Altstadtviertel für den Autoverkehr: Seitdem öffnen sich die Schranken nur noch für registrierte Fahrzeuge der Anwohner, fremden Fahrzeugen bleibt die Einfahrt in weite Teile der Alfama und des Bairro Alto verwehrt.

Schwerstes Erbe der Amtszeit von Santana Lopes ist aber die dramatische Verschuldung der Hauptstadt. Mit seinen Megaprojekten hatte sich die Stadt übernommen. Allein die Untertunnelung der Praça Marquês de Pombal verschlang 30 Millionen Euro.

Mit dem Schuldenberg musste sich auch der nächste Bürgermeister, der parteilose, dem PSD nahestehende Carmona Rodrigues, herumschlagen. Aber erst nachdem dieser 2007 aufgrund dubioser Immobiliengeschäfte unter Korruptionsvorwürfen zurücktreten musste, wurde das Ausmaß der Krise voll sichtbar. So tat sich jahrelang auf zahlreichen städtischen Baustellen über-

haupt nichts mehr, da die Stadt ihre Rechnungen nicht bezahlt hatte. Die folgenden Kommunalwahlen gewannen die Sozialisten des PS unter dem ehemaligen Innenminister António Costa.

Er folgte einer pragmatischen Politik, die mehr auf kleine Schritte zur Verbesserung der Lebensqualität als auf Großprojekte setzte. So versuchte er den Autoverkehr in der Innenstadt weiter einzudämmen und es gelang ihm, einem der schlimmsten sozialen Brennpunkte Lissabons, dem Largo do Intendente, neues Leben einzuflößen. 2009 und 2013 wurde er jeweils wiedergewählt.

Im April 2015 übergab Costa das Amt des Oberbürgermeisters an seine „rechte Hand", den Volkswirt Fernando Medina, um bei den nationalen Parlamentswahlen als Spitzenkandidat des PS anzutreten.

Durch den Verkauf von Immobilien und Grundstücken konnten die Schulden um 40 % reduziert werden. Allerdings wird der Schuldenberg den politischen Spielraum der Stadt Lissabon auch in den nächsten Jahren einschränken. Die Finanz- und Wirtschaftskrise Portugals verschärft die Lage weiter. Das ist auch dem Immobilienmarkt anzumerken: Insbesondere jenseits der touristischen Gegenden stehen Ladenlokale, Cafés und Restaurants leer.

Der Balkon des Rathauses: Hier wurde 1910 die Republik ausgerufen

Zeittafel

8. Jh. v. Chr.: Die Phönizier lassen sich in der Gegend des heutigen Stadtgebiets nieder.

218 v. Chr.: Beginn der römischen Herrschaft. Die Römer machen Lissabon zum westlichsten Stützpunkt ihres Reiches.

um 410 n. Chr.: Ende der Römerzeit. Invasionen während der Völkerwanderung durch Alanen und Westgoten.

714: Die Mauren erobern die Stadt. Während ihrer bis 1147 andauernden Herrschaft erlebt Lissabon seine erste Blütezeit.

1094: Der König von Kastilien und León überträgt seinem Schwiegersohn Heinrich von Burgund die Grafschaft Portucale im heutigen Nordportugal.

1139: In Ourique lässt sich der Sohn Heinrichs, Dom Afonso Henriques, nach einem Sieg gegen die Mauren zum König von Portugal ausrufen.

1147: Eroberung Lissabons durch die Christen um König Dom Afonso Henriques.

13. Jh.: Beginn der Besiedelung der Lissabonner Unterstadt (*Baixa*).

ca. 1256: Lissabon wird offiziell Sitz des Königshauses und portugiesische Hauptstadt.

1290: Die erste Universität Portugals entsteht in Lissabon.

1375: Bau der Fernandinischen Stadtmauer (*Cerca Fernandina*). Sie umschließt auch die Unterstadt.

1383: Ende der Dynastie Burgund und Beginn der Dynastie Aviz.

15./16. Jh.: Lissabon ist Ausgangspunkt der portugiesischen Entdeckungsfahrten nach Afrika, Asien und Amerika. Die Stadt kommt zu großem Reichtum, überall entstehen prunkvolle Bauten.

1500: König Dom Manuel I. lässt einen neuen Königspalast am Tejo errichten (am damaligen *Terreiro do Paço*, heute Praça do Comércio genannt).

1531: Ein Erdbeben erschüttert Lissabon.

1578: Der junge König Sebastião stirbt auf einem Kreuzzug in Marokko bei Alcácer-Quibir.

1580: Nach dem Tod des kinderlosen Königs Henrique stirbt die Dynastie Aviz aus. König Felipe II. von Spanien beansprucht die Herrschaft für sich und erobert Portugal.

1640: Die Portugiesen erheben sich erfolgreich gegen die spanische Herrschaft. Der Herzog von Bragança wird als Dom João IV. neuer König. Beginn der Dynastie Bragança.

1.11.1755: An Allerheiligen zerstören ein starkes Erdbeben und eine gewaltige Flutwelle weite Teile Lissabons und töten ca. 30.000 Menschen.

1775: Ende der Wiederaufbauphase, während der die Baixa unter Leitung des Premierministers Marquês de Pombal komplett neu erbaut wird.

1807–1809: Drei napoleonische Invasionen verwüsten das Land. Der portugiesische Hof flieht nach Brasilien. Rio de Janeiro ist bis zur Rückkehr Dom Joãos VI. 1821 portugiesische Hauptstadt.

ab 1834: Säkularisierung: Der Staat löst viele Klöster auf.

1873: Die ersten Pferdebahnen (*americanos*) fahren.

1879: Die neue Prachtmeile der Stadt, *Avenida da Liberdade*, wird eröffnet.

Lissabon wächst nach Norden ins Gebiet der *Avenidas Novas*.

31.8.1901: Die Straßenbahn wechselt vom Pferde- auf elektrischen Antrieb. Die Ära der *elétricos* hat begonnen.

1.2.1908: Republikanische Attentäter töten König Dom Carlos und seinen Sohn, den Thronfolger, auf der Praça do Comércio.

5.10.1910: Auf dem Balkon des Rathauses wird die Republik ausgerufen. König Dom Manuel II. flieht nach England ins Exil.

Archäologische Ausgrabungen im Kreuzgang der Kathedrale

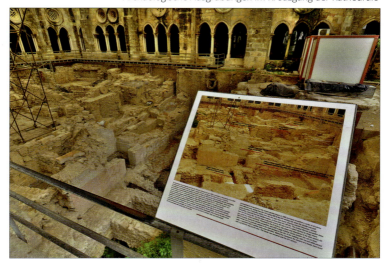

1916–1918: Portugal kämpft im Ersten Weltkrieg auf der Entente-Seite gegen Deutschland.

28.5.1926: Ein Militärputsch beendet die Republik.

1928: Der Volkswirtschaftsprofessor António de Oliveira Salazar wird Finanzminister und 1932 Ministerpräsident.

1933: Beginn des faschistischen Ständestaates Estado Novo unter dem Diktator Salazar. Bau vieler monumentaler Gebäude in Lissabon. Es entstehen neue Sozialsiedlungen.

1933–1945: Während des Hitlerregimes wird Lissabon zur Fluchtstation für viele Juden und andere Verfolgte der Nazis. Portugal bleibt trotz gewisser Sympathien für Deutschland im Zweiten Weltkrieg neutral.

1959: Einweihung der ersten Metrolinie.

1961: Beginn der Kolonialkriege in Angola.

1966: Die Tejo-Brücke nach Almada wird als Ponte Salazar eröffnet. Heute heißt sie in Gedenken an den Tag der Nelkenrevolution (s. u.) Ponte 25 de Abril.

1968: Salazar erleidet einen Schlaganfall. Sein Nachfolger ist der Juraprofessor Marcello Caetano.

25.4.1974: Die Militärs putschen in der Nelkenrevolution gegen die Caetano-Diktatur. Nach einigen revolutionären Wirren herrscht in Portugal spätestens ab April 1976 eine stabile Demokratie.

1974–1975: Die afrikanischen Kolonien erlangen die Unabhängigkeit. Durch den Strom der Rückkehrer *(retornados)* aus den Kolonien entstehen neue Slums am Stadtrand.

1986: Beitritt Portugals in die Europäische Gemeinschaft (EG, heute EU). In der Folgezeit fließen beträchtliche finanzielle Mittel ins Land.

25.8.1988: Im Stadtviertel Chiado brennen mehrere Häuserblocks komplett ab, darunter die beiden schönsten Kaufhäuser der Stadt (Grandella und Grandes Armazéns do Chiado).

1992: Großflächige Renovierungsprojekte werden begonnen, um den zunehmenden Verfall der Altstadtviertel zu stoppen.

1994: Lissabon ist Kulturhauptstadt Europas.

1998: Die Weltausstellung EXPO 98 findet im Osten Lissabons statt. Ein neuer Stadtteil, ein moderner Hauptbahnhof (Gare do Oriente) und das größte Ozeanarium Europas entstehen. Als zweite Tejo-Brücke wird die Ponte Vasco da Gama eröffnet.

1999: Der Wiederaufbau des Chiado ist nach elf Jahren beendet.

4.7.2004: Fußballeuropameisterschaft: Im Estádio da Luz in Lissabon verliert Portugal das Finale gegen Griechenland mit 0:1.

15.7.2007: António Costa (PS) gewinnt die Kommunalwahlen und wird neuer Bürgermeister. Hauptproblem ist die dramatische Überschuldung der Stadt. 2009 werden er und seine Koalition wiedergewählt.

2011–2013: Finanz- und Schuldenkrise in Portugal: In den touristischen Stadtteilen ist die Krise aber kaum zu spüren, da Lissabon als Reiseziel weiter hoch im Kurs steht.

29.9.2013: Bürgermeister António Costa (Sozialistische Partei – PS) wird erneut wiedergewählt, übergibt sein Amt aber im April 2015 an seinen Stellvertreter Fernando Medina.

24.11.2015: António Costa (PS) bekommt infolge der Parlamentswahlen den Auftrag zur Regierungsbildung. Er schmiedet ein Bündnis mit dem Linksblock, der Kommunistischen Partei und den Grünen.

9.3.2016: Nach seinem Sieg bei den Präsidentschaftswahlen wird der Jura-Professor Marcelo Rebelo de Sousa von der liberal-konservativen Sozialdemokratischen Partei (PSD) neuer Präsident Portugals.

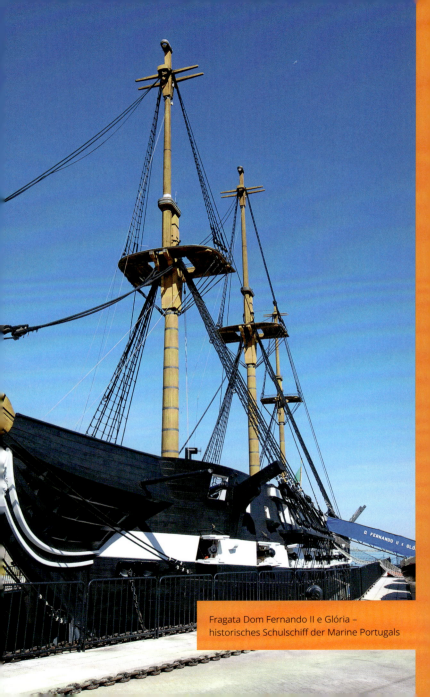

Fragata Dom Fernando II e Glória –
historisches Schulschiff der Marine Portugals

Restaurants wie Caldo Entornado in Sintra stehen für eine moderne Küche Portugals

Portugiesische Küche

Von exotischen Taschenmessermuscheln bis zu den klassischen Sardinen kommt so ziemlich alles auf den Tisch, was der Atlantik an Meerestieren hergibt. Aber nicht nur Fischfans kommen in Lissabon auf ihre Kosten, auch Fleischgerichte hat Portugals Hauptstadt in großer Zahl anzubieten.

International berühmt wie die französische ist die portugiesische Küche allerdings nicht. Sie ist vielmehr eine schmackhafte Volksküche mit einfachen, reichhaltigen Gerichten, die oft mit viel Olivenöl zubereitet werden. Lediglich die Nachspeisen und Süßigkeiten dürften eine internationale Spitzenstellung einnehmen. Aber auch die deftigen Suppen sind eine Kostprobe wert, so z. B. die traditionelle Kohlsuppe *caldo verde*.

Wo isst man?

Restaurant- und Cafébetreiber sind verpflichtet, die Speise- bzw. Getränke-karte vor dem Eingang sichtbar auszuhängen. In den Preisen müssen übrigens die Mehrwertsteuer *(Imposto sobre o Valor Acrescentado – IVA)* und die Bedienung *(serviço)* enthalten sein. Exquisitere Fischsorten und Meeresfrüchte werden dabei oft nach Gewicht berechnet.

Die **Beilagen** werden auf den Speisekarten meist nicht aufgeführt. Wer sich nicht sicher ist, was es zum gewünschten Hauptgericht gibt, sollte ruhig nachfragen. Meist ist es kein Problem, z. B. Reis statt Pommes frites zu bekommen.

Fast überall bekommt man einen **Platz zugewiesen.** Man sollte sich also nicht einfach irgendwo hinsetzen (Ausnahme: ganz einfache Lokale und Cafés).

Restaurants

Was das Angebot an Speisen betrifft, unterscheidet man neben den „normalen" Restaurants zwischen **marisqueiras,** die auf Meeresfrüchte spezialisiert sind, und **churrasqueiras,** wo gegrilltes Fleisch und gegrillter Fisch angeboten werden. **Cervejarias** schließlich sind große, einfache Restaurants, in denen – wie der Name schon sagt – vorwiegend Bier getrunken wird, das Essensangebot aber eher beschränkt ist: Steaks *(bifes)*, Meerestiere *(mariscos)*, Omeletts *(omeletas)* und evtl. einige Fischgerichte.

Cafés

Portugal besitzt eine ausgeprägte Cafékultur. Bei einer *bica* (Espresso) wird stundenlang geschwatzt, studiert oder werden Geschäfte besprochen. Da sich die Einheimischen äußerst ungern zu Hause verabreden, sind die Cafés beliebter Treffpunkt. Man findet sie in fast jeder Straßenecke: Alleine in Lissabon gibt es etwa 1500 Cafés und **pastelarias** (Café-Konditoreien). Anders als in Deutschland sind sie in Portugal bis zum späten Abend geöffnet.

Mittags und manchmal auch abends werden in den Cafés einige billige Tagesgerichte angeboten (häufig nur an Wochentagen); das Preis-Leistungs-Verhältnis ist meist recht gut. Oft sind dann alle Tische mit speisenden Büroangestellten und Arbeitern belegt, und man kann seinen Kaffee nur am Tresen trinken.

Auf zahlreichen Lissabonner Plätzen finden sich kleine Kioske, die kunstvoll aus Eisen gestaltet sind und *Quiosques de Refresco* genannt werden. Hier gibt es einen schnellen Kaffee, traditionelle Limonaden und einfache Snacks.

Wann isst man?

Mittag- und Abendessen sind gleichermaßen Hauptmahlzeiten, die sich in ihrem Angebot nicht unterscheiden. Man isst warm, mittags in einfacheren Lokalen, Kantinen oder Cafés, abends zu Hause oder in besseren Restaurants.

Eine komplette Mahlzeit besteht aus Couvert, Suppe, Hauptgericht und Nachtisch. Montag- bis freitagmittags bieten viele Restaurants preiswerte Menüs an, in denen oft auch ein kaltes Getränk und/oder ein Kaffee eingeschlossen sind.

Am schnellsten serviert werden die Speisen von der Tageskarte *(pratos do dia* oder *sugestões do chefe)*, die oft eine gute Wahl sind. Die Gerichte sind außerordentlich reichlich; Genügsamere können häufig auch halbe Portionen *(meia dose)* ordern. In manchen Restaurants hat man nichts dagegen, wenn man sich zu zweit eine Portion mit zwei Tellern bestellt: *„Uma dose de … com dois pratos, por favor."*

A conta, por favor!

Um die Rechnung bittet man mit „A conta, por favor". Sie wird auf einem Teller gereicht, auf den man dann das Geld legt. Der Kellner holt den Teller ab und bringt ihn mit dem Wechselgeld zurück. Das Trinkgeld gibt man nicht dem Kellner persönlich, sondern lässt es beim Verlassen des Restaurants ebenfalls auf dem Teller zurück. In Cafés, insbesondere bei Bedienung am Tresen, gibt man in der Regel weniger oder kein Trinkgeld.

Essenszeiten in den Lokalen: Frühstück *(pequeno almoço)* gibt es den ganzen Morgen über im Café oder auch – meist sehr günstig – in einigen Bäckereien. In Lissabon trinkt man dazu gewöhnlich einen Milchkaffee *(galão)* und isst ein Brötchen *(sandes)* oder einen Toast *(tosta)*. Das Mittagessen *(almoço)* wird zwischen 12 und 14 Uhr eingenommen, das Abendessen *(jantar)* beginnt in den meisten Restaurants ab 19.30 Uhr, manchmal schon ab 19 Uhr. Die warme Küche ist in der Regel bis 22 Uhr

Boutique do Pão de São Roque im Bairro Alto

geöffnet, danach wird es schwierig, noch etwas zu bekommen. In einigen Stadtteilen Lissabons (besonders im Bairro Alto) finden sich aber Restaurants, die bis spät in die Nacht servieren.

Was isst man?

Den Auftakt einer kompletten Mahlzeit bildet das **Couvert** (Gedeck) – bisweilen eine beliebte Methode, den Gästen Geld aus der Tasche zu ziehen. Besonders in touristischen Stadtteilen sollte man unbedingt einen Blick auf die Preise des Couverts werfen, bevor man herzhaft zubeißt, um später vor unangenehmen Überraschungen bei der Abrechnung gefeit zu sein.

Als Couvert werden immer Brot oder Brötchen mit Butter gereicht, dazu eventuell Oliven *(azeitonas)*, Frischkäse *(queijo fresco)*, Hartkäse *(queijo)* und Thunfischcreme *(paté de atum)*.

Lang geöffnete Restaurants: Rua Nova de Carvalho

Generell gilt, dass nur das bezahlt wird, was gegessen oder vom Kunden explizit bestellt wurde. Bekommt man eine zu hohe Rechnung, was besonders in Touristenlokalen leider häufig der Fall ist, sollte man reklamieren und notfalls auch das Reklamationsbuch *(livro de reclamações)* verlangen (→ „Reisepraktisches von A bis Z", S. 266). Wer kein Couvert möchte, sollte es am besten gleich abbestellen bzw. abtragen lassen. Es reicht meist schon, wenn man es sichtbar an den Rand des Tisches stellt.

Fleischgerichte

Das Standardgericht ist das Rindersteak *(bife)* mit Reis, Pommes frites und Salat, manchmal „reitet" auch ein Spiegelei oben auf dem Steak. Die Lissabonner Köche braten das Rindfleisch meist nur kurz an und servieren es wie in Frankreich saftig-blutig, um den Geschmack zu erhalten. Wer es gut durchgebraten will, sollte es *„bem passado"* bestellen. Die billigste Version ist ein *bitoque*, ein kleines Steak. In den einfacheren Restaurants kann dabei das Fleisch etwas zäh sein. Auch Koteletts *(costeleta)* und Rippchen *(entrecosto)* sind weit verbreitet. Wer mag, kann sich an einer *dobrada* (Bohneneintopf mit Kutteln) satt essen.

Einen Versuch wert sind vor allem Ziegenfleisch *(cabrito)* und Lamm *(borrego)*, die im Gegensatz zu Schwein und Rind meist aus heimischer Zucht und naturnaher Weidewirtschaft stammen. Zur gastronomischen Spitzenklasse gehört das sogenannte schwarze Schwein *(porco preto)*, eine Landschweinrasse aus der südportugiesischen Region Alentejo.

Zu den portugiesischen Spezialitäten zählen auch verschiedene Würste, die in Eintöpfen, Suppen oder flambiert *(assado)* serviert werden. Es gibt drei Hauptsorten: *chouriço*, eine leicht geräucherte und mit Paprika gewürzte Schinkenwurst, *linguiça*, eine dünnere Version mit viel Paprika, und die *morcela*, eine grobe Blutwurst.

Lissabon im Kasten

Schwieriges Portugal für Vegetarier und Bio-Konsumenten

Als Vegetarier oder Veganer wird man von der traditionellen portugiesischen Küche ignoriert, da dort Fleisch oder Fisch unverzichtbarer Bestandteil für ein Hauptgericht sind. Die Beilage bildet das immerselbe Gemüse wie Karotten, Brokkoli und Spinat, meist auch noch völlig weichgekocht. Salate bestehen in der Regel nur aus ein paar Blättern Kopfsalat, garniert mit Tomatenscheiben und Zwiebelringen – dazu stellt die Bedienung Olivenöl und Essig auf den Tisch. Traditionell war damit schon das Maximum an Salat-Kreativität erreicht.

In Lissabon jedoch hat sich in der Gastro-Szene inzwischen viel getan: Im Ausland ausgebildete Köche kredenzen gut angemachte Salate, lernen das Potenzial von ausgefallenen Gemüsesorten schätzen und nehmen zumindest ein oder zwei vegetarische Gerichte auf die Speisekarte. Dazu gibt es in der Stadt eine ganze Reihe an empfehlenswerten vegetarischen Restaurants.

Bio-Supermärkte sind dagegen weiter extrem selten. Wer durch die normalen Geschäfte streift, wird beim Blick in Regale, Obstauslage und Gemüsekörbe schnell feststellen, dass hier nur sehr selten Bio angeboten wird. Wie so oft bestimmt die Nachfrage das Angebot und bisher fragen in Portugal nur wenige Konsumenten gezielt nach Bioprodukten. Das Bewusstsein für gesundes Essen und eine umwelt- und tiergerechte Landwirtschaft steigt jedoch.

Ein Tipp für alle Restaurantgänger: Wer in Portugal ein weitgehend tierfreundlich produziertes Fleisch genießen möchte, sollte zum *porco preto* greifen. Dieses iberische Landschwein wird im Freien gehalten und ernährt sich vor allem von Eicheln. Wegen des langsameren und natürlicheren Heranwachsens der Tiere hat ihr Fleisch ein viel intensiveres Aroma als das Schweinefleisch aus der üblichen Turbomast.

Auch die Weltmeere kann man als Verbraucher etwas entlasten. Zum einen indem man öfter auf Fischarten ausweicht, die weniger in ihrem Bestand gefährdet sind, wie z. B. Bastardmakrele *(cavalas)* oder Hering *(arenque)*. Zum anderen kann man Arten meiden, deren Fang mit Grundschleppnetzen besonders starke Zerstörungen am Meeresboden verursacht. So werden bei Plattfischen wie Seezunge *(linguado)* oder Scholle *(solha)* pro Kilo verwerteter Fisch bis zu 9 kg sogenannter Beifang, also junge Fische, Seesterne oder Krebse, tot über Bord geworfen. Beim Fang eines Kilos Schwertfisch *(espadarte)* gehen den portugiesischen Langleinen-Fischern bis zu 3 kg Haie an die Haken, darunter vor allem Blauhaie. Und das, obwohl die Haie weltweit stark von Überfischung betroffen sind.

Fischgerichte

Das portugiesische Nationalgericht ist der *bacalhau*, in Deutschland auch Klipp- oder Stockfisch genannt. Dabei handelt es sich um eingesalzenen, getrockneten Kabeljau. Es gibt in Portugal um die 300 verschiedene Zubereitungsarten, wobei der Kabeljau manchmal fast unkenntlich auf den Tisch kommt: in Öl gebraten, mit Teig überbacken, zerrieben und zu frittierten Bällchen geformt etc. In dieser Fülle von Speisen mit gleichem Grundstoff findet auch derjenige sein Lieblingsgericht, der „Bacalhau pur" nicht so sehr schätzt. Besonders gut schmeckt der *bacalhau à Brás*, für den der Fisch zerrieben und mit Kartoffelsticks und Rühreiern gemischt wird.

Ebenfalls zu empfehlen sind *dourada* (Goldbrasse), *robalo* (Seebarsch) und *cherne* (Silberbarsch), alle wohlschmeckend und einfach von Gräten zu säubern. Am besten sind sie, wenn sie über Holzkohle gegrillt werden *(na brasa)*.

Außerdem im Angebot sind Fischeintöpfe *(caldeiradas)*, die besonders bei Liebhabern deftiger Kost Zuspruch finden dürften. Und wer nicht nur gut essen, sondern auch auf seinen Geldbeutel achten will, sollte sich an die preisgünstigen Sardinen und die Bastardmakrelen *(carapaus)* halten. Die ganz kleinen *sardinhas* kann man mit Haut und Haaren, sprich: Schuppen, verzehren. Achtung: Die bitter schmeckenden Innereien muss man bei kleinen Fischen in der Regel selbst entfernen.

Selbst portugiesisch kochen

Wer die Lieblingsgerichte aus dem Urlaub zu Hause originalgetreu nachkochen möchte, sollte sich das Kochbuch „Die portugiesische Küche – A Cozinha Portuguesa" (Verlag Antje Kunstmann) zulegen. Die informativen Texte hat die Portugiesin Rita Cortes Valente de Oliveira geschrieben, die Deutsche Alexandra Klobouk hat das Buch herrlich illustriert. Von ihr ist auch die sehenswerte gezeichnete Liebeserklärung „Lissabon – im Land am Rand / Lisboa – num país sempre à beira" erschienen (Viel & Mehr).

Sehr verbreitet sind die verschiedenen **Tintenfischarten** *(moluscos)*. Der *polvo*, ein achtfüßiger Krake wird klein geschnitten besonders im Reiseintopf *(arroz de polvo)* und als Salat *(salada de polvo)* serviert. Mit viel Tinte und der bekannten Sepiaschale kommen die *chocos* (Sepia) daher. Wer sie gegrillt *(grelhado)* mag, sollte darauf achten, dass sie ohne Tinte *(sem tinta)* serviert werden. Die *lulas* (Kalmare) haben einen weißen, kapuzenförmigen Körper mit zwei langen und acht kurzen Fangarmen. Wer sich eine besondere Delikatesse gönnen möchte, bestellt *lulas recheadas:* Bei dieser Zubereitungsart werden die zarten Körper der Tintenfische mit einer Mischung aus den zerkleinerten Fangarmen, gemischtem Hackfleisch, Zwiebeln und Petersilie gefüllt.

Meeresfrüchte

Mariscos sind nicht gerade billig – das Kilo Langusten z. B. kostet ca. 50 €. Die hohen Preise sind allerdings nicht verwunderlich, wenn man bedenkt, dass die *lagostas* in Europa völlig überfischt sind und meistens aus Westafrika lebend eingeflogen werden müssen (in diesem Zustand kommen sie dann in den Topf). Günstiger sind die meist ein bis zwei Pfund schweren Taschenkrebse *(sapateiras)* oder die Spinnenkrabben *(santolas)*. Die in „freier Wildbahn" aufgewachsenen Tiere stammen meist aus Portugal und werden von Tauchern erjagt.

Wer gerne Eintöpfe isst, sollte die *açorda de marisco* versuchen, einen sehr sättigenden Brotbrei mit viel Knoblauch und Garnelen. Eine gar nicht so teure Delikatesse sind Herzmuscheln *(amêijoas)*. Besonders in Lissabon werden sie zum Teil sehr originell und schmackhaft zubereitet, z. B. mit Zitronensaft und Knoblauch *(amêijoas à Bulhão Pato)*.

Montags Fischpause

Feinschmecker verzichten montags übrigens besser auf Meeresgetier, da die Fischer am Sonntag zu Hause bleiben.

Nachspeisen

Was die **sobremesas** anbelangt, dürfte die portugiesische Küche dank des maurischen Erbes einen Spitzenplatz in Europa belegen. Unbedingt probieren sollte man *arroz doce*, einen süßen Milchreis mit Zimt. Empfehlenswert ist auch der „Himmelsspeck" *touinho do céu*, eine Eigelbspeise mit Mandeln, sowie *pudim flan* (Vanillepudding mit Karamellsoße) oder *leite creme* (Milchcreme). Viele Rezepte der Süßspeisen stammen übrigens aus Klosterküchen.

Snacks und Petiscos

Der portugiesische Hamburger heißt *prego*: Rindfleischstücke werden in einem würzigen Fleisch-Knoblauch-Sud gekocht und noch warm in einem Brötchen gegessen. Das ebenfalls sehr leckere Pendant aus Schweinefleisch nennt man *bifana*. Der *cachorro* ist der portugiesische Hotdog, allerdings meist von miserabler Qualität. *Tosta mista*, einen Schinken-Käse-Toast, gibt's in Bäckereien und Cafés, und zwar recht billig, ebenso den Käsetoast (*tosta de queijo*). Noch günstiger ist die *torrada*, ein getoastetes Brot mit Butter.

Salada de atum, Thunfischsalat, ist ein kräftiger Mix aus Fischstückchen, gekochten Kartoffeln, Tomaten, grünem Salat, schwarzen Oliven und Olivenöl. Sehr lecker, nahrhaft und preisgünstig. Thunfischsalat wird oft als Vorspeise (*entrada*) angeboten, obwohl man davon sehr gut satt wird.

Rissóis, panierte und frittierte Kabeljau- oder Krabbenhäppchen, schmecken sehr gut und werden mit den ähnlich schmeckenden *pastéis de bacalhau* auch gerne in Cafés als Snacks serviert. *Empanadas* sind dagegen kleine Pasteten, gefüllt mit Gemüse, Fleisch, Fisch oder Garnelen.

Was trinkt man?

Bei den Getränken steht der Wein an erster Stelle. Kein Wunder, denn Portugal ist der elftgrößte Weinproduzent der Welt und kann über einen Mangel an erlesenen Tropfen wahrlich nicht klagen. Besonders die leichten Weißweine der Estremadura, die Rotweine der Bairrada und natürlich die einzigartigen süßen Portweine werden Kenner begeistern.

Aus den bekannten Weinanbaugebieten Bairrada, Dão, Douro sowie Setúbal kommen gute Weiß- und Rotweine; man findet hier immer etwas nach seinem Geschmack. In der Umgebung von Lissabon liegen neben Setúbal auch noch zahlreiche kleinere Anbaugebiete wie Bucelas, Arruda dos Vinhos, Torres Vedras, Colares und Carcavelos, die beiden letzten allerdings mit einer sehr kleinen Jahresproduktion. Preiswertere Sorten stammen oft aus der südportugiesischen Provinz Alentejo.

Hier finden sich aber auch Top-Wein-güter wie die Herdade do Esporão. Vor allem an heißen Sommertagen ist der perlend frische *Vinho Verde* aus Nord-portugal ein Genuss.

Portwein

Diese Spezialität aus Porto mit 17 bis 20 % Alkohol ist beliebt und weltbe-kannt. Für Portwein gelten seit 1756 die ältesten Weingesetze der Welt. Staat-liche Kontrollen garantieren die Quali-tät. Die Reben wachsen im oberen Dou-rotal in Nordportugal. Nach dem Zer-stampfen der Trauben gärt der Wein in Steintanks, den *lagares*. Etwa zwei Tage später wird der Wein dann mit farblosem Branntwein versetzt. Da-durch wird die Gärung gestoppt, sodass von der ursprünglichen Süße der Trau-ben viel im Wein erhalten bleibt. An-schließend reift der Portwein in den Kellereien von Vila Nova de Gaia süd-lich von Porto, bis er in Flaschen abge-füllt wird.

Die Vielfalt der Portweinsorten ist an-fangs etwas verwirrend. Generell ist zwischen den roten und den weißen Ports zu unterscheiden, letztere werden ausschließlich aus hellen Trauben hergestellt.

Die roten Ports werden in die folgenden Qualitätsklassen eingeteilt: Die ein-fachsten heißen *Ruby*, tragen weder Al-tersangabe noch Jahreszahl und sind Verschnitte verschiedener Jahrgänge. Rote Ports, die länger als drei Jahre ge-reift haben, nennen sich dagegen *Tawny*. Sie sind heller in der Farbe und runder im Geschmack als die *Rubies*. Bei der nächsthöheren Qualitätsklasse ist zwar ein Alter angegeben – z. B. *10 anos* –, doch kann es sich dabei um einen Durchschnittswert handeln (z. B. kann die eine Hälfte 15 und die andere lediglich fünf Jahre alt sein). Verläss-lich als Jahrgangsweine ausgewiesen sind nur Produkte, die mit einer kon-kreten Jahreszahl versehen sind. Unter diesen Jahrgangsweinen gibt es wie-derum zwei Kategorien: Die normalen Jahrgangsweine werden ohne Satz ab-gefüllt und reifen in der Flasche nicht weiter. Die besten unter ihnen sind die sog. *Late Bottled Vintages*, die vor dem Abfüllen vier bis sechs Jahre in Eichen-fässern gelagert haben. Die „echten" *Vintages* werden dagegen nach nur zwei Jahren im Fass mit Satz abgefüllt. Daher können sie in der Flasche weiter reifen. Übrigens dürfen nur die besten Jahrgänge als *Vintages* abgefüllt wer-den, was deren hohe Qualität und Ex-klusivität garantiert. Vor dem Ein-schenken müssen diese Weine dekan-tiert, d. h. gefiltert werden, um den Satz zu entfernen. Die teuersten, aber nicht unbedingt die besten Portweine schließlich sind die aus ganz bestimm-ten Weingütern stammenden *Vintages da Quinta*.

Im Gegensatz zu den roten Portweinen, die mit zunehmendem Alter immer heller werden, dunkeln die weißen im Laufe der Zeit immer mehr nach. Die weißen Portweine werden von süß bis trocken eingeteilt: *very sweet (lágrima)*, *sweet (doce)*, *dry (seco)* und *extra dry (extra seco)*. Sie sind generell weniger bekannt und erreichen auch nicht die astronomischen Preise der exklusiven roten *Vintages*. Dennoch lohnt es sich, sie zu probieren.

Der „Lissabonner Portwein"

Auf der Halbinsel von Setúbal im Süden Lissabons wird mit dem Moscatel de Setúbal ein weiterer bekannter Likörwein Portugals produziert. Er schmeckt ähnlich wie Port oder Madeira, steht bei der Produktion allerdings sechs Monate lang auf Maische. Typisch für den Moscatel ist das Muskat-Aroma der Rebsorte, oft ergänzt durch Nuancen anderer Früchte. Die Süße ist im Gegensatz zu manchem Port nicht aufdringlich, sondern eher dezent. Man sollte ihn leicht gekühlt trinken, er eignet sich gut zu Nachtischen oder auch zu kräftigen Käsesorten wie Gor-gonzola.

Hochprozentiges

Wer mit offenen Augen durch die Stadt streift, wird immer wieder auf eine der zahlreichen kleinen Stehkneipen treffen, die den unter dem Namen *Ginjinha* bekannten portugiesischen Kirschlikör) ausschenken. Das Original dieser für Lissabon typischen Kaschemmen ist die urige *A Ginjinha* am Largo de São Domingos im Stadtzentrum (→ S. 38), nach der die Likör auch benannt wurde. Seit über 175 Jahren kippen sich hier Einheimische und inzwischen auch Touristen ein kleines Glas mit oder ohne Kirschen hinter die Binde. Nicht weit davon entfernt findet man mit der *Ginjinha Sem Rival* einen der jüngeren Konkurrenten in der Rua das Portas de Santo Antão 7.

Außerdem gibt es in Lissabon guten Brandy (die bekannteste Marke ist *Maciera*) und diverse *Liköre* aus Mandeln *(amêndoas)*. Billig ist der *aguardente* oder auch *bagaço*, ein farbloser Weinbrand aus der zweiten Pressung der Weintrauben.

Bier

In Portugal existieren aufgrund der kurzen Biertradition mit Central de Cervejas (aus der Heineken-Gruppe, bekannteste Marke ist *Sagres*) und Unicer (aus der Carlsberg-Gruppe, bekannteste Marke ist *Super Bock*) lediglich zwei nationale Brauereien; daneben werden ausländische Biere in Lizenz gebraut. Sowohl von Sagres als auch von Super Bock gibt es auch Schwarzbier *(cerveja preta)*. Die Portugiesen ziehen meist das *Super Bock* vor, das durch den beim Brauen verwendeten Zucker leicht süßlich schmeckt. Mit Zitronengeschmack und besonderer Spritzigkeit überrascht übrigens das *Super Bock Green*. Von Sagres gibt es ebenfalls ein Bier-Zitronen-Mischgetränk, das als *Sagres Radler* verkauft wird.

In vielen Kneipen wird Fassbier ausgeschenkt, das besser als Flaschenbier mundet und außerdem weniger kostet. Da der Verkauf von Flaschenbier aber lukrativer ist, wird oft eine Flasche gebracht, wenn man nicht ausdrücklich nach *cerveja de pressão* oder *cerveja de barril* fragt. Das gezapfte Bier im 0,2-Liter-Glas nennt sich in Lissabon *imperial* oder *fino*, ein großes Bier (0,4 oder 0,5 l) heißt *caneca* (Krug).

Kaffee

Der Kaffee kommt meist aus Brasilien oder Afrika und ist tiefschwarz. Sein Geschmack ähnelt den aus Italien bekannten Sorten: Die Portugiesen rösten die Bohnen herber, bereiten den Kaffee aber dafür nicht ganz so stark zu wie in Italien. Filterkaffee ist in Portugal nicht verbreitet. Man trinkt entweder einen kleinen Espresso *(bica)* oder einen Milchkaffee. *Bicas* sind übrigens bekömmlicher als Filterkaffee, da bei der Zubereitung das Wasser unter Hochdruck durch den Kaffee gepresst wird und weniger schädliche Stoffe herauslöst.

Espresso ist aber nicht gleich Espresso: Neben der normalen *bica* gibt es die größere, aber weniger gehaltvolle *bica cheia* und die kleinere, aber von der Wirkung her intensivere *bica italiana*, auch *bica curta* genannt. Man kann auch eine *bica com cheiro* bestellen (mit Schnaps) oder den *café duplo*, die doppelte *bica*.

Variationen gibt es auch beim Milchkaffee. Bei *garoto* oder *pingo* handelt es sich um eine einfache *bica* mit Milch. Etwas mehr Inhalt hat die *meia de leite*, die etwa dem in Deutschland verbreiteten Milchkaffee entspricht. Der *galão* schließlich ist ein 0,2 l großes Glas Milchkaffee und erklärtes Lieblingsgetränk der Lissabonner am Morgen. Zubereitet wird er entweder mit einer *bica* und heiß aufgeschäumter Milch *(galão de máquina)* oder in der Billigversion mit in heißer Milch aufgelöstem Instantkaffeepulver.

Eine Auswahl aus den weiteren Möglichkeiten der Kaffeezubereitung: Für den *carioca* wird die *bica* halb mit Wasser aufgefüllt, der *carioca de limão* dagegen wird nicht mit Kaffee, sondern mit heißem Wasser und frischem Zitronensaft zubereitet, eine *cevada* ist ein Malzkaffee.

Teatro Nacional Dona Maria II: Nationaltheater am Rossio

Kultur und Unterhaltung

Untrennbar mit Lissabon verbunden ist der Fado. Viele werden vom Herz-schmerz-Kitsch dieser Volksmusik abgeschreckt, doch so mancher ist nach einem Fado-Abend dennoch begeistert. Außerdem kann man in Lissabon ex-zellente Jazz-Konzerte und gute Klas-sik-Darbietungen erleben. Das Kino-Angebot ist das beste Portugals und, weil die Filme in Originalfassung ge-zeigt werden, meist auch für Ausländer verständlich.

Programmzeitschriften Fast alle kulturellen Ereignisse sind in der von der Stadt Lissabon herausgegebenen **Agenda LX** verzeichnet. Diese kostenlose Programmzeitschrift erscheint monatlich in portugiesischer Sprache und wird in städtischen Einrichtungen sowie Touristenbüros ausgelegt (www.agendalx.pt).

Ebenfalls im Turismo liegt **Follow me Lisboa** aus, die kostenlose Zeitschrift des Fremdenverkehrsverbands Lissabon (www.visitlisboa.com). Sie präsentiert auf Englisch und Spanisch einige wichtige Veranstaltungen. Auf Portugiesisch kann man sich online kostenlos über den **Guia do Lazer** der Tageszeitung *Público* informieren (www.lazer.publico.pt). Er präsentiert Tipps zu Konzerten, Kino und Ausstellungen.

Am umfangreichsten berichtet das mittwochs erscheinende Stadtmagazin **Time Out Lisboa** (auf Portugiesisch) über Szene, Kultur- und Nachtleben der Hauptstadt (www.facebook.com/TimeOutLisboa). Es wird an den Zeitungskiosken und teilweise auch in Supermärkten verkauft.

Kartenvorverkauf FNAC, für alle Arten von Konzerten. Tägl. 10–22 Uhr. Rua do Carmo, 2, Centro Comercial Armazéns do Chiado, Loja 407 (Ⓜ Baixa/Chiado), ☎ 707313435, www.fnac.pt. Filialen auch in den Einkaufszentren Vasco da Gama (Ⓜ Oriente), Amoreiras und Colombo (Ⓜ Colégio Militar/Luz) sowie im Flughafen (Ⓜ Aeroporto).

Ticketline, ☎ 707234234 und 217941400, www.ticketline.pt. Konzert-, Theater- und Opernkarten über das Internet. 6 % Vorverkaufsgebühr. Praktisch vor allem, wenn man sich vor der Reise Konzerttickets sichern möchte.

Fado

Fado bedeutet wörtlich übersetzt „Schicksal", und genauso melancholisch und wehmütig klingt er auch. Die

Lieder handeln meist von unglücklicher Liebe, Verlust, Einsamkeit oder Sehnsucht – kurz, der Fado ist Ausdruck eines diffusen Weltschmerzes, für den es in Portugal eine ganz eigene Bezeichnung gibt: *saudade*. Übersetzen lässt sich der Begriff nur annäherungsweise, er steht – grob gesagt – für das nostalgische Gefühl, etwas Wesentliches unwiderbringlich verloren zu haben. Auch wenn es dem Klischee nicht entspricht, so gibt es übrigens durchaus viele humorvolle Fado-Lieder, manche nehmen dabei pointiert gesellschaftliche Missstände aufs Korn.

Die traditionelle Besetzung eines Fado-Ensembles besteht aus einem Sänger oder einer Sängerin, den *fadistas*, und mindestens zwei Gitarrenspielern. Der eine übernimmt den rhythmischen, der andere mit einer etwas kleineren, zwölfsaitigen portugiesischen Gitarre den melodischen Part.

Woher der Fado stammt, kann keiner so genau sagen. Eine der plausibleren Thesen besagt, er habe seine Ursprünge in den Liedern der brasilianischen Sklaven und sei nach der Rückkehr des portugiesischen Königshofes aus Rio de Janeiro im Jahr 1821 (→ Geschichte/Zeittafel, S. 195) nach Lissabon importiert worden.

Fest steht jedenfalls, dass sich der Fado in der ersten Hälfte des 19. Jh. zunächst in den Armenvierteln Lissabons verbreitete, besonders in der Mouraria, der Alfama und der Madragoa. Gesungen wurde in anrüchigen Kneipen, als erster „Fado-Star" gilt die Prostituierte Maria Severa Onofriana (1820–1846) aus der Mouraria. Ende des 19. Jh. fand der Fado dann auch in den bürgerlichen und aristokratischen Salons Anklang. Ab 1930 folgte seine zunehmende Kommerzialisierung mit professionellen Aufnahmen, landesweiten Ausstrahlungen über den Rundfunk und Auftritten in Touristenlokalen.

Nach der Nelkenrevolution 1974 galt die Lissabonner Volksmusik lange als verstaubt und spießig. Erst ab Mitte der 90er-Jahre hauchten ihr junge Interpreten wie Dulce Pontes, Mísia oder die in Mosambik geborene Sängerin Mariza neues Leben ein. Viele jüngere Lissabonner interessierten sich zum ersten Mal für den Fado.

2011 erkannte die UNESCO den Fado als Weltkulturerbe an. Seitdem hat er in Lissabon einen unglaublichen Aufschwung erlebt. Vor allem in den Straßen um das Fado-Museum in der Alfama laden inzwischen fast alle Bars, Kneipen und Restaurants mindestens einmal in der Woche zum Fado-Abend. Bei nächtlichen Streifzügen durch die Alfama habe ich manchmal den Eindruck, dass es inzwischen mehr Fado-Lokale als talentierte Sängerinnen und Sänger gibt.

Klar ist, dass dieses riesige Angebot nur durch touristische Nachfrage überleben kann. Wer hofft, ursprünglichen Fado im Kreise von Einheimischen erleben zu können, wird ziemlich sicher enttäuscht werden. Am authentischsten ist die Stimmung noch bei Fado-Konzerten im Freien (*fado vadio*), da diese meist kostenlos und damit auch für einfache Lissabonner erschwinglich sind. Gute Chancen, auf ein solches zu treffen, hat man bei den Stadtfesten im Juni. Außerhalb davon ist der „portugiesische Blues" meist ein großer Touristenmagnet.

Was aber nicht heißt, dass man in Lissabon generell keinen schönen Fado-Abend verbringen kann. Am einfachsten geht das in einem der relativ teuren Restaurants, die musikalisch hochwertigen Profi-Fado in Verbindung mit einem Abendessen anbieten – wobei man allerdings von der Küche nicht die gleiche Qualität erwarten darf wie in normalen Restaurants mit vergleichbarem Preisniveau, denn schließlich müssen mit den Einnahmen die Gagen der Musiker quersubventioniert werden. Oder man besucht eine Fado-Kneipe ohne Verzehrzwang, in denen meist Nachwuchsmusiker oder Amateure singen und spielen. Sie treffen nicht unbedingt immer den Ton, der Stimmung tut das in der Regel jedoch keinen Abbruch. Es macht einfach Spaß, den engagierten *fadistas* zuzuhören. Und manchmal erhebt sich spontan der Tischnachbar und schmettert ebenfalls ein paar Strophen.

Beim Fado sollte **absolute Stille** herrschen. Tischgespräche werden traditionell als Beleidigung der *fadistas* aufgefasst. Deswegen werden die Auftritte der Sänger oft vom Ruf *„Silêncio, canta-se o fado!"* eingeleitet („Ruhe bitte, denn nun wird Fado gesungen!").

Alfama   → Karte S. 44/45

Bela – Vinhos e Petiscos 5 Tägl. (außer Mo) 20–4 Uhr. Nach der rothaarigen Besitzerin benannte kleine, gemütliche *tasca* (Kneipe) in einem ehemaligen Lebensmittelgeschäft, an das die Einrichtung der verwinkelten Räume noch erinnert. Eng bestuhlt. Viele *petiscos* (portugiesische Tapas) im Angebot wie frittiertes Gemüse in Tempura-Teig (*peixinho da horta*) für 4,50 €. An den meisten Tagen Live-Fado, dann besser frühzeitig vor Ort sein, da sehr voll. Ab und zu aber auch andere Livemusik. Kein Mindestverzehr. Bier 1,50 €. Rua dos Remédios, 190, Ⓜ Santa Apolónia, ☎ 926077511, www.facebook.com/bela.vinhosepetiscos.

Clube de Fado 14 Tägl. 20–2 Uhr. In der Alfama direkt unterhalb der Kathedrale. Fado-Restaurant mit prominenten portugiesischen Gästen, aber auch Touristengruppen. Großer, eng bestuhlter Raum mit Gewölbe. Es spielen viele erstklassige *fadistas*. Besitzer ist Gitarrist Mário Pacheco, der oft selbst auftritt und ansonsten häufig mit Stars wie Mariza zusammenarbeitet. Im oberen Stockwerk weitere Tische ohne Livemusik. Hauptgerichte in kleinen Portionen ab 22,50 €, dazu Fado-Zuschlag von 7,50 € und Couvert von 5 € pro Person. Man kann aber auch lediglich an der Bar etwas trinken und zahlt dann nur 10 € Fado-Zuschlag. Rua S. João da Praça, 94, Ⓜ Terreiro do Paço, ☎ 218852704, www.clube-de-fado.com.

Mesa de Frades 8 Tägl. (außer So) 19–2 Uhr. Ab 20 Uhr Abendessen, anschließend ab 23 Uhr Profi-Fado. Das schönste Fado-Restaurant Lissabons, da es in der ehemaligen Kapelle eines Privatpalastes untergebracht ist. Sehenswerte 300 Jahre alte Azulejos, die Szenen aus dem Leben von Maria und Jesus zeigen. Hier singen und spielen viele begabte Nachwuchskünstler und bekannte Musiker wie Ana Sofia Varela, Ricardo Ribeiro und Pedro de Castro. Das Mesa de Frades war Geburtsstätte für diese neue Generation an Fado-Musikern. Portugiesische Küche. Menü inkl. Getränke 45 € (bis 12 J. 30 €), Reservierung sehr empfohlen. Wer nach 23 Uhr noch einen Platz findet, kann auch nur Getränke ohne Mindestverzehr konsumieren (Bier 2,50 €). Rua dos Remédios, 139-A, Ⓜ Santa Apolónia, ☎ 917029436, www.facebook.com/mesadefradeslisboa.

Die Fado-Lokale im Bairro Alto sind sehr touristisch geprägt

Bairro Alto → Karte S. 88/89

Mascote da Atalaia 21 Tägl. 17–2 Uhr (Fr/Sa bis 3 Uhr). Traditionsreiche Fado-Kneipe im Bairro Alto, lange geschlossen, aber 2013 wiedereröffnet. Junger Besitzer, der zwar die legendären Fado-Nächte in den 70ern, 80ern und frühen 90ern nicht miterleben konnte, aber das Ambiente gut wiedererschaffen hat. Es ist etwas nobler und nicht mehr so abgerockt wie früher, allerdings sind die kleinen, unbequemen Holzhocker geblieben, das Markenzeichen des Mascote da Atalaia. Es treten teilweise sehr gute Fado-Künstler von 20 Uhr bis Mitternacht auf, dann ist der kleine Raum meist knallvoll. Zu essen gibt es *petiscos* und Hauptgerichte ab 13 €. Getrunken wird vor allem Bier (2,50 €), außerdem gute Auswahl portugiesischer Weine. Kein Mindestverzehr. WLAN. Rua da Atalaia, 13–15, ℘ 211983973, www.facebook.com/Mascote DaAtalaia.

Tasca do Chico 18 Tägl. 18–2 Uhr (Fr/Sa bis 3 Uhr), in der Regel jeden Abend Fado. Kleine Kult-Kneipe mitten im Bairro Alto, die Gäste nehmen an massiven Holztischen Platz. Seit 1996 wird hier Amateur-Fado geboten. Bekannt für das lockere, ungezwungene Ambiente. Unter den Stammgästen ist Fado-Star Mariza, die hier privat gerne einkehrt. Mit viel Glück kann man erleben, wie sie ein paar Lieder zum Besten gibt. Wer kein Glück hat, findet auf Youtube einige Aufnahmen von ihr in der Tasca do Chico. Bier 2 €. Zu essen werden Kleinigkeiten wie *pastéis de bacalhau* (Kabeljau-Pasteten), Schinken und Käse angeboten. Kein Verzehrzwang, man sollte aber früh kommen, um sich einen Platz zu sichern. Rua Diário de Notícias, 37, Ⓜ Baixa/Chiado, ℘ 965059670, www.facebook.com/atasca. dochico.

> **Musik-Tipp:** Wer sich zu Hause einhören möchte, dem seien die Aufnahmen der bekanntesten Fado-Sängerin aller Zeiten, der 1999 verstorbenen Amália Rodrigues, empfohlen. Unter den aktuellen Fado-Stars verdienen Mariza, Carminho, Cristina Branco, Ana Moura, Mafalda Arnauth und die Band Deolinda besondere Erwähnung. Besonders beliebte männliche Fado-Sänger sind Altmeister Carlos do Carmo und die Brüder Camané, Hélder und Pedro Moutinho, drei Vertreter der neueren Generation.

Jazz

Jazz und Lissabon sind unzertrennbar mit dem *Hot Clube de Portugal* verbunden. Der legendäre Jazzkeller an der Praça da Alegria und seine Musikschule sind auch heute noch die erste Anlaufstelle für alle Jazzliebhaber in Portugal. Eine weitere empfehlenswerte Jazzbar mit täglicher Livemusik ist das *Páginas Tantas* im Bairro Alto, hier ist öfters auch brasilianische Bossa Nova zu hören (beide → „Nachtleben", S. 216 und 217).

In den Sommermonaten vervollständigen hochkarätige Jazzfestivals das Angebot (→ „Festivals" S. 212).

Rock und Pop

Die ganz großen Rock- und Popkonzerte finden ganzjährig in der Mehrzweckhalle *Pavilhão Atlântico – MEO Arena* im Parque das Nações (Rossio dos Olivais, Lote 2.13.01A, Ⓜ Oriente, ℘ 218918409, www.pavilhaoatlantico.pt) oder im Sommer auch in den Fußballstadien statt.

Für mittelgroße Konzerte ist der wunderschöne Kuppelbau des *Coliseu dos Recreios* die erste Adresse (Rua das Portas de Santo Antão, 96, Ⓜ Restauradores, ℘ 213240580, www.coliseulis boa.com). Außerdem hat sich im Bairro Alto das *Teatro do Bairro* im ehemaligen Gebäude der Druckerei Interpress als Ort für Konzerte, Theater und andere Veranstaltungen etabliert (Rua Luz Soriano, 63, Ⓜ Baixa/ Chiado, ℘ 213473358, www.teatrodo bairro.org).

Fast täglich kann man in Lissabonner Clubs kleinere Rock- und Popkonzerte sehen und hören. Besonders die *Musicbox* hat sich hier einen Namen gemacht. Das *B.Leza* gilt dagegen als erste Adresse für Live-Auftritte afrikanischer Bands und das *Lux-Frágil* ist für internationale DJs die Referenz in Lissabon (→ „Nachtleben", S. 215, 218 und 219).

Klassische Musik, Oper und Tanz

Exzellente Klassik-Konzerte und Tanz-Aufführungen werden vor allem im nationalen Kulturzentrum *Centro Cultural de Belém* veranstaltet (→ „Belém und Ajuda", S. 136).

Außerdem prägt die private Stiftung *Fundação Calouste Gulbenkian* mit ihrem Chor, Orchester und eigenem Konzertsaal seit Jahrzehnten die Klassik-Szene Lissabons, auch Liebhaber des Jazz und der Neuen Musik von Arnold Schönberg über Iannis Xenakis bis zu Karlheinz Stockhausen kommen hier nicht zu kurz (Avenida de Berna, 45-A, Ⓜ Praça de Espanha, ℡ 217823000, www.gulbenkian.pt).

Musikalisch nicht von Weltrang, aber dennoch sehens- und besuchenswert ist die pompöse Lissabonner **Oper** im Stadtteil Chiado. Sie heißt offiziell *Teatro Nacional de São Carlos*. Der Architekt des klassizistischen Gebäudes aus dem Jahr 1792/93, José da Costa Silva, ließ sich dabei von der Mailänder Scala und der Oper Neapels inspirieren (Rua Serpa Pinto, 9, Ⓜ Baixa/Chiado, ℡ 213253045, www.tnsc.pt).

Kino

In Lissabon kann man in vielen modernen Kinos Filme zu günstigen Preisen sehen. Meist laufen die aktuellen Hollywoodstreifen; nur wenige Kinos bringen europäische Produktionen, die keinen großen kommerziellen Erfolg versprechen. Ausländische Filme werden generell im Original mit portugiesischen Untertiteln gezeigt, sodass man mit Englischkenntnissen den meisten Filmen folgen kann.

Der Preis für eine Kinokarte liegt bei 4–7 €, telefonische Vorbestellung ist nicht immer möglich. Seinen Platz bekommt man häufig noch von einem Platzanweiser zugewiesen.

Über das reguläre Programm hinaus finden in Lissabon außerdem jedes Jahr

mehrere internationale Filmfestivals statt (→ „Festivals" S. 212 und „Lesben und Schwule" S. 264).

Avenida da Liberdade
→ Karte S. 68/69

Cinemateca Portuguesa – Museu do Cinema, So geschl., im August keine Vorführungen. Im Kinomuseum werden hauptsächlich Reihen mit älteren portugiesischen und ausländischen Filmen gezeigt. Günstiger Eintritt. Das Kino besitzt zwei Säle. Im Obergeschoss das empfehlenswerte Restaurant-Café Espaço 39 Degraus, das mit Filmplakaten dekoriert und Mo–Sa 12.20–1 Uhr geöffnet ist (So geschl.). Bei gutem Wetter kann man dort auch im Innenhof sitzen: von den umliegenden Gebäuden abgeschirmt, kommt man sich etwas vor wie auf einer Insel in der Großstadt. Rua Barata Salgueiro, 39, Ⓜ Marquês de Pombal, ℡ 213596200, www.cinemateca.pt.

São Jorge, in dem von der Stadt Lissabon betriebenen Kino finden heute vor allem Film-Festivals, Theater-Shows und Konzerte statt. Noch viel Pracht und Glanz, auch wenn der herrliche, über 1800 Zuschauer fassende Saal aus dem Jahr 1950 leider in drei kleinere Räume unterteilt wurde. Das Foyer lässt den ursprünglichen Glanz des vom Architekten Fernando Silva entworfe-

Pavilhão Atlântico – Lissabons größte Mehrzweckhalle

nen ehemaligen Premierenkinos Lissabons aber noch erahnen, ebenso die Cafeteria im ersten Stock mit Aussichtsbalkon auf die Avenida da Liberdade (Mo–Sa 10–24 Uhr, So nur teilweise geöffnet). Av. da Liberdade, 175, Ⓜ Avenida, ✆ 213103402, www.cinemasaojorge.pt.

Avenidas Novas   → Karte S. 76/77

Espaço Nimas, Programmkino für europäische Filme. Av. 5 Outubro, 42B, Ⓜ Saldanha, ✆ 213574362, www.facebook.com/espaconimas.

Medeia Monumental, 4 Säle im Obergeschoss des Einkaufszentrums Monumental. Vom angeschlossenen Café schöner Blick auf die Praça de Saldanha. Edifício Monumental, Av. Praia da Vitória, 72, Ⓜ Saldanha, ✆ 213142223, www.medeiafilmes.com.

UCI Cinemas Corte Inglés, 14 moderne Kinosäle mit insgesamt 2700 Plätzen im Kaufhaus El Corte Inglés. Grandes Armazéns El Corte Inglés, Av. António Augusto Águiar, 31, Ⓜ São Sebastião (direkter Zugang von der Metrostation), www.ucicinemas.pt.

Bairro Alto   → Karte S. 88/89

Cinema Ideal, kleines Programmkino. Seit 1904 und damit das älteste Kino der Stadt, mittlerweile als Stadtteilkino mit portugiesischen und internationalen Arthouse-Filmen am Start. Rua do Loreto, 15/17, Ⓜ Baixa/Chiado, ✆ 210998295, www.cinemaideal.pt.

Amoreiras   → Karte S. 100/101

Cinemas NOS Amoreiras, in den 7 Kinosälen auf 3 Etagen (die verschiedenen Eingänge beachten!) werden aktuelle Hollywoodfilme gezeigt. Centro Comercial das Amoreiras, Av. Duarte Pacheco, Ⓜ Rato, ✆ 16996, www.cinemas.nos.pt.

Norden   → Karte S. 144

Cinemas NOS Alvaláxia, 12 große Säle mit insgesamt 3000 Plätzen im Einkaufszentrum unter dem Sporting-Stadion Estádio de Alvalade. Digitale Projektion, sehr gute Tonqualität. Eingangsbereich in schreienden Farben – hier hat sich Stararchitekt Tomás Taveira ausgetobt. Alvaláxia XXI Shopping e Lazer - Complexo XXI, Rua Francisco Stromp, Ⓜ Campo Grande, ✆ 16996, www.cinemas.nos.pt.

Cinemas NOS Colombo, 9 Säle im Colombo-Einkaufszentrum. Av. Lusíadas, Centro Comercial Colombo, Av. Lusiadas, Loja A 203, Ⓜ Colégio Militar/Luz, ✆ 16996, www.cinemas.nos.pt.

Osten   → Karte S. 154/155

Cinemas NOS Vasco da Gama, 6 Kinosäle im Einkaufszentrum Vasco da Gama direkt neben dem Bahnhof Gare do Oriente. Centro Comercial Vasco da Gama, Av. D. João II, Parque das Nações, Ⓜ Oriente, ☎ 16996, www.cinemas.nos.pt.

Festivals

Ende **April** kann man in Lissabon auf dem Filmfestival *IndieLisboa* zahlreiche unabhängig produzierte Filme aus Europa, Asien, Afrika und Amerika sehen. Manche internationale Streifen sind bereits auf der Berlinale gelaufen, aber vor allem bei portugiesischen Spielfilmen gibt es immer wieder sehenswerte Premieren im Rahmen des Festivals.

Im **Mai** steigt die *Semana Académica de Lisboa*: Mit dem Studentenfest wird die volle Aufnahme der *caloiros* (Studienanfänger) in die Studentengemeinschaft und die Verabschiedung der *finalistas* (Diplomanden) gefeiert. Dazu finden Konzerte bekannter Musik-Gruppen im Pólo Universitário do Alto da Ajuda statt, die auch Nicht-Studenten offen stehen (www.salisboa.pt).

Im Stadtpark Parque Eduardo VII präsentieren sich **Ende Mai und Anfang Juni** auf der Buchmesse *Feira do Livro de Lisboa* Autoren mit Lesungen und Signierstunden. An den Verlagsständen kann man preiswert Bücher erwerben. Diese größte Buchmesse Portugals ist sehr volksnah, hat bis spät abends geöffnet und kostet keinen Eintritt (www.feiradolivrodelisboa.pt).

Von **Mai bis September** bereichert seit 2006 das Festival *Out Jazz* mit zahlreichen kostenlosen Open-Air-Konzerten die Kulturszene der Region. Dabei treten bekannte Künstler und DJs am späten Nachmittag samstags und sonntags an Orten mit teils beeindruckendem Flair auf, z. B. im Parque Tejo nördlich des Parque das Nações, in der Tapada das Necessidades, im Jardim da Estrela oder an der Torre de Belém. Zahlreiche Konzerte finden traditionell auch im Vorort Cascais im Parque Pal-

mela und im Parque Marechal Carmona statt (www.facebook.com/OutJazz).

Der **Juni** ist dann der Monat der Feste schlechthin, was ihn zum vielleicht attraktivsten Reisemonat für die portugiesische Hauptstadt macht. Ab dem 12. Juni bis zum Ende des Monats werden an Dutzenden Schauplätzen in den historischen Stadtvierteln sog. *arraiais* (Volksfeste) gefeiert. Besonders am Wochenende zieht der Geruch von gebratenen Sardinen, die zu Brot und Wein gegessen werden, durch alle Gassen. Die einheimische Bevölkerung lauscht unter bunten Girlanden portugiesischer Volksmusik und Fado-Gesängen. Die beste Stimmung herrscht dabei traditionell auf den *arraiais* der Alfama: Vor allem im Dreieck zwischen der Igreja de São Miguel, dem Miradouro das Portas do Sol und dem Largo do Chafariz de Dentro werden auf vielen Plätzen, Gassen und Straßen Bänke und Tische aufgestellt.

Höhepunkt der *Festas de Lisboa* (www.festasdelisboa.com) sind jedoch die *marchas populares* (Volksmärsche) am Vorabend des **13. Juni**, Lissabons Stadtfeiertag. Dann wird der Geburtstag des hl. Antonius von Padua gefeiert, der in Lissabon geboren wurde und inoffizieller Stadtpatron ist. Die farbenfrohe Parade verschiedener Gruppen aus den einzelnen Stadtteilen zieht am 12. Juni ab ca. 21 Uhr tanzend und singend die Avenida da Liberdade hinunter. Die Tänzer und Musikanten sind in prächtige Kostüme gehüllt und tragen große Lampions mit sich. Das ganze Spektakel dauert etwa vier bis fünf Stunden und hat durchaus Wettbewerbscharakter: Die *marchas* der einzelnen Stadtteile kämpfen um den Titel des besten Umzugs. Dabei versucht jedes Viertel, die anderen möglichst mit noch aufwendigeren Kostümen und Choreografien zu übertreffen. Am Straßenrand stehen die Nachbarn, Freunde und Familienangehörigen der Akteure und feuern sie an. Außerdem werden Töpfe mit frischem Basilikum verkauft, die sich Verliebte gegenseitig schenken.

Schließlich gilt der hl. Antonius im Volksglauben als Patron für eine glückliche Ehe (→ „O Santo que traz noivas – der Heilige, der Bräute bringt").

Am 13. Juni um 17 Uhr zieht die *Procissão de Santo António* von der Kirche Igreja de Santo António durch die Alfama. Diese religiöse Prozession wird seit dem 16. Jh. von der katholischen Brüderschaft *Confraria dos Louceiros* veranstaltet. Weiterer Höhepunkt der Stadtfeste ist der Vorabend des 24. Juni *(São João)*, an dem noch mal kräftig gefeiert wird.

Die *Festas de Lisboa* finden dann am ersten Wochenende im **Juli** mit einem Spektakel an der Torre de Belém oder auf der Praça do Comércio ihr Ende. Meist treten prominente Rock- und Pop-Musiker aus Portugal auf und es wird ein Feuerwerk abgebrannt.

Juli ist überhaupt der Monat schlechthin für Open-Air-Festivals: Das größte Festival Portugals für Rock- und Popmusik ist das *NOS Alive* (www.nosalive.com) mit mehreren Bühnen auf der Uferpromenade im Vorort Algés (Zug ab Cais do Sodré). Etwas kleiner, aber dafür das älteste Festival seiner Art, ist das *Super Bock Super Rock*, das im Parque das Nações in und neben dem Pavilhão Atlântico – Meo Arena (Ⓜ Oriente) stattfindet (www.superbocksuperrock.pt).

Freunden der Klassik werden beim *Festival ao Largo* Freiluftkonzerte des nationalen Symphonieorchesters geboten (www.festivalaolargo.pt). Sie finden auf dem Largo de São Carlos statt, dem Platz vor der Oper (Ⓜ Baixa/Chiado). Hier darf man keine Konzertsaal-Akustik erwarten, aber dafür ist die Atmosphäre stimmungsvoll. Da die Konzerte kostenlos sind, sollte man früh kommen, um einen Sitzplatz zu ergattern.

Bereits seit den 70er-Jahren existiert das Festival *Jazz em Agosto*, das damit eines der ältesten Musik-Festivals Portugals ist: Im **August** spielen jedes Jahr internationale Musiker im Park und in den Konzertsälen der Gulbenkian-Stiftung (Av. de Berna, 45A, Ⓜ Praça de Espanha, www.gulbenkian.pt).

Im **Oktober** findet in der zweiten Monatshälfte das *Doclisboa*, Portugals bekanntestes Filmfestival, statt. Filmfans können mehr als hundert Dokumentationen aus aller Welt ansehen (www.doclisboa.org).

Lissabon im Kasten

O Santo que traz noivas – der Heilige, der Bräute bringt

Prächtige weiße Brautkleider, elegante dunkle Anzüge und ein buntes Blumenmeer. Alljährlich am 12. Juni ist die Igreja de Santo António Ort eines besonderen Spektakels: An diesem Tag geben sich in der Kathedrale mehrere Brautpaare gleichzeitig das Jawort. Voraus ging für die *noivos de Santo António* ein aufwendiges Bewerbungsverfahren, bei dem unter Hunderten Kandidaten diejenigen Paare ausgesucht wurden, die auf Kosten der Stadt Lissabon und mit der finanziellen Unterstützung einiger Firmen heiraten dürfen. Wer Chancen haben will, sollte bereits in Lissabon wohnen und nur über ein geringes Einkommen verfügen. Ein paar Nachteile müssen die Brautpaare allerdings in Kauf nehmen: Sie dürfen maximal 30 Gäste einladen, und gefeiert wird selbstverständlich mit allen anderen Paaren zusammen. Aber dafür ist die Hochzeit Teil der Stadtfeste und im Fernsehen sowie auf der Webseite der Stadt zu sehen (http://casamentosdesantoantonio.cm-lisboa.pt).

Die Tradition gründet sich auf die Legende, nach der der hl. Antonius zu seinen Lebzeiten als Franziskanermönch einer verzweifelten, mittellosen Braut wundersamerweise zur für die Heirat nötigen Mitgift verholfen haben soll.

Abschlussfeier der Festas de Lisboa: die Praça do Comércio mit bunter Beleuchtung

Nachtleben

Lissabon kann zu Recht behaupten, ein Nachtleben der Extraklasse zu bieten. Die meisten Bars und Kneipen findet man im Bairro Alto. In der Gegend um den Bahnhof Cais do Sodré und am Tejo-Ufer befinden sich dagegen vor allem größere Bars und die meisten Clubs.

Von Schildern mit der Angabe eines Mindestverzehrs *(consumo mínimo)* von bis zu 150 € an den Türen vieler Bars oder Clubs sollte man sich nicht abschrecken lassen. Das sind „theoretische" Werte, die von den Clubs tatsächlich nur dann verlangt werden, wenn sie einen ungebetenen Gast abweisen wollen. Denn rein rechtlich ist es in Portugal verboten, den Zutritt zu einer öffentlichen Einrichtung zu untersagen. In aller Regel liegt der Mindestverzehr deutlich darunter oder wird gar nicht erhoben.

Besonders freitags und samstags sowie vor Feiertagen kann es dennoch schwierig sein, an den Türstehern der Clubs vorbeizukommen, vor allem wenn man kein bekanntes Gesicht ist. Deswegen sollte man es vielleicht erst einmal an einem „normalen" Tag versuchen; da gibt es sogar gute Chancen, auch in eher exklusive Etablissements zu kommen. Die Erfolgsaussichten lassen sich auch durch gute Kleidung verbessern – Turnschuhe, kurze Hosen oder zerrissene Jeans sind in fast allen Clubs tabu. Paare kommen leichter am Türsteher vorbei als große Gruppen, vor allem wenn es sich dabei ausschließlich um Männer handelt. Die besten Ausblicke auf die Hügel der Stadt bieten übrigens mehrere Lissabonner Hotelbars. Ich habe einige in die Liste der Tipps für das Nachtleben aufgenommen, da sie auch für Nichthotelgäste zugänglich sind. Preislich liegen sie meist eher im gehobenen Bereich, dafür wird man mit einzigartigen Ausblicken auf die Stadt entschädigt.

In den letzten Jahren haben neben Terrassen-Bars mit Aussicht auch viele **Weinbars** in Lissabon neu eröffnet. Auch hier habe ich mehrere Tipps zusammengetragen. Einige bieten die Möglichkeit, vor allem regionale Produkte aus der Umgebung Lissabons zu verkosten. Diese Weinregionen sind in Deutschland weitgehend unbekannt, obwohl die von dort stammenden Produkte ein gutes Preis-Leistungs-Verhältnis bieten.

Bars, Kneipen und Clubs

Baixa   → Karte S. 28/29

Trobadores 28 Mo–Fr 12–2 Uhr (Fr bis 4 Uhr), Sa 17–4 Uhr, So 17–2 Uhr. Mittelalter-Bar im Südostteil der Baixa. Rustikales Ambiente mit viel Holz und Mittelalterdekoration. Oft Livemusik: viel Folk, aber auch andere Stile, sonntags teilweise Fado. Spezialgetränk des Hauses ist der Met (*hidromel*): Der Honigwein wird in Tonkrügen oder Hörnern serviert. Es gibt auch Mittagessen sowie abends Toasts. Bier 1,50 € (viele internationale Marken). Es darf hier übrigens noch geraucht werden. Rua de São Julião, 27, Ⓜ Baixa/Chiado, ✆ 218850329, www.facebook.com/TrobadoresBar.

Wine Not? 21 Mo–Sa 11–24 Uhr, So geschl. Weinbar der Firma Casa Ermelinda Freitas aus dem Ort Águas de Moura auf der Tejo-Südseite. Es werden nur regionale Weine dieser Kellerei ausgeschenkt, z. B. der empfehlenswerte Sauvignon Blanc. Glas ab 1,60 €. Dazu gibt es leckere Kleinigkeiten wie Oliven, Käse oder Rindersteaks im Brötchen (*prego*). Mein Tipp sind die süßen Eigelb-Törtchen *tortas de Azeitão*, eine regionale Spezialität aus Azeitão südlich von Lissabon. Gediegen in dunklem Holz eingerichtet, ruhiges Ambiente. Rua Ivens, 45, Ⓜ Baixa/Chiado, ✆ 916360626, www.facebook.com/winenotlisbon.

Alfama   → Karte S. 44/45

Cruzes Credo 15 Tägl. 10.30–2 Uhr. Bar-Restaurant direkt rechts neben der Kathedrale. Innen ein schön renoviertes Gewölbe mit sichtbarem Ziegelmauerwerk. Auf dem Bürgersteig mehrere Holztische, von denen man die Kathedrale und die daran vorbeiziehenden Touristenströme gut beobachten kann. Wer sich stärken will, bekommt portugiesische Hauptgerichte, Hamburger, Toasts und Sandwiches. Tagsüber auch als Cafeteria ein Tipp (der Schokokuchen ist sehr beliebt), später in der Nacht liegt der Fokus aber eher auf alkoholischen Getränken mit einer breiten Auswahl an europäischen Bieren ab 1,50 €. Do und So legen DJs Jazz, Funk, Soul und Bossa Nova auf. Rua Cruzes da Sé, 29, ✆ 218822296, www.facebook.com/cruzescredo.

Lux Frágil 3 Do–Sa 23–6 Uhr, bei Konzerten und Auftritten bekannter DJs manchmal auch an anderen Tagen geöffnet. Bekanntester Club Lissabons direkt am Tejo neben dem Bahnhof Santa Apolónia. Im 1. Stock Barbetrieb mit Tejo-Blick. Tanzfläche im EG (Zugang über 1. Stock). Hier läuft Techno, House und Drum 'n' Bass. Gilt als beste Diskothek Lissabons und sogar ganz Portugals. Leider ist der Erfolg dem Lux Frágil zu Kopf gestiegen: Die Türsteher sind teilweise extrem unfreundlich. Doch wer erst einmal den Eintritt (in der Regel 12 €) geschafft hat, vergisst das angesichts des Inneren im Design der 60er und der erstklassigen DJs meist schnell wieder. Bier 4 €. Av. Infante D. Henrique, Armazém A, Cais da Pedra a Santa Apolónia, Ⓜ Santa Apolónia, ✆ 218820890, www.luxfragil.com.

Memmo Alfama Hotel – Wine Bar & Terrace 13 Tägl. 18–23 Uhr. Weinbar mit Aussichtsterrasse im Memmo Alfama Hotel: An der Rezeption vorbei und dann geradeaus die Treppe hoch. Wie ein Festungsturm schiebt sich die Terrasse der Hotelbar in die Alfama. Auf drei Ebenen herrlicher Blick über den Tejo und die Altstadt. Perfekter Ort für einen kühlen Weißwein oder einen Cocktail zum Sonnenuntergang. Zum Essen gibt es Salate, Sandwiches und portugiesische Tapas. Bier 3,50 €. Das kleine Schwimmbecken ist übrigens für die Hotelgäste reserviert. Travessa das Merceeiras, 27, ✆ 210495660, www.memmohotels.com.

Mouraria   → Karte S. 58/59

Mein Tipp **Topo 6** Di–So 12–24 Uhr (Fr/Sa bis 2 Uhr), Mo zu. Küche bis 23 Uhr. Aussichts-Bar im obersten Stock des Centro Comercial Martim Moniz. Man sollte sich nicht vom chaotischen Eingangsbereich des von chinesischen Händlern geprägten Einkaufszentrums abschrecken lassen und einfach mit dem Aufzug in die 6. Etage fahren. Das Bar-Restaurant beeindruckt mit einem Traumblick durch die vollverglaste Frontseite Richtung Burg, Graça und Miradouro da Nossa Senhora do Monte. Neben den Tischen und dem langen Tresen im Inneren bietet die Terrasse weitere Sitzgelegenheiten auf Holzkisten. Musikalisch laufen elektronische Sounds. Auch Hauptgerichte und kleinere Speisen, empfehlenswert aber vor allem für die Aussicht und Getränke wie Bier für 3,50 €. Centro Comercial Martim Moniz, Piso 6, Ⓜ Martim Moniz, ✆ 215881322, www.facebook.com/1679047655647575.

Avenida da Liberdade
→ Karte S. 68/69

Chafariz do Vinho – Enoteca 9 Tägl. (außer Mo) 18–2 Uhr (Küche nur bis 1 Uhr). Dieses außergewöhnliche Weinprobierlokal ist

Nicht nur im Sommer nachts sehr belebt: Rua Diário de Notícias

in den Gewölben eines ehemaligen öffentlichen Brunnens untergebracht (einige Tische auch im Freien). Die Tunnel der ehemaligen Wasserleitungen sind hinter dem Flaschenkeller noch gut sichtbar: Man könnte über sie bis zum Reservoir Mãe d'Água gelangen. Für die exzellente und breite Auswahl an Weinen sorgt João Paulo Martins, Autor des bekanntesten Weinführers Portugals. Es sind auch viele Tropfen im Glas erhältlich. Dazu können Käse, Brot sowie diverse *petiscos* bestellt werden. Alles auch zusammen mit Wein als Degustationsmenü ab 22 €. Chafariz da Mãe d'Água, Rua da Mãe d'Água à Praça da Alegria, Ⓜ Avenida, ✆ 213422079, www.chafarizdovinho.com.

Hot Clube de Portugal (HCP) 🔟 Tägl. (außer So/Mo) 22–2 Uhr. Im August teilweise eingeschränkte Öffnungszeiten unter der Woche. Seit 1948 und damit der älteste noch bestehende Jazzclub Europas. Zu Zeiten des Diktators Salazar ein Hort des Widerstands, später legendärer Jazzkeller mit Musikschule. 2009 ist der Club komplett ausgebrannt, konnte aber 2012 ein paar Häuser weiter wiedereröffnen. Der Platzmangel früherer Zeiten ist nicht mehr so extrem, gedrängt voll wird es dennoch immer wieder. Eintritt meist 5–10 € und in der Regel Konzertbeginn um 22.30 Uhr. Mi Jamsessions, dann freier Eintritt. Praça da Alegria, 48, Ⓜ Avenida, ✆ 213460305, www.hcp.pt.

Bairro Alto   → Karte S. 88/89

Bairro Alto Hotel/Terrace BA/Café-Bar BA 🈺 Tägl. 10.30–1 Uhr (im Winter So–Do nur bis 22 Uhr); nur bei gutem Wetter geöffnet. Terrassenbar mit herrlichem Blick bis zur Brücke des 25. April, auf den Tejo und Almada. Einige Sitzgruppen mit Korbsesseln. An der Rezeption des Hotels vorbei und mit dem Aufzug in den 6. Stock. Die vorzügliche Aussicht spiegelt sich in den exquisiten Preisen: günstigstes Getränk ist der Espresso für 3,50 €, ein Bier kostet 6 €. Auch Frühstück sowie Salate und Sandwiches ab 11,50 €. Nicht nur für Regentage gibt es im EG des Hotels auch die tägl. von 11 bis 1.30 Uhr geöffnete Café-Bar BA mit von futuristischem Neonlicht angestrahlten Sitzecken (separater Eingang von der Straße aus). Nachts legen DJs auf und lassen endgültig vergessen, dass dies eine Hotelbar ist. Hier kostet der Espresso 2 €, das Bier 3 €. Praça Luís de Camões, 2, Ⓜ Baixa/Chiado, ✆ 213408288, www.bairroaltohotel.com.

BA Wine Bar do Bairro Alto 🔟 Tägl. (außer Mo) 18–23 Uhr. Mehr als 150 Weine im Glas bietet diese Bar an, vor allem portugiesische Tropfen, darunter auch Porto und Madeira. Das Verkosten ist nicht preiswert, aber die Betreiber geben sich große Mühe den passenden Wein zu finden, zu dem in dem schmalen Raum Käse- und Schinkenplatten angeboten werden. Tischreservierung sehr empfehlenswert, da oft ausgebucht. Rua da Rosa, 107, ✆ 213461182, www.facebook.com/ 395938490438196.

Café Suave `23` Tägl. 19–2 Uhr (So erst ab 21 Uhr). Mitten im Bairro Alto gelegene Bar. Ruhige Atmosphäre hinter milchigen Plastikwänden. Sanfte (*suave*) Farben prägen den von bunten Lichtern erhellten, mittelgroßen Raum. Elektronischer Jazz, Drum'n'Bass und verwandte Musikrichtungen. Schachspiele vorhanden. Toasts und kleine Speisen. Bier 1,50 €. Rua Diário de Notícias, 4–6, Ⓜ Baixa/Chiado, www.facebook.com/cafesuavebairroalto.

meinTipp **A Capela** `19` Tägl. 20–2 Uhr (Fr/Sa bis 3 Uhr). Ein Bairro-Alto-Klassiker im wahrsten Sinne: Goldumrahmte Spiegel, Engelsstatuen und Marmorplatten am Boden sorgen für „barockes" Ambiente. Vor allem am Wochenende legen DJs guten House auf, sodass viele Gäste trotz der Enge tanzen. Zahlreiche Liköre, dazu Cocktail-Klassiker von Bloody Mary bis White Russian. Kleines Bier vom Fass (*imperial*) 2 €. Rua da Atalaia, 45, Ⓜ Baixa/Chiado, ✆ 213470072, www.facebook.com/acapelabar.

Miradouro de São Pedro de Alcântara `10` Tägl. 10–2 Uhr (So nur bis 21 Uhr). Kiosk mit Terrasse am Aussichtspunkt an der Bergstation des Elevador da Glória. Mit fantastischem Ausblick auf die Burg sowie die Stadtteile Mouraria und Graça bis hinunter über die Baixa zum Tejo lädt diese Kioskbar zum Kaffee oder nächtlichen Verweilen ein. Hin und wieder auch nächtliche DJ-Sets, dann wird viel getanzt, ansonsten aber meist ruhiges Ambiente. Bica 1,20 €, Bier 2 €. Miradouro de São Pedro de Alcântara, ✆ 934239600, www.facebook.com/119793548610.

Páginas Tantas `15` Tägl. 20.30–2 Uhr (Fr/Sa bis 3 Uhr). Jazz-Kneipe mit Live-Musik (Di–Sa). Ruhepol in dieser ansonsten eher lauten und chaotischen Gegend mitten im Bairro Alto. Hinter dem Eingang aus Industrieglasbausteinen zwei geräumige Ebenen mit dem Interieur einer klassischen Jazzbar. Es wird nur Jazz mit seinen Varianten gespielt, darunter viel Bossa Nova aus Brasilien. Kein Eintritt, aber jeder Gast muss mind. ein Getränk konsumieren. Bier 3 €. Zum Essen gibt es Toasts. Rauchen ist erlaubt. Rua do Diário de Notícias, 85, Ⓜ Baixa/Chiado, ✆ 966249005, www.facebook.com/226889950738235.

Park `22` Tägl. (außer So) 13–2 Uhr (Küche 13–15 und 20–23 Uhr). Freiluftbar auf dem Dach des Parkhauses in der Calçada do Combro. Direkt neben der Ausfahrt durch die Metalltüre zum Aufzug und dann in den 5. Stock, zu Fuß geht es weiter auf das 6. Parkdeck mit der Bar. Kleiner Innenraum, das meiste spielt sich im Freien ab: herrliche Sicht auf die benachbarte Igreja de Santa Catarina, in der Ferne funkeln das Mondlicht auf dem Tejo und die Positionslichter der Brücke des 25. April. Man sitzt auf Holzhockern und Bänken zwischen Oleandern und Yuccapalmen, schlürft an einem Cocktail oder frisch gepressten Fruchtsaft und genießt nachmittags im Sonnenschein oder nachts im Kerzenlicht die coole Atmosphäre. Wer hungrig ist, bekommt Speisen wie Hamburger, Käse- und Wurstplatten. Selbstbedienung ab 18 Uhr. Bier 2 €. Calçada do Combro, 58, Ⓜ Baixa/Chiado, ✆ 215914011, www.facebook.com/102121209975612.

Pavilhão Chinês `8` Tägl. 18–2 Uhr. Ein Luxuspub, seit 1986 untergebracht in einer 1901 gegründeten Kurzwarenhandlung. Man muss klingeln, um in den 5 Säle umfassenden Pub zu gelangen. Innen ist man von der üppigen Dekoration geradezu geblendet: Die alten Verkaufsvitrinen sind überfüllt mit Miniaturen und Puppen, in den hinteren Räumen Hunderte von Modellflugzeugen und Modellkriegsschiffen sowie Plastiksoldaten. Zwei Billardtische. Publikum eher etwas älter als der Bairro-Alto-Durchschnitt. Bier 3 €. Auch Kaffee, viele Tees sowie eine riesige Cocktailauswahl. Rua Dom Pedro V, 89/91, ✆ 213424729, www.facebook.com/pavilhaochineslisboa.

Solar do Vinho do Porto `13` Mo–Fr 11–24, Sa 15–24 Uhr, So/Fei geschl. Seit 1946 existiert diese Weinbar des staatlichen Portweininstituts. Das Lokal ist im Palácio São Pedro de Alcântara aus dem Jahr 1747 direkt gegenüber der Bergstation des Glória-Aufzugs untergekommen. Im dunklen Inneren nimmt man in Sofalandschaften Platz. Unter den roten Ports ist die Firma Ferreira eine gute Wahl, mein Liebling ist dennoch mit dem trockenen Taylor's Chip Dry ein weißer Portwein, das Glas ab 1,50 €. Es gibt aber auch Bier oder Kaffee. Mehrere Leser beschwerten sich allerdings über das unfreundliche Servicepersonal. Angesichts der vielen Rotweinflecken fragt man sich auch, wer auf die Idee kam, ausgerechnet hier helle Teppiche zu verlegen. Kostenloses WLAN. Rua de São Pedro de Alcântara, 45, ✆ 213475707, www.ivdp.pt.

Zé dos Bois – ZDB `20` Tägl. 18–2 Uhr (Sa/So bis 3 Uhr). Die Livemusikbar ist einer der kreativsten Orte der alternativen Kunstszene

Lissabons. 1994 als Galerie gestartet, hat man sich inzwischen auf experimentelle Konzerte und Veranstaltungen spezialisiert: von minimalistischer Elektro-Musik über Hip-Hop bis zu Lesungen – Programm ist fast jeden Abend. Der Name ist übrigens eine portugiesische Verballhornung von Joseph Beuys und bedeutet wörtlich so viel wie „Ochsen-Sepp". Eintritt für Konzerte meist 5–10 €. Zum psychedelisch angehauchten Barraum im 1. Stock gelangt man auch ohne Eintritt. Bier 1,50 €. Untergebracht ist das Zé dos Bois im Palácio Baronesa de Almeida, einem Palast aus dem 17. Jh. Rua da Barroca, 59, Ⓜ Baixa/Chiado, ✆ 213430205, www.zedosbois.org.

Bica   → Karte S. 88/89

Baliza Café Bar 30 Di–Do 21.30–2, Fr/Sa 20–2 Uhr, So/Mo geschl. Winzige Bar neben dem Bica-Aufzug. Früher eine unscheinbare Eckkneipe, heute Szenetreff. Jazziger Sound im Loungestil. An den mit Marmor verkleideten Wänden werden wechselnde Kunstwerke aus-

Nächtliche Straßenkunst im Bairro Alto

gestellt. Gemischtes Publikum, viele kommen, um sich vom Barmann Bruno einen seiner bekannt guten Cocktails mischen zu lassen. Bier 1,50 €. Rua da Bica Duarte Belo, 51-A, ✆ 213478719.

Bicaense 31 Di–Sa 19–2 Uhr, So/Mo geschl. Neben den Gleisen des Aufzugs Elevador da Bica. Als Deko dienen alte Lampen und Lampenschirme. In einer Nische legen DJs Soul, Funk und Groove auf; es ist Platz zum Tanzen. Seit vielen Jahren ein Klassiker des Lissabonner Nachtlebens, der es schafft, sich immer wieder neu zu erfinden. Regelmäßig auch Livemusik von alternativem Jazz bis zu klassischem Fado. Nicht nur dann kann es hier sehr voll werden. Bier 1,50 €. Rua da Bica Duarte Belo, 42/42-A, www.facebook.com/bicaensereloaded.

Quiosque do Adamastor 35 Tägl. 10–2 Uhr (bei Regenwetter meist geschl.). Unter der Adamastor-Statue am Aussichtspunkt Miradouro Santa Catarina werden mehrere Metalltische von einem kleinen Kiosk mit heißem Kaffee und kühlem Bier sowie mit Toasts aus Landbrot (*pão saloio*) versorgt. Herrlicher Blick auf Hafen und Tejo. Eignet sich gut, um laue Sommernachmittage und -nächte zu genießen. Für die Lage erstaunlich günstig: Espresso und Bier je 1 €. Das Umfeld ist einer der Kiffer-Treffpunkte Lissabon und manchmal etwas chaotisch. Miradouro Santa Catarina, ✆ 914820357.

Cais do Sodré   → Karte S. 88/89

B.Leza 47 Mi–So 22.30–4 Uhr. *Der* Afro-Club Lissabons schlechthin und etwas versteckt am Tejo-Ufer im dritten Block westlich des Fährbahnhofs Cais do Sodré zu finden. Legendäre Talentschmiede für Bands von den westafrikanischen Kapverden. Der Club war früher in einem Palast untergebracht, bevor ihm leider der Mietvertrag gekündigt wurde und er in diese Lagerhalle ohne historisches Flair umziehen musste. Tägl. Livemusik, zu laut für eine gepflegte Unterhaltung. Die meisten Gäste stört das nicht, da sie hier vor allem tanzen wollen, und das in der Regel paarweise (z. B. afrikanische *mornas*). Sonntags um 18 Uhr gibt es auch Kizomba-Tanzstunden. Der Name des Clubs stammt übrigens von einem kapverdischen Dichter und bedeutet „Schönheit". Unter der Woche Eintritt 5–6 €, am Wochenende 10 € Mindestverzehr (gilt für zwei Getränke). Bier 2,50 €. Rua Cintura do Porto, Cais da Ribeira Nova, Armazém B, Ⓜ Cais do Sodré, ✆ 210106837, www.facebook.com/clube.bleza.

British Bar 44 Tägl. 12–4 Uhr. Englische Bar, direkt am Cais do Sodré gelegen. Das dunkle Holz macht schon einen sehr antiken Eindruck, und tatsächlich existiert die British Bar schon seit 1919, damit ist sie die älteste durchgängig betriebene Bar der Stadt. Ruhiges Ambiente. Breite Auswahl belgischer Biere ab 3 €, außerdem Franziskaner-Weizenbier für 6,50 € und verschiedene handwerklich produzierte Craft-Biere aus Portugal. Rua Bernardino Costa, 54, Ⓜ Cais do Sodré, ℡ 213422367.

🍃 **By the Wine 36** Tägl. 18–24 Uhr. Weinbar am Anstieg zwischen Cais do Sodré und Bairro Alto. Gehört zum Traditions-Weingut José Maria da Fonseca aus Azeitão südlich des Tejo. Nur regionale Weine dieser Marke ab 2,30 €/Glas. Wer fruchtbetonte Weißweine mag, sollte den köstlichen *Verdelho* aus der *Coleção Privada Domingos Soares Franco* probieren. Im Angebot auch regionaler Brandy und Moscatel de Setúbal, mit Portwein und Madeira einer der drei bekannten Likörweine Portugals. Zum Essen empfehle ich die regionale Spezialität *Queijo de Azeitão*. Dieser Weichkäse wird aus seiner Schale gelöffelt und mit Feigenmarmelade serviert. Außerdem Hauptgerichte, Schinken- oder Käse-Platten. Beeindruckende Dekoration: Die gesamte Gewölbe-Decke ist mit leeren Weinflaschen abgehängt, das Licht wird durch das Flaschenglas gedämpft. Die Akustik ist dagegen leicht hallig: Wenn die Gäste angeschwipst sind, kann es etwas laut werden. WLAN frei. Rua das Flores, 41-43, Ⓜ Cais do Sodré, ℡ 213420319, www.jmf.pt.

Lounge 38 Tägl. 22–4 Uhr. Diese 1999 an einem kleinen Platz in der Nähe der Markthalle am Cais do Sodré eröffnete Bar hat sich als Treffpunkt für die alternative Musikszene Lissabons etabliert. Oben eine kleine Galerie, auf der ein DJ abseitige elektronische Musik auflegt. Unten der in rötliches Licht getauchte Barbereich. Kerzen verbreiten eine gemütliche Atmosphäre. Immer wieder auch Livekonzerte. Wenn sehr viele Leute da sind, wird auch der Platz vor der Tür als „Barraum" genutzt. Bier 1,50 €. Rua da Moeda, 1, Ⓜ Cais do Sodré, ℡ 213973730, www.loungelisboa.com.pt.

Musicbox 43 Tägl. 23–6 Uhr (je nach Programm, an manchen Tagen auch geschl.). Der Livemusikclub liegt unter einem Brückenbogen der Straße, die vom Cais do Sodré zum Bairro hochführt. Deshalb interessante Architektur im Inneren mit sehr hoher Decke und Granitbögen, von denen die Straße gestützt wird. Etwa 300 Menschen finden in dem Raum mit Bühne, Bar und Sofalandschaften Platz. Die Musicbox ist einer der bedeutendsten Orte für Livekonzerte in Lissabon, mit der Gründung des Clubs 2006 wurde die Ausgehmeile am Cais do Sodré deutlich aufgewertet. Eintritt je nach Konzert 5–15 €. Bier 1,80 € (ab Mitternacht 2,20 €). Auch kleine Gerichte zum Essen wie Schweineschnitzel im Brötchen (*bifana*) oder Salate. Rua Nova do Carvalho, 24, Ⓜ Cais do Sodré, ℡ 213473188, www.musicboxlisboa.com.

meinTipp **O Bom O Mau e O Vilão 40** Tägl. 19–2 Uhr (Fr/Sa bis 3 Uhr). Bar in der Nähe des Cais do Sodré. Mehrere Säle, die mit ihren Dielenböden, Pop-Art-Gemälden an den Wänden und bequemen Sesseln das Gefühl vermitteln, man sei in eine Privatparty „gecrasht". Zu später Stunde wird es richtig voll, wer sitzen möchte, sollte früh kommen. Düstere Beleuchtung, dazu passend gemütliche Jazz-Elektro-Musikmischung. Regelmäßig Livemusik, DJ-Sets, Kurzfilme, Lesungen etc. In einem Raum ist das Rauchen erlaubt, die anderen sind für Nichtraucher reserviert. Bier 2 €. Rua do Alecrim, 21, ℡ 964531423, www.thegoodthebadandtheuglybar.com.

meinTipp **Pensão Amor 42** Tägl. 12–3 Uhr (Do–Sa bis 4 Uhr). Beliebteste Bar in der Kneipenzone am Cais do Sodré. Der Name „Pension Liebe" kommt nicht von ungefähr: Hier befand sich jahrelang ein Stundenhotel, das von den Prostituierten der Rotlichtzone am Cais do Sodré gut frequentiert wurde (in der Nachbarschaft wird übrigens dem vermeintlich ältesten Gewerbe der Welt weiter nachgegangen). Bereits beim Betreten des Treppenhauses fallen laszive Graffiti auf, oben erwartet die Gäste Rotlicht-Plüsch-Ambiente. Nichts für prüde Gemüter, auch wenn sich um die Eisenstange in der Bar nur selten Tabledancer ranken. In einem der zahlreichen Räume des verwinkelten Etablissements verkauft eine Boutique Erotikaccessoires und nebenan stellt eine kleine Bibliothek Aufklärungsliteratur der 70er-Jahre, Erotikbildbände und Bücher zum Thema Pornografie aus. Die Bar ist vor allem am Wochenende gut besucht, sodass der Zugang immer wieder von Sicherheitspersonal gesperrt wird. Deshalb besser früh kommen, dann kann man sich einen der Plätze an den französischen Balkonen sichern, von denen man das Treiben vor der Bar gut beobachten kann. Bier 2 €, ab 22 Uhr 3 €. Viele Gins und Liköre. Zwei Zugänge: Rua Nova do Carvalho, 38 und Rua do Alecrim, 19, Ⓜ Cais do Sodré, ℡ 213143399, www.pensaoamor.com und www.facebook.com/pensaoamor.

Amoreiras → Karte S. 100/101

Procópio 2 Tägl. außer So 18–3 Uhr. Traditionsbar an einem kleinen Hinterhof (Zugang über Rua João Penha) in der Nähe des Jardim das Amoreiras abseits des Nachtleben-Getümmels. Am Eingang klingeln. Wirkt auf charmante Art aus der Zeit gefallen: Man nimmt in Plüschsofas Platz, blickt auf dunkel getäfelte Wände und wird von einem Kellner mit Anzug und Fliege bedient. Ebenfalls nicht ganz zeitgemäß und sicher nicht jedermanns Sache: Es darf noch geraucht werden. Bei gutem Wetter stehen aber auch ein paar Tische an der frischen Luft vor der Tür. Eher älteres Publikum. Jazzige Hintergrundmusik. Zahlreiche Biere ab 3 €, auch belgische. Alto de São Francisco, 21-A, Ⓜ Rato, ☎ 213852851, www.barprocopio.com.

Santos/Lapa → Karte S. 112/113

meinTipp **Le Chat 21** Tägl. 12.30–2 Uhr (So nur bis 24 Uhr). Im Winter teilweise früher geschlossen. Gläserne Aussichtsbar direkt am Garten neben dem Haupteingang zum Museu Nacional de Arte Antiga. Nichts hindert den Blick Richtung Tejo, Cristo Rei und die Brücke des 25. April, sogar die Balkonbrüstung auf der Terrasse ist komplett verglast. Die Bar ist auf einem Hausdach direkt oberhalb des Hafens von Alcântara untergekommen: einer der wenigen Orte, an denen man spürt, dass Lissabon ein wichtiger Umschlagplatz für Seegüter ist. Wenn man sieht, wie Container mit großen Brücken in die Frachtschiffe an den Docks geladen werden, fühlt man sich ein bisschen wie an den Landungsbrücken von Hamburg. Ideal für laue Sommernächte, die man an Metalltischen oder in Liegestühlen genießen kann. Viele Cocktails und Gins. Bier 2 €. Auch Hauptgerichte, Hamburger und kleine Speisen. Rua das Janelas Verdes, Jardim 9 de Abril, ☎ 213963668, www.facebook.com/Le.Chat.Lisboa.

meinTipp **Incógnito 10** Mi–Sa 23–4 Uhr, So–Di geschl. Kleiner Club zwischen dem Bairro Alto und dem Parlament São Bento. Die Tram 28 fährt direkt an der Tür vorbei. Eine unverwüstliche Legende des Lissabonner Nachtlebens, der Autor dieses Buches tanzte hier schon Anfang der 90er-Jahre. Seitdem immer gut besucht, vor allem am Wochenende kann es zu später Stunde voll werden. Nach der Eingangsetage geht es links ein halbes Stockwerk höher zur Bar oder rechts zur Tanzfläche hinunter. Dort hängt auch der große Spiegel, der den Raum optisch verdoppelt. Musikalisch Querbeetangebot mit Schwerpunkt auf alternativer Independent-Musik. Mindestkonsum 5 €. Reicht z. B. für zwei Bier à 2,50 €. Rua dos Poais de São Bento, 37, www.facebook.com/incognitobar.

Matiz Pombalina 16 Tägl. (außer So/Mo) 19–2 Uhr. Auf Gin und Cocktails spezialisierte Luxusbar in der Madragoa (an der Tür klingeln). Hausmarke ist Hendrick's: als Gin Tonic oder als Cocktail ab 11 €. Bier 3 €, die meisten Gäste greifen aber zu Hochprozentigem. Dielenböden, roh belassene Wände sowie gediegene Polstermöbel. Mehrere kleine Räume, ein paar Sitze auch im winzigen Innenhof. Aufmerksamer Service. Rua das Trinas, 25, ☎ 214043703, www.matiz-pombalina.pt.

Wanli 15 Tägl. (außer So) 12–2 Uhr. Café-Bar in einem alten Palast der Madragoa. Die Gäste betreten eine Art „Wohnzimmer", einen liebevoll gestalteten Raum, der mit seinen großen Sesseln und bunt zusammengestellten Stühlen zum Verweilen einlädt. Im Winter wärmt ein Holzofen, im Sommer kühlt der Granitboden des ehemaligen Reitstalls des Palácio Távora aus dem 18. Jh. Mittags kleine Speisen im Angebot und Kuchen bis spät in die Nacht (z. B. Schoko-Ingwer-Kuchen). Am Wochenende Brunch. Besitzer ist der Antiquar Carlos Fagulha, er hat die Bar mit Exponaten aus der Zeitgeschichte Portugals dekoriert. Genaues Hinschauen lohnt sich: Vom Spielzeug bis zum Stahlhelm gibt es alles Mögliche zu entdecken! WLAN kostenlos. Bier 1,50 €. Calçada Marquês de Abrantes, 82, ☎ 216031562, www.facebook.com/wanlicafe.

Osten → Karte S. 153

Fábrica Braço de Prata 1 Di 20–2, Mi/Do 18–2, Fr 18–4, Sa 14–4 Uhr, So/Mo geschl., im August teilweise ganz geschl. Mit Bus 728 ab Ⓜ Terreiro do Paço oder Ⓜ Oriente bis Haltestelle Fábrica Braço Prata. Das alternative Kulturzentrum ist in einer ehemaligen Waffenfabrik aus dem Jahr 1908 untergekommen. Insgesamt wurden hier über 440.000 G3-Sturmgewehre in Lizenz des deutschen Herstellers Heckler & Koch gefertigt, sie waren u. a. in den Kolonialkriegen und bei der Nelkenrevolution im Einsatz. Seit 2007 wird das Gebäude mit seinen 15 hohen, geräumigen Sälen jedoch als „Kulturfabrik" für Lesungen, Konzerte (Jazz, Weltmusik, Klassik), Ausstellungen, Tanzkurse und vieles mehr verwendet. Im Sommer auch mit großer Terrasse. Je nach Konzert teilweise Eintritt 5 €, sonst frei. Bier 1,50 €. Im Bar-Restau-

Eingang unter Gewölbe: Live-Musikclub Musicbox

rant werden auch Abendessen serviert (meiner Meinung nach nicht die Stärke des Hauses), außerdem gibt es *petiscos* zu essen. Rua da Fábrica do Material de Guerra, 1, ✆ 925864579 und 968599969, www.bracodeprata.com.

Fado-Lokale → Kultur und Unterhaltung S. 208/209.

Nächtlicher Hunger

Wer im gewöhnlich bis in die Morgenstunden andauernden Nachtleben Lissabons vom Hunger überfallen wird, findet nach Mitternacht noch Angebote, diesen zu stillen.

Panificação Reunida de São Roque 14 Bairro Alto, → Karte S. 88/89. Tägl. 1–6 Uhr. Die Backstube im nördlichen Teil des Bairro Alto verkauft süße Teilchen wie Berliner oder Puddingtörtchen *(pastéis de nata)*. Es gibt auch leckere Brote mit Räucherwurst *(pão com chouriço)*, eine portugiesische Spezialität, die man sich nicht entgehen lassen sollte. Wer Glück hat, bekommt ein noch heißes Brot frisch aus dem Ofen. Rua da Rosa, 186, Ⓜ Baixa/Chiado, ✆ 213224350 und ✆ 938019841, www.panifsroque.pt. Nebenan (Hausnummer 190) liegt ein Café dieser Bäckereikette, geöffnet 6–24 Uhr. Dort auch kostenloses WLAN.

Cacau da Ribeira 46 Cais do Sodré, → Karte S. 88/89. Di–Sa 0–14 Uhr, So 0–6.30 Uhr, Mo geschl. Preiswertes Bar-Café im ehemaligen Zentralmarkt. Separater Eingang von der Av. 24 de Julho aus (rechts vom Markt-Haupteingang). Idealer Ort, um abgestürzte Gestalten des Lissabonner Nachtlebens zu beobachten: Prostituierte in einer freien Minute, Betrunkene auf der Suche nach einem Absacker oder Bauarbeiter, die sich nach einer anstrengenden Nachtschicht stärken wollen. Es gibt auch Kaffee, das klassische Getränk ist hier aber seit Jahrzehnten der heiße Kakao für 1,10 €. Zu essen süße Gebäckteilchen wie Berliner oder Herzhaftes wie Sandwiches, Fischpasteten oder Hamburger mit Pommes. Vorab-Bezahlung, man kann sich dann auf eine der Holzbänke setzen. Mercado da Ribeira, Av. 24 de Julho, Ⓜ Cais do Sodré, ✆ 213432056, www.facebook.com/139983512694914.

A Merendeira 19 Santos, → Karte S. 112/113. Tägl. 11–6 Uhr. Gegenüber dem Bahnhof Santos. Mit einfachen Holzbänken und -tischen rustikal eingerichtetes Restaurant, in dem *merendeira com chouriço* (Brötchen mit eingebackener Paprikawurst) frisch aus dem glühenden Holzofen verkauft wird (2,50 €). Wer will, kann auch die leckere typisch portugiesische Kohlsuppe *caldo verde* probieren. Als Nachtisch wird schmackhafter *arroz doce* (süßer Milchreis) serviert. Ein Klassiker für die Nachtschwärmer Lissabons, die hier die frühen Morgenstunden ausklingen lassen. Av. 24 de Julho, 54-G, Ⓜ Cais do Sodré, ✆ 213972726, www.amerendeira.com.

Kinderspielplatz am Jardim das Amoreiras

Lissabon mit Kindern

Die Portugiesen sind sehr kinderfreundlich. In Restaurants und Cafés sind Kinder meist gern gesehene Gäste, in Bussen räumt man Eltern mit Kleinkindern bereitwillig einen Platz. Die vielen Parks in Lissabon und die Strände in der Umgebung eignen sich ideal für Erholungspausen vom Besichtigungsstress.

Wer mit kleinen Kindern zu Fuß im Straßenverkehr unterwegs ist, sollte in Lissabon wegen der schmalen Gehsteige besonders aufmerksam sein. Dafür kann man es auf den vielen verkehrsberuhigten Plätzen entspannt angehen lassen: Die Kinder können in Ruhe spielen, während sich die Eltern an einem der zahlreichen Kioske mit einem Getränk versorgen.

Den Kinderwagen lässt man besser zu Hause. Ihn über enge Bürgersteige zu bugsieren oder die steilen Gassen in den Altstadt-Vierteln hinaufzuschieben, ist kein Vergnügen. Spätestens wenn man in der Alfama vor den langen Treppenaufgängen steht und feststellen muss, dass in den historischen Straßenbahnen kein Platz für Kinderwagen ist, wünscht man sich, man hätte ein Tragetuch oder eine Kraxe mitgenommen. Wer unbedingt seine Kinder fahren möchte, sollte einen leichten, faltbaren Buggy mitnehmen und ihn vor allem in den Neustadtvierteln oder Belém verwenden.

Die modernen Trams der Linie 15 Richtung Belém wie auch Vorortzüge und Fähren lassen sich mit Buggy problemlos nutzen. In der Metro ist – abgesehen von der Rushhour – zwar prinzipiell oft auch genug Platz dafür, allerdings besitzt ein Drittel der Stationen keinen Aufzug, und so muss man lange Treppen überwinden. Wer mit Buggy, Kraxe oder großen Rucksäcken U-Bahn, Vorortbahnhöfe oder Fährstationen betritt, verwendet besser die speziellen, besonders breiten Zugangskanäle, um nicht von den automatischen Türen gequetscht zu werden.

Babysitter: *Querida Familia*, ☎ 210143144 und ☎ 968910622, www.queridafamilia.com.

Kinderwagen: Die Firma Rent-A-(stuff) vermietet am Flughafen in der Ankunftshalle leichte Kinderwagen (Buggys), Hochstühle sowie Kindersitze und Babyschalen fürs Auto. ☎ 933444711, www.rent-a-stuff.com.

Ermäßigungen

Im öffentlichen Nahverkehr fahren Kinder in Begleitung von Erwachsenen bis zum Alter von einschließlich 4 Jahren generell kostenlos, ab 5 Jahren gilt für sie in Bussen, Trams, der Metro und auf den Fähren nach Cacilhas (Almada) der volle Fahrpreis, nur Monatskarten gibt es ermäßigt. Lediglich für die Vorortzüge nach Cascais und Sintra werden um 50 % ermäßigte Einzeltickets für Kinder von 5 bis einschließlich 12 Jahren angeboten.

Viele Museen und Sehenswürdigkeiten gewähren Kindern bis 5 Jahre freien, älteren bis 11 Jahre deutlich ermäßigten Eintritt. Ab 12 Jahren lohnt es sich bereits, den internationalen Studentenausweis ISIC mitzunehmen, der auch für Schüler ausgegeben wird (www.isic.org). Wer als Paar mit mehreren älteren Kindern unterwegs ist, sollte nach ermäßigten Familienkarten fragen, die meist für zwei Erwachsene und zwei Kinder angeboten werden.

Castelo de São Jorge

Stundenlang kann die ganze Familie die weitläufige Festungsanlage im Zentrum Lissabons erkunden: Nicht nur junge „Burg-Fans" freuen sich über Wehrtürme mit herrlicher Aussicht, zinnenbewehrte Gänge und historische Kanonen. Dazwischen unterhalten stolzierende Pfaue die Besucher.

Eintrittspreise/Öffnungszeiten → Tour 2, S. 49

Jardim Zoológico

Auch in Lissabon gehört der Zoo zu den Hauptattraktionen für Kinder. Besonderen Spaß macht es mit der „Eimer"-Gondelbahn über das Gelände zu schweben, allerdings sollten die Kinder (und Erwachsenen) schwindelfrei sein, da die Gondeln offen sind (rausfallen kann man aber nicht). Top-Attraktionen des Zoos sind der Affenbereich, die Reptilienanlage und die Elefanten.

Eintrittspreise/Öffnungszeiten → Tour 11, S. 143

Meeresaquarium

Von den Riesen der Ozeane wie Mondfischen, Rochen und Haien bis zu den eher fragilen Meeresbewohnern wie Seepferdchen, Anemonen oder Quallen, für jedes Kind dürfte im Oceanário de Lisboa ein Lieblingstier dabei sein. Einen halben Tag sollte man aber mindestens einplanen, um das riesige Aquarium mit seinem Großtank, der sich über zwei Stockwerke erstreckt, und den zahlreichen Nebentanks zu erforschen. Es lohnt sich übrigens unter der Woche vormittags zu kommen, da dann deutlich weniger Besucher da sind und man besser in die Meereswelt „eintauchen" kann.

Eintrittspreise/Öffnungszeiten → Tour 12, S. 154

Haien Gute Nacht wünschen

Familien mit Kindern ab 4 Jahren können bei den Haien im Ozeanarium übernachten. Das Programm „Dormindo com os tubarões/Sleeping with the Sharks" wird auf Portugiesisch und Englisch angeboten und kostet 60 € pro Person. Anmeldung unter reservas@oceanario.pt eine Woche vorher erforderlich; Schlafsack, Schlafkleidung und Zahnbürste müssen mitgebracht werden.

Pavilhão do Conhecimento/Ciência Viva

In diesem Museum darf endlich mal richtig viel angefasst und experimentiert werden! Das Technikmuseum möchte zum Mitmachen und Nachdenken anregen und wissenschaftliche Themen näherbringen. Wie das Meeresaquarium ebenfalls auf dem ehemaligen Gelände der Weltausstellung 1998 gelegen, man kann daher beide gut in Kombination besuchen.

Eintrittspreise/Öffnungszeiten → Tour 12, S. 154

Museu da Eletricidade

Neben dem Zoo ist das Elektrizitätsmuseum ein Klassiker für Schulausflüge in der Region Lissabon. Nicht von ungefähr, denn die meisten Kinder finden es spannend zu sehen, wie früher in den riesigen Turbinenhallen des ehemaligen Kohlekraftwerks Strom erzeugt wurde. Am Schluss der Ausstellung gibt es noch einen Experimentierbereich zum Thema Strom.

Eintrittspreise/Öffnungszeiten → Tour 10, S. 132

Museu da Marioneta

Zahlreiche Marionetten aus Portugal, Brasilien, Afrika und Südost-Asien lassen Kinderherzen höher schlagen. Anfassen und damit spielen darf man (leider) nicht, daher eher etwas für Kinder von 5 bis 12 Jahren. Aber dafür gibt es kurze Animations-Filme zu sehen. Am letzten Sonntag im Monat können Familien morgens bei den „Manhãs Criativas" selbst Marionetten basteln (Anmeldung erforderlich).

Eintrittspreise/Öffnungszeiten → Tour 8, S. 112

Fahrradtour

Etwas Bewegung und dennoch interessante Perspektiven der Stadt bietet der Radweg vom Zentrum nach Belém. Die Strecke ist angenehm flach und führt weitgehend kreuzungsfrei am Hafen und am Tejo-Ufer entlang. Die Firma Bike Iberia hat dazu Anhänger für die Kleinsten, Fahrradtrailer für bis zu 6-Jährige und spezielle Fahrräder für ältere Kinder im Angebot (inklusive Helme). Man kann auch geführte Touren buchen.

Infos → Unterwegs in Lissabon, S. 239

Hippotrip

Die außergewöhnlichste Stadtrundfahrt Lissabons: Mit einem Amphibienfahrzeug geht es durch Straßen und über den Tejo. Nicht nur bei Kindern kommt die eineinhalbstündige Tour gut an. Aus Sicherheitsgründen dürfen die ganz Kleinen aber erst ab 2 Jahren an Bord.

Eintrittspreise/Öffnungszeiten: 25 € pro Person, bis 16 J. und ab 65 J. 15 €. Mehrere Rundfahrten pro Tag, die man vorher im Internet reservieren sollte, um sich einen Platz zu sichern. Start am Südostende der Doca de Santo Amaro im Stadtteil Alcântara vor der Secção de Remo da Associação Naval de Lisboa (→ Karte „Alcântara" S. 120/121). ℰ 211922030, www.hippotrip.com.

Strände

Nicht nur in den Sommermonaten lässt sich die Laune der Kleinen durch einen Ausflug an den Strand schlagartig verbessern, wenn sie im Schlepptau der Eltern zu viele Gebäude und Museen in der Stadt besichtigen mussten. Von Lissabon aus kann man mit dem Zug nach Cascais gleich ein gutes Dutzend Strände schnell und bequem erreichen. Und wenn es noch zu kalt zum Baden ist, macht es Spaß an den gut gepflegten Sandstränden Frisbee, Fuß- oder Volleyball zu spielen.

Anfahrt → Tour 13, S. 160/161

Castelo dos Mouros

Im Vorort Sintra findet sich mit dem Castelo dos Mouros eine sehr große und attraktive Maurenburg. Sie liegt inmitten eines Waldes und hat lange, teils steil ansteigende Festungsmauern.

Eintrittspreise/Öffnungszeiten → Tour 14, S. 175

Fragata Dom Fernando II e Glória

Dieser in Almada direkt am Fähranleger nach Lissabon liegende historische Großsegler kommt dem Traum vieler Kinder vom Piratenschiff ziemlich nahe. Das Schiff war zwar auf den Kolonialrouten im Auftrag der portugiesischen Regierung unterwegs, ist aber weiter im Stil des 19. Jh. einge-richtet und voll bewaffnet. Die Kinder sollten aber schon sicher auf den Beinen sein, da im Inneren enge Stiege zu bewältigen sind.

Eintrittspreise/Öffnungszeiten → Tour 15, S. 179

Ponyreiten

Im Parque da Pena, dem Wald, der das Märchenschloss Palácio Nacional da Pena in Sintra umgibt und im 19. Jh. angelegt wurde, können Kinder in Begleitung eines Führers auf Ponys reiten. Los geht es neben dem Reitstall der Abegoaria da Quinta da Pena.

Preise: 7 € pro 15 Min. Dazu kommt der Eintrittspreis für den Parque da Pena (→ Tour 14, S. 175). Infos und Reservierung: info@parques desintra.pt, ☎ 219237300.

Spielplätze

Im Monsanto-Park am westlichen Stadtrand Lissabons liegt mit dem **Parque Infantil do Alvito** der größte Kinderspielplatz der Stadt. Schaukeln,

Rutschen und ein Kletterschiff warten zum Tollen und Toben auf dem großen Gelände.

Öffnungszeiten/Anfahrt: Tägl. 9–18 Uhr (April bis Ende Sept. bis 20 Uhr), am 1. Mai geschlossen. Der Spielplatz ist leider nur schwer zu erreichen. Hin am besten mit Tram 15 bis Halt Calvário im Stadtteil Alcântara und dann zu Fuß über die Rua José Dias Coelho bis zur Bushaltestelle neben dem Brückenpfeiler. Ab hier sind es mit der Linie 724 (Richtung Pontinha) nur vier Haltestellen. Zurück fährt ab dem Spielplatz auch Bus 711 direkt ins Zentrum (Richtung Terreiro do Paço).

Weitere Spielplätze: Im Zentrum sowie in der Alfama und der Mouraria sind Spielplätze extrem rar. Im Stadtpark Parque Eduardo VII liegt ein empfehlenswerter Platz gegenüber dem Eingang zur Estufa Fria. Im Bairro Alto sollte man die Grünanlagen auf dem Príncipe Real ansteuern, in Campo de Ourique den Jardim da Parada. Im Stadtteil Lapa gibt es mit dem Park Jardim da Estrela und dem Spielplatz in der Rua da Imprensa à Estrela (hinter dem Parlament São Bento) gleich zwei gute Alternativen. In Belém findet sich ein kleiner Spielplatz in den Grünanlagen nahe der thailändischen Pagode.

Vorführung im Lissabonner Zoo: Seelöwe im Becken des Delphinariums

Lissabon (fast) umsonst

Lissabon gehört zu den günstigsten Metropolen Westeuropas. Die Übernachtungspreise sind moderat, die öffentlichen Verkehrsmittel günstig, und beim Restaurantbesuch muss man keine Mondpreise befürchten wie in Paris oder London. Sparpotenzial gibt's aber auch darüber hinaus noch:

Preisgünstig essen

Viele Restaurants bieten montags bis freitags ein preiswertes Mittagsmenü an, oft inklusive Getränk – wenn man ein hochklassiges Lokal ausprobieren möchte, eine gute Alternative zu den Normalpreisen am Abend. Keine Spitzenküche, aber solide und günstige Mittagsgerichte bekommt man auch in vielen Cafés (abends bieten nur die touristischen Cafés Hauptgerichte an). Man muss sich dort allerdings auf eine etwas wuselige Atmosphäre einstellen, denn auch viele Einheimische verbringen hier ihre Mittagspause.

Sparen in Bus, Tram und Metro

Bei der Benutzung der öffentlichen Verkehrsmittel spart man, wenn man die Fahrkarten im Vorverkauf erwirbt. „An Bord" zahlt man mehr als das Doppelte für die Fahrt (→ S. 233).

Konzerte zum Nulltarif

Kostenlose Fado-, Rock- oder Pop-Konzerte werden besonders im Juni im Rahmen der alljährlichen Stadtfeste veranstaltet. Kostenlose Klassik-Freiluftkonzerte bietet im Juni/Juli das *Festival ao Largo*, das auf dem Platz vor der Oper, dem Largo de São Carlos, stattfindet.

Die Termine der kostenlosen Konzerte entnimmt man der in Touristenbüros ausliegenden Zeitschrift *Follow Me*, (www.visitlisboa.com). Weitere kostenlose Events wie etwa Stadtführungen listet der Kulturkalender der Stadt unter www.agendalx.pt (nur auf Portugiesisch).

Museen zum Nulltarif

Am **ersten Sonntag im Monat** sind alle Nationalmuseen und mehrere bedeutende Sehenswürdigkeiten frei. Vor allem beim Mosteiro dos Jerónimos kann es dann aber zu stundenlangen Wartezeiten kommen. **Jeden Sonntagvormittag** freien Eintritt gewähren die meisten städtischen Museen (meist kein großer Andrang).

An einem Samstag vor oder nach dem 18. Mai, dem Internationalen Museumstag, findet in Lissabon die **Museumsnacht** (*Noite dos Museus*) statt. Von 18 bis 23 Uhr hat man dann freien Eintritt in zahlreiche Museen.

Immer kostenlos ist der Eintritt in mehreren **Firmen-Museen**, etwa im sehenswerten Museu da Eletricidade oder in der Coleção Berardo im Kulturzentrum von Belém, einer der landesweit besten Sammlungen moderner Kunst.

Kombitickets fürs Sightseeing

Für einige Sehenswürdigkeiten werden preiswerte Kombitickets angeboten, z. B. für das Mosteiro dos Jerónimos in Verbindung mit der Torre de Belém oder dem Museu Nacional de Arqueologia. Auch wer in Sintra mehr als eine der von *Parques de Sintra – Monte da Lua* verwalteten Sehenswürdigkeiten besuchen möchte (man erkennt sie an der URL www.parquesdesintra.pt), sollte Kombitickets kaufen. Man spart ca. 20 % im Vergleich zu den recht hohen Preisen für Einzeltickets. Es werden praktisch alle denkbaren Kombinationen angeboten. Wer die Karten online kauft, bekommt weitere 5 % Rabatt.

Vergünstigungskarten

Lisboa Card: Mit dieser Karte kann man die Metro, Trams, Busse und Aufzüge benutzen, kostenlos mit dem Zug von Lissabon nach Sintra oder Cascais fahren und hat obendrein noch freien Eintritt in etwa 25 Museen, Klöster und Schlösser. Andere Sehenswürdigkeiten gewähren Ermäßigungen. Die Lisboa

Card lohnt sich unserer Erfahrung nach aber nur dann, wenn man täglich mehrere Museen oder Sehenswürdigkeiten wie Paläste und Klöster besichtigen will und weder Studentenausweis oder Cartão Jovem besitzt noch über 65 Jahre alt ist. Man bekommt die Lisboa Card in allen Touristenbüros und unter www.askmelisboa.com. Sie kostet für 24 Stunden 18,50 €, für 48 Stunden 31,50 € und für 72 Stunden 39 € (Kinder von 5 bis 11 Jahren jeweils die Hälfte).

Museumspass: Für die acht Nationalmuseen in Lissabon gibt es den Pass *Bilhete Lisboa – 8 Lisbon Museums*, der 25 € kostet und ein Jahr lang gültig ist: Casa-Museu Anastácio Gonçalves, Museu da Música, Museu Nacional de Arte Contemporânea do Chiado, Museu Nacional de Arte Antiga, Museu Nacional do Azulejo, Museu Nacional do Traje, Museu Nacional do Teatro und Panteão Nacional. Verkauf in den Museen.

ISIC-Studentenausweis: Für Schüler und Studenten lohnt es sich, einen internationalen Studentenausweis nach Lissabon mitzunehmen, denn viele Sehenswürdigkeiten gewähren ab einem Alter von 12 Jahren nur für Schüler oder Studierende Ermäßigungen. Überall anerkannt ist der ISIC-Studentenausweis, der auch für Schüler ab der 5. Klasse erhältlich ist. Er kostet 15 € für ein Jahr und kann unter www.isic.org beantragt werden.

Cartão Jovem (European Youth Card): Für unter 30-Jährige, die keinen internationalen Studentenausweis besitzen, lohnt sich der Kauf dieser Jugendkarte. Sie gewährt auf viele Eintritte Rabatte und weitere Vergünstigungen, in Portugal gilt sie auch als Jugendherbergsausweis. Sie ist ein Jahr lang gültig, der Kaufmonat wird nicht mitgerechnet. Unter Vorlage des Personalausweises und eines Fotos kann man die portugiesische Cartão Jovem für 10 € in allen Postämtern erhalten. In anderen europäischen Ländern gibt es vergleichbare Jugendkarten, die weitgehend gegenseitig anerkannt werden (Infos unter www.eyca.org).

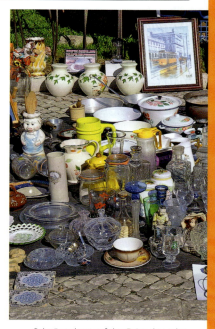
Schnäppchen auf der Feira da Ladra

Vergünstigungen für bestimmte Personengruppen

Arbeitslose aus EU-Ländern: Teilweise ist bei Vorlage einer entsprechenden Bescheinigung der Eintritt in Museen und Sehenswürdigkeiten verbilligt oder sogar ganz frei (alle Nationalmuseen, Pantheon, Mosteiro dos Jerónimos und Torre de Belém).

Ab 65 Jahren: Für Senioren ist Portugal ein sehr freundliches Land: Praktisch überall wird ab 65 Jahren der Eintrittspreis deutlich rabattiert – egal, ob man sich wirklich schon im Ruhestand befindet oder nicht. Man braucht auch keine speziellen Ermäßigungskarten: Es reicht ein Nachweis des Alters per Personalausweis. Bei Zugfahrkarten kauft man ab 65 Jahren ein Ticket namens *meio bilhete* („halbe Karte"), das um 50 % im Vergleich zum Originalpreis ermäßigt ist.

Bahnhof Alcântara-Terra: Endstation der Lissabonner Gürtellinie

Anreise

Mit dem Flugzeug

Wer früh bucht, zahlt in der Regel etwa 200 € für einen Hin- und Rückflug, mit Glück bekommt man in der Nebensaison sogar Flüge ab etwa 70 €. Zahlreiche Gesellschaften fliegen Lissabon direkt an.

Direktflüge nach Lissabon

Basel-Mülhausen: Easyjet
Berlin: TAP Portugal, Easyjet
Bremen: Ryanair
Düsseldorf: TAP Portugal, Eurowings
Frankfurt: TAP Portugal, Lufthansa
(Frankfurt-)Hahn: Ryanair
Genf: TAP Portugal, Swiss, Easyjet
Hamburg: TAP Portugal, Ryanair
Hannover: TAP Portugal
Köln-Bonn: Eurowings
Luxemburg: TAP Portugal, Luxair, Easyjet
München: TAP Portugal, Lufthansa, Transavia
Stuttgart: Eurowings
Wien: TAP Portugal
Zürich: TAP Portugal, Swiss

Flughafen Lissabon

Der Lissabonner Flughafen liegt mit nur 7 km Entfernung zur Stadtmitte relativ zentrumsnah. Der 1942 eingeweihte Flughafen ist mit 20 Millionen Passieren pro Jahr Portugals größter Airport. Er wird von der französischen Firma Vinci betrieben.

Die meisten Flüge kommen am Terminal 1 an der Ostseite des Flugfeldes an. In Terminal 1 befinden sich auch das Touristen-Informationsbüro, die Gepäckaufbewahrung und die Mietwagen-Firmen.

Das deutlich kleinere Terminal 2 liegt am Südende des Flugfeldes: Hier gibt es nur Abflüge von Billiggesellschaften wie Ryanair, Easyjet und Norwegian, ankommende Flüge werden hier nicht abgewickelt. Da es vor Terminal 2 keine Parkplätze gibt, kann es nur per Taxi, Aerobus Linie 1 oder Bus-Shuttle erreicht werden (Abfahrt alle 10 Minuten vor der Abflughalle von Terminal 1).

Information: ☎ 218413500, www.ana.pt. Auch als App für diverse Smartphones unter „ANA Portuguese Airports". WLAN ist im Flughafen kostenlos.

𝑚𝑒𝑖𝑛Tipp La Pausa Self Service, tägl. 7–23 Uhr. Besonders die Crews und Flughafenangestellten nutzen dieses Selbstbedienungsrestaurant, da es für Airport-Verhältnisse sehr preisgünstig ist. Etwas versteckt im 5. Stock gelegen, aber einfach über den Aufzug oder die Treppe neben der Poststation vor dem Check-in-Bereich zu erreichen. Portugiesische Küche mit Suppen, Fleisch- und Fischgerichten sowie einer kleinen Salat-Bar. ☎ 218479050.

Mit kleinen Kindern: Im Flughafen gibt es mehrere Wickelräume, einen speziellen Familienraum mit Spielzeug (*Sala de Estar em Família* im 5. Stock gegenüber dem La Pausa Self Service) sowie Buggys zum Ausleihen (hinter der Sicherheitskontrolle sowie vor den Gates 15 und 16).

Klimafreundlich fliegen

Wer die Umweltbilanz seines Fluges verbessern möchte, kann bei www.atmos fair.de mit einer Spende klimaschonende Projekte unterstützen. Außerdem können Sie dort herausfinden, wie stark das Weltklima durch Ihre Reise belastet wird und welche Airline besonders klimafreundlich ist.

Flughafentransfer

Mit der U-Bahn: Der Flughafen ist Endstation der roten Metrolinie. Ohne Umsteigen geht es ab Terminal 1 in wenigen Minuten von der Ⓜ Aeroporto direkt zum neuen Hauptbahnhof Oriente und in die Lissabonner Neustadt, die Avenidas Novas. Alle anderen Metrolinien erreicht man mit einmal Umsteigen (→ Karte im hinteren Umschlag innen). Einzelfahrkarten und Zeitkarten gibt es im Eingangsbereich der U-Bahn an Automaten und am Schalter, der aber nicht immer besetzt ist (mehr Infos zu den Tickets ab S. 232). Für Menschen mit viel Gepäck gibt es in der Metro an allen Stationen übrigens besonders breite Eingangsschleusen, allerdings nicht überall Rolltreppen oder Aufzüge.

Mit dem Aerobus: Der Aerobus 1 City Center fährt 8–23 Uhr alle 20 Min. zwischen den Flughafenterminals 1 und 2 und dem Bahnhof Cais do Sodré über Ⓜ Entrecampos, Ⓜ Saldanha, Ⓜ Marquês de Pombal, Ⓜ Restauradores und Ⓜ Rossio.

Der Aerobus 2 Financial Center fährt dagegen 8–20 Uhr alle 40 Min. zwischen Terminal 1 des Flughafens und der Av. José Malhoa (Sul) über Ⓜ Entrecampos, Busbahnhof Sete Rios (Ⓜ Jardim Zoológico) und Ⓜ Praça de Espanha.

Für beide Linien hat man die Wahl zwischen einem 24-Stunden-Ticket für 3,50 € (Kinder bis 10 J. 2 €, bis 3 J. frei) oder einer Rückfahrkarte *(Ida e Volta)* für 5,50 € (Kinder bis 10 J. 3 €, bis 3 J. frei), die zweimal 24 Std. lang gültig ist.

Die meisten Touristen kommen hier an: Flughafen Lissabon

Die Tickets sind im Aerobus und an den Schaltern im Flughafen, auf der Praça da Figueira, der Praça do Comércio und am Elevador Santa Justa erhältlich. Normale Vorverkaufstickets, Pässe oder die Zapping-Karten gelten in den Flughafenbussen nicht! Online kann man die Karten mit 10 % Rabatt erwerben: www.yellowbustours.com.

Flug überbucht?

Wenn Sie durch Überbuchung Ihre Maschine verpassen sollten, garantiert Ihnen die Europäische Union bei Linienflügen innerhalb der EU mehrere Rechte: Sie können entweder den Flugpreis zurückerstattet bekommen oder schnellstmöglich bzw. erst zu einem von Ihnen gewünschten späteren Datum weiterfliegen. Außerdem muss Ihnen die Fluggesellschaft während der Wartezeit angemessen Getränke und Speisen anbieten und – falls nötig – Übernachtungen bezahlen. Zusätzlich steht Ihnen eine Entschädigung in Höhe von 400 € zu (bei Entfernungen bis 1500 km 250 €, bei Flugdistanzen über 3500 km 600 €). Diese Regeln gelten auch, wenn Flüge aus Gründen annulliert werden, die die Fluggesellschaft zu vertreten hat. Für längere Verspätungen von mehr als 3 Std. (bis 1500 km schon ab 2 Std., über 3500 km erst ab 4 Std.) gilt Folgendes: Die Airline muss für Mahlzeiten und Getränke sorgen, zwei Telefonate oder E-Mails kostenlos ermöglichen und außerdem eine Übernachtung bereitstellen, falls diese nötig ist.

Mit den Stadtbussen: Im Vergleich zu den Aerobussen ist in den Linienbussen deutlich weniger Platz für Gepäck, sodass die Busfahrer angewiesen sind, die Mitfahrt zu verweigern, wenn man einen Rucksack oder einen Koffer dabei hat, der größer ist als 55x40x20cm. Die Stadtbusse sind also nur mit kleinem Handgepäck eine Option.

Die Linie 744 fährt tägl. alle 15–20 Min. zur Ⓜ Marques de Pombal (über Ⓜ Saldanha) bzw. in die andere Richtung ebenfalls zum Bahnhof Oriente und nach Moscavide.

Die Linie 783 Richtung Amoreiras oder Mq. Pombal fährt tägl. alle 15–20 Min. und bedient Ⓜ Entrecampos, Ⓜ Saldanha und Ⓜ Marques de Pombal.

Bus 705 fährt nur Mo–Fr alle 20 bis 30 Min. zum Bahnhof Oriente bzw. zum Bahnhof Roma-Areeiro.

Nachts fährt die Buslinie 208 stündl. zum Cais do Sodré über Praça da Figueira (Ⓜ Rossio) und Praça do Comércio bzw. in die andere Richtung zum Bahnhof Oriente.

Die Busse Richtung Stadtmitte halten direkt vor der Ankunftshalle *(Chegadas)*. Die Busse Richtung Gare do Oriente halten gegenüber der Ankunftshalle in der Av. de Berlim sowie vor der Abflughalle *(Partidas)*.

Fahrkarten im Vorverkauf gibt es am Schalter der portugiesischen Post CTT in der Abflughalle sowie in der Eingangshalle der U-Bahn.

Mit dem Taxi: Ein Taxi ins Zentrum kostet ca. 10 €. Am besten nimmt man es nicht direkt vor der Ankunftshalle *(Chegadas)*, da die dort wartenden Fahrer für ihre eigenwillige Preisgestaltung bekannt sind, sondern fährt nach der Gepäckausgabe rechts mit der Rolltreppe hoch und verlässt den Flughafen durch den Ausgang der Abflughalle *(Partidas)*. Die hier wartenden Taxifahrer gelten als fairer als ihre Kollegen vor der Ankunftshalle.

Mit der Bahn

Von Frankfurt oder Zürich aus benötigt man insgesamt etwa 26 Std. pro Strecke. Fast immer muss man auf dem Weg nach Lissabon zweimal Umsteigen, einmal in Paris und einmal im spanischen Irun.

Paris erreicht man dabei an verschiedenen Bahnhöfen: der Thalys aus Köln kommt am Gare du Nord an, die ICE und TGV aus Süddeutschland und Basel am Gare de l'Est, die TGV aus Bern und Zürich am Gare de Lyon. Zur Weiterfahrt geht es mit der Pariser Metro (www.ratp.fr) quer durch die Stadt zum Gare Montparnasse. Dafür sollte man eine knappe Stunde einkalkulieren.

Ab Gare Montparnasse fahren die TGV-Atlantique bis Irun an der französisch-spanischen Grenze. In Irun steigt man in den Nachtzug um, der Lissabon am nächsten Tag erreicht. Achtung: Auf der Rückreise von Lissabon aus kommend wird im französischen Hendaye auf der anderen Seite der französisch-spanischen Grenze umgestiegen!

Preise und Informationen

Die günstigsten Sonderpreise für die einfache Fahrt in der 2. Klasse sind: für Frankfurt–Paris 39 €, für Paris–Irun 25 € (bahn.de, www.voyages-sncf.com) und für das Liegewagenabteil Irun–Lissabon 37,60 € (beim Kauf über die spanische Bahn RENFE www.renfe.com). Um sich diese Sonderpreise zu sichern, empfiehlt sich eine frühzeitige Reservierung. Thalys, TGV und der Nachtzug nach Lissabon sind übrigens alle reservierungspflichtig.

Auskünfte zudem bei der Deutschen Bahn unter www.bahn.de, in der Schweiz bei der SBB unter www.sbb.ch, in Österreich bei der ÖBB unter www.oebb.at.

Ankunft in Lissabon

Die Züge aus dem Ausland enden in Lissabon alle im **Bahnhof Santa Apolónia** im Stadtteil Alfama (Ⓜ Santa Apolónia).

Außerdem halten alle internationalen Züge auch am modernen Hauptbahnhof im Osten Lissabons, der **Gare do Oriente** (Ⓜ Oriente).

Mit dem Bus

Mehrmals pro Woche fahren aus zahlreichen deutschen Städten Fernbusse nach Portugal. Die Fahrt bis Lissabon dauert ab Frankfurt ca. 36 Std.

Preise und Informationen

Die Fahrt Frankfurt-Lissabon kostet einfach ab 138 € bzw. hin und zurück ab 211 €. Ermäßigungen: Kinder bis 3 J. 80 %, bis 11 J. 50 %, bis 25 J. und ab 60 J. 10 %. Buchung über www.eurolines.de, Info auch unter ☎ 06196/2078501.

In Lissabon: *Intercentro*, Rua Engenheiro Vieira da Silva, 8-E, Ⓜ Saldanha, ☎ 213301500 und 213571745, www.intercentro.pt. Achtung: Hier müssen die Tickets für die Rückfahrt reserviert bzw. rückbestätigt werden (gegen Gebühr).

Ankunft in Lissabon

In Lissabon kommen die Busse am Bahnhof Gare do Oriente (Ⓜ Oriente) sowie im **Busbahnhof Sete Rios** in der Rua Professor Lima Basto in der Nähe des Zoos an (Ⓜ Jardim Zoológico).

Mit dem eigenen Fahrzeug

Die Tour hat ihren eigenen Reiz, zwei bis drei Tage „on the road". Die reine Fahrtzeit von Frankfurt aus beträgt ca. 22 Std. (Entfernung 2300 km).

Preise und Informationen

An Mautgebühren müssen pro Strecke über 100 € eingerechnet werden, dazu kommen noch Spritkosten und die Abnutzung des Autos.

Nicht nur aufgrund der hohen Rückholkosten bei einem Unfall empfiehlt sich dringend der Abschluss eines **Schutzbriefs**, erhältlich z. B. beim umweltorientierten Verkehrsclub Deutschland VCD (www.vcd.org).

Erste Informationen direkt am Flughafen – Turismo in der Ankunftshalle

Der U-Bahn-Eingang Picoas: ein Geschenk der Pariser Metro, ursprünglich gestaltet vom Jugendstil-Künstler Hector Guimard von 1899 bis 1905

Unterwegs in Lissabon

Das Netz öffentlicher Verkehrsmittel in und um Lissabon ist sehr dicht. Innerhalb der Stadt ist die Metro an Schnelligkeit nicht zu schlagen. Wo es keine U-Bahn-Verbindung gibt, dauert es teilweise aber recht lange, bis man mit Bus oder Tram das gewünschte Ziel erreicht. Mit dem Auto ist man allerdings meist auch nicht schneller, wenn die Zeit für Parkplatzsuche, Warten im Stau etc. dazugerechnet wird.

Im europäischen Vergleich hat Lissabon die höchste Zahl an PKW pro Einwohnern (67 Fahrzeuge pro 100 Einwohner – Berlin kommt nur auf die Hälfte). Dass viele Lissabonner lieber den eigenen Wagen verwenden, liegt vermutlich am vergleichsweise kleinen U-Bahn- und Straßenbahnnetz. Denn die Preise der öffentlichen Verkehrsmittel in Lissabon gehören eigentlich zu den niedrigsten in Europa. Günstig

fährt man in Lissabon jedoch nur, wenn man die Karten im Vorverkauf erwirbt, da sie „an Bord" von Bus und Straßenbahn deutlich mehr kosten.

Viva-Viagem-Chipkarte

Der erste Schritt für alle Arten von Vorverkaufskarten ist der Erwerb der Viva-Viagem-Chipkarte, die „wiwa wiascheng" ausgesprochen wird. Sie kostet 0,50 € und kann an allen Vorverkaufsstellen und Automaten der Verkehrsbetriebe sowie in allen Lissabonner Filialen der portugiesischen Post CTT erworben werden. Manchmal wird diese Chipkarte auch unter dem Namen 7 Colinas (gesprochen „sete kolinasch") verkauft.

Auf die Viva-Viagem-Chipkarte kann man dann in einem zweiten Schritt entweder eine 24-Stunden-Karte, ein Geldguthaben (*Zapping*) oder Einzelfahrkarten laden.

Wer mehr als fünf Fahrten pro Tag macht, sollte sich für die **24-Stunden-Tickets** (*bilhete 24 horas*) entscheiden, die 6 € kosten. Sie gelten im Stadtgebiet in der Metro, den Bussen, Trams und Aufzügen, nicht jedoch in den Vorortzügen und den Fähren.

Wer weniger als fünf Fahrten pro Tag macht oder viel im Umland von Lissabon unterwegs ist, sollte das sogenannte **Zapping** nutzen. Dabei lädt man ein Geldguthaben zwischen 2 und 15 € auf die Viva-Viagem-Chipkarte. Für jede Fahrt innerhalb des Stadtgebietes mit Metro, Bussen, Trams oder Aufzügen wird dann vom Guthaben ein Betrag von 1,25 € abgebucht (Umsteigen ebenfalls erlaubt). Praktisch ist, dass das Zapping-Guthaben auch verwendet werden kann, um Fahrten außerhalb des Stadtgebietes mit den Vorortzügen der portugiesischen Eisenbahnen CP oder Fertagus sowie mit den Fähren der Gesellschaft Transtejo zu machen. Es lohnt sich übrigens direkt größere Beträge auf die Chipkarte zu laden, denn für Aufladebeträge über 5 € gibt es Bonus-Guthaben: bei 15 € Aufladebetrag wird zusätzlich 1,15 € gutgeschrieben.

Fahrkarten immer aktivieren

Beim Einsteigen in Busse, Aufzüge oder Trams muss die Viva-Viagem-Karte jeweils am Chip-Lesegerät aktiviert werden. Mit ihr öffnet man auch die Durchgangsschleusen in den Metrostationen und den Bahnhöfen. Pro Person ist eine Karte nötig, sie kann nicht als Gruppenkarte verwendet werden. Auf einer Karte ist es ebenfalls nicht möglich, verschiedene Tickets zu mischen, für jede Ticketart braucht man eine eigene. Ein Jahr nach dem Kauf kann man die Karte nicht mehr aufladen, bereits gekaufte Fahrten können aber weitergenutzt werden. Die Rückgabe der Chipkarten ist nicht möglich.

Wer nur selten mit Bus, Tram oder den Aufzügen fährt, kann auch **Einzelfahrkarten** für je 1,40 € auf die Viva-Viagem-Chipkarte laden. Diese Einzelfahrkarten (*Viagem Carris / Metro*) gelten innerhalb des Stadtgebietes in der Metro, den Bussen, Trams und Aufzügen (Umsteigen ist dabei erlaubt). Sie gelten dagegen nicht in den Vorortzügen und auf den Fähren. Wer damit fahren möchte, muss eine weitere Viva-Viagem-Grundkarte erwerben und darauf Einzelfahrtkarten der Vorortzüge bzw. der Fähre laden oder diese zusätzliche Grundkarte mit einem Zapping-Guthaben aufladen (siehe oben).

Kartenkauf

Am einfachsten ist der Kauf an den Automaten in den Metrostationen. Allerdings sollte man dafür genug Münzgeld bereit halten, da gerade große Scheine nicht immer angenommen werden (ausländische Kreditkarten funktionieren in der Regel nicht).

Wer lieber bedient werden möchte, findet Mo–Fr an vielen U-Bahnhöfen Schalter, am Wochenende sind sie aber oft nicht besetzt. Außerdem kann man Fahrkarten in vielen Kiosken und Lotteriegeschäften sowie in allen Filialen der portugiesischen Post CTT kaufen.

Wird die Karte erst „an Bord" gelöst *(tarifa de bordo)*, kostet eine Fahrt im Bus 1,80 € und in der Tram 2,85 €. Die Einzelkarte für die Aufzüge kostet 3,60 € (im Elevador de Santa Justa 5 €) und gilt jeweils für eine einfache Talfahrt.

Die Tarife der öffentlichen Verkehrsmittel werden in Portugal übrigens häufig angehoben, daher können die Preise vor Ort von unseren Angaben etwas abweichen. Aktuelle Infos unter www.lissabon-umgebung.de.

Information

Auskünfte unter ☎ 213500115 oder unter www.transporteslisboa.pt. In den Transportes de Lisboa sind drei staatliche Betreiberfirmen aufgegangen, die sich in einer Übergangsphase teilweise nach außen noch getrennt präsentieren: Metro de Lisboa (U-Bahn), Carris (Stadtbusse, Trams und Aufzüge) sowie Transtejo (Fähren).

Routenplaner im Internet unter www.transporlis.pt (auch als Android-App mit dem Stichwort SAPO Transportes). Auf Android-Smartphones kann man sich auch die App *IZI Carris* installieren, die Routen und Abfahrtszeiten anzeigt.

Man kann sich auch per SMS über die voraussichtliche Ankunftszeit von Bussen und Trams informieren. Dazu muss man den Code, der auf dem gelben Schild über der jeweiligen Haltestelle angegeben ist (z. B. C 9907, das Leerzeichen nach dem C beachten!), als Nachricht an ☎ 3599 schicken. Preis: wie eine normale SMS. Kostenlos geht es, wenn man den Code per E-Mail im Betreff an sms@carris.pt sendet.

Metro

Die Metro bildet das Rückgrat des öffentlichen Stadtverkehrs. Sie bedient vor allem die Avenidas Novas, d. h. das moderne Lissabon. Die Altstadtviertel auf den Hügeln werden dagegen nicht angefahren. Betrieben werden die Metrolinien tägl. von 6.30 bis 1 Uhr nachts. Viele Stationen sind übrigens überwältigende Beispiele moderner portugiesischer Kunst und verdienen es, gesehen zu werden.

Achtung: In Lissabon fährt die Metro links, daher aufpassen, dass man nicht intuitiv auf den falschen Bahnsteig geht!

Busse

Das Busnetz ist mit seinen ca. 70 Linien, die kreuz und quer durch die ganze Stadt führen, schwer zu überblicken.

Tram 28 in der Alfama

Die ersten Busse fahren gegen 5 Uhr morgens; gegen Mitternacht wird der Service eingestellt.

Dann übernehmen ihn die **Nachtbusse** der *Rede da Madrugada*. Sie verkehren tägl. von 0.30 bis 5.30 Uhr jeweils zur halben Stunde ab dem Bahnhof Cais do Sodré (um 1 und 5 Uhr auch Abfahrt zur vollen Stunde).

In den Monaten Juli und August gilt der Sommerfahrplan *Horario de Verão*. Im Gegensatz zum Winterfahrplan, dem *Horário de Inverno*, fahren dann vor allem im Berufsverkehr weniger Busse.

Bus & Tram leicht gemacht

Man stellt sich in Lissabon immer für die Busse, Straßenbahnen und Aufzüge in der Schlange an! Das sollte man auch als ausländischer Gast unbedingt beachten, da Drängeln an der Haltestelle in Lissabon als sehr unhöflich gilt. Bus und Straßenbahn bringt man zum Halten, indem man sie heranwinkt. Vergisst man dies, fahren die Busse einfach vorbei. Eingestiegen wird prinzipiell immer vorne; eine Ausnahme sind einzig die neuen Straßenbahnen, die man durch alle Türen betreten und verlassen darf. Gehalten wird nur, wenn man vorher auf den Knopf Parar gedrückt hat. Aussteigen muss man prinzipiell hinten.

Straßenbahnen

Es gibt wohl kaum eine andere Großstadt in Europa, in der so betagte Straßenbahnen unterwegs sind wie in Lissabon. Die älteste Straßenbahn, die noch in Betrieb ist – wenn auch nur zu besonderen Anlässen –, ist die Tram Nr. 283 aus dem Jahr 1902. Nur auf der Linie 15 sind teilweise moderne Gelenkwagen im Einsatz. Ansonsten wird der komplette Trambetrieb mit den wunderschönen historischen Bahnen mit Holzkarosserie gefahren. Die Straßenbahn ist mit Sicherheit das beste Transportmittel, um die Altstadtviertel zu erkunden.

Hinweis: Die Karte zum Straßenbahnnetz Lissabons findet man in der vorderen Umschlagklappe des Buches.

Lissabon im Kasten

Quer durch Lissabon mit der Kult-Linie 28

Eine Fahrt mit der erlebnis- und aussichtsreichen Linie 28 gehört zu einem Besuch Lissabons dazu wie der Besuch des Eiffelturms in Paris. Allerdings ist diese Linie inzwischen so überfüllt, dass man oft nicht mehr mitgenommen wird, wenn man nicht direkt an der Anfangsstation Praça Martim Moniz (M) Martim Moniz) einsteigt. Von dort fährt die 28 erst einmal über die Rua da Palma und Avenida Almirante Reis nach Norden und biegt dann Richtung Osten ab, um emsig den Graça-Hügel zu erklimmen. Oben angekommen, liegen die Kirche *Igreja da Graça* und der Aussichtspunkt *Miradouro Nossa Senhora do Monte* nicht weit entfernt. Die nächste Haltestelle befindet sich gegenüber der *Igreja São Vicente de Fora*. Wer zum Flohmarkt *Feira da Ladra* will, steigt hier aus.

Für alle anderen wird es nun abenteuerlich: Eine eingleisige Strecke (der Verkehr wird durch eine Ampel geregelt) führt durch die Gassen der Alfama, die z. T. so eng sind, dass sich die Passanten an die Haustüren drücken müssen, um nicht von der Tram erfasst zu werden. Danach wird die Straße wieder etwas breiter; nach einem weiteren eingleisigen Abschnitt in einer ansteigenden Kurve erreicht man den *Miradouro Santa Luzia*, von dem die Burg zu Fuß schnell erreicht werden kann. An der Kathedrale vorbei geht es in die Baixa hinunter. Der Wagenführer kurbelt dabei kräftig an den großen Handbremsenrädern; nicht um-

sonst wird er auf Portugiesisch *guarda-freios* (Bremsenhüter) genannt.

Es folgt ein kurzer Halt in der Rua da Conceição, und schon geht es wieder nach oben in Richtung Chiado. Die folgende Straße erinnert sehr an San Francisco, und siehe da: Sie heißt auch Calçada de São Francisco. Die Steigung ist mit 13,5 Prozent enorm – die steilste Straßenbahnstrecke der Welt! Vorbei an der Oper *São Carlos* erreicht man den Largo de Camões im Bairro Alto. Nicht weit davon ist das berühmte Café *A Brasileira* zu finden. Einige Straßenbahnen enden hier, die meisten setzen ihre Fahrt fort.

Kurz nach der Bergstation des *Ascensor da Bica* muss der Fahrer wieder kräftig an der Handbremse kurbeln, damit der Wagen nicht zu schnell den Berg hinunterschießt. Am *Parlament São Bento* vorbei geht es die Calçada da Estrela hinauf zur *Basílica da Estrela*. Rechts der Basilika liegt der zum Verweilen einladende Park *Jardim da Estrela*. Weiter geht es durch den grünen, rechtwinklig angelegten Arbeiterstadtteil Campo de Ourique zum *Cemitério dos Prazeres*. Auf dem „Friedhof der Vergnügungen" kann eine kurze Erholungspause eingelegt werden, bevor es wieder zurückgeht – denn auf dieser Fahrt gibt es immer etwas zu entdecken … Oder man nimmt hier die weit weniger überfüllte Tram 25, die auf einer anderen Linie von Prazeres über Estrela zurück ins Zentrum fährt (allerdings nur Mo–Fr).

Aufzüge

Die vier Aufzüge gehören zu den Hauptsehenswürdigkeiten der Stadt, denn sie helfen einem nicht nur bequem die Hügel hinauf – die Fahrt an sich ist schon ein Erlebnis. Besonders der **Elevador de Santa Justa**, der die Baixa mit dem Chiado verbindet, ist ein Markenzeichen Lissabons. Die zwei

Aufzugskabinen verkehren senkrecht nach oben. Die anderen drei Aufzüge sind Standseilbahnen und heißen offiziell eigentlich *ascensores*, im Volksmund werden sie aber einfach als *elevadores* bezeichnet: Der **Ascensor da Glória** verbindet die Praça dos Restauradores mit dem Bairro Alto, der **Ascensor do Lavra** führt dagegen auf den gegenüberliegenden Santana-

Hügel, der vierte Aufzug schließlich, der **Ascensor da Bica**, verbindet die Gegend um den Cais do Sodré mit dem Bairro Alto.

Taxi

Die Taxis sind in Portugal in der Regel genau wie in Deutschland beigefarben, manchmal auch grün-schwarz. Das Taxifahren in Lissabon ist durchaus noch erschwinglich. Vor der Fahrt sollte man aber unbedingt darauf achten, dass der Fahrer die Zähluhr auf die Grundgebühr und den richtigen Tarif einstellt. Zwischen Montag und Freitag muss tagsüber Tarif 1 auf der Taxameteranzeige erscheinen, zwischen 21 und 6 Uhr sowie an Wochenenden und Feiertagen ganztags gilt dagegen Tarif 2. Dann sind alle Preise und Zuschläge etwa ein Fünftel höher.

Vor allem am Flughafen ist ein gewisses Misstrauen bei den Tarifen nicht fehl am Platz. Ab und zu stellen die Fahrer beispielsweise Tarif 3 ein, der normalerweise nur für Fahrten in die Vororte außerhalb Lissabons gültig ist.

Ein weiterer Trick ist, den Gepäckzuschlag nicht nur einmal, wie vorgeschrieben, sondern für jedes Gepäckstück einzeln abzurechnen.

In der Nacht vom 12. auf den 13. Juni (Stadtfeiertag Santo António) sowie in der Neujahrsnacht ist es übrigens so gut wie unmöglich ein freies Taxi zu finden. Hier sollte man sich auf lange Wartezeiten einstellen.

Preise

Im Tarif 1 beträgt die Grundgebühr 3,25 € (die ersten 1,8 km sind inklusive). Im Tarif 2 kostet die Grundgebühr 3,90 € (1,4 km inklusive). Pro weiterem Kilometer fallen jeweils zusätzlich ca. 0,50 € an. Wenn der Kofferraum benutzt wird, kostet es 1,60 € Zuschlag. Wurde das Taxi per Telefon bestellt, so kommen 0,80 € extra dazu. Üblich ist ein Trinkgeld von mindestens 5 % – bei korrekten Fahrern sollte das nicht schwerfallen.

Funktaxis

Rádio Táxis de Lisboa, ✆ 218119000, www. retalis.pt; Teletáxis, ✆ 218111100, www.teletaxis.pt. Teletáxis kann man auch über die App Click4Taxi (für Android und iPhones) bestellen.

Verbindet Unter- mit Oberstadt: Elevador de Santa Justa

Typisch Lissabonner, schwarz-grün lackiertes Taxi am Eingang zur Burg

Eigenes Auto oder Mietwagen

Verzichten Sie in Lissabon auf ein Auto! Die Parkplatzsuche ist unerquicklich, Dauerparken extrem teuer und der Verkehr oft stockend und chaotisch. Mit den – zudem noch umweltfreundlicheren – öffentlichen Verkehrsmitteln kommt man meist schneller und auch billiger voran.

Nur für abgelegene Gebiete in der Umgebung von Lissabon lohnt sich wirklich ein **Mietwagen**, den man am besten ein paar Wochen vor der Reise über das Internet reserviert. Das ist deutlich günstiger als am Flughafenschalter und kostet ab 15 € pro Tag oder 90 € pro Woche.

Mietwagenanbieter

In der Regel darf man erst ab einem Alter von 21 Jahren einen Wagen mieten, bei manchen Anbietern sogar erst ab 24 Jahren. Zusätzliche Bedingung ist mindestens ein Jahr Fahrpraxis. Gewöhnlich muss man eine Kreditkarte als Kaution vorlegen.

Vergleichsportale und Vermittler erleichtern die Suche: www.billiger-mietwagen.de, www.cardelmar.de, www.holidayautos.de, www.sunnycars.de.

Die großen Mietwagenfirmen sind alle am Lissabonner Flughafen vertreten. Außerdem gibt es folgende Stadtbüros:

Europcar, Av. António Augusto de Aguiar, 24-C/D, Ⓜ Parque, ✆ 213535115, www.europcar.pt. Auch am Bahnhof Gare do Oriente (Av. D. João II, Lote 1.15.01, ✆ 218946071) und im Vorort Cascais vertreten (Av. Marginal, Centro Comercial Cisne, Loja 4/5, ✆ 214864419).

Tipp für die Autobahnmaut

Man kann bei allen Verleihern ein Via-Verde-Gerät für die elektronische Mautbezahlung als Mietwagen-Zubehör buchen. Es kostet meist nur wenige Euro pro Tag (die anfallenden Mautgebühren werden einige Wochen später über die Kreditkarte abgerechnet). Mit dem Via-Verde-Gerät darf man die Mautstellen auf den gebührenpflichtigen Autobahnen und auf den beiden Tejobrücken über spezielle Fahrspuren (am grünen V zu erkennen) passieren, ohne anhalten zu müssen. Bei Autobahnen, die nur eine rein elektronische Gebührenerfassung und keine Mautstellen mehr haben, erspart man sich zudem viel Bürokratie.

24-Stunden-Tankstelle am Flughafen: Um den Mietwagen kurz vor der Rückgabe am Flughafen vollzutanken, ist die Repsol-Tankstelle an der Rotunda do Relógio ideal gelegen. Man

Verkehrsschlagader Richtung Süden: Ponte 25 de Abril

erreicht den Kreisverkehr am Ende der Avenida Almirante Gago Coutinho oder über die Ausfahrt „Aeroporto Chegadas" der Stadtautobahn Segunda Circular.

Parken

An Werktagen kann es in Lissabon extrem schwierig sein, einen Parkplatz zu finden. In einem Großteil Lissabons muss Mo–Fr 8–20 Uhr für die Parkplätze bezahlt werden (Sa/So/Fei meist frei, die Hauptverkehrsstraßen sind auch Sa 9–14 Uhr kostenpflichtig). 4 Std. Parken kostet in der Regel ca. 5 €.

Die Höchstdauer ist meist auf 4 Std. begrenzt, an Hauptverkehrsstraßen auf 2 Std. Wer den Wagen länger parken will, muss auf noch teurere Parkhäuser oder Tiefgaragen ausweichen, z. B. Praça dos Restauradores (Einfahrtmöglichkeit nur aus Richtung Praça Marquês de Pombal vom äußeren rechten Fahrstreifen der Av. da Liberdade aus), Praça da Figueira, Praça Martim Moniz, Largo Chão do Loureiro (alle Baixa), Portas do Sol (Alfama), Praça Luís de Camões (Bairro Alto), Praça Marquês de Pombal (Avenida da Liberdade) und Picoas (Avenidas Novas). Infos zu weiteren Parkplätzen unter www.parkopedia.pt.

Für ein Knöllchen zahlt man übrigens zwischen 30 und 150 € und hat dabei das Vergnügen, die langwierige Bürokratie der städtischen Parkplatzgesellschaft EMEL E.E.M. kennenlernen zu dürfen (www.emel.pt).

Auto abgeschleppt?

Am einfachsten schickt man eine SMS an die Nummer ☏ 3838 mit dem Text „Reboque" gefolgt von einem Leerzeichen und dem Autokennzeichen. Als Antwort erhält man die Adresse, wohin das Fahrzeug abgeschleppt wurde.

Wahrscheinlich steht Ihr Wagen bei der Parkgesellschaft EMEL auf der Praça Humberto Delgado – Parque de Sete Rios (Ⓜ Jardim Zoológico). Weitere Infos: ☏ 217813600, www.emel.pt.

Verkehrsvorschriften

Innerorts ist bei 50 km/h Schluss, auf Landstraßen variiert die Grenze zwischen 90 km/h und 100 km/h auf autobahnähnlichen Straßen, auf Autobahnen ist das erlaubte Maximum 120 km/h. Das Telefonieren am Steuer ohne Freisprecheinrichtung ist verboten und wird mit Strafen zwischen 120 und 600 € sowie Fahrverbot geahndet!

Die Promillegrenze liegt bei 0,5! Über 0,5 Promille sind drastische Strafen fällig: 250–2500 € Geldbuße und 1–24 Monate Führerscheinentzug. Ab 1,2 Promille gilt Trunkenheit am

Steuer als Straftat und wird mit bis zu einem Jahr Gefängnis geahndet!

Autobahnen

In Portugal gibt es verschiedene Arten von Autobahnen. Die **Autoestradas** werden meist von der privaten Gesellschaft *BRISA* betrieben und sind gebührenpflichtig; man erkennt sie an den blauen Schildern, die oft den Hinweis *portagem* (mautpflichtig) tragen. Mautrechner und Stauinformationen auf der Seite des Straßeninstituts www.estradas.pt. Weitere Informationen, Stauticker und Webcams unter www.brisa.pt. Die Gebühren für die Tejo-Brücken unter www.lusoponte.pt.

Die autobahnähnlich ausgebauten, grün ausgeschilderten **Itinerários Principais (IP)** und **Itinerários Complementares (IC)** sind zwei- bis vierspurig und können in der Regel gebührenfrei befahren werden.

Pannenhilfe

Automóvel Clube de Portugal/ACP (Partnerschaftsabkommen mit vielen deutschen Automobilclubs), 24-Stunden-Pannenhilfe für den Großraum Lissabon, ☎ 707509510 und 916767227, www.acp.pt. In jedem Fahrzeug muss eine Leuchtweste vorhanden sein, die man anziehen muss, wenn man im Fall einer Panne das Auto verlässt. Ansonsten droht eine Strafe zwischen 120 und 600 €.

Fahrrad

Die vielen Hügel mit ihren steilen Anstiegen machen Lissabon nicht zur idealen Fahrradstadt. Empfehlenswerte Radwege gibt es aber dennoch: Vor allem lockt die 7 km lange Strecke am Tejo-Ufer zwischen dem Cais do Sodré und Belém. Eine weitere Strecke am Flussufer verbindet den Bahnhof Santa Apolónia mit dem Parque das Nações und dem Trancão-Park unter der Vasco-da-Gama-Brücke. Im Monsanto-Park verlaufen weitere Radwege.

Fahrradverleih

Belém Bike, tägl. 10.30–20 Uhr (Sa/So schon ab 9.30 Uhr). Kleine Werkstatt mit Verleih einfacher Räder neben dem Museu da Electricidade

---

Lissabon im Kasten
Die etwas andere Tour – mit dem Fahrrad durch Lissabon

Doppeldeckerbusse, Straßenbahnen oder Stadtspaziergänge – es gibt viele Optionen, Lissabon kennenzulernen. Doch seit ein paar Jahren ist das Fahrrad als neue und etwas andere Möglichkeit hinzugekommen, die portugiesische Hauptstadt zu entdecken. Das Unternehmen Bike Iberia bietet mehrere geführte Radtouren an, die beliebteste führt entlang des Tejo-Ufer-Radweges.

Der Radweg beginnt praktischerweise direkt in der Nähe des Sitzes von Bike Iberia am Cais do Sodré. Immer am Fluss entlang, erhält man auf der Fahrt interessante Einblicke in den Lissabonner Hafen. Die Führer halten immer wieder kurz an, um die einzelnen Sehenswürdigkeiten vorzustellen. Für Liebhaber portugiesischer Poesie bieten sich weitere Stopps an, da der Radweg von der Stadt mit Gedichten von Fernando Pessoa besprüht wurde.

Es ist noch gar nicht so lange her – genau gesagt Anfang der 90er-Jahre –, dass Radfahrer in Lissabon wie Marsmenschen bestaunt wurden. Heute erntet man auf der Tour keine verwunderten Blicke mehr, man muss höchstens damit rechnen, dass viele Lissabonner den Fahrradweg als Joggingstrecke verwenden.

Erstes Ziel der Tour ist die Torre de Belém am Ende des Ufer-Radwegs. Ein paar Minuten weiter besteht die Möglichkeit, die Kirche des Mosteiro dos Jerónimos zu besichtigen und eine Pause in den Grünanlagen von Belém bei einem *pastel de nata* einzulegen. Zurück geht es entweder erst ein Stück entlang der Tramlinie 15 durch Alcântara oder direkt über den Ufer-Radweg.

Kontakte von Bike Iberia siehe S. 240.

in Belém (auf der Seite Richtung Innenstadt am Tejo-Ufer-Radweg). Die erste Stunde kostet 4,50 €, dann 1 € pro halbe Stunde. ✆ 937406316 und 963780233, www.belembike.com.

🌿 **Bike Iberia**, tägl. ab 9.30 Uhr bis abends. Etwas versteckt zwischen der Igreja do Corpo Santo und dem Bahnhof Cais do Sodré. *Die Adresse für Radler in Lissabon:* Hier gibt es jede Menge Tipps vom radbegeisterten Personal. Bike Iberia hat zudem die erste gedruckte Radkarte für die Region Lissabon herausgegeben: Die „Lisbon Bike Map" kann im Geschäft für 7 € erworben werden. Das Ausleihen von Rädern kostet 5 € für 1 Std., 10 € für 4 Std. und 14 € pro Tag für einfache Stadträder. Außerdem große Auswahl an Tourenrädern und Mountainbikes, ebenso Kinderräder sowie Anhänger und Bike Trailer für die ganz Kleinen. Es werden auch geführte Radtouren innerhalb Lissabons und nach Cascais/Sintra und in die Serra da Arrábida südlich von Lissabon angeboten (ab 30 € pro Person, Start tägl. 10 Uhr, 2 Personen müssen mindestens teilnehmen). Largo Corpo Santo, 5, Ⓜ Cais do Sodré, ✆ 213470347, www.lisbonhub.com.

Tejo-Ufer-Radweg an der Torre de Belém

Vélocité Café, tägl. (außer Di) 10–19 Uhr. Café und Fahrradwerkstatt in einem. Ideale Lage an der Flaniermeile Avenida Duque de Ávila nahe dem Gulbenkian-Parks. Von hier aus führt ein Radweg in den Monsanto-Park. Verleih von Rädern mit Schloss und Helm 5 € pro Stunde, 15 € pro Tag. Self-Service im Café, auch Tische auf dem Bürgersteig. Toasts und Salate. WLAN kostenlos. Avenida Duque de Ávila, 120-A, Ⓜ São Sebastião, ✆ 213545252, www.velocitecafe.com.

Fahrradkarte: im Internet auf den Seiten der Stadt unter lisboaciclavel.cm-lisboa.pt.

Fahrradtransport: In der Metro kann das Rad immer kostenlos mitgenommen werden (max. 2 Räder pro Wagen und nur, wenn genug Platz ist, die Rushhour Mo–Fr 7.30–10 und 17–19.30 Uhr daher besser meiden). Auch in den Vorortzügen können Räder tägl. den ganzen Tag über kostenlos mitgeführt werden (die mit „Canal Especial" gekennzeichneten Eingänge verwenden). Auch die Transtejo befördert auf allen Schiffslinien Räder kostenlos (die Besatzung kann den Transport verweigern, wenn nicht ausreichend Platz sein sollte).

In den Carris-Straßenbahnen und -Aufzügen ist der Transport von Fahrrädern nicht erlaubt. Das gilt auch für die meisten Carris-Busse. Nur in zwei Linien durch den Monsanto-Park (723 und 724) und in drei Linien durch den Parque das Nações (708, 725 und 731) können Räder mitgenommen werden (kostenlos). In dem Fall betritt man den Bus durch die hintere Tür.

Organisierte Stadtrundfahrten

Allen organisierten Stadtrundfahrten in Lissabon ist gemein, dass sie ziemlich überteuert sind. Mit etwas Eigeninitiative können die gleichen Orte oft zu einem Bruchteil des Preises erkundet werden.

Yellow Boat Tour: Per Schiff geht es die Küste entlang mit schönem Blick auf die Stadt mit einem Stopp auf der anderen Tejo-Seite in Cacilhas und in Belém.

Hills Tramcar Tour: Stilvolle Fahrt in einer Straßenbahn aus dem Jahr 1902 von der Praça do Comércio über die Hügel der Altstadt Lissabons. Mit Audioguide auf Deutsch und in anderen Sprachen. Im Wesentlichen eine Mischung aus den Strecken der regulären Straßenbahnlinien 25 und 28.

Castle Tramcar Tour: Kürzere Fahrt in einer historischen Straßenbahn von der Praça da Figueira (Metro Rossio) auf die Hügel der Burg und der Graça. Ebenfalls mit Audioguide. Entspricht weitgehend der regulären Straßenbahnlinie 12 und der stillgelegten Linie 24.

Tagus Tour: Eine Fahrt in kitschigen, oben offenen Doppeldeckerbussen nach Londoner Vorbild zu den Sehenswürdigkeiten in der Gegend der Avenidas Novas und am Tejo-Ufer im Westen der Stadt. Dazu werden Audio-Infos in Portugiesisch, Deutsch, Französisch, Englisch und anderen Sprachen abgespult.

Olisipo Tour: Wie die Tagus Tour, in diesem Fall geht die Rundfahrt allerdings in den Osten der Stadt.

Preise und Abfahrtszeiten

Die Touren werden von Carristur, einer Tochterfirma der Lissabonner Verkehrsbetriebe, angeboten. Bei Online-Kauf der Karten über www.yellowbustours.com 10 % Rabatt, bis 10 J. 50 % Ermäßigung, bis 3 J. frei. Die Karten gelten 24 Std., man kann damit beliebig oft aus- und einsteigen. Außerdem darf man mit ihnen auch die normalen Trams, die Aufzüge und den Aerobus benutzen.

Yellow Boat Tour, Mitte März bis Ende Okt. tägl. 11, 12.30, 15, 16.30 und 18 Uhr von der Fährstation Terreiro do Paço (Ⓜ Terreiro do Paço). Wer will, kann auch bei den Zwischenstopps in Cacilhas (15 Min. später) und Belém (45 Min. später) einsteigen. Dauer der Rundfahrt 1:30 Std. Erw. 19 €.

Hills Tramcar Tour, Juni–Sept. alle 25 Min. 9.30–19 Uhr, Okt.–Mai alle 30 Min. 9.30–17.30 Uhr von der Praça do Comércio (Ⓜ Terreiro do Paço). Dauer 1:30 Std. Erw. 19 €.

Castle Tramcar Tour, nur April–Okt. alle 30 Min. 10.30–18 Uhr vom Largo de Camões (Ⓜ Baixa/Chiado). Dauer 1:15 Std. Erw. 12 €.

Tagus Tour, Abfahrt ganzjährig alle 20 Min. 9–17.30 Uhr (Juni–Sept. bis 20 Uhr) von der Praça da Figueira (Ⓜ Rossio). Dauer 1:40 Std. Erw. 16 €.

Olisipo Tour, Abfahrt ganzjährig alle 30 Min. 9.15–17.45 Uhr (Juni–Sept. bis 19.15 Uhr) von

der Praça da Figueira (Ⓜ Rossio). Dauer 1:40 Std. Erw. 16 €.

Mit dem Tuk-Tuk durch Lissabon

In den Vierteln Alfama und Graça gehören die Autorikschas fast schon zum Stadtbild. Mancher Lissabonner fordert angesichts der zahlreichen, laut knatternden Fahrzeuge bereits ein Tuk-Tuk-Verbot für die Altstadtgassen. Im Gegensatz zu ihrem asiatischen Original sind die Lissabonner Dreiräder keine preiswerte Alternative zum konventionellen Autotaxi. In der Regel werden nur touristische Stadtrundfahrten angeboten, die mit etwa 50 € pro Stunde zu Buche schlagen (meist sind bis zu 4 Fahrgäste inklusive). In Zukunft sollen die Tuk-Tuks in Lissabon nur noch mit Elektromotor angetrieben werden dürfen, um Lärm und Abgase zu reduzieren. Es gibt zahlreiche Anbieter, z. B. www.tuk-tuk-lisboa.pt, www.ecotuktours.com oder www.tukonme.pt.

Stadtspaziergänge

Wer die Stadt nicht nur selbst erkunden möchte, dem bietet sich inzwischen ein recht breites Angebot an verschiedenen Touren zu Fuß.

Lisbon Walker, der größte Anbieter von Stadtspaziergängen in Lissabon. Tägl. um 10 Uhr englische Touren mit einer Dauer von 2 bis 3 Std. (keine Touren am 25.12. und am 1.1.). Im Unterschied zu den anderen Anbietern keine Vorausbuchung nötig. Treffpunkt ist unter den Arkaden am Tourismusbüro an der Ecke Praça do Comércio / Rua do Arsenal (Ⓜ Terreiro do Paço). Pro Person 20 €, unter 26 J. und ab 65 J. 15 €, bis 11 J. frei. Vorab buchbar sind außerdem individuelle Touren sowie Spaziergänge auf Deutsch. Rua do Jardim do Tabaco, 126 – Sobreloja, Ⓜ Santa Apolónia, ✆ 218861840, www.lisbonwalker.com.

Kosmus, im Angebot sind mehrere Touren mit 3 oder 6 Std. Dauer zu Themen wie dem Erdbeben von 1755 oder „Das Lissabon der Entdeckungen". Diese Stadtspaziergänge werden alle auf Deutsch und Englisch angeboten. Bei 2 bis 4 Teilnehmern kosten die 3-Stunden-Touren pro Person 25 €, für 6 Std. sind 40 € zu zahlen. Kinder bis 5 J. sind frei, bis 12 J. zahlen sie die Hälfte. Rua Carlos Mardel, 32-2º-Dir., Ⓜ Arroios, ✆ 218489097, www.kosmus.com.

Palacete Chafariz d'El Rei – Unterkunft im Privatpalast

Übernachten

Lissabon bietet mit mehr als 1000 Übernachtungsmöglichkeiten ein riesiges Angebot. Die feudalsten Unterkünfte sind im aristokratischen Viertel Lapa zu finden, die modernen Hotels der Geschäftsreisenden liegen an der Av. da Liberdade oder den Avenidas Novas. Altstadtflair und schöne Aussicht bieten die Quartiere in der Alfama und Mouraria. Für den schmalen Geldbeutel gibt es einige der besten Hostels weltweit.

Die meisten Unterkunftsmöglichkeiten fallen unter die große Gruppe des sog. **Alojamento Local – AL** (wörtlich „lokale Unterkunftsmöglichkeiten"). Dabei handelt es sich um **B&Bs** (Bed & Breakfast), **Pensionen** (Residencial) oder privat vermietete Zimmer. Ein Großteil unserer Empfehlungen stammt aus diesem Bereich. Wer auf eigene Faust nach einer solchen Unterkunft sucht, muss allerdings wissen, dass es hier keine gesetzlich definierten Standards gibt, sodass die Qualität dieser Unterkünfte stark schwanken kann.

Klar definierten, vom *Turismo de Portugal* überwachten Standards müssen dagegen die **Hotels** genügen, die nach dem internationalen Bewertungssystem in Häuser mit einem bis fünf Sternen klassifiziert werden. Eigenes Bad und Telefon sind für die Hotelzimmer aller Kategorien Pflicht, ab drei Sternen auch ein Fernseher. Erst ab vier Sternen kommt man obligatorisch in den Genuss eines hoteleigenen Parkplatzes.

Wer besonders preisgünstig übernachten will, kann auf eines der **Hostels** zurückgreifen, über die Lissabon in großer Zahl verfügt. Da private Hostels kurioserweise bis 2005 nicht erlaubt waren (seitdem schießen sie wie Pilze aus dem Boden), sind sie allesamt noch jüngeren Datums und dementsprechend modern. Nach Bewertung von Hostelworld, der international führenden Buchungsplattform in diesem Segment, sind die Lissabonner Hostels sogar die besten weltweit. Die meisten davon sind in renovierten Altbauten untergebracht und bieten Schlafsäle bzw. Mehrbettzimmer mit 4 bis 8 Betten, viele allerdings auch preiswerte Doppelzimmer. In der Regel ist die Atmosphäre familiär – man kocht zusammen, trifft sich in Gemeinschaftsräumen und zieht in der Gruppe zu Kneipentouren los. Da die Rückkehr von einer solchen Tour in der Regel nicht geräuschlos vonstattengeht, sind die Hostels auch nachts keine ausgesprochenen Oasen der Ruhe. Wer empfindlich ist, sollte sich trotz der Preisvorteile besser nach einer anderen Unterkunftsmöglichkeit umsehen.

Fündig könnte man dabei auch bei den vielen Lissabonner Privatpersonen werden, die ihre Wohnungen, Studios oder Zimmer über einen der diversen Anbieter wie *Airbnb* an Touristen vermieten – gerade für Familien mit Kindern eine gute und oft gar nicht so teure Wahl.

mein Tipp **Lissabon-Altstadt.de**. Im Angebot sind zahlreiche renovierte Ferienwohnungen für 2 bis 10 Personen in Stadtteilen wie Baixa, Chiado, Alfama, Mouraria, Graça, Bairro Alto, Campo de Ourique, São Bento und Lapa. Teilweise gehören sie den Besitzern des Portals Lissabon-Altstadt.de, der deutsch-portugiesischen Familie da Silva Zacharias, teilweise werden sie von ihnen nur vermittelt. Sie legen Wert darauf, dass alle Wohnungen aufgeräumt, gut in Schuss und durchdacht eingerichtet sind. Mit Küche, TV, teilweise auch freiem WLAN. Handtücher und Bettwäsche sind auch immer inklusive. Besonders viele Wohnungen werden im Stadtteil Graça angeboten, teilweise mit sehr schöner Aussicht wie in den ruhig gelegenen Appartements Mosteiro IV, V und VI direkt oberhalb des São Vicente-Klosters. Je nach Saison, Größe und Ausstattung 25–300 € pro Nacht für 2 Personen. Für jede weitere Person zusätzlich 20 €/Nacht (Kinder bis 9 J. nur 10 €). Dazu ca. 40–60 € für die Endreinigung. Witold Zacharias, Kopenhagener Str. 26, 10437 Berlin, ℡ 0049(30)4489451, www.lissabon-altstadt.de.

Reservieren

In der Hochsaison von Mitte Juni bis Mitte September sowie um Ostern und Neujahr sind zahlreiche Unterkünfte ausgebucht. Zu diesen Zeiten empfiehlt sich dringend eine frühzeitige Vorausbuchung!

Preise

Angegeben ist in diesem Buch in der Regel die Preisspanne für Doppelzimmer (DZ) für Neben- und Hauptsaison bei vorheriger Buchung im Internet (an der Rezeption kann es gerade bei Hotels deutlich teurer werden). Für ein Einzelzimmer kann man gewöhnlich ca. 20 % vom Doppelzimmerpreis abziehen. In vielen Hotels ist ein Kind bis 12 Jahre frei, wenn es im Zimmer der Eltern übernachtet.

> ### Übernachtungssteuer
>
> Die Stadt Lissabon erhebt pro Übernachtung eine Touristensteuer von 1 €. Maximal werden sieben Nächte berechnet. Die Gebühr muss vor Ort in der Unterkunft bezahlt werden.

Die folgenden Tipps erheben keinen Anspruch auf Vollständigkeit, es sind vielmehr die Übernachtungsmöglichkeiten, die ich persönlich empfehle. Dabei stehen landestypische Hotels und individuelle B&Bs im Vordergrund, in denen man viel Lissabon-Gefühl erleben kann.

Hotels, Pensionen, B&Bs

Baixa/Chiado

Residencial Portuense 11 Gepflegte Familienpension, nur wenige Meter von der Praça dos Restauradores und dem Rossio entfernt. Seit 1967 im nicht so stark frequentierten Teil der „Touristen-Restaurant-Meile" Lissabons, der Rua das Portas de Santo Antão, daher wenig Verkehrslärm. 35 saubere, in freundlichen Farben eingerichtete Zimmer mit eigener Dusche, Klimaanlage, Heizung, Parkett, TV, Telefon. DZ je nach Saison 49–71 € (Frühstück inkl.). In der Hauptsaison 2 Nächte Mindestaufenthalt. Rua das Portas de Santo Antão, 149–157, Ⓜ Restauradores, ℡ 213464197, www.pensaoportuense.com.

*** Lisboa Tejo Hotel 16 Zentrale Lage an einer belebten Straße unweit der Praça da Figueira. Innen steht der Brunnen (poço), nach dem die Straße benannt ist. 1994 eröffnet, ein paar Jahre später hat man das Haus zu einem ganz in Blau gehaltenen Designhotel umgestaltet.

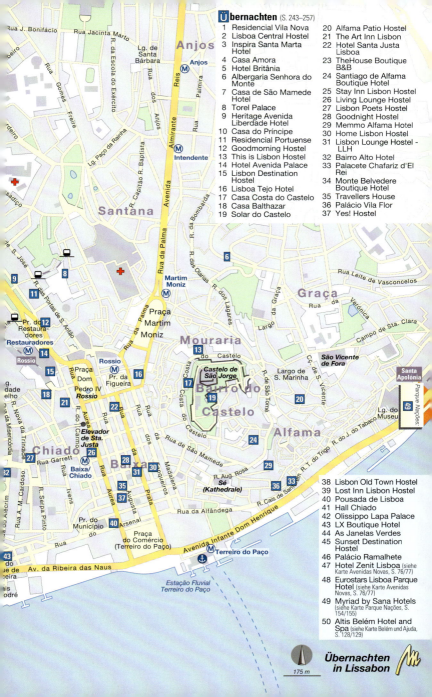

Übernachten (S. 243–257)

1 Residencial Vila Nova
2 Lisboa Central Hostel
3 Inspira Santa Marta Hotel
4 Casa Amora
5 Hotel Británia
6 Albergaria Senhora do Monte
7 Casa de São Mamede Hotel
8 Torel Palace
9 Heritage Avenida Liberdade Hotel
10 Casa do Príncipe
11 Residencial Portuense
12 Goodmorning Hostel
13 This is Lisbon Hostel
14 Hotel Avenida Palace
15 Lisbon Destination Hostel
16 Lisboa Tejo Hotel
17 Casa Costa do Castelo
18 Casa Balthazar
19 Solar do Castelo

20 Alfama Patio Hostel
21 The Art Inn Lisbon
22 Hotel Santa Justa Lisboa
23 TheHouse Boutique B&B
24 Santiago de Alfama Boutique Hotel
25 Stay Inn Lisbon Hostel
26 Living Lounge Hostel
27 Lisbon Poets Hostel
28 Goodnight Hostel
29 Memmo Alfama Hotel
30 Home Lisbon Hostel
31 Lisbon Lounge Hostel - LLH
32 Bairro Alto Hotel
33 Palacete Chafariz d'El Rei
34 Monte Belvedere Boutique Hotel
35 Travellers House
36 Palácio Vila Flor
37 Yes! Hostel

38 Lisbon Old Town Hostel
39 Lost Inn Lisbon Hostel
40 Pousada de Lisboa
41 Hall Chiado
42 Olissippo Lapa Palace
43 LX Boutique Hotel
44 As Janelas Verdes
45 Sunset Destination Hostel
46 Palácio Ramalhete
47 Hotel Zenit Lisboa (siehe Karte Avenidas Novas, S. 76/77)
48 Eurostars Lisboa Parque Hotel (siehe Karte Avenidas Novas, S. 76/77)
49 Myriad by Sana Hotels (siehe Karte Parque Nações, S. 154/155)
50 Altis Belém Hotel and Spa (siehe Karte Belém und Ajuda, S. 128/129)

Übernachten in Lissabon

175 m

58 zumeist geräumige, von portugiesischen Designern gestaltete Zimmer mit Parkett, Klimaanlage, TV und Minibar. Könnte unserer Ansicht nach aber bald wieder eine Renovierung vertragen. WLAN nur in der Lobby. DZ mit Frühstück je nach Saison 75–127 €. Rua dos Condes de Monsanto, 2, Ⓜ Rossio, ✆ 218866182, www.lisboatejohotel.com.

mein Tipp **The Art Inn Lisbon 21** Eingang etwas versteckt in der belebten Rua 1° de Dezembro, schräg gegenüber dem Hinterausgang des bekannten Café Nicola. Eine Stiege führt zur Rezeption im 1. Stock (kein Aufzug). Die 11 Zimmer hat die portugiesische Künstlerin Alexandra Prieto individuell nach lokalen Themen dekoriert, sie ist für ihre Gemälde auf Schuhen und Kleidungsstücken bekannt. Wem die Kunst gefällt, kann hier auch direkt ihre Werke erwerben. Das 2013 eröffnete Bed & Breakfast zeichnet sich durch familiäres Ambiente aus. Alle Zimmer mit Badezimmer (Dusche), Klimaanlage, Tresor und Kabel-TV. Kostenloses WLAN und Internetcomputer. Im 4. Stock unter dem Dach zwei Studios mit etwas niedrigen Decken und Küchenzeile. DZ je nach Saison 129–179 € (Frühstück inkl.). Rua 1° de Dezembro, 31, Ⓜ Rossio, ✆ 213470918, www.theartinn.com.

mein Tipp **Casa Balthazar 18** Bed & Breakfast in einer wunderschönen Altstadtvilla direkt über dem Rossio-Bahnhof. Unglaublich ruhig, obwohl sehr zentral. Früher Privathaus des Gründers der Traditionskonditorei Confeitaria Nacional, heute vermietet die Familie hier 9 sehr geräumige und stilvoll eingerichtete Zimmer. Holzdielen, Espressomaschine, WLAN kostenlos, Kabel-TV, Stereoanlage, Kingsize-Betten und eigene Bäder. Fast alle Zimmer haben auch Küchenzeile und Kühlschrank. Teilweise herrliche Aussicht auf die Stadt, am besten im Raum „Panoramic", von dessen Terrasse man auf den gegenüberliegenden Burgberg schaut. Elegant gestaltete Aufenthaltsräume und Innenhof mit Schwimmbad. Parkplätze vorhanden. DZ je nach Saison ab 150–220 € (Frühstück inkl.). Rua do Duque, 26, Ⓜ Restauradores, ✆ 917085568, www.casabalthazarlisbon.com.

★★★★ Hotel Santa Justa Lisboa 22 Im Herzen der Baixa an der Touristen-Restaurantmeile Rua dos Correeiros. Ideal gelegen, um die Stadt zu Fuß zu erkunden. Renoviertes Altstadthaus mit Fassade aus pombalinischer Zeit. Das Innere ist allerdings eher im Design moderner Business-Hotels gehalten, nur die Lobby erinnert mit ihren Steinbögen an die Vergangenheit. Dekoration mit großformatigen Fotografien des nur wenige Meter entfernten Santa-Justa-Aufzugs. 55 DZ auf 6 Etagen (Aufzug). Alle Zimmer mit Laminatböden, geräumigen Bädern, Klimaanlage, Tresor, Telefon und Kabel-Flachbild-TV. WLAN und Minibar kostenlos. Die Zimmer im obersten Stock haben Blick auf den Aufzug, dafür aber auch Dachschräge. DZ je nach Saison 135–239 €, Frühstück 15 € pro Person. Rua dos Correeiros, 204, Ⓜ Rossio, ✆ 210499000, www.hotelsantajustalisboa.com.

★★★★★ Hotel Avenida Palace 14 Sehr zentrale Lage, direkt neben dem Bahnhof Rossio, mit dem zusammen dieses Grandhotel erbaut wurde; José Luís Monteiro war bei beiden der Architekt. Das 1892 eröffnete Hotel war lange Zeit eines der besten Häuser Portugals und erste Adresse in Lissabon. Das Hotel verdient die Bezeichnung „Palast": überall klassizistischer Dekor mit Spiegeln, Antikmöbeln und Marmorbadezimmern. Ein Salon und die mit Holz verkleidete Bar laden zum Verweilen ein, der Frühstückssaal ist ebenfalls beeindruckend. Geräumige Zimmer mit Telefon, Sat-TV, Radio, freiem WLAN, Minibar, Tresor und Klimaanlage. Ruhig, da doppelte Fenster nach außen. Kein Restaurant, aber Fitnessstudio. DZ mit Frühstück je nach Saison und Größe 164–279 €. Rua 1° de Dezembro, 123, Ⓜ Restauradores, ✆ 213218100, www.hotelavenidapalace.pt.

★★★★★ Pousada de Lisboa 40 Luxushotel im früheren Gebäude des Innenministeriums an der Praça do Comércio; das ehemalige Büro des Diktators Salazar wurde dabei kurioserweise zur Präsidentensuite umfunktioniert. Abgesehen vom klassizistischen Treppenhaus und dem prächtigen Veranstaltungssaal eher moderneres Ambiente. Im Gegensatz zu den anderen Häusern der Pousada-Kette, die in Burgen oder Klöstern untergekommen sind, kommt nicht so viel historisches Gefühl auf. 90 Zimmer mit Marmorbädern, Klimaanlage, TV, kostenlosem WLAN, Telefon, Minibar und Tresor. Blick teilweise auf Praça do Comércio oder das Rathaus. Kleines Schwimmbecken, Sauna, Fitnessraum und Sonnenterrasse auf dem Dach. DZ je nach Saison und Größe 223–380 € (Frühstück inkl.). Praça do Comércio, 31–34, Ⓜ Terreiro do Paço, ✆ 210407640, www.pestana.com.

Lobby der Pousada de Lisboa

Alfama

Casa Costa do Castelo 17 Privatzimmer mit familiärem Ambiente direkt westlich unterhalb der Burgmauern am Hang. Vom heruntergekommenen Treppenhaus nicht abschrecken lassen: Die gepflegte Unterkunft befindet sich im 4. und 5. Stock (kein Lift). Mehrere kleine Zimmer mit Dielenböden. Außerdem eine Suite mit Küche. Zimmer ganz oben mit Dachschräge. Bei der Renovierung hat die deutsche Eigentümerin auf biologische Baumaterialien gesetzt. Teilweise umwerfender Ausblick auf den Rossio und die Brücke des 25. April. Aufenthaltsraum mit TV. Frühstücksraum im Wintergarten, dahinter ein entzückender Orangengarten mit Wendeltreppe. DZ 85–90 € (inkl. Frühstück). Mindestaufenthalt 2 Nächte. Costa do Castelo, 54, ✆ 218822678, www.c-c-castelo.com.

Palácio Vila Flor 36 In der Nähe des Brunnens Chafariz del Rei. Links neben dem Brunnen durch den Torbogen in die Travessa São João da Praça. Die Gasse links unter den Bögen durch nach oben und dann rechts in den Hinterhof. Dort erwartet den Besucher eine Reihe von Alfama-Häusern, die so gestaltet sind, als wären sie noch normale Wohnungen. Man hat das Gefühl, die Bewohner hätten ge-

rade für ein paar Minuten ihre Wohnungen verlassen. Dennoch werden die 20 bunt eingerichteten, etwas hellhörigen Zimmer alle an Kurzzeitgäste vermietet. Die mit Laminatböden versehenen DZ haben teilweise Tejo-Blick und sind um einen Wohnraum angeordnet, bis auf 3 DZ alle mit eigenen Bädern. Aufenthaltsräume und Terrasse mit Tejo-Blick. WLAN kostenlos. DZ je nach Größe, Ausstattung und Saison 50–100 € (inkl. Frühstück). Travessa São João da Praça, 36, Porta 1, Ⓜ Terreiro do Paço, ✆ 218870829, www.palaciovilaflor.com.

**** Memmo Alfama Hotel 29 Dieses Designhotel ist in 3 Altstadthäuser oberhalb der Kathedrale eingezogen. Ruhe garantiert die Lage am Ende einer Sackgasse (Einfahrt gegenüber Museu do Aljube, dort auch Haltestelle Limoeiro der Tram 28). Eines der Häuser war früher eine Bäckerei: In der ehemaligen Backstube ist inzwischen die Hotel-Leseraum untergekommen. Wohnliche Atmosphäre. Manche der 42 kleinen bis mittelgroßen Zimmer haben Terrasse mit Alfama-Aussicht, andere nur Blick in den Innenhof. Alle mit Bad, Klimaanlage, TV und kostenlosem WLAN. Die Hotelbar mit ihrer ausladenden Sonnenterrasse dürfte einen der besten Ausblicke Lissabons bieten. Kleiner Pool, Fitnessraum. DZ je nach Saison und Größe 132–265 € (Frühstück inkl.). Kinder unter 16 J. sind nicht zugelassen! Travessa das Merceeiras, 27, ℡ 210495660, www.memmohotels.com.

Solar do Castelo 19 Luxus-Gästehaus inmitten der Altstadtgassen direkt neben der Burg (Gäste können vom Endhalt der Buslinie 737 abgeholt werden). Im 16. Jh. befanden sich hier die Küchen des ehemaligen Königspalasts. Nach dem Erdbeben von 1755 errichteten Adlige an dieser Stelle einen kleinen Palast. Wunderbare Ruhe vom Stadtlärm, nur hin und wieder hört man einen der Burgpfauen schreien. Mit nur 20 Zimmern familiäre Atmosphäre. Modern eingerichtet, dennoch ist viel Geschichte zu spüren. Im EG eine mittelalterliche Zisterne, im Keller sind in einem Privatmuseum Azulejos, Tongefäße und Teller ausgestellt, die beim Bau gefunden wurden. Holzboden, Marmorbäder, Tresor, Sat-TV und kostenloses WLAN. Zimmer 12 und 21 haben einen schönen Blick auf den Tejo, die Zimmer im Neubauflügel (16–19) einen kleinen Balkon zum Innenhof. DZ je nach Saison und Ausstattung 140–381 € (inkl. Frühstück). Rua das Cozinhas, 2, ℡ 218806050, www.solardocastelo.com.

***** Santiago de Alfama Boutique Hotel 24 Zwischen Miradouro de Santa Luzia

(Halt Tram 28) und der Burg, dennoch ruhige Lage. Kein austauschbares Business-Hotel, sondern individuelles Altstadt-Flair. Die aufwändig restaurierten Zimmer sind in ehemaligen Wohnhäusern untergekommen, die zum Hotel verbunden wurden. Ein früherer Innenhof dient nun als Lobby, eine alte römische Treppe wurde ebenfalls integriert. 19 Zimmer, davon 2 behindertengerecht. Herrliches Alfama-Panorama von Zimmer 402 im 4. Stock. TV, Telefon, Tresor, Minibar und Bäder mit Badewanne oder Dusche. WLAN frei. Frühstück wird im nach der Tochter des portugiesischen Besitzers benannten Café Audrey serviert (öffentlich zugänglich), bei gutem Wetter auch auf der Terrasse auf dem Bürgersteig. DZ je nach Saison und Ausstattung 165–390 €, Frühstück 20 €/Pers. Rua de Santiago, 10–14, ℡ 213941616, www.santiagodealfama.com.

Palacete Chafariz d'El Rei 33 Boutique-Bed-&-Breakfast am Südrand der Alfama unmittelbar über dem Chafariz-del-Rei-Brunnen. Links neben dem Brunnen durch den Torbogen gehen, in die Travessa de São João da Praça und gleich rechts die Treppen hinauf. Einer der schönsten und skurrilsten Paläste der Alfama. Ende des 19. Jh. ließ sich das Haus ein Portugiese bauen, der in Brasilien zu neuem Reich-

---

Lissabon im Kasten

Palácio Belmonte – Lissabons exquisiteste Unterkunft

Unter der Adresse Páteo Dom Fradique Nr. 14 findet sich unweit der Burg die exklusivste Übernachtungsadresse der portugiesischen Hauptstadt. In einem 1449 auf der maurischen Stadtmauer errichteten Palast (Teile stammen sogar aus der Römerzeit) haben die Besitzer zehn Suiten eingebaut. Keine gleicht der anderen, schon die Grundfläche variiert zwischen 30 und 162 m². Alle sind mit elegantem Mobiliar aus dem 17. und 18. Jh. eingerichtet. Rote Ziegelböden, Tausende blau-weiße Azulejo-Fliesen und schmiedeeiserne Gitter machen das Palastflair perfekt. Die Suiten in den beiden Türmen verzaubern mit traumhaftem Rundblick auf Lissabon und den Tejo. Doch dafür muss man tief in den Geldbeutel

greifen: Die Preise der Suiten beginnen bei 500 €/Nacht. Das Hotelcafé im Innenhof ist übrigens für alle Besucher geöffnet (www.palaciobelmonte.com).

Das Café ist für alle geöffnet

Memmo Alfama Hotel: hinter den Mauern liegt eine der besten Aussichtsterrassen-Bars

tum gekommen war. Damals galt der Palast mit seiner auffälligen, vielfarbigen Azulejo-Fassade und dem Mix diverser Stile noch als geschmacklos. Im EG eine Terrasse mit Tejo-Blick und schattenspendender Laube sowie mehrere opulent dekorierte Aufenthaltsräume. Spiegel, Kronleuchter und Stuckdecken sowie ein Konzertflügel sorgen für vornehmes Flair. Auch wer nicht im Hotel untergebracht ist, kann für 19 € pro Person im herrlichen Teesaal brunchen (Mi–Fr 12–18 Uhr, Sa/So 11–20 Uhr, Mo/Di kein Brunch). Die sehr geräumigen Zimmer im 2. Stock sind ebenfalls nobel dekoriert. Klimaanlage, Sat-TV, Minibar und eigene Bäder. WLAN kostenlos. Suiten je nach Saison und Ausstattung 240–420 € (Frühstück inkl.). Travessa Chafariz del Rei, 6, Ⓜ Terreiro do Paço, ✆ 218886150, www.chafarizdel rei.com.

Mouraria/Graça

Albergaria Senhora do Monte 🖻 Mittelklasse-Pension in Familienbesitz abseits des Stadtgewühls, direkt neben dem Aussichtspunkt Miradouro Nossa Senhora do Monte. Die Haltestelle Graça der Tram 28 ist fußläufig zu erreichen. Von den Zimmern und der Dachterrasse (Frühstücksraum) herrlicher Blick auf Lissabons Altstadt, vor allem in der Morgendämmerung wunderschön. Wirkt inzwischen etwas in die Jahre gekommen, das Ambiente

erinnert an die 70er- und 80er-Jahre. WLAN frei. DZ mit Bad je nach Saison 75–120 € (inkl. Frühstück). Calçada do Monte, 39, ✆ 218866002, www.albergariasenhoradomonte.com.

Avenida da Liberdade

Mein Tipp **Torel Palace** 🖻 Zwei Paläste in ummittelbarer Nähe der Bergstation des Lavra-Aufzuges (Ⓜ Restauradores). Umwerfende Lage auf der Spitze des Santana-Hügels: ruhig, aber in Zentrumsnähe. Vom entzückenden Palmengarten schweift der Blick weit über Baixa, Chiado und Bairro Alto. Die Besitzer, ein Portugiese und eine Österreicherin, vermieten in beiden Palästen aus den Jahren 1904 (blaues Haus, hier auch Rezeption) und 1902 (rosa Haus) insgesamt 27 Zimmer an Gäste: am besten eines mit Aussicht buchen. Kronleuchter, Stuckdecken und Dielenböden verbreiten aristokratisch-romantisches Flair. Alle Zimmer mit eigenem Bad, Klimaanlage, TV, Telefon, kostenlosem WLAN, Tresor, Minibar und Kaffeemaschine. Pool und Bar im Garten. Abends ist auch das Hotel-Restaurant geöffnet. DZ je nach Saison und Größe 100–305 € (inkl. Frühstück). Rua Câmara Pestana, 23, ✆ 218290810, www.torelpalace.com.

Residencial Vila Nova 🖻 Gleich neben der Praça Marquês de Pombal im 3. Obergeschoss eines alten Jugendstilhauses (Aufzug). Schlichte, funktionale Einrichtung. Zimmer alle mit eigenem, meist kleinem Bad, TV, Tresor und kostenlosem WLAN. Die Pension ist in den vergangenen Jahren komplett renoviert worden. In der Umgebung diverse Geschäfte. Die U-Bahn-Station Marquês de Pombal ist nur wenige Meter entfernt. Trotz der belebten Straße vor der Tür besser Zimmer nach vorne nehmen, da im Innenhof Klimaanlagen lärmen. DZ je nach Größe und Saison 50–95 €, kein Frühstück. Av. Duque de Loulé, 111-3°, Ⓜ Marquês de Pombal, ✆ 213196290, www.residencialvilanova.com.

🌿 ****** Inspira Santa Marta Hotel 🔳** Etwas östlich der Praça Marquês de Pombal. Das Hotel ist ganz nach der fernöstlichen Zen-Philosophie und unter Beachtung von Umweltschutzgesichtspunkten gestaltet. Die 89 Zimmer sind nach den 5 Zen-Elementen Erde, Wasser, Feuer, Metall und Holz unterschiedlich dekoriert, das soll zu den verschiedenen Temperamenten der Gäste passen – mancher wird es etwas befremdlich finden. Zimmer relativ gut ausgestattet mit Kaffeemaschine, Flachbild-TV, Telefon, Fön und Tresor, allerdings in den Standard-Zimmern wenig Stauraum. Minibar kostenlos, ebenso WLAN. Die meisten Zimmer bieten keine Aussicht, teilweise blickt man direkt auf die andere Seite der Gasse. DZ je nach Saison und Ausstattung 101–199 €, Frühstück 15 € pro DZ. Rua de Santa Marta, 48, Ⓜ Marquês de Pombal, ✆ 210440900, www.inspirahotels.com.

**** Hotel Britânia 🔳 In einer Parallelstraße der Av. da Liberdade gelegen. Hotel der gehobenen Klasse der Heritage-Gruppe. Historisches, im Art-déco-Stil gehaltenes Gebäude des modernistischen Architekten Cassiano Branco aus den 40er-Jahren. Mit seinen 30 Zimmern fast familiäre Atmosphäre, alles sehr geschmackvoll und elegant eingerichtet. Sat-TV, Minibar, Telefon und Klimaanlage. Kostenloses WLAN. DZ je nach Saison und Ausstattung 149–327 € (Frühstück inkl.). Rua Rodrigues Sampaio, 17, Ⓜ Avenida, ✆ 213155016, www.hotelbritania.com.

MeinTipp ****** Heritage Avenida Liberdade Hotel 🔳** Am Südende der Avenida da Liberdade an der Ecke zum Largo da Anunciada. Palast aus dem 18. Jh., liebevoll vom portugiesischen Architekten Miguel Câncio Martins restauriert. 40 geräumige Zimmer mit hohen Decken, eingerichtet in einer gelungenen Mischung aus Tradition und Moderne. Trotz Avenida vor der Tür nachts ruhig. Große, komfortable Bäder, Sat-TV, DVD, Telefon, Minibar, Tresor sowie kostenloses WLAN. Wellnessbereich. Kein Restaurant, das Frühstück wird an Sitzgruppen in der Lobby serviert. DZ je nach Saison und Ausstattung 168–389 € (Frühstück inkl.). Av. da Liberdade, 28, Ⓜ Restauradores, ✆ 213404040, www.heritageavliberdade.com.

Avenidas Novas

**** Hotel Zenit Lisboa 47 Ableger der spanischen Zenit-Kette in direkter Nähe zur Praça Duque de Saldanha. Die historische, blau gestrichene Fassade des spitz zulaufenden Eckhauses wurde erhalten, innen jedoch sind die Zimmer modern eingerichtet. 86 Zimmer auf 6 Stockwerken. Minibar, Telefon, Tresor, Sat-TV, WLAN frei. Holzböden und schön eingerichtete Bäder. Es gibt mehrere Kopfkissen zur Auswahl, von härter bis weicher. Zahlreiche Konferenzräume und eigene Garage. DZ je nach Saison 65–99 €. Frühstück 10 € pro Person. Av. 5 de Outubro, 11, Ⓜ Saldanha, ✆ 213102200, www.zenithoteles.com.

**** Eurostars Lisboa Parque Hotel 48 In den Untergeschossen des Bürozentrums Palácio Sottomayor, Zugang aber über Rua

Bed&Breakfast The Art Inn Lisbon

Versteckte Idylle inmitten der Großstadt: Torel Palace

Largo Andaluz, die unterhalb der Av. Fontes Pereira de Melo verläuft. Wer neben dem Eingang nach oben schaut, kann die Metro unter der Brücke fahren sehen. Neubau mit 83 Zimmern. Kühl, aber elegant-modern eingerichtet. Vor allem Geschäftsreisende aus Spanien. Recht geräumige Zimmer, einige im 3. Stock mit Terrasse, auch Raucherzimmer. Parkett, Schreibtisch, Sat-TV, Telefon, freier WLAN-Zugang, Minibar kostenlos. Große Bäder mit viel Glas. Fitnesscenter, Konferenzräume. DZ je nach Saison 70–163 € (inkl. Frühstück). Rua Largo Andaluz, 13B, Ⓜ Picoas, ✆ 210050930, www.eurostarslisboaparque.com.

Bairro Alto

Hall Chiado 🔢 Guesthouse am Übergang zwischen Chiado und Bairro Alto. 9 Zimmer mit eigenem Bad in einem gut erhaltenen Altbau aus dem 18. Jh. Minimalistisch-modern eingerichtet: hohe Decken, Korkböden, aber keine Schränke. Sat-TV, Tresor, Klimaanlage, WLAN kostenlos. Tägl. Reinigung. Die Abwicklung erfolgt komplett über das Internet: Anmeldung sowie Check-in mit Geheimcode ab 15 Uhr. Keine Rezeption, aber ein zu normalen Arbeitszeiten geöffnetes Büro, das sich die Eigentümer, 2 portugiesische Designerinnen, mit Illustratorinnen und Modestylisten teilen. DZ je nach Ausstattung und Saison 65–118 € (kein Frühstück). Rua do Alecrim, 45, Ⓜ Cais do Sodré, ✆ 910061500, www.hallchiado.pt.

mein Tipp **Casa do Príncipe** 🔟 Bed & Breakfast im 1. Stock eines aristokratischen Stadthauses. Der portugiesische Besitzer hat es mit Liebe und Blick fürs Detail renoviert: Thematisch dreht sich alles um das Leben von König Pedro V. – der grüne Príncipe-Real-Platz vor der Haustür ist nach dem beliebten, 1861 im Alter von 24 Jahren verstorbenen König benannt – und seiner Frau Estefânia, Prinzessin Stephanie von Hohenzollern-Sigmaringen. Kronleuchter, Fresken und Stuck sorgen für exquisites Ambiente. 9 teilweise sehr geräumige Zimmer: Die nach hinten zum botanischen Garten sind sehr ruhig. Eigenes Bad, TV, kostenfreies WLAN, Klimaanlage, Tresor. DZ je nach Saison und Größe 99–170 € (Frühstück inkl.). Praça do Príncipe Real, 23-1°, Ⓜ Rato, ✆ 218264183 und 935743078, www.casadoprincipe.com.

** Monte Belvedere Boutique Hotel 🔢 Direkt neben dem Aussichtspunkt Miradouro de Santa Catarina, mit dem es die herrliche Aussicht teilt. Stilvoll renovierter Altbau aus den 1820er-Jahren, in dem früher eine Parfum-Fabrik untergebracht war. Im obersten Stock Panorama-Restaurant Madame Petisca (hier wird auch das Frühstück serviert). Familiäres Ambiente mit 12 Zimmern, davon 6 mit fantastischem Blick Richtung Rio Tejo (die anderen zum Bairro Alto, hier kann es abends etwas lauter werden). Die meisten Zimmer nicht sehr geräumig, dafür alle mit Parkettböden, eigenem Bad, Tresor, TV und Klimaanlage. WLAN kostenlos. DZ je nach Aussicht, Größe und Saison 89–139 € (inkl. Frühstück). Es werden auch zahlreiche Appartements in der näheren Umgebung vermietet. Rua de Santa Catarina, 17, Ⓜ Baixa/Chiado, ☎ 914176969, www.shiadu.com.

**** LX Boutique Hotel 43 In unmittelbarer Nähe zum Bahnhof Cais do Sodré und der gleichnamigen Diskothekenzone, daher kann es nachts etwas laut werden. Anfang des 20. Jh. war hier mit dem Hotel Bragança eine der bekanntesten Adressen Lissabons untergebracht. Jahrzehntelang stand das Haus in Ruinen, bis es 2010 als Boutique-Hotel neu eröffnet wurde. Altbau, daher etwas enger, aber hohe Zimmerdecken. Zugang zur Rezeption nur über eine Treppe, zu den Stockwerken fährt dagegen ein Aufzug. 45 helle, mit Liebe zum Detail dekorierte Zimmer. Im vierten und fünften Stock Tejo-Blick. Flachbild-TV, iPod-Sound-System, WLAN kostenfrei, Tresor. DZ je nach Saison und Ausstattung 100–175 €, Frühstück 15 € pro Person. Rua do Alecrim, 12, Ⓜ Cais do Sodré, ☎ 213474394, www.lxboutiquehotel.com.

MeinTipp ******* Bairro Alto Hotel 32** Ein liebevoll restauriertes Altstadthaus aus dem Jahr 1845 im Zentrum des Bairro Alto. Die 55 Zimmer bleiben trotz des belebten Platzes und der vor der Tür vorbeifahrenden Tram 28 aufgrund doppelter Fensterflügel mit jeweils Doppelglas ruhig. Dielenböden und hohe Decken machen einen noblen Eindruck. Nur die Mansardenzimmer im obersten Stock sind etwas klein geraten. Klimaanlage, Schreibtisch, Minibar, Flachbild-TV, DVD-Player, Telefon, WLAN kostenfrei, Tresor, Marmorbäder mit Wanne. Kleine Balkone mit Tejo-Blick. Den besten Blick bis zur Brücke des 25. April, den Tejo und den Cristo Rei hat man ganz oben von der Terrasse, auf der bei gutem Wetter Getränke serviert werden. Im EG ein stilvoll gehaltenes Restaurant und eine kühl-modern gestaltete Bar. DZ je nach Saison und Ausstattung 220–515 € (inkl. Frühstück). Praça Luís de Camões, 2, Ⓜ Baixa/Chiado, ☎ 213408288, www.bairroaltohotel.com.

Amoreiras

Casa Amora 4 Bed & Breakfast in einem liebevoll renovierten Häuschen. Ruhige Lage nur wenige Meter von der grünen Praça das Amoreiras, dem Wasserreservoir Mae d'Água und der U-Bahn Rato entfernt. Schnuckelig-romantisches Ambiente mit Spiegeln, Kommoden, Polstersesseln, Teppichböden und Stuckdecken. Wer zum Wohlfühlen große Flächen braucht, dem wird es hier vermutlich zu eng sein. Kleiner Aufenthaltsraum, auf der angeschlossenen Hinterhofterrasse finden einige weitere Tische Platz. 10 Zimmer im Haupthaus mit eigenem Bad, Tresor und Klimaanlage. Kostenfreies WLAN. Zusätzlich 5 größere Zimmer in Gebäuden in der Nachbarschaft, teilweise mit Küchenzeile (die Nebengebäude sind nicht für kleine Kinder geeignet, da ungesicherte Treppen). DZ je nach Saison 105–165 € (inkl. Frühstück). Rua João Penha, 13, Ⓜ Rato, ☎ 919300317, www.casaamora.com.

Lapa/São Bento

MeinTipp **The House Boutique B & B 23** Angesichts der funktionalen Fassade würde man niemals vermuten, dass sich hier eine der Unterkünfte mit der besten Aussicht Lissabons verbirgt. Wer in den 4. und 5. Stock hochfährt (Aufzug rechts neben dem 1. Treppenabsatz), betritt eine typisch Lissabonner Mittelklasse-Wohnung – der Großvater des Besitzers hat sie gebaut. 9 Zimmer ohne Fernseher, aber alle mit eigenem Bad (teilweise auf der anderen Seite des Gangs), Parkettböden, kostenlosem WLAN, Klimaanlage und teilweise auch Balkon. Einige Zimmer im 5. Stock mit schöner Aussicht, am besten gefiel uns der „Dressing Room" mit Wintergarten und Blick Richtung Castelo. Großer Frühstücks- und Aufenthaltsraum im 4. Stock, der Trumpf dieses Bed & Breakfast ist aber die Dachterrasse mit Wintergarten und viel Platz zum Entspannen: Der herrliche Blick reicht vom Tejo über die Lapa bis zur Burg. DZ je nach Saison, Größe und Blick 78–125 € (inkl. Frühstück). Travessa do Pinheiro, 11–4°, ☎ 215947949, www.thehouse.pt.

*** Casa de São Mamede Hotel 7 Stilvolles Hotel in einem 1758 erbauten Haus mit Kronleuchtern und großen Holztreppen. Aufsehenerregendes Frühstückszimmer mit Azulejos und schweren Vorhängen. Das Frühstück selbst wird dagegen von manchen Gästen als etwas karg bezeichnet. 26 Zimmer auf drei Stockwerken mit hohen Decken, großem Bad, Tresor, Telefon und Fernseher. Familien sind sehr willkommen! DZ je nach Größe 90–100 € (inkl. Frühstück). Rua da Escola Politécnica,

159, Ⓜ Rato, ☎ 213963166, www.casadesao
mamede.pt.

mein Tipp **Palácio Ramalhete** **46** Schräg gegenüber dem Museu Nacional de Arte Antiga.
Ein portugiesischer Privatpalast aus dem
18. Jh., der einst von den Grafen und Herzögen
aus der Familie Taborda bewohnt und vom
bedeutenden portugiesische Romancier Eça de
Queiroz sogar literarisch bedacht wurde. Heute
ist der Palácio Ramalhete in der Hand deutsch-
holländischen Besitzer, die hier ein Dutzend
mit Blick für das Detail restaurierte Zimmer vermieten. Bei der Renovierung gelang es sogar,
ein Schwimmbad samt Aussichtsterrasse architektonisch gelungen in das historische Gebäude zu integrieren. Die Zimmer im ersten
Stock sind größer und haben höhere Decken
als die im zweiten. Alle haben ein eigenes Bad
mit schönen Azulejos, Klimaanlage, Tresor,
Minibar, kostenlosem WLAN, Telefon und TV.
Im Sommer auch Frühstück im hübschen Hinterhof. DZ je nach Größe und Saison 145–
275 €, Frühstück 15 € pro Person. Rua das
Janelas Verdes, 92, ☎ 213931380, www.palacio-
ramalhete.com.

mein Tipp **As Janelas Verdes** **44** Nicht weit
vom Museu Nacional de Arte Antiga gelegen.
Herrschaftliche Luxus-Pension in einem palastähnlichen Altbau aus dem 18. Jh. Begrünter
Hinterhof, in dem auch gefrühstückt werden
kann, ein Brunnen und Schirme sorgen selbst
bei Sommerhitze für angenehmes Ambiente.
Die 29 Zimmer sind teilweise mit Stuckdecken
geschmückt. Schallgedämmte Fenster, Klimaanlage, Telefon und Sat-TV gehören zur Ausstattung. WLAN kostenfrei. Im 5. Stock Self-
service-Bar (Kaffee und Tee umsonst) und
Dachterrasse mit herrlichem Ausblick auf den
Hafen. DZ je nach Saison und Ausstattung 149–
249 € (Frühstück inkl.). Rua das Janelas Verdes,
47, ☎ 213218200, www.asjanelasverdes.com.

★★★★★ Olissippo Lapa Palace **42** 1870
wurde dieser schöne Palast für den Grafen von
Valença in einer ruhigen Gegend des Stadtteils
Lapa erbaut. Seit 1992 ist hier eines der vor-
nehmsten Hotels Portugals untergebracht.
Besonders beliebt bei portugiesischen Ge-
schäftsleuten. Von den Terrassen der Suiten
blickt man auf Almada und den Cristo Rei. Die
Balkone der 109 luxuriösen Zimmer gehen
dagegen zumeist in Richtung des großen Hotel-
gartens. Sat-TV, Telefone, Breitband-Internet-
Anschluss, Minibar, Marmorbäder mit handbe-
malten Azulejos. WLAN kostenfrei. Fitnesscenter mit Sauna und türkischem Bad. DZ je nach
Saison und Größe 280–535 € (Frühstück inkl.).
Rua do Pau de Bandeira, 4, ☎ 213949494,
www.olissippohotels.com.

Aristokratisches Lebensgefühl im Bairro Alto: Casa do Príncipe

Tejo-Blick inklusive: Altis Belém Hotel & Spa

Belém

***** **Altis Belém Hotel and Spa** `50` Moderner Neubau am Jachthafen zwischen dem Padrão dos Descobrimentos und der Torre de Belém. Die meisten Zimmer „schielen" aber nur zum Fluss. Im EG eine große Terrasse mit Bar sowie zwei Restaurants. Das Hotel-Restaurant hat einen sehr guten Ruf und wurde mit einem Michelin-Stern ausgezeichnet. Viele Weiß- und Schwarztöne. Individuell gestaltete, helle Zimmer mit Tresor, Minibar, kostenlosem WLAN, Kaffeemaschine, Telefon, HDTV, Klimaanlage. Bei geöffnetem Fenster ist der Lärm der nahen Straße und der Bahnlinie nach Cascais zu hören. Die großzügigen Badezimmer haben teilweise verglaste Wände. Auf dem Dach Schwimmbad (nur im Sommer offen). Im Spa-Bereich weitere Schwimmbäder. DZ je nach Saison ab 193–260 € (inkl. Frühstück). Doca do Bom Sucesso, ✆ 210400200, www.altishotels.com.

Osten

meinTipp ***** **Myriad by Sana Hotels** `49` Direkt neben Lissabons höchstem Gebäude, der Torre Vasco da Gama, streckt sich das höchste Hotel der Stadt in die Lüfte. Mit 186 Zimmern auf 23 Stockwerken eines der größten Häuser Lissabons, aber architektonisch sehr ansprechend gestaltet. Wie ein weißes Segelschiff ragt es in den Tejo hinaus – Vergleiche mit dem Burj Al Arab aus Dubai drängen sich auf. Unten in der Lobby eine Cafeteria mit schöner Aussicht auf den Tejo und die nahe

Vasco da Gama-Brücke. Herrlicher Blick von den Zimmern sowie vom zugehörigen Panoramarestaurant im Turm nebenan. Umwerfend ist das Panorama des Tejo-Binnenmeers auch von der verglasten Sauna im Spa ganz oben. Offene Bäder, Espressomaschine, Minibar, Tresor, Flachbild-TV, Telefon. WLAN frei. DZ je nach Saison und Ausstattung 243–320 € (Frühstück inkl.). Cais das Naus, Lote 2.21.01, Parque das Nações, Ⓜ Oriente, ✆ 211107600, www.myriad.pt.

Hostels

Baixa/Chiado

Goodnight Hostel `28` Zentral in der Baixa inmitten der Fußgängerzone. Am Eingang klingeln, dann in den 2. Stock des Baixa-Altbaus (kein Aufzug). Gemütlicher, in Grün gehaltener Aufenthaltsraum im Loungestil, dazu ein eigenes Fernsehzimmer mit zahlreichen DVDs. Aufgeräumte und gut bestückte Küche für Selbstkocher. WLAN kostenfrei. Bis direkt unters Dach (6. Stock) sind 9 relativ eng bestückte Schlafsäle mit Doppelbetten sowie 3 DZ untergebracht. Für die Baixa eher niedrige Decken. Gemeinschaftsbäder. Kinderfreundlich. Im Mehrbettzimmer je nach Saison 12–26 € pro Person, pro DZ 45–75 € (jeweils inkl. Frühstück). Rua dos Correeiros, 113-2°, Ⓜ Baixa/Chiado, ✆ 215989153, www.goodnighthostellisbon.com.

Home Lisbon Hostel `30` Am Ostrand der Fußgängerzone der Baixa. Am Eingang klingeln und dann in den 2. Stock gehen. Das Haus ist moderner als die meisten Gebäude der Baixa, daher gibt's auch einen Aufzug. 2013–2016 als weltweit bestes mittelgroßes Hostel von der Buchungsplattform Hostelworld prämiert. 11 Zimmer, die mit 4 bzw. 6 Betten recht eng bestückt sind. Korkböden und hohe Decken. Moderne und großzügig gestaltete Gemeinschaftsbäder. Aufenthaltsraum mit TV und Playstation. WLAN kostenlos. Wäscheservice. Gemeinschaftsküche zum Selberkochen. Außerdem kocht „Mamma", die Mutter des Eigentümers, Abendessen für die Gäste. Im Mehrbettzimmer je nach Saison 12–28 € pro Person (inkl. Frühstück). Rua de São Nicolau, 13-2° Esq., Ⓜ Baixa/Chiado, ✆ 218885312, www.homelisbonhostel.com.

Lisbon Destination Hostel 🔢 Hostel im 2. Stock des Rossio-Bahnhofs. Eingang gegenüber den Ticketschaltern. Die hellen, relativ geräumigen sowie hohen Zimmer gruppieren sich auf 2 Stockwerken um einen Innenhof mit Glasdach. Gemeinschaftszimmer mit Stockbetten für 4–10 Personen, außerdem EZ und DZ, manche mit eigenem Bad. Einige Zimmer haben Fenster in den Innenhof, wo es abends etwas laut werden kann, da der Innenhof auch Aufenthaltsraum ist. Dennoch kein Party-Hostel, da Feiern nur bis 24 Uhr erlaubt sind. WLAN kostenlos, Waschmaschine. Mehrbettzimmer je nach Größe und Saison 12–31 €, DZ je nach Ausstattung und Saison 60–92 € (jeweils inkl. Frühstück). Estação Ferroviária do Rossio, 2°-F, Largo Duque do Cadaval, 17, Ⓜ Restauradores, ✆ 213466457, www.destinationhostels.com.

Lisbon Lounge Hostel – LLH 🔢 Im Zentrum der Baixa, die Tram 15 rattert vor der Tür vorbei, auch ansonsten eine eher verkehrsreiche und laute Lage. Am Eingang klingeln und dann in den 1. Stock (kein Aufzug). Schön renovierter Altbau: viel Holz, teilweise sind noch die alten Gemäuer sichtbar. 7 Schlafsäle mit 4 bis 8 Betten, dazu noch 2 DZ (mit eigenem Fernseher) auf insgesamt drei Stockwerken. Große, saubere und moderne Gemeinschaftsbäder. Handtücher nicht inklusive, können aber preiswert ausgeliehen werden. Aufenthaltsraum mit gemütlichen Sesseln im Loungestil. WLAN kostenlos. Waschmaschine und Trockner. Minibar. Gemeinschaftsküche. Mehrbettzimmer je nach Größe und Saison 12–30 € pro Person, pro DZ 44–68 € (jeweils inkl. Frühstück). Rua de São Nicolau, 41-1°, Ⓜ Baixa/Chiado, ✆ 213462061, www.lisbonloungehostel.com.

Lisbon Poets Hostel 🔢 Hostel in direkter Nähe zum bekannten Café A Brasileira. Im 5. Stock (Aufzug) mit Mehrbettzimmern für 2, 4 oder 6 Personen. Außerdem 10 EZ und DZ im Hostel selbst und 2 Appartements in der direkten Nachbarschaft. Bei der Dekoration ließ man sich von bekannten Dichtern inspirieren. Gepflegtes Ambiente. Aufenthaltsraum, Waschmöglichkeit. Gemeinschaftsküche, aber es wird auch ein Menü am Abend angeboten. WLAN kostenlos. Übernachtung je nach Saison und Größe im Mehrbettraum 12–24 € pro Person, das DZ 40–75 € (jeweils inkl. Frühstück). In der Hauptsaison 2 Nächte Mindestaufenthalt. Rua Nova da Trindade, 2-5°, Ⓜ Baixa/Chiado, ✆ 213461241, www.lisbonpoetshostel.com.

mein Tipp **Living Lounge Hostel** 🔢 Nur ein paar Meter vom Ausgang der Metrostation Baixa/Chiado entfernt in einer sehr zentralen, aber dennoch ruhigen Lage der Baixa. Am Eingang klingeln und dann in den 2. Stock (kein Aufzug). Ein sehr liebevoll renoviertes Altstadthaus mit viel Holz, Dielenböden, hell gestrichenen Wänden und großzügigen Aufenthaltsräumen. Der Ableger des Lisbon Lounge Hostels bietet im Gegensatz zu den anderen Hostels vor allem Doppelzimmer und nicht so viele Schlafsäle. Fenster entweder zur ruhigen Rua do Crucifixo oder in einen Innenhof. Gemeinschaftsbäder. Handtücher nicht inklusive, können aber für wenig Geld geliehen werden. Gemeinschaftsküche. Internetrechner und WLAN umsonst. Waschmaschine und Trockner. Im Mehrbettzimmer je nach Saison 12–25 € pro Person, pro DZ 44–64 € (jeweils inkl. Frühstück). Rua do Crucifixo, 116-2°, Ⓜ Baixa/Chiado, ✆ 213461078, www.livingloungehostel.com.

mein Tipp **Travellers House** 🔢 Im südlichen Teil der touristisch geprägten Fußgängermeile Rua Augusta. Renovierter Baixa-Altbau aus dem zweiten Hälfte des 18. Jh., das Hostel befindet sich im 1. Stock (kein Aufzug). Mittelgroße Schlafsäle mit 4–6 Betten und Gemeinschaftsbädern, dazu 4 DZ mit eigenem Bad und einige Appartements. Waschservice. WLAN kostenlos. TV-Zimmer sowie ein schön renovierter Gemeinschaftsraum mit Küche zum Selberkochen: Hier ist noch das Original-Fachwerk aus pombalinischer Zeit zu sehen. Mehrfach von Hostelworld als bestes Hostel der Welt ausgezeichnet. Je nach Saison und Größe 12–28 € pro Bett im Schlafsaal, DZ 50–90 € (jeweils mit Frühstück). 2 Nächte Mindestaufenthalt. Rua Augusta, 89-1°, Ⓜ Baixa/Chiado, ✆ 210115922, www.travellershouse.com.

Yes! Hostel 🔢 Mit mehr als 100 Betten eines der größten Hostels Lissabons. Bei Partygängern sehr beliebt; Alleinreisende lernen hier leicht neue Leute kennen. Viel Betrieb auf 5 Stockwerken (Aufzug). Alle Zimmer mit Klimaanlage und Holzdielenböden. Gänge in etwas grellem Gelb beschriftet. Vor allem 4er-, 5er- und 6er-Zimmer mit Stockbetten, Waschbecken auf dem Zimmer und externen Gemeinschaftsbädern. Manche Zimmer nach Geschlechtern getrennt. WLAN kostenlos. Waschmaschine und Trockner vorhanden. Im EG Aufenthaltsraum mit TV, Playstation und einer Bar. Tägl. wird auch Abendessen angeboten. Wer will, kann aber auch selbst kochen. Im Mehrbettzimmer je nach Saison und Größe 12–30 €, DZ 52–70 € (Frühstück jeweils inkl.). Rua de São Julião, 148, Ⓜ Baixa/Chiado, ✆ 213427171, www.yeshostels.com.

Alfama

Alfama Patio Hostel 20 In einem entzückenden Innenhof, der von kleinen, rosa angestrichenen Alfama-Häuschen umrundet wird. Die Tram 28 rattert einspurig vor dem Hofeingang vorbei (Halt Rua das Escolas Gerais nur ein paar Meter entfernt). 6 DZ und 5 Schlafsäle mit 4–6 Betten. Kleine Zimmer, aber schön eingerichtet. Relativ enge Gemeinschaftsbäder, Waschmaschine und Trockner. Küche zum Selberkochen. WLAN kostenlos. Ein begrünter Innenhof mit Stühlen und Hängematten, noch angenehmer ist aber die Terrasse mit einem herrlichen Tejo-Blick. Eine schöne Aussicht auf den Fluss auch vom Balkon einiger Zimmer im oberen Stock. Mehrere DZ sind über den Hof in Nachbarhäuser ausgelagert. Hier fühlt man sich dann wie ein richtiger Alfama-Bewohner. Im Mehrbettzimmer je nach Saison und Größe 10–26 € pro Person, pro DZ 46–74 € (jeweils inkl. Frühstück). Rua das Escolas Gerais, 3 – Pátio dos Quintalinhos, 1, ✆ 218883127, www.destinationhostels.com.

Mouraria

Mein Tipp **This is Lisbon Hostel 13** Familiäres Hostel direkt unterhalb der Burgmauer in der Rua Costa do Castelo, der Eingang befindet sich ein paar Stufen abwärts in der Nebengasse Escadinhas Marquês Ponte de Lima, 1. Nach Klingeln im EG die erste Tür rechts. Schön restaurierte Etage mit hohen Decken und edlen Holzrahmen um Fenster und Türen. Die große Terrasse mit herrlichem Blick über die Mouraria lädt zum Entspannen ein. Auch sonst eher ruhige Atmosphäre. 4 geräumige Mehrbettzimmer mit Gemeinschaftsbädern für 4, 6 bzw. 8 Personen, dazu 3 DZ (nur 1 DZ mit eigenem Bad). Küche, Waschmaschine, Aufenthaltsraum und kostenloses WLAN. Je nach Saison und Zimmer-

größe im Mehrbettzimmer 14–22 €, DZ 48–60 € (jeweils inkl. Frühstück). Rua Costa do Castelo, 63, ✆ 218014549, www.thisislisbonhostel.com.

Avenida da Liberdade

Goodmorning Hostel 12 Man muss den Souvenirladen an der Praça dos Restauradores Nr. 65 durchqueren, hinten klingeln und dann in den 2. Stock (kein Aufzug). Trotz des abgefahrenen Eingangs ein solides Hostel mit wohnlicher Atmosphäre. Zielgruppe sind Twens, für die Aktivitäten wie Sangria- und Karaoke-Abende oder Ausflüge in die Umgebung angeboten werden. Viele Gemeinschaftsflächen: Aufenthaltsraum, Fernsehzimmer und Internetstube. WLAN kostenlos, Waschservice. Gäste loben das Frühstück mit Waffeln. 10 sehr einfach eingerichtete Schlafräume mit je 4–10 metallenen Stockbetten, dazu 5 DZ. Schlafsaal je nach Saison und Größe 12–27 €, DZ mit eigenem Bad 50–65 € (inkl. Frühstück). Praça dos Restauradores, 65–2°, Ⓜ Restauradores, ✆ 213421128, www.goodmorninghostel.com.

Lisboa Central Hostel 2 In einer ruhigen Seitenstraße, dennoch zentral unweit der Praça Marquês de Pombal (zwei Metrolinien) gelegen. Hostel auf den unteren beiden Etagen eines 80 Jahre alten, unter Denkmalschutz stehenden Gebäudes des modernistischen Architekten Cassiano Branco. Recht geräumige Schlafsäle mit 4 bis 10 Betten, Gemeinschaftsbäder. 6 DZ, teilweise auch mit eigenem Bad. WLAN frei. Kleiner Innenhof sowie 2 Aufenthaltsräume mit TV und DVDs. Kochmöglichkeit und Kühlschränke, Waschmaschine und Trockner. Schlafsaal je nach Saison und Größe 14–25 €, DZ 50–76 € (jeweils inkl. Frühstück). 2 Nächte Mindestaufenthalt in der Hochsaison. Rua Rodrigues Sampaio, 160, Ⓜ Marquês de Pombal, ✆ 309881038, www.lisboacentralhostel.com.

Bairro Alto

Lisbon Old Town Hostel 38 Einige Meter südlich der Praça Luís de Camões, damit sehr ruhig, aber doch in unmittelbarer Nachbarschaft zu den Bairro-Alto-Bars gelegen. In dem Gebäude war während des Zweiten Weltkriegs das britische Konsulat untergebracht. Hinter dem Tor führt eine Brücke ins EG, das auch für Rollstuhlfahrer zugänglich ist (alle Toiletten sind barrierefrei). Das schön renovierte Haus aus dem Jahr 1820 überrascht im EG mit unglaublich hohen Decken, Stuck und Dielenböden. 2 DZ sowie 7 geräumige Zimmer mit 4–10 Betten (ein Schlafraum nur für Frauen). Die Zimmer im 2. Stock sind nicht ganz so schön, aber ruhiger, und sie haben vom Fenster aus teilweise Tejo-Blick. Gemeinschaftsbäder. WLAN kostenlos. Waschmaschine. Aufenthaltsräume sowie Küchen. Im Schlafsaal je nach Saison 10–22 € pro Person, pro DZ 40–60 € (jeweils inkl. Frühstück). Rua do Ataíde, 26-A, Ⓜ Baixa/Chiado, ✆ 213465248, www.lisbonoldtownhostel.com.

meinTipp **Lost Inn Lisbon Hostel 39** Im 1. Stock (kein Aufzug) eines schön renovierten Gemäuers aus dem Jahr 1732 in einer Seitenstraße der Rua das Flores, nicht weit vom Bahnhof Cais do Sodré und der dortigen Ausgehmeile (daher besser Zimmer zur Straße vermeiden). Dielen und Azulejos verleihen den Räumen einen edlen Touch: 15 Zimmer mit je 4–10 Stockbetten (ein Zimmer nur für Frauen), dazu freundlich eingerichtete DZ mit Gemeinschaftsbad. Kostenloses WLAN. Je nach Saison und Größe 10–27 € im Schlafsaal, DZ 56–70 € (jeweils mit Frühstück). Nur Gäste zwischen 15 und 45 J. erlaubt, da sich das Hostel vor allem an ein junges Publikum richtet (Ausnahmen nach Absprache möglich). Beco dos Apóstolos, 6, Ⓜ Cais do Sodré, ✆ 213470755, www.lostinnlisbon.com.

Stay Inn Lisbon Hostel 25 Im Herzen des Bairro Alto, direkt vor den Zimmerfenstern die Ausgehmeilen Lissabons, daher kann es vor allem am Wochenende nachts etwas laut werden. Liebevoll restaurierter Altbau aus pombalinischer Zeit: moderne Designelemente, aber auch rustikale Dielenböden. Schlafsäle mit 4

bis 8 Betten (einige nur für Frauen), auch 4 DZ mit und ohne Bad, insgesamt 40 Betten. Geräumiger Aufenthaltsraum mit Kabel-TV, WLAN kostenlos, Waschmaschine. Zimmer hell eingerichtet, große Gemeinschaftsbäder. Im Mehrbettzimmer je nach Saison und Größe 14–24 € pro Person, pro DZ 36–80 € (jeweils inkl. Frühstück). Rua Luz Soriano, 19-1°, Ⓜ Baixa/Chiado, ✆ 213425149, www.stayinnlisbonhostel.com.

meinTipp **Sunset Destination Hostel 45** Hostel im 2. Stock des Cais-do-Sodré-Bahnhofs: Eingang über die Tür links neben dem Haupteingang (separates Treppenhaus). Perfekte Verkehrsanbindung und einzigartiges Ambiente im Stil der 60er-Jahre: Die Gänge mit ihren Dielenböden sind noch ganz im Stil der Eisenbahnerbüros gehalten – man kann direkt in den Haupteingang des Bahnhofs blicken und würde sich vermutlich nicht wundern, im Hostel auf Schaffner zu treffen. Gemeinschaftszimmer für 6–10 Personen mit Sperrholz-Stockbetten, die nicht ganz zum restlichen Stil passen wollen. Dazu gibt es EZ und DZ, manche mit eigenem Bad. Aufenthaltsraum mit Tejo-Blick, ebenso von der großen, begrünten Dachterrasse. WLAN kostenlos, Waschmaschine, Fahrradverleih. Mehrbettzimmer je nach Größe und Saison 11–28 € pro Person, DZ je nach Ausstattung und Saison 46–78 € (jeweils inkl. Frühstück). Mindestaufenthalt in der Hochsaison: 2 Nächte. Estação Ferroviária do Cais do Sodré, Piso 1, Praça do Duque de Terceira, Ⓜ Cais do Sodré, ✆ 210997735, www.destinationhostels.com.

Stay Inn Lisbon Hostel – Altbau aus dem 18. Jahrhundert

Tourismusinformation in Almada auf der Tejo-Südseite

Reisepraktisches von A bis Z

Ärzte und Apotheken

EU-Ausländer und Schweizer können sich unter Vorlage der Europäischen Krankenversichertenkarte *(European Health Insurance Card)* an alle **Einrichtungen des staatlichen Gesundheitssystems** wenden: an die Krankenhäuser *(hospitais)* mit ihren Notfallaufnahmen *(urgência)* und an die Ärztehäuser *(Centros de Saúde)*, die unter ihrem Dach verschiedenste Ärzte aller Fachrichtungen vereinen. Da insbesondere bei den Ärztehäusern mit langen Wartezeiten zu rechnen ist, sollte man zusätzlich eine private **Auslandsreisekrankenversicherung** abschließen, um problemlos auch Privatärzte und -kliniken nutzen zu können. Damit man die Kosten rückerstattet bekommt, muss man sich lediglich einen Arztbrief *(descrição da doença)* und eine Quittung über die Behandlungskosten aushändigen lassen. (Achten Sie aber darauf, dass der Versicherer ihrer Wahl keine beglaubigte Übersetzung der Arztrechnungen verlangt, dies kann nämlich teuer werden.)

Apotheken *(farmácias)* sind gleichmäßig über das Stadtgebiet verteilt. Das Sortiment entspricht dem der Apotheken in Deutschland, und auch die Regularien bezüglich rezeptpflichtiger Medikamente sind ähnlich. Homöopathische Medikamente verkaufen allerdings normalerweise nur spezialisierte Apotheken. Öffnungszeiten sind Mo–Fr 9–19 Uhr (einige Apotheken machen Mittagspause) sowie Sa 9–13 Uhr. Nach Ladenschluss wird man über aushängende Listen informiert, welche Apotheken Nachtdienst haben. Darüber hinaus gibt es einige, die rund um die Uhr geöffnet haben (siehe unten).

Gesundheitszentren Eine Liste der Gesundheitszentren findet sich unter www.saude24.pt (nur Portugiesisch), auf Englisch wird man unter ☏ 808242424 beraten.

Deutschsprachige Privatärzte **Praktische Ärztin**: Dr.ª Micaela Seemann Monteiro, Clínica CUF, Rua Manuel Maria Viana, 4-3º piso, Lisboa (Stadtteil Alcântara), ☏ 919449190. Spezialistin für Innere Medizin.

Hals-, Nasen-, Ohrenarzt: A. H. Pereira e Paula, Av. António Augusto de Aguiar, 183-r/c-Esq., Ⓜ São Sebastião, ✆ 213877619 und 917247143. Nur englischsprachig.

Gynäkologin: Dr. Radmila Jovanovic, Clinica Moderna da Mulher, Rua Joaquim Ereira, 1596 - Torres, Cascais, ✆ 214835679 und ✆ 918726699.

Kinderarzt: Dr. Volker Dieudonné, c/o Clínica CUF, Rua Fernão Lopes, 60, Cobre (in der Nähe des Vororts Cascais), ✆ 211141400 und 917325681.

Zahnarzt: Dr. Thomas Schreiner, Clínica de Medicina Dentária, Rua Pascoal de Melo, 60 r/c, Ⓜ Arroios, ✆ 213558599 und 917647274.

Poliklinik: Clínica Europa, Rua de Catembe, 165, Carcavelos, ✆ 214569780, www.clinicaeuropa.pt. Deutsch- und englischsprachige Fachärzte wie Gynäkologen, HNO- und Kinderärzte im Vorort Carcavelos (Zug Richtung Cascais).

Krankenhäuser Hospital de Santa Maria, Av. Prof. Egas Moniz, Ⓜ Cidade Universitária, ✆ 217805000, www.chln.min-saude.pt. Universitätsklinik und wichtigstes Krankenhaus der Stadt.

Hospital Dona Estefânia, Rua Jacinta Marto, Ⓜ Picoas. Kinderkrankenhaus, ✆ 213126600, www.chlc.min-saude.pt.

24-Stunden-Apotheken Farmácia São Mamede, Rua da Escola Politécnica, 82-B, Ⓜ Rato, ✆ 213960280, www.facebook.com/farmacia.saomamede.

Farmácia Ronil, Rua Rodrigo da Fonseca, 153–155, Ⓜ São Sebastião, ✆ 213883438, www.facebook.com/farmacia.ronil.

Farmácia Holon, Campo Grande, 414-B, Ⓜ Campo Grande, ✆ 216008371, www.grupoholon.pt.

Baden

In der Umgebung der portugiesischen Hauptstadt gibt es herrliche Badeorte: von kleinen, versteckten Buchten bis zu kilometerlangen Sandstränden. Leicht zu erreichen ist die sog. *Costa do Estoril* entlang der Zuglinie nach Cascais (→ S. 160). Dieser Küstenabschnitt ist durch kleine, z. T. felsige Sandstrände geprägt. Aufgrund der Nähe zur Hauptstadt sind die Strände an Wochenenden oft bis auf den letzten Platz besetzt. In diesem Küstenbereich ist der Atlantik im Sommer eher ruhig. Auch für Kinder finden sich dann geeignete Bademöglichkeiten, da die Strände meist flach abfallen.

Die Wassertemperaturen sind allerdings durchweg niedriger als im Mittelmeer. In Cascais und Estoril kann man von Mitte März bis Mitte November baden; im März ist das Wasser mit ca. 14 °C allerdings noch sehr kühl. Im Sommer liegen die Wassertemperaturen meist bei erfrischenden 18 °C.

In Lissabon selbst ist das Baden leider aufgrund der Verschmutzung des Tejo nicht möglich. Auch an den Stränden nahe der Tejo-Mündung ist die Wasserqualität oft schlecht, da der Fluss Abwässer mit sich führt. Man sollte sich generell erst ab Oeiras ins Wasser wagen. Man kann auch selbst zur Reinheit der Meere beitragen, indem man keinen Abfall in den Ozean wirft oder am Strand zurücklässt: Eine Plastikflasche braucht beispielsweise 450 Jahre, bis sie verrottet ist.

Sicher im Atlantik baden

Ein Bad im atlantischen Ozean kann ein herrliches Vergnügen sein, allerdings sollte man dabei Vorsicht walten lassen: Der Atlantik ist wegen der hohen Brandung und der starken Strömungen ein gefährliches Gewässer! Gehen Sie vor allem bei starkem Wellengang nicht schwimmen, jedes Jahr müssen etliche Touristen den Badespaß mit dem Ertrinken bezahlen!

Achten Sie unbedingt auf die am Strand gehissten Flaggen: Eine grüne bedeutet okay, eine gelbe, dass man sich nur so weit ins Wasser wagen darf, wie man stehen kann (Schwimmen verboten); bei roter Flagge ist das Baden zu gefährlich und deswegen auch ausdrücklich verboten. Generell sollte man nicht weit hinausschwimmen, da man die eigenen Kräfte schnell überschätzt, und sich lieber parallel zur Küste halten. Nicht verzweifelt direkt gegen die Strömung ankämpfen! Es ist in Extremsituationen besser, schräg zur Strömung zu schwimmen und weiter weg an das Ufer zu gelangen. Man sollte auf keinen Fall zögern, frühzeitig um Hilfe zu rufen.

Botschaften

Botschaft der Bundesrepublik Deutschland, Campo dos Mártires da Pátria, 38, 1169-043 Lisboa (→ Karte „Av. da Liberdade" S. 68/69), ☎ 218810210, bei Notfällen außerhalb der Geschäftszeiten ☎ 965808092, www.lissabon.diplo.de.

Botschaft der Republik Österreich, Av. Infante Santo, 43-4°, 1399-046 Lisboa (→ Karte „Lapa" S. 112/113), ☎ 213943900, www.bmeia.gv.at.

Botschaft der Schweiz, Travessa do Jardim, 17, 1350-185 Lisboa (→ Karte „Campo de Ourique" S. 100/101), ☎ 213944090, www.eda.admin.ch/lisbon.

Feiertage

Neben kirchlichen werden auch einige historische Gedenktage im ganzen Land begangen.

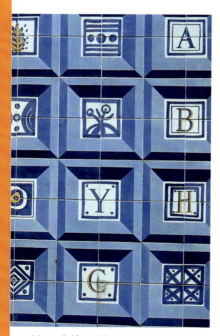

Metro Colégio Militar/Luz –
Buchstabenrätsel auf Azulejos

1. Januar: *Ano Novo* – Neujahr. Das neue Jahr läuten die Lissabonner gewöhnlich mit einem großen Feuerwerk und Konzerten auf der Praça do Comércio und/oder im Parque das Nações ein. Private Feuerwerke sind in Portugal zum Jahreswechsel übrigens nicht üblich.

Februar, März, April: *Carnaval* – Karnevalsdienstag, *Sexta-Feira Santa* – Karfreitag, *Páscoa* – Ostersonntag.

25. April: *Dia da Liberdade* – portugiesischer Nationalfeiertag zur Erinnerung an die Nelkenrevolution 1974. Morgens findet traditionell eine Militärparade vor dem Kloster in Belém statt, nachmittags kann man ab ca. 15.30 Uhr eine farbenprächtige Parade diverser kommunistischer und den Kommunisten nahestehender Gruppen auf der Avenida da Liberdade erleben.

1. Mai: *Dia do Trabalhador* – Tag der Arbeit. Auf der Alameda Dom Afonso Henriques demonstrieren an diesem Tag traditionell die kommunistischen Gewerkschaften Portugals.

Älteste Prozession der Stadt

Der erste Sonntag im Mai ist traditionell der Termin für die seit 1570 veranstaltete Prozession zu Ehren der *Nossa Senhora da Saúde*. Ab etwa 16 Uhr ziehen zahlreiche Bruderschaften sowie Kapellen von Militär, Miliz und Feuerwehr durch die Straßen der Mouraria um die Capela Nossa Senhora da Saúde an der Praça Martim Moniz. Dabei wird der Pestepidemie von 1569 gedacht, die die Muttergottes beendet haben soll.

Mai, Juni: *Corpo de Deus* – Fronleichnam.

10. Juni: *Dia de Portugal* – portugiesischer Nationalfeiertag zum Gedenken an den Todestag des Schriftstellers Luís de Camões und Tag der portugiesischen Gemeinschaften im Ausland.

13. Juni: *Santo António* – Stadtfeiertag Lissabons zu Ehren des heiligen Antonius.

15. August: *Assunção de Nossa Senhora* – Mariä Himmelfahrt.

5. Oktober: *Implantação da República* – Nationalfeiertag anlässlich der Ausrufung der Republik im Jahr 1910.

1. November: *Todos os Santos* – Allerheiligen.

1. Dezember: *Restauração da Independência* – Nationalfeiertag zum Gedenken an die erneute Unabhängigkeit von Spanien im Jahr 1640.

8. Dezember: *Imaculada Conceição* – Mariä Empfängnis.

25. Dezember: *Natal* – Weihnachten.

Fundbüros

Verlorene Gegenstände (z. B. in Bus oder Straßenbahn) können in Olivais Sul bei der *Secção de Achados da PSP*, dem Fundbüro der Polizei, abgeholt werden.

Fundbüro der Polizei: Mo–Fr 9–12.30 und 14–16 Uhr. Praça Cidade de Salazar, Lote 180 r/c, Ⓜ Olivais, ✆ 218535403, http://perdido seachados.mai.gov.pt.

Fundbüro der Metro: Mo–Fr 8.30–19.30 Uhr. Station Campo Grande, ✆ 213500115.

Fußball

Drei Lissabonner Fußballclubs spielen in der *Primeira Liga*, der höchsten Spielklasse des Landes: Benfica, Sporting und Belenenses. Während der im Stadtteil Belém beheimatete *Clube de Futebol Os Belenenses* international ein eher unbeschriebenes Blatt ist, haben sich Benfica und Sporting auch europaweit einen Namen gemacht. Allerdings liegen die größten Erfolge schon eine ganze Weile zurück (in den 1960er gewann Benfica zweimal und Sporting einmal einen europäischen Pokalwettbewerb).

Während Benfica, Sporting und der ewige Rivale der Lissabonner Vorzeigeclubs, der FC Porto, auf europäischem Topniveau mithalten können, fällt das Niveau in der unteren Hälfte der Tabelle teilweise drastisch ab. Entsprechend kommt die portugiesische Liga nur auf einen Schnitt von ca. 10.000 Zuschauern pro Spiel, deutlich weniger als die Zweite Bundesliga in Deutschland.

Mindestens fünfmal pro Saison sind allerdings in Lissabon ausverkaufte Stadien und hitzige Stimmung garantiert: beim *Derby da Capital*, wenn Benfica gegen Sporting antritt, und bei den *Clássicos*, wenn Benfica oder Sporting auf den FC Porto treffen.

Wer sich ein Spiel anschauen will, kauft die Karten am besten direkt am jeweiligen Austragungsort oder über die Internetseiten der Clubs. Für die Spitzenspiele und die Champions sowie die Europa League sollte man die Karten möglichst frühzeitig besorgen. Achtung: Die vergünstigten Karten für *sócios* sind ausschließlich Vereinsmitgliedern vorbehalten! Karten für Länderspiele gibt es übrigens beim portugiesischen Fußballverband: www.fpf.pt.

Benfica, Estádio da Luz, komplett überdachte Arena mit 65.000 Plätzen. Portugals größtes Stadion. Av. Eusébio da Silva Ferreira und Av. General Norton de Matos, Ⓜ Colégio Militar/Luz und Ⓜ Alto dos Moinhos, ✆ 707200100, www.slbenfica.pt.

Sporting, Estádio José Alvalade, vollständig überdacht mit 50.000 Plätzen. Zweitgrößtes Stadion Lissabons. Rua Professor Fernando da Fonseca, Ⓜ Campo Grande, ✆ 707204444, www.sporting.pt.

Os Belenenses, Estádio do Restelo, nur wenige Hundert Meter nördlich vom Mosteiro dos Jerónimos steht dieses wunderschöne Stadion mit Blick über den Tejo. 30.000 Plätze, die aber im Gegensatz zu den Stadien der publikumsstarken Lokalrivalen Benfica und Sporting meist weitgehend leer bleiben. Av. do Restelo (im Stadtteil Belém), ✆ 211980000, www.osbelenenses.com.

Geld

Gesetzliches Zahlungsmittel ist auch in Portugal der **Euro**. Wegen des chronischen Münzenmangels in Portugal empfiehlt es sich, etwas Kleingeld mit sich zu führen. Die großen 100-, 200- und 500-Euro-Scheine sollten dagegen nicht in die Reisekasse. Sie sind vor Ort kaum verbreitet und genießen auch keine große Akzeptanz in der Bevölkerung.

Centro Comercial Vasco da Gama

Am günstigsten hebt man Geld mit einer **Bankkarte** (mit Visa-Plus- oder Maestro-Zeichen) an den Geldautomaten des Multibanco-Verbundes ab, an den praktisch alle Kreditinstitute des Landes angeschlossen sind. Der Höchstbetrag pro Abhebung beläuft sich auf 200 €, die Gebühr liegt meist bei 4 €, hängt aber von der heimatlichen Bank ab. Das Abheben mit **Kreditkarten** ist dagegen teuer.

Auch gezahlt wird in der Regel mit Karte, zumindest in Supermärkten und anderen größeren Geschäften. Allerdings funktionieren deutsche Maestro- und Visa-Plus-Karten meist nicht, während es mit Kreditkarten häufiger klappt. Letztere werden auch von vielen Restaurants und den meisten Hotels akzeptiert.

Zentrale Kartensperre: Für Karten aller Art (von Bank- über Kredit- bis zur SIM-Karte von Mobiltelefonen) gibt es die zentrale Rufnummer ☎ **0049-116116** von Sperr e. V. (www.sperr-notruf.de). Der Verein leitet die Anrufe an die zuständigen Firmen weiter. Erforderlich ist in jedem Fall die Angabe der Kontonummer und Bankleitzahl, hilfreich die der Kartennummer, auf keinen Fall sollten Sie Ihre Geheimnummer herausgeben. Beim Verlust einer Bankkarte kann man sich alternativ auch an ☎ 0049-1805-021021 (ebenfalls zentral) oder an das jeweilige Kreditinstitut wenden.

Gepäckschließfächer

In den Bahnhöfen Santa Apolónia, Rossio und Gare do Oriente (im unterirdischen Durchgang zum Busbahnhof auf der rechten Seite). Eine Gepäckaufbewahrung gibt es auch am Flughafen Lissabon.

Haustiere

Hunde sehen die Portugiesen generell nicht sehr gerne. Aus Restaurants und Cafés sind sie aus hygienischen Gründen fast immer verbannt. Für die überwiegende Mehrheit der Hotels und Pensionen gilt dasselbe, vorher also unbedingt nachfragen!

Internet

WLAN-Hotspots für einen kostenlosen drahtlosen Internetzugang findet man in Lissabon am Flughafen, in diversen Metrostationen (dagegen nicht in den U-Bahn-Zügen selbst), in allen Postämtern sowie in zahlreichen Einkaufszentren, Restaurants, Cafés, Hotels und Hostels.

Internetcafés gibt es in Lissabon so gut wie keine mehr, da viele Reisende über ihre Smartphones per WLAN oder im Hotel bzw. Hostel im Netz surfen. Eine Alternative bietet das Tourismusbüro *Ask Me Regedor* (→ Touristeninformationen", S. 268).

Joggen

Zum Laufen bietet sich besonders das Tejo-Ufer mit seinen langen Promenaden an. Gut ausgebaut sind sie besonders zwischen den Stadtteilen Alcântara und Belém (→ Karten „Alcântara" und „Belém" S. 120/121 bzw. 128/129).

Auch der östliche Tejo-Abschnitt rund um den Parque das Nações ist zu empfehlen (→ Karte „Stadtteile im Osten Lissabons" S. 153).

Wer lieber im Grünen joggt, sollte im Stadtpark Parque Eduardo VII seine Runden drehen (→ Karte „Avenidas Novas" S. 76/77). Zahlreiche Jogging-strecken ohne Asphalt bietet auch der Monsanto-Park im Westen der Stadt.

Im Frühjahr ist Lissabon Veranstaltungsort der **Meia Maratona de Lisboa**. Der Marathon über die halbe Distanz verläuft von Almada über die Brücke des 25. April mit herrlicher Aussicht (www.meiamaratonadelisboa.com).

Am ersten Samstag im Juni findet im Rahmen der Stadtfeste der Volkslauf **Corrida de Santo António** über 10 km statt. Der Rundkurs beginnt am Rossio und geht durch die Baixa und am Tejo entlang (www.corridadesantoantonio.com).

Ebenfalls am Tejo, aber im Osten der Stadt, findet die **Corrida do Oriente** über 2 und 10 km statt. Dieser Volks-lauf wird traditionell jedes Jahr am ersten Sonntag im Juni im Parque das Nações veranstaltet (www.corridado oriente.pt).

Klima und Reisezeit

Das ausgeprägte atlantische Klima bringt Lissabon nicht zu heiße Temperaturen im Sommer und milde Winter, während derer das Thermometer nie unter den Gefrierpunkt fällt.

Die meisten Niederschläge sind von Oktober bis Februar zu verzeichnen, aber es kann sogar noch bis in den April öfter zu Regenschauern kommen, sodass man entsprechende Kleidung einpacken sollte. In diesen Monaten kann es über längere Zeit hinweg un-angenehm feuchtkalt sein. Vor allem weil viele Gebäude keine Heizung besitzen, ist es oft ungemütlicher als erwartet. Der Hochsommer von Juni bis einschließlich August ist in Lissabon

Klimadaten von Lissabon

	Ø Lufttemperatur (Min./Max. in °C)		Ø Niederschlag (in mm)	Ø Wasser-temperatur (in °C)
Jan.	8,3	14,8	100	14
Febr.	9,1	16,2	85	14
März	11,0	18,8	53	14
April	11,9	19,8	68	15
Mai	13,9	22,1	54	16
Juni	16,6	25,7	16	17
Juli	18,2	27,9	4	18
Aug.	18,6	28,3	6	19
Sept.	17,6	26,5	33	19
Okt.	15,1	22,5	101	18
Nov.	11,8	18,2	128	16
Dez.	9,4	15,3	127	15
Jahr	**13,5**	**21,3**	**775**	**16**

Daten: Instituto Português do Mar e da Atmosfera, Periode 1981 bis 2010

dagegen praktisch niederschlagsfrei; bis auf gelegentliche Schauer bleibt es trocken. Aber auch im Frühjahr (ab Mitte/Ende März) und im Herbst (bis Anfang November) sind längere Schönwetterperioden mit Strandwetter häufig.

Die schönsten Reisemonate sind April, Mai und Juni sowie September und Oktober, wenn die Sommerhitze nicht mehr über der Stadt hängt.

Kriminalität

Vorsicht bei **Gedränge** (z. B. in der Metro oder im Bus zur Rushhour oder beim Fußgängerüberweg am Rossio). Ein beliebter Trick ist es, Leute von hinten anzurempeln und das Überraschungsmoment zu nutzen, um den Geldbeutel zu entwenden. Neben der Metro sollte man ganz besonders an den Aussichtspunkten in der Alfama und in der Tram 28 auf seine Wertsachen achten. Es haben sich eine Reihe Langfinger auf diese Linie „spezialisiert". Sie gehen teilweise sehr professionell vor, engagieren Lissabonner Senioren als Lockvögel oder geben sich als Touristen aus, um Vertrauen zu erwecken. Vor allem wenn sich Nachbarn in der Tram auffällig stark „anlehnen" oder man sich plötzlich von einer Kleingruppe „umzingelt" oder bedrängt fühlt, sollte eine Hand unbedingt immer am Geldbeutel oder auf der Tasche bleiben.

Im Restaurant ein Auge oder besser noch einen Fuß, eine Hand oder ein Stuhlbein auf Handtaschen und Rucksäcken haben. Vor allem in Restaurants und Bars im Stadtteil Baixa: Dort sind mehrere Kriminelle Meister darin, unaufmerksamen Touristen blitzschnell die Taschen zu entwenden und dann durch die Gassen der Baixa davonzuflitzen.

Keine Wertsachen im Auto oder im Kofferraum liegen lassen! Beim Parken am besten das Handschuhfach offen lassen und den Kofferraum – wenn möglich – einsehbar machen, sodass klar wird, dass nichts zu holen ist. Das gilt vor allem für Mietwagen, die bei den Autoknackern hoch im Kurs stehen, weil leider genug Touristen gutgläubig ihre Wertsachen im Auto zurücklassen.

Leitungswasser

Im Großraum Lissabon kann man das Leitungswasser unbedenklich trinken, auch wenn es teils stark nach Chlor schmeckt. Das Wasser der Trinkbrunnen in den Parks kann man ebenfalls meist getrost genießen.

Lesben und Schwule

Die portugiesische Abteilung der *International Lesbian and Gay Association (ILGA)* richtet jedes Jahr am letzten Samstag im Juni im Rahmen der Stadtfeste den sog. *Arraial Lisboa Pride* aus (www.lisboapride.ilga-portugal.pt). Er geht auf den Christopher Street Day zurück, bei dem am 28. Juni 1969 die New Yorker Polizei eine Demonstration von Homosexuellen brutal zerschlug. Wei-

Praia do Tamariz in Estoril

Warnung vor Taschendieben in der Altstadt

terer Höhepunkt des homosexuellen Kulturkalenders ist das internationale Filmfestival *Queer Lisboa* (www.queer lisboa.pt), das normalerweise im September stattfindet.

Außerdem gibt es unter www.portugal gay.pt einen schwul-lesbischen Reiseführer zu Lissabon mit ausführlichen Infos und Tipps für das Nachtleben.

Menschen mit Behinderung

Für Rollstuhlfahrer kann eine Reise nach Lissabon sehr beschwerlich sein: notorisch vollgeparkte Bürgersteige, Kopfsteinpflaster, starke Steigungen an den Lissabonner Hügeln – all das macht eine zügige Fortbewegung nahezu unmöglich. Leider sind auch die öffentlichen Verkehrsmittel nur in wenigen Fällen auf die Bedürfnisse von Menschen mit Behinderung ausgerichtet. Ermäßigungen beim Eintritt erhalten behinderte Menschen und teilweise auch deren Begleitpersonen in zahlreichen Museen, Schlössern und Palästen.

Accessible Portugal, diese Firma bietet in für Rollstuhlfahrer geeigneten Fahrzeugen Flughafentransfers, Stadtbesichtigungen und Tagestouren in die Umgebung Lissabons an. Ebenso vermittelt sie behindertengerechte Hotelzimmer. Rua Jorge Barradas, 50-4°-F, ☎ 926910989, www.accessibleportugal.com.

Öffnungszeiten

In der Regel haben die Geschäfte Montag bis Samstag von 9 bis 19 Uhr geöffnet und sonntags geschlossen. In den Einkaufszentren (*centros comerciais*) kann man auch sonntags einkaufen, sie haben tägl. von 10 bis 23 Uhr geöffnet. Das gilt auch für die Supermärkte (*supermercados*), wo man tägl. von 9 bis 20 oder 21 Uhr einkaufen kann, sowie die noch größeren Hypermärkte (*hipermercados*), wo dies teilweise sogar bis 23 oder 24 Uhr möglich ist.

Polizei

Diebstahlsanzeigen sind eigentlich in jeder Polizeistation möglich, besser jedoch in der Touristenabteilung der **Polícia de Segurança Pública (PSP)** neben dem Turismo im Palácio Foz:

Praça dos Restauradores, ☎ 213421623, Ⓜ Restauradores. Hier hat immer ein Beamter Dienst, der eine Fremdsprache spricht. Tägl. rund um die Uhr geöffnet. Im Internet findet man alle Polizeistationen unter www.psp.pt.

Post

Die Postämter der *Correios de Portugal* (Filialsuche unter www.ctt.pt) sind im Allgemeinen knallrot gestrichen oder zumindest immer durch ein rotes Schild gekennzeichnet und daher leicht zu finden. Generell unterscheidet man in Portugal zwischen der Normalpost *Correio Normal* und der Expresspost *Correio Azul*. Für Briefe ins Ausland gibt es noch den Billigtarif *Correio Verde*, bei dem die Briefe unabhängig vom Gewicht immer gleich viel kosten (Briefe bis 162 x 229 mm kosten 2,10 €).

Die **Ländernamen** zur Beschriftung Ihrer Postkarten und Briefe sind: *Alemanha* (Deutschland), *Áustria* (Österreich), *Suíça* (Schweiz).

Die **Hauptpost von Lissabon** liegt an der Praça dos Restauradores, 58, Ⓜ Restauradores. Mo–Fr 8–22 Uhr, Sa 9–18 Uhr, So zu.

Sehr lang hat auch das **Postamt im Flughafen** geöffnet: Mo–Fr 9–20 Uhr, Sa 9–18 Uhr, So 9–13 und 14–17 Uhr.

Die **Postämter in den Stadtteilen** sind meist nur Mo–Fr geöffnet, in der Regel 9–18 Uhr.

Porto	
Correio Normal (bis 20 g; EU-Länder oder Schweiz)	0,75 €
Correio Azul (bis 20 g; EU-Länder oder Schweiz)	2,45 €

Rauchen

In Portugal gilt ein Rauchverbot in Restaurants, Cafés, Bars, Diskotheken sowie in allen öffentlichen Verkehrsmitteln, den Flughäfen, Bahnhöfen und Metrostationen. In Bars und Restaurants mit aufwendigen Belüftungssystemen darf aber weiterhin geraucht

werden. Meistens muss man aber auf die Terrasse oder vor die Tür, um sich eine Zigarette anzustecken.

Reklamationen

Alle Restaurants, Hotels und Geschäfte müssen ein Beschwerdebuch führen *(livro de reclamações)*, das regelmäßig von der Wirtschaftspolizei ASAE *(Autoridade de Segurança Alimentar e Económica)* eingesehen wird. Bei Problemen sollte man sich deswegen nicht scheuen, nach diesem Buch zu fragen (allein die Frage kann Wunder wirken). Man kann sich auch an das staatliche Tourismusinstitut *Turismo de Portugal* direkt wenden:

Turismo de Portugal, Rua Ivone Silva, Lote 6, 1050-124 Lisboa, Ⓜ Entrecampos, ☎ 211140200, www.turismodeportugal.pt.

Reiseveranstalter

Wer sich gerne die Reise von einem professionellen Anbieter vorbereiten lassen möchte, kann sich an folgende Adresse wenden:

Olimar, Glockengasse 2, 50667 Köln, ☎ 0800/20590490, www.olimar.de. Der Reiseveranstalter mit dem umfangreichsten Portugal-Programm.

Schwimmen

Öffentlich zugängliche Schwimmbäder *(piscinas)* sind in Lissabon rar, meist gehören die Bäder zu Hotels oder Sportvereinen. Dort, wo man trotzdem reinkommt, sind die Preise in der Regel recht hoch. Günstiger sind die städtischen Hallenbäder, die *Piscinas Municipais*.

INATEL – Parque de Jogos 1° de Maio, Mo–Fr 7–22.30 Uhr, Sa/So 8–23 Uhr. Privates Hallenbad mit 2 Schwimmbecken à 25 m bzw. 15 m. Av. Rio de Janeiro, Ⓜ Roma, ☎ 218453470, www.inatel.pt.

Piscina Municipal de Alfama, Mo–Fr 8–21.15 Uhr, Sa/So 9–19 Uhr. Kleines Bad in der Nähe des Nationalpantheons. Calçada do Cascão, 39, Ⓜ Santa Apolónia, ☎ 211165358, www.cm-lisboa.pt.

Postamt der CTT

Piscina Municipal do Campo de Ourique – Ginásio Clube Português, Mo–Fr 7.45–21.30 Uhr, Sa 8.45–18.30 Uhr, So 8.45–13 Uhr. Bad mit einem 12,5- und einem 25-m-Becken. Rua Correia Teles, 103-A (Stadtteil Campo de Ourique), ☏ 213869541, www.gcp.pt.

Piscina Municipal do Oriente, Mo–Fr 8–21.30 Uhr, Sa/So 9–19 Uhr (Mitte bis Ende Aug. und im Dez. geschlossen). Neben dem Busbahnhof Gare do Oriente. Mehrere Becken, darunter eines mit 25 m Länge. Rua Câmara Reis, Ⓜ Oriente, ☏ 210311707, www.jf-parque dasnacoes.pt.

Sprachkenntnisse

Zumindest in Lissabon selbst sollte es kein Problem sein, mit **Englisch** durchzukommen, da dort viele Portugiesen etwas Englisch sprechen. Auch **Französisch** wird recht häufig beherrscht, vor allem von Angehörigen der älteren Generation. Kenntnisse des **Deutschen** sind seltener. Meist sehr bereitwillig helfen die aus Deutschland oder aus dem deutschsprachigen Teil der Schweiz zurückgekehrten Gastarbeiter weiter.

Wer **Spanisch** spricht, wird von den Portugiesen gut verstanden, dürfte wegen der vernuschelt wirkenden portugiesischen Aussprache selbst aber Schwierigkeiten haben, seinem Gesprächspartner zu folgen. Geschriebene portugiesische Texte sind mit Spanischkenntnissen dagegen relativ leicht zu entschlüsseln.

Eine Möglichkeit, Sprachkenntnisse vor Ort zu erwerben, bietet sich in privaten **Sprachschulen,** die Individual- oder Gruppenunterricht anbieten. Es empfiehlt sich, vor Vertragsabschluss eine Teststunde zu nehmen.

Cambridge School, eine der renommiertesten, aber auch teuersten Sprachschulen. Av. da Liberdade, 173, Ⓜ Avenida, ☏ 213124600, www.cambridge.pt.

CIAL, eine oft empfohlene, preiswerte Alternative mit Einzelunterricht und Wochenkursen in kleinen Gruppen (maximal 6 Personen). Rua Actor Taborda, 55-1°-Esq., Ⓜ Saldanha, ☏ 217940448, www.cial.pt.

Kosmus, kleine Sprachschule, die auf kleine Gruppen und individuell zugeschnittene Kurse setzt. Für die Sprachschüler werden auch Privatzimmer vermittelt. Rua Carlos Mardel, 32-2°-Dir., Ⓜ Arroios, ☏ 218489097, www. kosmus.com.

Telefonieren

Es gibt in Portugal keinerlei Vorwahlen für Städte oder Mobilfunknetze mehr. Das heißt, im ganzen Land wählt man einfach immer die neunstellige Teilnehmernummer.

Nach Portugal: Für Telefonate von Deutschland, Österreich oder der Schweiz nach Portugal muss vor der jeweiligen Teilnehmernummer lediglich die Landesvorwahl 00351 gewählt werden (keine Ziffer weglassen oder hinzufügen!).

Von Portugal: Nach Deutschland lautet die Vorwahl 0049, nach Österreich ist es die 0043 und für die Schweiz die 0041. Nach der Ländervorwahl ist jeweils die Null der Ortsvorwahl wegzulassen. Kostenlose R-Gespräche nach Deutschland kann man übrigens unter der 800800490 anmelden.

Notruf: Auch in Portugal gilt die europaweite Nummer 112.

Sperrung bei Verlust oder Diebstahl von Mobiltelefonen: T-Mobile ☎ 0049-1803302202, Vodafone ☎ 0049/1721212, E-Plus ☎ 0049-1771771000, O2 ☎ 0049/17955222. Parallel dazu gibt es auch die zentrale Rufnummer ☎ 0049-116116 von Sperr e. V.

Touristeninformationen

Es gibt zahlreiche *Turismos* in Lissabon, die bei Fragen weiterhelfen, ausgenommen am 25. Dez. und am 1. Jan. Alle bieten Hilfe bei der Zimmerreservierung, Stadtpläne und Infos zu Lissabon. Online unter www.askme lisboa.com.

Ask Me Aeroporto, tägl. 7–24 Uhr. Der Infostand befindet sich direkt in der Ankunftshalle des Flughafens. Alameda das Comunidades Portuguesas, Aeroporto de Lisboa, Piso das Chegadas, ☎ 218450660.

Ask Me Terreiro do Paço, tägl. 9–20 Uhr. Praça do Comércio, Ⓜ Baixa/Chiado, ☎ 210312810.

Ask Me Rossio, tägl. 10–13 und 14–18 Uhr. Infokiosk am Südende des Rossio-Platzes. Praça D. Pedro IV, Ⓜ Rossio, ☎ 910517914.

Ask Me Palácio Foz, tägl. 9–20 Uhr. Auch Infos zu ganz Festland-Portugal, Madeira und den Azoren. Praça dos Restauradores, Ⓜ Restauradores, ☎ 213463314.

Azulejos in der Casa da Cerca im Vorort Almada

Ask Me Regedor, tägl. 11–18 Uhr. Spezieller Turismo für Jugendliche in einer Seitenstraße der Praça dos Restauradores. Hier auch Internetnutzung für 2,50 € pro Std., Mindestnutzung 15 Min. für 1 €. Rua Jardim do Regedor, 50, Ⓜ Restauradores, ☎ 213472134.

Ask Me Estação de Santa Apolónia, nur Di–Sa 7.30–9.30 Uhr, sonst geschlossen. Av. Infante Dom Henrique, 1, Estação da CP – Terminal Internacional, Ⓜ Santa Apolónia, ☎ 218821606.

Ask Me Belém, Di–Sa 10–13 und 14–18 Uhr, So/Mo zu. Infokiosk neben dem Kloster Mosteiro dos Jerónimos. Praça do Império, ☎ 213658435.

Ask Me Parque das Nações – Alameda dos Oceanos, tägl. 10–13 und 14–18 Uhr (April–Sept. bis 19 Uhr). Infokiosk nahe dem Einkaufszentrum Centro Comercial Vasco da Gama. Alameda dos Oceanos.

Trinkgeld

In **Restaurants** wird der Rechnungsbetrag meist auf die nächste volle Summe aufgerundet, sodass sich etwa 5 bis 10 % ergeben. Man lässt sich das Restgeld zurückbringen und lässt dann einfach etwas davon liegen bzw. legt gegebenenfalls noch Münzen dazu. In Cafés, insbesondere bei Bedienung am Tresen, gibt man in der Regel weniger oder kein Trinkgeld.

Bei **Taxifahrten** sind ebenfalls ca. 5 % Trinkgeld üblich. Platzanweisern im Kino wird manchmal etwas Geld gegeben. **Parkwächter** *(arrumadores)* verlangen einen „Beitrag" (ca. 50 Cent), sonst riskiert man, sein Auto beschädigt wiederzufinden.

Unbedingt vermeiden!

Drängeln an Bus-/Straßenbahnhaltestellen: In Portugal steht man geordnet in der Schlange an.

Einsteigen in Busse durch die Hintertür: Ein Tobsuchtsanfall des Fahrers könnte die Folge sein.

Sich auf Spanisch mit „gracias" zu bedanken: Das portugiesische *„obrigado"* (als Mann) und *„obrigada"* (als Frau) kommt deutlich besser an.

Portugal hat eine andere Zeitzone als Deutschland

Kurze Hosen beim Besuch von Kirchen und Diskotheken: In Ersteren fällt man unangenehm auf, in Letztere darf man oft gar nicht erst rein.

In gehobenen Restaurants einfach Platz nehmen: Der Tisch wird von der Bedienung zugewiesen.

Gespräche bei Fado-Musik: Es herrscht absolute Stille. Unterhaltungen gelten als Beleidigung der Musiker.

Wäschereien

In Lissabon gibt es zahlreiche Self-Service-Wäschereien, die aber meist etwas versteckt liegen. Es lohnt sich, ausreichend Münzen mitzubringen, da oft nur Barzahlung am Automaten möglich ist:

Lavàmil, tägl. 8–22 Uhr. WLAN kostenlos. Rua da Madalena, 231, Ⓜ Rossio, www.lavamil.pt.

Lava Mais, tägl. 8–22 Uhr. WLAN kostenlos. Av. Almirante Reis, 74-B, Ⓜ Anjos. Zahlreiche weitere Filialen, z. B. Avenida Conde Valbom, 121 (Ⓜ São Sebastião), www.facebook.com/lavandaria.lavamas.

La Wash, tägl. 7–22 Uhr. Rua Nova da Piedade, 49 (Stadtteil São Bento), www.facebook.com/lawashpracadasflores.

Wellenreiten und Bodyboarden

Surfen erfreut sich in Portugal größerer Beliebtheit als in jedem anderen Land Europas. Kein Wunder, denn an der rauen Atlantikküste bieten die Wellen ideale Bedingungen für diesen Sport. Besonders bei Kindern beliebt ist das Bodyboarden, das einfacher ist als das Wellenreiten, weil man im Unterschied zu diesem auf dem Brett liegen bleibt.

An den Stränden im Westen Lissabons (alle erreichbar mit den Zügen der *Linha de Cascais* ab Bahnhof Cais do Sodré) gibt es mehrere gute Surf- und Bodyboardspots: Besonders gut für Anfänger geeignet ist der große Sandstrand von Carcavelos. Ebenfalls gut surft es sich am Strand von São Pedro do Estoril.

Surfschulen: *Angel's Surf School,* die älteste Surfschule im Vorort Carcavelos, der mit dem Zug ab dem Cais do Sodré zu erreichen ist. Besitzer ist der ehemalige portugiesische Surfmeister Marcos Anastácio. Kürzere Unterrichtseinheiten Sa/So (auf Portugiesisch und Englisch) und Wochenkurse in der Sommerzeit. Auch Verleih von Brettern und Anzügen. Praia de Carcavelos (neben der Angels Bar), ℰ 962681113, www.angelsurfschool.com.

mein Tipp **Três Ondas**, deutsche Surfschule bei Ericeira nahe dem Strand Ribeira d'Ilhas, einem der besten Surfgebiete Europas (ca. 35 km nordwestlich von Lissabon). Geführt von den sympathischen Syltern Silke Giesecke und Frithjof Gauss (erster deutscher Longboard-Meister und ausgebildeter Surflehrer). Ein eigenes Fahrzeug ist ebenso unnötig wie eigenes Equipment, da Transport, Bretter und Neoprenanzüge von der Schule organisiert werden. Der Unterricht findet in kleinen Gruppen statt, dabei kommen maximal sechs Schüler auf einen Lehrer. Spezielle Kurse für Kinder ab 6 J., die sicher schwimmen können. Viel Wert wird

auf Theorie als Grundlage für sicheres Surfen gelegt. 5-Tage-Kurs ab 255 €, 10 Tage ab 435 €. Auch eine Unterkunft kann über Três Ondas gebucht werden (Hotel, Pension, Appartement). Für erfahrene Surfer ist auch der Verleih von Boards und Anzügen möglich. Estrada da Ribeira d'Ilhas, 86, Santo Isidoro/Mafra, ℰ 261866349, www.tresondas.de.

Buchtipp zum Surfen

Wellenreiten: Vom Weißwasser bis zur grünen Welle von Frithjof Gauss, dem Eigentümer der Surfschule Três Ondas in Ericeira. Verständlich geschrieben führt er in Theorie und Praxis des Surfens ein. Erschienen ist das Buch bei Delius Klasing. Ebenfalls erhältlich von ihm ist eine Lehr-DVD gleichen Namens.

Windsurfen

Gute Orte zum Windsurfen befinden sich an der Flussmündung des Tejo

zwischen Trafaria und Algés (Vorsicht, reger Schiffsverkehr!), vor Cascais und Estoril und in Guincho.

Zeit

Portugals Zeitzone liegt eine Stunde hinter der mitteleuropäischen Zeit. Da die Sommerzeit zum gleichen Zeitpunkt wie in Deutschland auf die Winterzeit umgestellt wird, gilt das ganze Jahr über: portugiesische Zeit = deutsche Zeit minus 1 Std.

Zeitungen

Deutsche Zeitungen (*Süddeutsche Zeitung*, *FAZ*, *Zeit* u. a.) sind im Lissabonner Stadtzentrum (Praça dos Restauradores und Rossio, z. B. bei der Tabacaria Mónaco) schon am gleichen Nachmittag verfügbar.

Zoll

Im privaten Reiseverkehr innerhalb der EU unterliegen Waren für den Eigenbedarf keinerlei Beschränkungen. Bei Tabakwaren und Spirituosen gehen die Zöllner von folgenden Richtmengen aus: 800 Zigaretten, 200 Zigarren oder ein Kilogramm Tabak, 10 Liter Spirituosen, 20 Liter sog. „Zwischenprodukte" (z. B. Portwein, Madeira), 110 Liter Bier, 10 kg Kaffee. Für Wein aus anderen EU-Mitgliedstaaten gibt es keine konkrete Richtmenge, solange er für den Privatbedarf bestimmt ist. Für Jugendliche unter 18 Jahren gibt es keine Freimengen!

Für Schweizer gilt: Von Getränken mit einem Alkoholgehalt bis 18 % sind 5 Liter erlaubt; von Getränken mit einem Alkoholgehalt über 18 % 1 Liter; ansonsten 250 Zigaretten/Zigarren oder 250 g Tabak.

Stierkampf-Arena Campo Pequeno: hier finden auch Rock-Konzerte statt

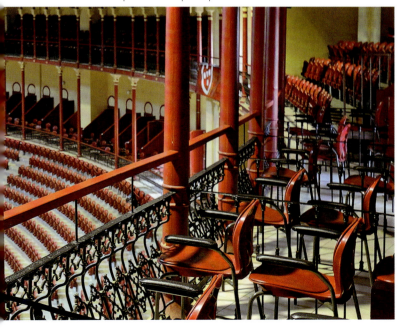

Geschichte

Lisboa Story Centre: Multimedia-Ausstellung zur Stadtgeschichte (Tour 1, Baixa) ■ S. 30

Museu de Lisboa – Santo António: Sakrale Kunst, die den inoffiziellen Stadtpatron, den heiligen Antonius, zum Thema hat (Tour 2, Alfama) ■ S. 48

Museu do Aljube – Resistência e Liberdade: Widerstand gegen die portugiesische Diktatur, in einem ehemaligen Gefängnis (Tour 2, Alfama) ■ S. 48

Museu do Campo Pequeno: Ausstellung zum Stierkampf in Lissabon und Portugal, in der Stierkampfarena (Tour 5, Avenidas Novas) ■ S. 79

Museu da Presidência: Geschichte der portugiesischen Republik aus der Perspektive ihrer Präsidenten (Tour 10, Belém und Ajuda) ■ S. 130

Museu dos Combatentes: Museum des portugiesischen Veteranenverbands zum Ersten Weltkrieg und den Kolonialkriegen (Tour 10, Belém und Ajuda) ■ S. 139

Museu de Lisboa – Palácio Pimenta: Offizielles Stadtmuseum Lissabons (Tour 11, Norden Lissabons) ■ S. 147

Archäologie

Núcleo Arqueológico da Rua dos Correeiros: Ausstellung archäologischer Funde aus der Römerzeit Lissabons und dem Mittelalter (Tour 1, Baixa) ■ S. 32

Museu Arqueológico do Carmo: Archäologisches Museum in einer beeindruckenden Kirchenruine (Tour 1, Baixa) ■ S. 35

Museu de Lisboa – Casa dos Bicos: Archäologische Funde Lissabons in einem Palast aus dem 16. Jh. (Tour 2, Alfama) ■ S. 46

Museu de Lisboa – Teatro Romano: Ruinen des römischen Theaters Lissabons (Tour 2, Alfama) ■ S. 48

Museu Geológico: Steine und Versteinerungen aus Portugal (Tour 6, Bairro Alto) ■ S. 91

Museu Nacional de Arqueologia: Nationales Archäologie-Museum mit Funden aus der Vor- und Frühgeschichte samt Ägypten-Abteilung (Tour 10, Belém und Ajuda) ■ S. 136

Kunst

Casa-Museu Fundação Medeiros e Almeida: Antiquitäten des Bankiers Medeiros e Almeida, 16. bis 19. Jh. (Tour 4, Avenida da Liberdade und Santana) ■ S. 70

Museu de Calouste Gulbenkian: Eine der bedeutendsten Kunstsammlungen Portugals. Breites Spektrum an Ausstellungsstücken aus der Zeit bis zum 19. Jh., von antiker über orientalische bis zu europäischer Kunst. Ein eigener Raum ist dem französischen Jugendstilkünstler René Lalique gewidmet. Die moderne Sammlung präsentiert portugiesische Künstler des 20. Jh. (Tour 5, Avenidas Novas) ■ S. 75

Museu das Artes Decorativas: Möbel, Teppiche, Juwelen, Porzellan, 17. bis 19. Jh. (Tour 2, Alfama) ■ S. 49

Museu Militar: Militärutensilien und Gemälde portugiesischer

Künstler, 18. bis 20. Jh. (Tour 3, Mouraria und Graça) ■ S. 61

Museu de São Roque: Sakrale Kunst in einer ehemaligen Jesuitenkirche (Tour 6, Bairro Alto) ■ S. 90

Museu Nacional de Arte Antiga: Bedeutendstes Kunstmuseum Portugals, 14. bis 19. Jh.; mit weltbekanntem Antonius-Altar von Hieronymus Bosch (Tour 8, westliche Altstadtviertel) ■ S. 112

Museu Nacional dos Coches: Eines der besten Kutschenmuseen der Welt (Tour 10, Belém und Ajuda) ■ S. 131

Museu Nacional do Azulejo: Nationalmuseum zur typisch portugiesischen Fliesenkunst (Tour 12, Osten Lissabons) ■ S. 151

Museu do Design e da Moda – MUDE: Von den Entwürfen bekannter Modeschöpfer bis zu Design-Möbeln (Tour 1, Baixa) ■ S. 31

Museu Nacional de Arte Contemporânea do Chiado: Nationalmuseum für zeitgenössische Kunst (Tour 1, Baixa) ■ S. 35

Fundação Arpad Szenes/Vieira da Silva: Werke des ungarisch-portugiesischen Künstler-Ehepaars, 20. Jh. (Tour 7, Campo de Ourique und Amoreiras) ■ S. 105

Atelier-Museu Júlio Pomar: Malereien und Zeichnungen des Lissabonner Künstlers, 20. Jh. (Tour 8, Westliche Altstadtviertel) ■ S. 115

Museu Coleção Berardo: Portugals beste Sammlung moderner Kunst: von Surrealismus bis Videoinstallationen (Tour 10, Belém und Ajuda) ■ S. 137

Casa das Histórias Paula Rego: Werke der portugiesischen Malerin, 20. Jh. (Tour 13, Ausflug Estoril und Cascais) ■ S. 164

Casa-Museu Dr. Anastásio Gonçalves: Chinesisches Porzellan des 16./17. Jh., Gemälde und Aquarelle portugiesischer Künstler des 19./20. Jh. (Tour 5, Avenidas Novas) ■ S. 80

Museu de Macau: Geschichte Macaos, größte Sammlung chinesischer Kunst in Portugal (Tour 9, Alcântara) ■ S. 121

Museu do Oriente: Kunstgegenstände aus Indien, Macao, Japan und Ausstellung zu asiatischen Religionen (Tour 9, Alcântara) ■ S. 121

Musik und Literatur

Museu do Fado: Geschichte der Lissabonner Volksmusik Fado (Tour 2, Alfama) ■ S. 51

Museu de Lisboa – Casa dos Bicos: Ausstellung zum portugiesischen Literaturnobelpreisträger José Saramago (Tour 2, Alfama) ■ S. 46

Casa Fernando Pessoa: Nachlass des berühmtesten Dichters Portugals (Tour 7, Campo de Ourique und Amoreiras) ■ S. 104

Casa-Museu Amália Rodrigues: Ehemaliges Wohnhaus der berühmten Fado-Sängerin (Tour 8, Westliche Altstadtviertel) ■ S. 111

Technik und Verkehr

Museu da Carris: Historische Busse und Straßenbahnen Lissabons (Tour 9, Alcântara) ■ S. 120

Museu de Marinha: Portugiesische Seefahrtsgeschichte mit vielen echten

Schiffen (Tour 10, Belém und Ajuda) ■ S. 136

Museu Naval: Geschichte der Werft-Industrie auf der Tejosüdseite (Tour 15, Ausflug Almada) ■ S. 180

Museu da Electricidade: Elektrizitätsmuseum in einem ehemaligen Kohlekraftwerk (Tour 10, Belém und Ajuda) ■ S. 132

Museu da Água: Wasserversorgung Lissabons, in einer sehenswerten ehemaligen Pumpstation (Tour 12, Osten Lissabons) ■ S. 151

Pavilhão do Conhecimento/ Ciência Viva: Technikmuseum, interaktiv für Kinder aufgebaut (Tour 12, Osten Lissabons) ■ S. 154

Farol Museu de Santa Marta: Geschichte der Küstenleuchtfeuer Portugals im Leuchtturm von Cascais (Tour 13, Ausflug Estoril und Cascais) ■ S. 166

Sport

Museu do Benfica – Cosme Damião: Multimediale Ausstellung zur Geschichte

des größten Fußballclubs Portugals (Tour 11, Norden) ■ S. 145

Museu Sporting: Historie des Lissabonner Fußball- und Sportvereins (Tour 11, Norden) ■ S. 147

Verschiedenes

Museu do Dinheiro – Banco de Portugal: Geschichte des Geldes am Sitz der portugiesischen Zentralbank (Tour 1, Baixa) ■ S. 31

Museu da Farmácia: Apotheken und Medikamente (Tour 6, Bairro Alto) ■ S. 92

Museu da Marioneta: Geschichte des Puppenspiels und der Marionetten (Tour 8, westliche Altstadtviertel) ■ S. 112

Museu Nacional da Etnologia: Völkerkundliche Exponate aus Portugal, Südamerika, Afrika und Asien (Tour 10, Belém und Ajuda) ■ S. 139

Museu Nacional do Traje: Trachten- und Kostüme, 4. bis 20. Jh. (Tour 11, Norden Lissabons) ■ S. 146

Museu do Campo Pequeno: die Geschichte des Stierkampfes

Portugiesisch, gehoben

Largo (Chiado) Portugiesische Gourmet-Küche mit französischen Einflüssen in einzigartigem Ambiente ■ S. 36

meinTipp **Café Lisboa** (Chiado) Typisch Lissabonner Gerichte, das mit Spiegeln, Blattgold und Marmorböden dekorierte Café ist in einem Seitenflügel der Oper untergebracht ■ S. 36

Santa Clara dos Cogumelos (Graça) Alles rund um Pilze: von Vorspeise bis Dessert. Heimelige Atmosphäre, auf dem Gelände des Flohmarkts Feira da Ladra ■ S. 62

Estórias na Casa da Comida (Amoreiras) Kreative Neuinterpretationen portugiesischer Gerichte, liebevoll dekorierter Speisesaal und schattiger Innenhof ■ S. 106

Clube de Jornalistas (Lapa) Romantisches Ambiente in einem palastähnlichen Altbau mit Garten, kreative Küche, eines der besten Lokale Lissabons ■ S. 115

De Castro (São Bento) Portugiesische Küche mit modernem Dreh, gehobene, aber ungezwungene Atmosphäre ■ S. 115

Enoteca de Belém (Belém) Kleines Weinlokal mit exquisiter Küche, vor allem von Touristen besucht ■ S. 140

Portugiesisch, Mittelklasse

Casa do Alentejo (Baixa) Küche der südportugiesischen Region Alentejo in einem sehenswerten Palast, im kleinen Innenhof auch Terrassenbetrieb ■ S. 36

Primeiro Andar (Baixa) Portugiesische Tapas im ersten Stock eines Altstadtpalastes, bunt zusammengewürfeltes Mobiliar, alternatives Publikum ■ S. 36

Le Petit Café (Alfama) Küche ein Mix aus portugiesisch, französisch und brasilianisch, angenehmes Ambiente, Terrasse unter Bäumen ■ S. 52

Time Out Mercado da Ribeira (Bairro Alto) Schlemmermeile mit zahlreichen Restaurants im alten Zentralmarkt, eher etwas fürs schnelle Essen ■ S. 94

Mercado de Campo de Ourique (Campo de Ourique) Restaurants, Bars und Cafés in einer historischen Markthalle, lebhafte Atmosphäre, vor allem abends sehr beliebt ■ S. 107

meinTipp **Sabor & Arte** (Amoreiras) Originell zubereitete portugiesische Küche mit Fleisch und Fisch, reichhaltige Portionen, zwei Speisesäle, viele Tische im Hof ■ S. 107

meinTipp **Chão de Pedra** (Amoreiras) Kreativ zubereitete und angerichtete portugiesische Küche, schlichte, aber geschmackvolle Einrichtung ■ S. 107

Frei Contente (São Bento) Kleine Auswahl schmackhafter Fisch- und Fleischgerichte, abends viele portugiesische Gruppen unter den Gästen ■ S. 116

O Caldo Verde (Madragoa) Küche aus Trás-os-Montes, der nordöstlichsten Region Portugals, schmackhaft und reichliche Portionen, kleiner Gastraum ■ S. 116

Taberna da Esperança (Madragoa) Täglich wechselnde portugiesische Tapas, eingerichtet ist die Taberna im Stil eines französischen Bistros ■ S. 116

Descobre (Belém) Fusion-Küche, die portugiesische Gerichte mit Einflüssen anderer Küchen gelungen erweitert, auch an Vegetarier wird gedacht ■ S. 140

meinTipp **Espaço Açores** (Ajuda) Originalgetreue Gerichte von den Azoren, gehobenes Ambiente, lichter Raum mit Holzdecke und Granitboden, durch die Fensterfront herrlicher Blick auf die Brücke des 25. April ■ S. 140

meinTipp **Paço de Carnide** (Carnide) Steaks zum Selberbraten und Sardinen vom Holzkohlegrill, reichhaltige Portionen und ganztägig beliebt ■ S. 148

Portugiesisch, preisgünstig

O Bacalhoeiro – A Licorista (Baixa) Volkstümliches Doppelrestaurant in zentraler Lage, schlichte, aber schmackhafte portugiesische Küche ■ S. 37

Beira Gare (Baixa) Traditionsreiche Snackbar mit portugiesischem Fast Food, auch große Auswahl an portugiesischen Tapas ■ S. 37

Taberna Sal Grosso (Alfama) Schmackhafte Tavernen-Küche in kleinem Raum, sehr beliebt, daher vor allem abends unbedingt reservieren ■ S. 53

Satélite da Graça (Graça) Einfaches Nachbarschaftsrestaurant mit zwei Speisesälen, wenn's schnell gehen muss, isst man an der Bar ■ S. 63

O Forninho Saloio (Av. Liberdade) Fisch und Fleisch vom Holzkohlegrill in zwei kleinen Azulejo-geschmückten Speisesälen ■ S. 72

Verde Minho (Santana) Nachbarschaftsrestaurant mit Küche aus der nordportugiesischen Region Minho, kleiner Gastraum ■ S. 72

A Tigelinha (Santana) Volkstümliche Snackbar mit gegrilltem Fisch, solide Küche ohne Finessen, reichliche Portionen ■ S. 73

Os Courenses (Av. Novas) Deftige Gerichte aus verschiedenen portugiesischen Regionen, mittags häufig randvoll ■ S. 82

Tascardoso (Bairro Alto) Volkstümliches Restaurant am Rande des Príncipe-Real-Platzes, gut zubereitete Fisch- und Fleischgerichte ■ S. 95

Stop do Bairro (Campo de Ourique) Nachbarschafts-Restaurant abseits touristischer Pfade, reichhaltige portugiesische Küche, Rauchen erlaubt ■ S. 107

Cervejaria Zapata (São Bento) Bis spät in die Nacht geöffnetes Restaurant mit einem Raum für Raucher, großer Andrang ■ S. 116

O Arêgos (Madragoa) Typisch portugiesisches Hähnchen, Steaks und Fisch vom Holzkohlegrill, große Portionen, viele Stammgäste aus der Nachbarschaft ■ S. 116

O Mercado (Alcântara) Geräumiges Restaurant im Markt von Alcântara, gut zubereitete portugiesische Küche ■ S. 124

Miudinho (Carnide) Volkstümliches Lokal mit Fleisch und Fisch vom Grill, die Zutaten kommen frisch vom Markt ■ S. 148

Fisch und Meeresfrüchte

Bica do Sapato (Alfama) Erstklassiges Fischrestaurant

mit Sushi-Bar am Tejo-Ufer ■ S. 52

Cervejaria Ramiro (Mouraria) Eine der besten Marisqueiras (Meeresfrüchte-Restaurants) der Stadt, seit vielen Jahren beliebt und oft entsprechend voll ■ S. 62

Sea Me – Peixaria Moderna (Bairro Alto) Lissabons hipptes Fischrestaurant mit neonröhrenbeleuchteten Wänden, auch Sushi im Angebot ■ S. 93

mein Tipp **A Cevicheria** (Bairro Alto) Im komplett gekachelten, an ein Fischgeschäft erinnernden Gastraum wird Ceviche serviert, eine peruanische Spezialität aus rohem Fisch ■ S. 94

mein Tipp **Sol e Pesca** (Bairro Alto) außergewöhnliches Restaurant, in dem ausschließlich Fisch aus Konservendosen serviert wird, hübsch angerichtet mit Kräutern ■ S. 96

O Carvoeiro (Belém) Frische gegrillte Sardinen in der Touristenmeile von Belém, keine anspruchsvolle Küche, aber in dieser touristischen Lage deutlich über dem Durchschnitt ■ S. 141

Senhor Peixe (Parque das Nações) Frischer Fisch, den sich der Gast direkt von der Kühltheke aussucht, dann wandert der Fisch direkt auf den Grill ■ S. 156

A Casa do Bacalhau (Beato) Gehobenes Restaurant rund um den Bacalhau, rund 15 Varianten sind im Angebot. ■ S. 156

Hauptsache Fleisch

To.B – To burger or not to burger (Chiado) Moderne Hamburgeria mit ausgefallenen Kreationen, angenehme Atmosphäre ■ S. 37

La Brasserie de L'Entrecôte (Bairro Alto) Hier sind ausschließlich Steaks im Angebot, für Vegetarier gibt's die Seitan-Variante. Stilvolle Atmosphäre. ■ S. 93

mein Tipp **O Talho** (Av. Novas) Kreative Spitzenküche mit angeschlossenem Metzgerei-Fachgeschäft. Eines der beliebtesten Restaurants der Stadt, deshalb unbedingt reservieren ■ S. 80

mein Tipp **Carnalentejana** (Av. Novas) Direkt bei der Stierkampfarena Campo Pequeno, leckere Steaks in gekonnt minimalistischem Ambiente ■ S. 81

mein Tipp **Salsa & Coentros** (Av. Novas) Exzellent zubereitete Fleischgerichte, besonders Wild und Iberisches Schwein, fast immer voll besetzter Gastraum ■ S. 81

mein Tipp **Atalho Real** (Bairro Alto) Hervorragende Fleischgerichte aus aller Welt, gemütlich-rustikale Atmosphäre in zwei mit viel Holz dekorierten Speiseräumen ■ S. 94

Casa Cabaças (Bairro Alto) Unter anderem Rindernackensteaks zum Selberbrutzeln auf heißen Steinen. Früh kommen, da nicht nur bei Touristen, sondern auch bei Einheimischen sehr beliebt ■ S. 95

Vegetarisch

Celeiro/Tasquinha do Celeiro (Baixa) Ältestes vegetarisches und makrobiotisches Restaurant der Stadt, schlicht eingerichteter Speisesaal, Mittagessen und kleine Gerichte in Selbstbedienung ■ S. 37

PSI (Santana) Esoterisch angehauchtes vegetarisches Restaurant inmitten einer kleinen Parkanlage, im Sommer auch Terrassenbetrieb ■ S. 72

Os Tibetanos (Av. Liberdade) Vegetarische Gerichte in einem Meditationszentrum mit Blick auf den botanischen Garten, Tische auch im begrünten Innenhof ■ S. 72

Jardim do Sentidos (Av. Liberdade) Vegetarisch-veganes Restaurant in orientalisch-fernöstlichem Ambiente, begrünte Terrasse im Hof ■ S. 72

Espiral (Av. Novas) Vegetarisch-veganes Restaurant mit angeschlossenem Esoterik-Geschäft, Selbstbedienungstheke ■ S. 82

Terra (Bairro Alto) Veganes Büfett mit Pizzen, Nudeln und Salaten, vom Speiseraum, geht's auf eine komplett begrünte Terrasse unter Bäumen ■ S. 94

Italienisch

Esperança Sé (Alfama) Krosse Pizzen neben der Kathedrale, gelungen modern-nüchtern renovierter Gastraum in altem Gemäuer ■ S. 52

meinTipp **Casanova** (Alfama) Sehr beliebtes Restaurant mit Aussichtsterrasse am Tejo-Ufer, leckere Holzofenpizzen und andere italienische Gerichte ■ S. 53

Cantina Baldracca (Mouraria) Preiswerte Nudelgerichte in eng bestuhltem Gastraum, junges Publikum ■ S. 63

Sapore (Av. Liberdade) Günstige Pizzen und Nudelgerichte, mittags meist voll, einige Tische auch auf der Terrasse ■ S. 73

Pizzeria Ristorante Lucca (Av. Novas) Stadtweit bekannte Pizzen aus dem Holzofen, großer Speiseraum, lebhafte Atmosphäre ■ S. 82

Esperança Bairro (Bairro Alto) Pizza, Pasta und Risotto

mitten im Bairro Alto, kleiner Gastraum, auch Tische draußen in der engen Gasse ■ S. 95

Osteria (Madragoa) Italienisches Familien-Bistro mit Pasta, Lasagne und Risotto (keine Pizzen), gemütliches Ambiente ■ S. 116

In Bocca al Lupo (São Bento) Sehr schmackhafte Bio-Pizzen nach römischem Rezept, große Auswahl ■ S. 116

Amesa (Alcântara) Pizzen an einem (!) langen Tisch im alternativen Kulturzentrum LX Factory ■ S. 125

Afrikanisch

Mesa Kreol (Alfama) Gerichte von den Kapverden und aus Angola, abends oft Livemusik ■ S. 153

Estrela Morena (São Bento) Leckerer Bohneneintopf und andere Speisen von den Kapverden, abends oft voll, besser reservieren ■ S. 116

Asiatisch

Haweli Tandoori (Graça) Nordindische Küche aus dem Tandoori-Ofen, schlichtes, orientalisch inspiriertes Inneres ■ S. 63

Siam Square (Av. Novas) Große Auswahl ziemlich originalgetreuer Thai-Gerichte, eher gehobenes Ambiente ■ S. 82

Natraj (Amoreiras) Reichhaltige Küche aus dem Punjab in Nordindien, große Auswahl, oft sehr voll ■ S. 107

Malaca Too (Alcântara) Asiatische Fusionküche von Thailand über China bis Japan, auf dem Gelände des alternativen Kulturzentrums LX Factory ■ S. 124

Lateinamerikanisch

Taqueria Pistola y Corazón (Bairro Alto) Von Mexikanern

betriebenes Fast-Food-Restaurant, scharfe Original-Tacos in ausgezeichneter Qualität ■ S. 95

Comida de Santo (São Bento) Kleines, originalgetreues brasilianisches Restaurant, große Portionen, sehr beliebt, daher unbedingt reservieren ■ S. 115

Prächtige Aussichten

Pollux (Baixa) Schlichtes Selbstbedienungscafé im Dachgeschoss eines Einrichtungshauses mit Blick auf die Baixa ■ S. 38

Faz Figura (Alfama) Gehobene portugiesische Küche mit Aussicht auf den Tejo und die dort ankernden Kreuzfahrtschiffe, edles Ambiente, für abends unbedingt reservieren ■ S. 52

Portas do Sol (Alfama) Café auf einer Aussichtsplattform mit Alfama-Blick, besonders schön in lauen Sommernächten, keine Küche ■ S. 54

Via Graça (Graça) Portugiesische Luxus-Küche in edlem Ambiente und mit Spitzenaussicht auf die Stadt ■ S. 62

Esplanada da Graça (Graça) Bis spät nachts geöffnetes Café am Aussichtspunkt Miradouro da Graça ■ S. 64

Esplanada do Miradouro do Monte Agudo (Av. Novas) Café an einem der unbekanntesten Aussichtspunkte Lissabons, besonders schön bei Sonnenuntergang ■ S. 83

The Insólito (Bairro Alto) Aussichtsterrassen-Restaurant im Hostel The Independente, herrlicher Blick über die Burg, auch die Küche überzeugt ■ S. 93

Madame Petisca (Bairro Alto) Restaurant im komplett verglasten Dachgeschoss des Hotels Monte Belvedere, toller Blick auf den Lissa-

Street Art zu Ehren der Fado-Ikone Amália Rodrigues nahe der Praça dos Restauradores

bonner Westen und die andere Tejo-Seite ■ S. 95

Noobai Café (Bairro Alto) Restaurant-Bar-Café mit Panorama-Terrasse und Hafenblick, ruhiges Ambiente mit Jazzmusik ■ S. 96

Capricciosa (Alcântara) Pizzen und Nudeln mit Blick auf die Hafendocks von Santo Amaro, lebhafte Atmosphäre ■ S. 124

À Margem (Belém) Café in einem modernen Glasbau an der Tejo-Uferpromenade, schöner Blick auch auf die Brücke des 25. April ■ S. 141

Darwin's Café (Belém) Café-Restaurant der Champalimaud-Stiftung mit Aussichtsterrasse am Tejo ■ S. 141

Capricciosa (Parque das Nações) Pizzen und Nudeln mit schönem Blick auf den Tejo ■ S. 156

Im Grünen

Clara Clara (Graça) Terrassencafé im Park oberhalb des Pantheons, breite Auswahl an Sandwiches, Toasts und Croissants ■ S. 63

Goethe Café (Santana) Restaurant-Café des Goethe-Instituts mit grünem Biergarten und dem ältesten Drachenbaum Portugals ■ S. 73

Linha d'Água (Av. Novas) Selbstbedienungscafé am Wasserbecken im Jardim Amália Rodrigues ■ S. 73

Museu Calouste Gulbenkian (Av. Novas) Zwei empfehlenswerte Museumscafés am und im Gulbenkian-Park, leckeres Gebäck aus eigener Produktion ■ S. 83

mein Tipp **Museu Nacional de Arte Antiga** (Lapa) Selfservice-Museumscafé im ruhigen Garten hinter dem Nationalmuseum für Alte Kunst ■ S. 117

mein Tipp **Pão de Canela** (São Bento) Café mit Terrasse an der hübschen begrünten Praça das Flores in der Nähe des Parlaments ■ S. 117

mein Tipp **Estufa Real** (Ajuda) Restaurant mit mediterraner Küche im botanischen Garten von Ajuda, luftiges Ambiente

in einem ehemaligen Gewächshaus ■ S. 140

Cafés und Konditoreien

Martinho da Arcada (Baixa) Ältestes Café Lissabons – seit 1782! Unter den schattenspendenden Arkaden der Praça do Comércio ■ S. 37

Nicola (Baixa) Café-Klassiker am Hauptplatz Rossio – Gründungsdatum ein paar Jahre später: 1787 ■ S. 38

A Brasileira (Chiado) Das Kaffeehaus Lissabons schlechthin, fast alle Touristen kommen einmal hierher, um auf der Terrasse einen Kaffee zu trinken ■ S. 38

Fábulas (Chiado) Alternatives Café mit gemütlichen Sitzecken in einem mit viel Liebe restaurierten Kellergewölbe ■ S. 38

28 Café (Alfama) Café in einer nachgebauten Lissabonner Straßenbahn, alles ganz ohne Touristen-Kitsch ■ S. 54

meinTipp **Pois, café** (Alfama) Brunch, Kuchen und Torten auf Lesesesseln, unweit der Kathedrale ■ S. 54

As Marias com Chocolate (Graça) Schmales Stehcafé im Marktgebäude des Mercado de Santa Clara, draußen einige Tische auf einer winzigen Terrasse ■ S. 63

Casa Independente (Mouraria) Café und alternatives Kulturzentrum am Largo do Intendente, im Hinterhof eine Terrasse, die im „Flohmarkt"-Stil eingerichtet ist ■ S. 64

Choupana Caffe (Av. Novas) Modernes Café, sehr beliebt zum Frühstücken und Brunchen, junges Hipster-Publikum ■ S. 83

A Padaria Portuguesa (Bairro Alto) Bäckerei mit Selfservice-Café, gut für ein preiswertes Frühstück ■ S. 96

Boutique do Pão de São Roque (Bairro Alto) Einfache Bäckerei mit aufwendiger klassizistischer Dekoration ■ S. 96

Café Tati (Bairro Alto) Heimelige Atmosphäre, oft Livemusik, auch viele kleine Gerichte ■ S. 96

Casa de Chá de Santa Isabel – Vicentinas (Amoreiras) Teehaus der Vinzentinerinnen, gutes Gebäck und preiswerter Mittagstisch, englische *scones* sind die Hausspezialität ■ S. 108

Café da Fábrica (Alcântara) Gemütliches Café in der Kultur-fabrik LX Factory, heimelige Atmosphäre, große Terrasse ■ S. 125

Confeitaria Nacional (Baixa) Seit 1829 eine der führenden Konditoreien der Stadt, beein-druckende Innenausstattung mit großflächigen Spiegeln ■ S. 37

Portela Cafés (Alfama) Moderne Konditorei-Kette mit leckerem Gebäck, auch der Kaffee ist gut ■ S. 54

Pastelaria Mexicana (Av. Novas) Das Gebäckangebot ist hervorragend, die Innenarchitektur ist

modernistisch und steht unter Denkmalschutz ■ S. 83

Pastelaria Versailles (Av. Novas) Klassizistisch dekorierte Nobel-Konditorei, eine der schönsten Konditoreien Lissabons ■ S. 83

Manteigaria União (Bairro Alto) Stehcafé mit frisch gebackenen Cremetörtchen, die mit dem Original aus Belém absolut mithalten können ■ S. 96

Pastelaria 1800 (Amoreiras) Traditions-Café mit gutem Gebäck und preiswerten Mittagsgerichten, schöne Azu-lejo-Fassade ■ S. 108

meinTipp **Pastéis de Belém** (Belém) Pflichtprogramm für alle Lissabon-Besucher: Hier gibt es die Original-Cremetörtchen, die nach alten Rezepten der Mönche des Jerónimos-Klosters hergestellt werden ■ S. 141

Eisdielen

Santini (Chiado) Filiale der legendären Gelateria aus dem Vorort Cascais, moderne Einrichtung ■ S. 38

meinTipp **Bettina & Niccoló Corallo** (Bairro Alto) Café der italienischen Chocolatier-Familie Corallo, Eis und Kaffee sind exzellent ■ S. 96

Nannarella – Gelati alla Romana (São Bento) Das beste Eis Lissabons, nach italienischem Vorbild, angesichts der Menschen-schlange auf dem Bürgersteig kaum zu verfehlen ■ S. 117

Lissabons National-getränk: Kirschlikör

meinTipp **A Ginjinha** (Baixa) Seit 1840 werden hier die Gläser auf Ex getrunken, winziger Raum, gerade genug Platz zum Stehen ■ S. 38

Top-Aussicht auf den Tejo: Noobai Café

Garten des Palácio Fronteira in Benfica

Kartenverzeichnis & Zeichenerklärung

Lissabon Übersicht   Umschlag vorne

Lissabon Metroplan   Umschlag hinten

Straßenbahnlinien   Umschlag hinten

Ausflüge in die Umgebung von Lissabon 163

Alcântara   120/121

Alfama   44/45

Almada   181

Avenida da Liberdade und Santana   68/69

Avenidas Novas   76/77

Bairro Alto   88/89

Baixa   28/29

Belém und Ajuda   128/129

Campo de Ourique und Amoreiras   100/101

Cascais   168/169

Estoril   164/165

Mosteiro dos Jerónimos   133

Mouraria und Graça   58/59

Oceanário   157

Parque das Nações   154/155

Sintra   172/173

Übernachten   244/245

Westliche Altstadtviertel   112/113

Ziele im Norden Lissabons   144

Ziele im Osten Lissabons   153

Autobahn

Haupt- und Nebenstraße

Eisenbahn

Grünanlage

Friedhof

Kirche

Schloss/Festung

Turm

Information

Rundgang Anfang/Ende

Museum

Parkhaus/Parkplatz

Metro

Bushaltestelle

Krankenhaus

Post

Lissabon im Kasten

Das Oster-Massaker	26		Portugiesischer Stierkampf	84
Das Lissabonner Rathaus – Geburtsort der portugiesischen Republik	31		I'm late = Estou atrasad?	94
25. April 1974 – Belagerung der Kaserne am Largo do Carmo	32		Fernando Pessoa – obskur, verschroben, genial	105
Selten gesehene nächtliche Gäste auf der Burg	51		Maria Helena Vieira da Silva	106
José Saramago – kontroverser Literaturnobelpreisträger	55		Weinberg in Lissabon	123
			Windmühlen mitten in Lissabon?	130
Mit der Straßenbahn 12 rund um den Burgberg	62		Gesalzene Strafe – Beco do Chão Salgado	132
Mister 5 Percent – Calouste Sarkis Gulbenkian	78		Manuelinik – überbordender Architekturstil der Entdeckungen	139
			Sport Lisboa e Benfica (SLB) – Portugals erfolgreichster Fußballclub	149

Azulejos –
typisch portugiesische Fliesenkunst   152

Marquês de Pombal – aufgeklärter
Erneuerer und brutaler Diktator   189

Schwieriges Portugal
für Vegetarier und Bio-Konsumenten   201

O Santo que traz noivas –
der Heilige, der Bräute bringt   213

Quer durch Lissabon mit der Kult-Linie 28   235

Die etwas andere Tour –
mit dem Fahrrad durch Lissabon   239

Palácio Belmonte –
Lissabons exquisiteste Unterkunft   248

Impressum

Text und Recherche: Johannes Beck, Michael Böhme | **Lektorat:** Christine Beil, Peter Ritter | **Redaktion:** Ute Fuchs | **Layout:** Jana Dillner | **Karten:** Hans-Joachim-Bode, Theresa Flenger, Judit Ladik, Gábor Sztrecska | **Fotos:** alle Johannes Beck, außer S. 214: Fremdenverkehrsverein Lissabon und S. 253: Casa do Príncipe | **Covergestaltung:** Karl Serwotka | **Covermotive:** vorne: Tram 28 in der Alfama © Sergii Figurnyi/Fotolia.com, hinten: Lissabon © lite/Fotolia.com

Die in diesem Reisebuch enthaltenen Informationen wurden vom Autor nach bestem Wissen erstellt und von ihm und dem Verlag mit größtmöglicher Sorgfalt überprüft. Dennoch sind, wie wir im Sinne des Produkthaftungsrechts betonen müssen, inhaltliche Fehler nicht mit letzter Gewissheit auszuschließen. Daher erfolgen die Angaben ohne jegliche Verpflichtung oder Garantie des Autors bzw. des Verlags. Autor und Verlag übernehmen keinerlei Verantwortung bzw. Haftung für mögliche Unstimmigkeiten. Wir bitten um Verständnis und sind jederzeit für Anregungen und Verbesserungsvorschläge dankbar.

ISBN 978-3-95654-438-5

Alle Angaben ohne Gewähr. Druck: Westermann Druck Zwickau GmbH.

Aktuelle Infos zu unseren Titeln, Hintergrundgeschichten zu unseren Reisezielen sowie brandneue Tipps erhalten Sie in unserem regelmäßig erscheinenden Newsletter, den Sie im Internet unter www.michael-mueller-verlag.de kostenlos abonnieren können.

Was haben Sie entdeckt?

Haben Sie ein empfehlenswertes Restaurant gefunden, eine nette Bar, ein gemütliches Hotel? Wenn Sie Tipps, Anregungen oder Verbesserungsvorschläge zum Buch haben, lassen Sie es uns bitte wissen!

Schreiben Sie an: Johannes Beck, Stichwort „Lissabon" |
c/o Michael Müller Verlag GmbH | Gerberei 19, D – 91054 Erlangen |
johannes.beck@michael-mueller-verlag.de

Etwas Portugiesisch

Betonung und Aussprache

Prinzipiell wird die zweitletzte Silbe eines Wortes betont. In folgenden Fällen wird dagegen die letzte Silbe betont: Das Wort endet mit einem Konsonanten (Ausnahme -**s** und -**m**), oder die letzte Silbe enthält ein **i** oder ein **u**. Trägt eine Silbe einen **Akzent**, wird diese Silbe betont, z.B. bei escândalo (Skandal) oder cómodo (bequem). Vokale mit Tilde, also **ã** oder **õ**, werden nasaliert, d. h. ähnlich ausgesprochen wie die französischen Laute –*in* [*matin*] und –*an* [*Sagan*]). Die Silbe mit dem **ã** oder **õ** ist im Wort zu betonen, Bsp. corações (Herzen).

Die korrekte **Aussprache** ganz ausführlich darzustellen würde mehrere Seiten ausfüllen, daher etwas vereinfacht und in Kürze: Die Buchstaben **b, d, f, k, l, m, n, p, t** und **u** werden ähnlich wie im Deutschen ausgesprochen (Ausnahme: Folgt **m** oder **n** auf einen Vokal, so ist dieser zu nasalieren). **Diphthonge**, das sind zwei Vokale in einer Silbe, sind im Portugiesischen immer getrennt auszusprechen: also *E–u–ro*, statt *Eu–ro*.

Buchstabe	Bedingung	Aussprache
a	betont	wie deutsches **a** in <M**a**gen>
a	unbetont	dumpfes **a**, ähnlich wie dt. unbetontes **er** in <bess**er**>
à, á	immer	wie deutsches **a** in <M**a**gen>
â	immer	dumpfes **a**, ähnlich wie dt. unbetontes **er** in <bess**er**>
e	betont	wie deutsches **ä** in <S**ä**le>
e	unbetont	wie deutsches **e** in <Flasch**e**>
e	unbetont am Wortende	fast völlig verschluckt
es, ex	nur am Wortanfang	ähnlich wie deutsches **isch**
é	immer	wie deutsches **ä** in <S**ä**le>
ê	immer	geschlossenes **e** wie in <S**ee**>
i	zwischen zwei Vokalen	wie deutsches **j** in <**J**ubel>
i	sonst	wie deutsches **i**
o	betont	offenes **o** wie in <S**o**nne>
o	unbetont	wie ein **u**
ó	immer	offenes **o** wie in <S**o**nne>
ô	immer	geschlossenes **o** wie in <**O**fen>
c	vor e oder i	stimmloses **s** wie in <Ma**ß**>
c	vor t	meist stumm (arquitecto = *arkitätu*)
c	vor a, o oder u	wie **k**
ç	immer	stimmloses **s** wie in <Ma**ß**>
ch	immer	stimmloses **sch** wie in <Fi**sch**>
g	vor a, o und u	wie deutsches **g**
g	vor e und i	stimmhaftes **sch** wie in <**J**ournalist>
gu	vor a, o und u	wie deutsches **gu**
gu	vor e und i	wie deutsches **g**
h	am Wortanfang	wird nicht ausgesprochen

lh	immer	wie **lj**
nh	immer	wie **nj**
j	immer	stimmhaftes **sch** wie in ‹Journalist›
qu	vor a und o	wie **qu** in ‹**Qu**alle›
qu	vor e und i	wie **k**, das u bleibt stumm (que = *ke*)
r	zwischen zwei Vokalen	einfaches zungengeschlagenes **r**
r	am Anfang eines Wortes	wie deutsches Gaumen-**r**
rr	immer	wie deutsches Gaumen-**r**
s	zwischen zwei Vokalen	stimmhaftes **s** wie in ‹Ro**s**e›
s	vor l, m, n, r, v	stimmhaftes **sch** wie in ‹Journalist›
s	vor anderen Konsonanten	stimmloses **sch** wie in ‹Fi**sch**›
s	am Wortende, wenn nächstes Wort mit Vokal beginnt	stimmhaftes **s** wie in ‹Ro**s**e›
s	am Wortende	stimmloses **sch** wie in ‹Fi**sch**›
s	sonst	stimmloses **s** wie in ‹Ma**ß**›
v	immer	wie deutsches **w**
x	meistens	wie stimmloses **sch** wie in ‹Fi**sch**›
x	ab und zu	wie stimmhaftes **s** wie in ‹Ro**s**e›
x	selten	wie deutsches **x**
z	am Wortende	stimmhaftes **sch** wie in ‹Journalist›
z	normal	stimmhaftes **s** wie in ‹Ro**s**e›

Wortschatz und Wendungen

Anrede/Entschuldigungen

Frau	dona oder senhora dona	*ja/nein*	sim/não
Herr	senhor	*bitte*	faz favor oder por favor
Wie geht es Ihnen?	Como está?	*Ich verstehe nichts.*	Não entendo nada.
sehr gut	muito bem	*Sprechen Sie bitte etwas langsamer!*	Fale mais devagar, por favor!
Danke!	Männer: Obrigado! Frauen: Obrigada!	*Sprechen Sie Deutsch?*	Fala alemão?
Hallo!	Olá!	*... Englisch*	... inglês
Guten Morgen!	Bom dia! (bis 12 h mittags)	*... Französisch*	... francês
		... Italienisch	... italiano
Guten Tag!	Boa tarde! (nachmittags ab 12 h)	*... Spanisch*	... espanhol
Guten Abend/ Gute Nacht!	Boa noite! (nach Sonnenuntergang)	*Entschuldigung! (um Erlaubnis bitten)*	Com licença!
Auf Wiedersehen!	Adeus!	*Entschuldigung!*	Desculpe! oder desculpa!
Ich heiße ...	Chamo-me ...	*Keine Ursache.*	De nada.

Zahlen

1	um (m.)	11	onze	40	quarenta
	uma (w.)	12	doze	50	cinquenta
2	dois (m.),	13	treze	60	sessenta
	duas (w.)	14	catorze	70	setenta
3	três	15	quinze	80	oitenta
4	quatro	16	dezasseis	90	noventa
5	cinco	17	dezassete	100	cem
6	seis	18	dezoito	1.000	mil
7	sete	19	dezanove	1.000.000	um milhão
8	oito	20	vinte		
9	nove	30	trinta		
10	dez				

Zeiten

Wie spät ist es?	Que horas são?	Sekunde	segundo
Wann?	Quando?	Januar	janeiro
Um wie viel Uhr?	A que horas?	Februar	fevereiro
Es ist (zu) früh/ spät.	É (muito) cedo/ tarde.	März	março
		April	abril
morgens	de manhã	Mai	maio
mittags	ao meio-dia	Juni	junho
nachmittags	à tarde	Juli	julho
abends	à noite	August	agosto
nachts	à noite	September	setembro
heute Abend	esta noite	Oktober	outubro
heute	hoje	November	novembro
gestern	ontem	Dezember	dezembro
morgen	amanhã	Montag	segunda-feira (2.ª)
übermorgen	depois de amanhã	Dienstag	terça-feira (3.ª)
vorgestern	anteontem	Mittwoch	quarta-feira (4.ª)
morgen Abend	amanhã à noite	Donnerstag	quinta-feira (5.ª)
Jahr	ano	Freitag	sexta-feira (6.ª)
Monat	mês	Samstag	sábado
Woche	semana	Sonntag	domingo
Tag	dia	Werktage	dias úteis
Stunde	hora	Feiertage	feriados
Minute	minuto		

Hinweis: Die portugiesischen Wochentage werden beginnend mit dem Sonntag durch-nummeriert! Daher ist Montag der „zweite Markttag" (*segunda-feira* oder *2.ª*).

Übernachten

Ich möchte ein Zimmer.	Queria um quarto.
Haben Sie ein Einzelzimmer?	Tem um quarto para uma pessoa só?
... Doppelzimmer	... quarto duplo
... Zimmer mit Ehebett	... quarto com cama de casal
... Zimmer mit zwei Betten	... quarto com duas camas
... Zimmer mit Bad	... quarto com casa de banho
... Zimmer mit Dusche	... quarto com duche
... Zimmer ohne eigenes Bad	... quarto sem casa de banho
Wir haben ein Zimmer reserviert.	Reservámos um quarto.
Kann ich das Zimmer sehen?	Posso ver o quarto?
Wie viel kostet das pro Tag?	Quanto custa por dia?
Es ist zu teuer.	É muito caro.
Können Sie einen Rabatt geben?	Pode fazer um desconto?
Frühstück inbegriffen	com pequeno almoço incluído
Ich bleibe ... Tage.	Vou ficar ... dias.

Geld/Einkauf

Wo ist eine Bank?	Onde fica um banco?
Ich möchte Geld wechseln.	Queria cambiar dinheiro.
... eine Quittung	... um recibo
Wie viel kostet das?	Quanto custa?
Wechselgeld	o troco
Bitte 500 Gramm davon.	Quinhentos gramas disto, por favor.
Bitte drei Stück von jenem dort.	Três daquilo, por favor.
Ich möchte gerne ein Kilo Fisch.	Queria um quilo de peixe.
Wo ist das nächste Postamt?	Onde fica a estação dos correios mais próxima?
Briefmarken	selos
Telefonkarte	cartão telefónico

Notfall/Gesundheit

Hilfe!	Socorro!
Ich fühle mich schlecht.	Não me sinto bem.
Rufen Sie einen Arzt!	Por favor, chame um médico!
Können Sie einen Arzt empfehlen?	Pode indicar-me um bom médico?
Wo ist das nächste Krankenhaus?	Onde é o hospital mais próximo?
Rufen Sie mir einen Krankenwagen!	Chame uma ambulância!
Ich habe hier Schmerzen.	Dói-me aqui.
Ich habe eine Erkältung.	Apanhei uma constipação.

Ich habe Kopfschmerzen.	Tenho dores de cabeça.
... Zahnschmerzen	... dores de dentes
Wo ist eine Apotheke?	Onde fica uma farmácia?
Ich möchte gerne Papiertaschentücher.	Queria lenços de papel.
... Damenbinden	... pensos higiénicos
... Kopfschmerztabletten	... comprimidos para dores de cabeça
... Toilettenpapier	... papel higiénico
Abführmittel	laxativo
Lungenentzündung	pneumonia
Entzündung	inflamação
Sonnenstich	insolação
Fieber	febre
Pflaster	emplasto
Husten	tosse
Tampons	tampões
Kondome	preservativos
Verbrennung	queimadura
Krampf	convulsão
Wunde	ferida

Weg und Richtung

Wo ist ...?	Onde é ...? oder Onde fica ...?
Wo ist die nächste Bushaltestelle?	Onde fica a mais próxima paragem de autocarro?
... Straßenbahnhaltestelle	... de elétrico
... U-Bahnhaltestelle	... do Metro
Wo ist der nächste Bahnhof?	Onde fica a estação de comboios mais próxima?
Wo ist der Flughafen?	Onde fica o aeroporto?
Bitte eine Fahrkarte nach ...	Queria um bilhete para ...
Bitte eine Tageskarte.	Queria um bilhete de dia.
Welchen Bus nehme ich nach ...?	Qual é o autocarro que vai para ...?
Muss ich umsteigen?	Tenho que mudar?
An welcher Haltestelle muss ich raus?	Qual é a paragem onde tenho que sair?
Wir haben eine Panne.	O nosso carro está avariado.
Wo ist eine Werkstatt?	Onde fica uma estação de serviço?
Geben sie mir 10 Liter Diesel.	Queria dez litros de gasóleo.
... Normalbenzin	... de gasolina normal
nach rechts	à direita
geradeaus	em frente
nach links	à esquerda
immer geradeaus	sempre em frente

Speiselexikon

Im Restaurant

Haben Sie einen freien Tisch?	Tem uma mesa livre?	Was empfehlen Sie?	O que recomenda?
Bitte die Karte!	A ementa, por favor!	Die Rechnung, bitte!	A conta, se faz favor!
Ober!	Faz favor!	Die Rechnung stimmt nicht.	A conta está errada.
Ich möchte gerne mehr Brot.	Queria mais pão.	Das Beschwerde-buch, bitte!	Traga-me o livro de reclamações, por favor!
... noch ein Bier	... mais uma cerveja	Guten Appetit!	Bom proveito! oder bom apetite!
Wo ist die Toilette?	Onde fica a casa de banho?	Auf Ihr Wohl! Prost!	Saúde!

Suppen (sopas)

Grünkohlsuppe	caldo verde	Meeresfrüchtesuppe	... de marisco
Gemüsesuppe	sopa de legumes	Hühnerbrühe	canja
Fischsuppe	... de peixe	Kalte Gemüsesuppe	gaspacho

Fische und Meeresfrüchte (peixes e mariscos)

Herzmuschel	amêijoa	Hummer	lavagante
Thunfisch	atum	Seezunge	linguado
Kabeljau, Stockfisch	bacalhau	Kalamar	lula
Meerbrasse	besugo	Miesmuschel	mexilhão
Garnele	camarão	Austern	ostras
Krabbe	caranguejo	Degenfisch	peixe-espada
Bastardmakrele	carapau	Seefüße	percebes
Makrele	cavala	Seehecht	pescada
Silberbarsch	cherne	Krake	polvo
Sepia (Tintenfisch)	choco	Wolfsbarsch	robalo
Rabenfisch	corvina	Lachs	salmão
Goldbrasse	dourada	Meerbarbe	salmonete
Aal	eiró, enguia	Spinnenkrabbe	santola
Schwertfisch	espadarte	Taschenkrebs	sapateira
große Garnelen	gambas	Sardinen	sardinhas
Barsch	garoupa	Seeteufel	tamboril
Languste	lagosta	Forelle	truta
Kaisergranat	lagostim		

Fleisch (carne)

Fleischknödel	almôndegas	*Lebergericht*	iscas
Rindersteak	bife	*Hase*	lebre
kl. Rindersteak	bitoque	*Spanferkel*	leitão
Lamm	borrego	*Zunge*	língua
wild	bravo	*dünne Wurst*	linguiça
Zicklein	cabrito	*Lende*	lombo, lombinho
Schnecken	caracóis	*Schinkenwurst*	paio
geräucherte Wurst	chouriço	*Ente*	pato
Kaninchen	coelho	*Truthahn*	peru
Kotelett	costeletas	*Hackbraten*	picado
Mittelrippenstück	entrecosto	*Schwein*	porco
Schnitzel	escalopes	*kl. Rinderschnitzel*	prego
mageres Fleisch	febras	*Räucherschinken*	presunto
Kochschinken	fiambre	*Würstchen*	salsichas
Hähnchen	frango	*Kutteln*	tripas
Huhn	galinha	*Rind*	vaca
Hühnerinnereien	moelas	*Kalb*	vitela

Gemüse/Gewürze (legumes/condimentos)

Kürbis	abóbora	*Blumenkohl*	couve-flor
grüner Salat	alface	*Erbsen*	ervilhas
Knoblauch	alho	*Spinat*	espinafre
Reis	arroz	*dicke Bohnen*	favas
Olivenöl	azeite	*Bohnen*	feijão
Oliven	azeitonas	*Kichererbsen*	grão
gekochte Kartoffeln	batatas cozidas	*Linsen*	lentilhas
Pommes frites	batatas fritas	*Mais*	milho
Curry	caril	*Pfeffer*	pimenta
Zwiebel	cebola	*Paprika*	pimento
Karotte	cenoura	*Chili*	piri-piri
grüner Koriander	coentro	*gemischter Salat*	salada mista
Pilze	cogumelos	*Petersilie*	salsa
Grünkohl	couve	*Tomate*	tomate
Rosenkohl	couve de bruxelas	*Essig*	vinagre

Nachspeisen (sobremesas)

Milchreis	arroz doce	*Eiscreme*	gelado
Kuchen	bolo	*Milchcreme*	leite creme
Schlagsahne	chantilly	*Mousse*	mousse

au chocolat	de chocolate	*Fruchtsalat*	salada de frutas
Sahne	nata	*Torte*	tarte
Pudding-Karamell	pudim flan	*Eigelbspeise*	toucinho
Käse	queijo	*mit Mandel*	do céu

Obst/Nüsse (frutas/nozes)

Mandeln	amêndoas	*Zitrone*	limão
Erdnüsse	amendoins	*Apfel*	maçã
Banane	banana	*Wassermelone*	melancia
Kirsche	cereja	*Honigmelone*	melão
Feige	figo	*Erdbeere*	morango
Himbeere	framboesa	*Birne*	pera
Orange	laranja	*Pfirsich*	pêssego
Limette	lima	*Trauben*	uvas

Zubereitung (modo de preparação)

gebraten	assado	*über Holzkohle gegrillt*	na brasa
gut durch	bem passado	*am Bratspieß*	no espeto
gekocht	cozido	*im Ofen*	no forno
süß	doce	*paniert*	panado
geschmort	estufado	*scharf*	picante
frittiert	frito	*Püree*	puré
gegrillt	grelhado	*gefüllt*	recheado
schlecht durch	mal passado		

Diverse Gerichte

Brotbrei mit ...	açorda de ...	*mit Muscheln*	à alentejana
Herzmuscheln mit Zitronensaft	amêijoas à Bulhão Pato	*In einer Kupferpfanne gekochte und servierte Meeresfrüchte, Fleisch- oder Fischstücke*	cataplana
Reiseintopf mit ...	arroz de ...		
Bacalhau mit Pommes Frites und Eiern vermischt	bacalhau à Brás	*In Rotwein zubereitetes Ziegenfleisch*	chanfana
Bacalhau mit gekochten Kartoffeln und Zwiebeln	bacalhau à Gomes de Sá	*Eintopf mit Rinds-, Schweine- und Hühnerfleisch, dazu Schlachtwurst, Reis, Kartoffeln und Karotten*	cozido à portuguesa
Rindersteak mit Sahne	bife à café oder à Marrare		
Thunfischsteak (aus frischem Thunfisch)	bife de atum	*Rinderkutteln mit Hühnerfleisch und Bohnen*	dobrada
Spieß mit ...	espetada de ...	*Gulasch (mit Fleisch, Fisch oder Meeresfrüchten)*	ensopado de ...
Fischeintopf	caldeirada		
Schweinefleisch	carne de porco	*Spaghetti*	espaguete

Bohneneintopf mit Räucherwurst (chouriço), Blutwurst und Speck	feijoada à portuguesa	Nudeleintopf mit ...	massada de ...
		Garnelenfrikadellen	rissóis de camarão
Rindfleisch mit gekochten Kartoffeln, Karotten, Erbsen und Schlachtwurst	jardineira	Schweinefleischstückchen mit geronnenem Schweineblut, Leber, Innereien und Kartoffeln	rojões
frittierte Tintenfischringe mit Reis und Salat	lulas à sevilhana	Thunfischsalat mit schwarzen Oliven, Tomaten- und grünem Salat sowie gekochten Kartoffeln	salada de atum
frittierte Tintenfischringe mit gekochten Kartoffeln	lulas à francesa	Fleischbrühe mit Brot, Ei, Knoblauch und Koriander	sopa alentejana
Tintenfische mit gemischtem Hackfleisch gefüllt	lulas recheadas		

Sonstiges (diversos)

Mittagessen	almoço	Beschwerdebuch	livro de reclamações
Nachtimbiss	ceia	Butter	manteiga
Löffel	colher	halbe Portion	meia dose
Rechnung	conta	Tisch	mesa
Bedienung	empregado(a)	Sauce	molho
Terrasse	esplanada	Zahnstocher	palitos
Messer	faca	Brot	pão
Gabel	garfo	Frühstück	pequeno almoço
Geschäftsführer	gerente	Serviette	guardanapo
Abendessen	jantar	Teller	prato

Getränke (bebidas)

Leitungswasser	água da torneira	kleiner Milchkaffee	garoto
Mineralwasser mit/ohne Kohlensäure	água mineral com/ sem gás	Flasche (klein, groß)	garrafa (pequena, grande)
Kaffee (Espresso)	bica	Krug	jarro
voller Espresso	bica cheia	Dose	lata
koffeinfreier Kaffee	café descafeinado	Milch	leite
doppelter Espresso	café duplo	Kakao	leite com chocolate
Bier	cerveja	Kaffee halb mit Milch verdünnt	meia de leite
großes Fassbier	caneca de cerveja	lauwarm	morno
kleines Fassbier	fino	normal temperiert	natural
normales Fassbier	imperial	heiß	quente
Espresso mit Wasser verdünnt	carioca	trocken	seco
Tee	chá	Fruchtsaft aus ...	sumo natural de ...
Glas	copo	Weißwein	vinho branco
kalt	fresco	Portwein	vinho do Porto
großer Milchkaffee	galão	Rotwein	vinho tinto

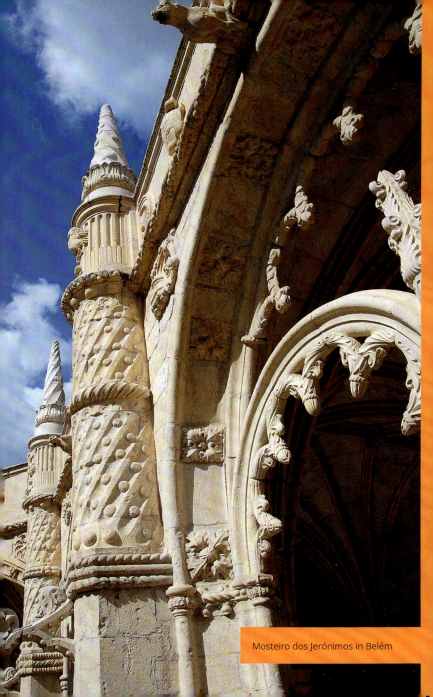

Mosteiro dos Jerónimos in Belém

MM-Wandern
informativ und punktgenau durch GPS

- für Familien, Einsteiger und Fortgeschrittene
- ausklappbare Übersichtskarte für die Anfahrt
- genaue Weg-Zeit-Höhen-Diagramme
- GPS-kartierte Touren (inkl. Download-Option für GPS-Tracks)
- Ausschnittswanderkarten mit Wegpunkten
- Konkretes zu Wetter, Ausrüstung und Einkehr

Übrigens:
Unsere Wanderführer gibt es auch als App für iPhone™, WindowsPhone™ und Android™

- Allgäuer Alpen
- Andalusien
- Bayerischer Wald
- Chiemgauer Alpen
- Eifel
- Elsass
- Fränkische Schweiz
- Gardasee
- Gomera
- Korsika
- Korsika Fernwanderwege
- Kreta

- Lago Maggiore
- La Palma
- Ligurien
- Madeira
- Mallorca
- Münchner Ausflugsberge
- Östliche Allgäuer Alpen
- Pfälzerwald
- Piemont
- Provence
- Rund um Meran
- Schwäbische Alb

- Sächsische Schweiz
- Sardinien
- Schwarzwald Mitte/Nord
- Schwarzwald Süd
- Sizilien
- Spanischer Jakobsweg
- Teneriffa
- Toscana
- Westliche Allgäuer Alpen
- Zentrale Allgäuer Alpen

Abruzzen ▪ Ägypten ▪ Algarve ▪ Allgäu ▪ Allgäuer Alpen ▪ Altmühltal & Fränk. Seenland ▪ Amsterdam ▪ Andalusien ▪ Andalusien ▪ Apulien ▪ Australien – der Osten ▪ Azoren ▪ Bali & Lombok ▪ Barcelona ▪ Bayerischer Wald ▪ Bayerischer Wald ▪ Berlin ▪ Bodensee ▪ Bretagne ▪ Brüssel ▪ Budapest ▪ Chalkidiki ▪ Chiemgauer Alpen ▪ Chios ▪ Cilento ▪ Cornwall & Devon ▪ Comer See ▪ Costa Brava ▪ Costa de la Luz ▪ Côte d'Azur ▪ Cuba ▪ Dolomiten – Südtirol Ost ▪ Dominikanische Republik ▪ Dresden ▪ Dublin ▪ Düsseldorf ▪ Ecuador ▪ Eifel ▪ Elba ▪ Elsass ▪ Elsass ▪ England ▪ Fehmarn ▪ Franken ▪ Fränkische Schweiz ▪ Fränkische Schweiz ▪ Friaul-Julisch Venetien ▪ Gardasee ▪ Gardasee ▪ Genferseeregion ▪ Golf von Neapel ▪ Gomera ▪ Gomera ▪ Gran Canaria ▪ Graubünden ▪ Hamburg ▪ Harz ▪ Haute-Provence ▪ Havanna ▪ Ibiza ▪ Irland ▪ Island ▪ Istanbul ▪ Istrien ▪ Italien ▪ Italienische Adriaküste ▪ Kalabrien & Basilikata ▪ Kanada – Atlantische Provinzen ▪ Karpathos ▪ Kärnten ▪ Katalonien ▪ Kefalonia & Ithaka ▪ Köln ▪ Kopenhagen ▪ Korfu ▪ Korsika ▪ Korsika Fernwanderwege ▪ Korsika ▪ Kos ▪ Krakau ▪ Kreta ▪ Kreta ▪ Kroatische Inseln & Küstenstädte ▪ Kykladen ▪ Lago Maggiore ▪ Lago Maggiore ▪ La Palma ▪ La Palma ▪ Languedoc-Roussillon ▪ Lanzarote ▪ Lesbos ▪ Ligurien – Italienische Riviera, Genua, Cinque Terre ▪ Ligurien & Cinque Terre ▪ Limousin & Auvergne ▪ Limnos ▪ Liparische Inseln ▪ Lissabon & Umgebung ▪ Lissabon ▪ London ▪ Lübeck ▪ Madeira ▪ Madeira ▪ Madrid ▪ Mainfranken ▪ Mainz ▪ Mallorca ▪ Mallorca ▪ Malta, Gozo, Comino ▪ Marken ▪ Mecklenburgische Seenplatte ▪ Mecklenburg-Vorpommern ▪ Menorca ▪ Midi-Pyrénées ▪ Mittel- und Süddalmatien ▪ Montenegro ▪ Moskau ▪ München ▪ Münchner Ausflugsberge ▪ Naxos ▪ Neuseeland ▪ New York ▪ Niederlande ▪ Niltal ▪ Norddalmatien ▪ Norderney ▪ Nord- u. Mittelengland ▪ Nord- u. Mittelgriechenland ▪ Nordkroatien – Zagreb & Kvarner Bucht ▪ Nördliche Sporaden – Skiathos, Skopelos, Alonnisos, Skyros ▪ Nordportugal ▪ Nordspanien ▪ Normandie ▪ Norwegen ▪ Nürnberg, Fürth, Erlangen ▪ Oberbayerische Seen ▪ Oberitalien ▪ Oberitalienische Seen ▪ Odenwald ▪ Ostfriesland & Ostfriesische Inseln ▪ Ostseeküste – Mecklenburg-Vorpommern ▪ Ostseeküste – von Lübeck bis Kiel ▪ Östliche Allgäuer Alpen ▪ Paris ▪ Peloponnes ▪ Pfalz ▪ Pfälzer Wald ▪ Piemont & Aostatal ▪ Piemont ▪ Polnische Ostseeküste ▪ Portugal ▪ Prag ▪ Provence & Côte d'Azur ▪ Provence ▪ Rhodos ▪ Rom ▪ Rügen, Stralsund, Hiddensee ▪ Rumänien ▪ Rund um Meran ▪ Sächsische Schweiz ▪ Salzburg & Salzkammergut ▪ Samos ▪ Santorini ▪ Sardinien ▪ Sardinien ▪ Schottland ▪ Schwarzwald Mitte/Nord ▪ Schwarzwald Süd ▪ Schwäbische Alb ▪ Schwäbische Alb ▪ Shanghai ▪ Sinai & Rotes Meer ▪ Sizilien ▪ Sizilien ▪ Slowakei ▪ Slowenien ▪ Spanien ▪ Span. Jakobsweg ▪ St. Petersburg ▪ Steiermark ▪ Südböhmen ▪ Südengland ▪ Südfrankreich ▪ Südmarokko ▪ Südnorwegen ▪ Südschwarzwald ▪ Südschweden ▪ Südtirol ▪ Südtoscana ▪ Südwestfrankreich ▪ Sylt ▪ Teneriffa ▪ Teneriffa ▪ Tessin ▪ Thassos & Samothraki ▪ Toscana ▪ Toscana ▪ Tschechien ▪ Türkei ▪ Türkei – Lykische Küste ▪ Türkei – Mittelmeerküste ▪ Türkei – Südägäis ▪ Türkische Riviera – Kappadokien ▪ USA – Südwesten ▪ Umbrien ▪ Usedom ▪ Varadero & Havanna ▪ Venedig ▪ Venetien ▪ Wachau, Wald- u. Weinviertel ▪ Westböhmen & Bäderdreieck ▪ Wales ▪ Warschau ▪ Westliche Allgäuer Alpen und Kleinwalsertal ▪ Wien ▪ Zakynthos ▪ Zentrale Allgäuer Alpen ▪ Zypern

Reisehandbuch   MM-City   MM-Wandern

ASTRONOMIA

Azulejos im Palácio Fronteira in Benfica

Register

Die in Klammern gesetzten Koordinaten verweisen auf die beigefügte Lissabon-Karte.

24-Stunden-Tickets 232

7-Colinas-Chipkarte 232

Ajuda 126
Alcântara (C10) 118
Alfama (J9) 42
Almada 178
Alojamento Local (AL) 242
Amoreiras (E7) 98
Antiquitätengeschäfte 111
Antonius von Padua 212
Appartements 243
Aqueduto das Águas Livres
  (C5) 106
Arbeitslose
  (Ermäßigungen) 227
Arco da Rua Augusta 28
Ärzte 258
Ascensor da Bica (G9) 92
Ascensor da Glória (H8) 89
Ascensor do Lavra (H8) 69
Assembleia da República
  (F9) 110, 114
Atelier-Museu Júlio Pomar
  (G9) 115
Aufzüge 235
Ausgehen 18
Auslandsreisekrankenversiche
  rung 258
Auto (Anreise) 231
Auto (Lissabon) 237
Autobahnen 239
Avenida da Liberdade 67
Avenidas Novas 74
Azulejos 14, 152
Azulejos (antik) 96
Azulejos (Manufaktur) 141

Babysitter 223
Bacalhau 201
Baden 259
Badeorte 259
Bahn (Anreise) 230
Bairro Alto (G8) 86
Baixa 24
Bankkarten 262
Bars 215
Bed & Breakfast 242
Behinderte 265
Belém 126

Benfica (A3) 142
Benfica (Fußballclub) 149
Bica 205
Bier 205
Biomarkt Campo Pequeno
  (G3) 84
Bioprodukte 201
Bio-Supermarkt 40
Blumen, Markt 97
Boca do Inferno (Cascais) 166
Bodyboarden 270
Boitaca, Diogo de 134
Botanischer Garten (G8) 90
Botschaft der Bundesrepublik
  Deutschland (H7) 260
Botschaft der Republik
  Österreich (D9) 260
Botschaft der Schweiz (E8)
  260
Botschaften 260
Briefmarken (Markt) 97
Burg Castelo de São Jorge
  (I8) 49
Bus (Anreise) 231
Busse 234

Cacilhas (Almada) 178
Cafés 199
Cais do Sodré (G10) 94
Câmara Municipal (H9) 30
Camões, Luís de (Grab) 135
Campo de Ourique (D7) 98
Campo Pequeno (G3) 79
Capela da Gandarinha
  (Cascais) 165
Capela das Albertas – Museu
  Nacional de Arte Antiga
  (E10) 112
Capela de São Jerónimo
  (Belém) 139
Carnide 142
Carris 233
Cartão Jovem 227
Casa da Cerca (Almada) 180
Casa das Histórias Paula Rego
  (Cascais) 164
Casa dos Bicos (I9) 46
Casa Fernando Pessoa
  (E8) 104
Casa-Museu Dr. Anastásio
  Gonçalves (G5) 80

Casa-Museu Fundação
  Medeiros e Almeida
  (G7) 70
Cascais 160
Casino Lisboa 150
Castelo de São Jorge (I8) 49
Castelo dos Mouros
  (Sintra) 175
Cemitério do Alto de São João
  (K6) 152
Cemitério dos Ingleses
  (E8) 104
Cemitério dos Prazeres
  (C8) 102
Centro Cultural de Belém –
  CCB 136
Cervejarias 198
Champalimaud Center for the
  Unknown 141
Chiado 25
Churrasqueiras 198
Cidadela (Cascais) 162
Clubs 215
Convento das Bernardas
  (F9) 112
Convento de São Pedro de
  Alcântara (G8) 86
Convento dos Cardaes
  (G8) 91
Couvert 200
Cristo Rei (Christkönigstatue,
  Almada) 180

Diebstahl 265
Diebstahl einer Bankkarte
  262
Dona Maria I.
  (Königin) 102
Dressurreiten 130

Einkaufszentrum Amoreiras
  (E7) 108
Einkaufszentrum Colombo
  (A1) 148
Einkaufszentrum Vasco da
  Gama 158
El Corte Inglés (F5) 84
Elevador Boca do Vento
  (Aufzug, Almada) 179
Elevador de Santa Justa
  (H9) 35

Erdbeben (1597) 93
Erdbeben (1755) 24, 187
Ermäßigungen 226
Ermäßigungen (Kinder) 223
Ermida de Belém 139
Ermida de Santo Amaro
    (B10/11) 120
Eschwege,
    Wilhelm Baron von 175
Essen 16
Essen und Trinken 198, 221
Estádio da Luz (A2) 145
Estádio José Alvalade 147
Estado Novo 190
Estoril 160
Estufa Fria (F6) 71
European Youth Card 227
Eusébio (Fußballspieler) 145
EXPO '98 150, 192

Fábrica Braço de Prata
    (alternatives Kulturzentrum)
    220
Fado 206
Fahrrad 224, 239
Fahrräder (Cascais) 161
Fahrradverleih 239
Farol Museu de Santa Marta
    (Cascais) 166
Feiertage 260
Feira International de Lisboa
    (FIL) (Messe) 156
Ferienwohnungen 243
Festivals 212
Fielding, Henry
    (Romanautor) 104
Figo, Luís 147
Fischgerichte 201
Fleischgerichte 200
Fliesenkunst 152
Flohmarkt (J8) 64
Flohmarkt (LX Market) 125
Flüge (Anreise) 228
Flughafen Lissabon 228
Flughafentransfer 229
Fragata D. Fernando II e Glória
    (Segelschiff, Almada) 179
Friedhof Alto de São João
    (K6) 152
Friedhof Prazeres (C8) 102
Friedhof, Britischer (E8) 103
Frühstück 199
Führungen durch Lissabon 241
Fundação Arpad Szenes
    (F7) 105
Fundbüros 261
Fußball 261

Galão 205
Gama, Vasco da (Grab) 135
Gedeck 200
Geld 261
Gepäckschließfächer 262
Geschichte 184
Ginjinha 205
Graça (J8) 56
Großbrand (1988) 192
Gulbenkian, Calouste Sarkis
    75, 78

Hauptbahnhof (Gare do
    Oriente) 152
Haustiere 262
Henriques, Afonso Dom
    (König) 185
Hippotrip 224
Hochzeiten (Stadtfeste) 213
Hostels 254
Hotels 242
Hunde 262

Igreja da Conceição Velha
    (I9) 46
Igreja da Graça (I8) 58
Igreja da Madre de Deus
    (L6) 151
Igreja de Santa Engrácia
    (J8) 61
Igreja de Santa Luzia (I9) 49
Igreja de Santa Maria
    (Sintra) 173
Igreja de Santo António de
    Lisboa (I9) 48
Igreja de Santos-o-Velho
    (F10) 111
Igreja de São Julião (Museu
    do Dinheiro – Banco de
    Portugal) (H8) 31
Igreja de São Pedro de
    Canaferrim (Sintra) 172
Igreja de São Roque (H9) 89
Igreja do Convento de São
    Domingos (H8) 34
Igreja do Convento do Carmo
    (H9) 35
Igreja e Mosteiro de São
    Vicente de Fora (J8) 60
Instituto Superior de
    Agronomia (B10) 123
Internet 262
Internetcafés 262

Jardim Botânico (G8) 90
Jardim Botânico da Ajuda 129

Jardim Botânico Tropical
    (Belém) 139
Jardim da Cerca da Graça
    (I8) 57
Jardim da Estrela (E8) 103
Jardim do Torel (H8) 70
Jardim Zoológico de Lisboa
    (D3) 143
Jazz 209
Joggen 262
Juni (Feste) 212

Kaffee 205
Kartensperre 262
Keramik 39
Kernseife, blau-weiße 111
Kinder 222
Kinderräder 240
Kinderwagen 222, 223
Kino 210
Kioske 199
Kirschlikör (Ginjinha) 205
Klassische Musik 210
Klima 263
Kneipen 215
Krankenhäuser 258
Kriminalität 264
Küche, portugiesische 198
Kultur und Unterhaltung 206
Kulturzentrum (Belém) 136
Kunsthandwerk (Markt) 97

Lapa (E9) 110
Largo do Carmo (H9) 32
Leitungswasser 264
Lesben 264
Likörwein 204
Linie 28 (Straßenbahn)
    235, 239
Lisboa Card 226
Lisboa Story Centre (I10) 30
Lumiar 142
Lusitanien 185
LX Factory (alternatives
    Kulturzentrum) 125

Madragoa (E10) 110
Mãe d'Água (F7) 98, 104
Manuelinik 139, 187
Marathon 263
Marisqueiras 198
Mariza 209
Markthalle Mercado da
    Ribeira (G10) 97
Maurenherrschaft 185
Maut (Brücken und
    Autobahnen) 237

Dekoration für die Stadtfeste Festas de Lisboa an der Kirche Igreja de São Miguel

Meeresaquarium 154
Meeresfrüchte 202
Meo Arena 150
Metro 234
Metro de Lisboa 233
Metrostation Parque (G6) 72
Mietwagen 237
Miradouro da Nossa Senhora
    do Monte (I8) 58
Miradouro de Santa Catarina
    (G9) 92
Miradouro de Santa Luzia
    (I9) 49
Miradouro de São Pedro de
    Alcântara 86
Monumento aos Combatentes
    do Ultramar 139
Moscatel de Setúbal
    (Likörwein) 204
Mosteiro dos Jerónimos 133
Mouraria (I8) 56
Münzen (Markt) 97
Muscheln 202
Museu Arqueológico do
    Carmo (H9) 35
Museu Benfica – Cosme
    Damião (A2) 145
Museu Calouste Gulbenkian
    (F4) 75
Museu Colecção Berardo 137
Museu Condes de Castro
    Guimarães (Cascais) 164

Museu da Água 151
Museu da Carris (B11) 120
Museu da Eletricidade 132
Museu da Farmácia (G9) 92
Museu da Marioneta
    (F9) 112
Museu da Presidência 131
Museu das Artes Decorativas
    (I9) 49
Museu de Lisboa – Palácio
    Pimenta 147
Museu de Macau (B11) 121
Museu de Marinha 136
Museu de São Roque (H9) 90
Museu do Aljube –
    Resistência e Liberdade
    (I9) 48
Museu do Campo Pequeno
    (Stierkampfmuseum) 79
Museu do Chiado (H9) 35
Museu do Design e da Moda
    (I9) 37
Museu do Dinheiro – Banco
    de Portugal (H9) 31
Museu do Fado (J9) 51
Museu do Oriente
    (D10) 118, 121
Museu dos Combatentes 139
Museu Geológico (G9) 91
Museu Militar (J9) 61
Museu Nacional de
    Arqueologia 136

Museu Nacional de Arte
    Antiga (E10) 112
Museu Nacional de Arte
    Contemporânea do Chiado
    (H9) 35
Museu Nacional de Etnologia
    139
Museu Nacional do Azulejo
    (L6) 151
Museu Nacional do Traje 146
Museu Nacional dos Coches
    131
Museu Naval (Almada) 180
Museu Sporting 148

Nachspeisen 202
Nachtbusse 234
Nachtleben 18, 214
Nationalpantheon 61
Nelkenrevolution 191, 260
Neujahr 260
Notruf 268
Núcleo Arqueológico da Rua
    dos Correeiros (H9) 32

Oceanário 154
Öffentliche Verkehrsmittel
    232
Öffnungszeiten 265
Olivais 150
Oper 210
Oster-Massaker (1506) 26

Pacheco, Duarte (ehem. Bürgermeister) 191
Padrão dos Descobrimentos 137
Palácio das Necessidades (D10) 123
Palácio de Belém 130
Palácio Fronteira (B4) 143
Palácio Nacional da Ajuda 128
Palácio Nacional da Pena (Sintra) 175
Palácio Nacional de Sintra (Sintra) 174
Pannenhilfe 239
Panteão Nacional (J8) 61
Parken 238
Parlament (F9) 114
Parque Botânico do Monteiro-Mor 146
Parque da Pena 175
Parque das Nações 150
Parque Eduardo VII (F6) 70
Parque Recreativo dos Moinhos de Santana 130
Pavilhão Atlântico 150
Pavilhão do Conhecimento 154
Pavilhão dos Desportos Carlos Lopes (F6) 71
Pensionen 242
Pessoa, Fernando (Dichter) 105
Pessoa, Fernando (Grab) 135
Phönizier 184
Picadeiro Henrique Calado 130
Polizei 265
Pombal, Marquês de (ehem. Premierminister) 188, 189
Ponsard, Raoul Mesnier du 35
Ponte 25 de Abril (B11) 120
Ponte Vasco da Gama 156
Ponyreiten 225
Pop 209
Porco Preto (Landschwein) 201
Portwein 204
Portweininstitut (Weinbar) 217
Post 266
Praça do Areeiro (I3) 75
Praça do Comércio (I10) 28
Praça do Príncipe Real (G8) 87
Programmzeitschriften 206
Prozession (Juni) 213
Prozession (Mai) 260

Quinta da Regaleira (Sintra) 175

Radtouren 240
Rathaus (H9) 30
Rauchen 266
Rede da Madrugada 234
Reiseveranstalter 266
Reisezeit 263
Reklamationen 266
Reservatório da Patriarcal (G8) 104
Residencial 242
Restaurants 198
Retornados 192
Rock 209
Rodrigues, Amália 111, 209
Rollstuhlfahrer 265
Ronaldo, Cristiano 147
Rossio (H8) 33
Rua Augusta (H9) 25

Saramago, José (Schriftsteller) 55
Schüler 227
Schwimmbäder 266
Schwule 264
Sé (I9) 47
Serra de Sintra 170
Sightseeing 12, 14
Silva, Maria Helena Vieira da 106
Sintra 170
Snacks 202
Sousa Martins, José Tomás de 67
Souvenirs 40, 64
Spielplätze 225
Sporting Clube de Portugal (Fußballclub) 147
Sprachkenntnisse 267
Sprachschulen 267
St. George's Church 104
Stadtfeiertag (Lissabon) 212
Stadtfeste 213
Stadtgeschichte 184
Stadtrundfahrten 240
Stadtspaziergänge 241
Stadtviertel 10
Straßenbahnen 234
Straßenbahnlinie 12 62
Submarino Baracuda (U-Boot, Almada) 179
Szenes, Arpad 105

Tankstelle am Flughafen 237
Tanz 210

Tapada das Necessidades (D10) 123
Taxi 236
Teatro Nacional de São Carlos 210
Teatro Nacional Dona Maria II (H8) 34
Teatro Romano (I9) 48
Telecabine Lisboa (Seilbahn) 156
Telefonieren 268
Teppiche 97
Terreiro do Paço 28
Tintenfische 202
Torre de Belém 138
Torre Vasco da Gama 151
Touristeninformationen 268
Touristensteuer 243
Trams 234
Transtejo (Fähren) 233
Trinkgeld 236, 269
Triumphbogen 28
Tuk-Tuk 241

Überbuchung 230
Übernachten 242
Übernachtungssteuer 243
UNESCO-Weltkulturerbe 12, 20
Universität, erste 186

Veganer 201
Vegetarier 201
Verhaltensregeln 269
Verkehrsvorschriften 238
Via Verde 237
Viva-Viagem-Chipkarte 232
Volkslauf 263

Wäschereien 269
Wassertemperaturen 259
Wein 203
Weinbars 214
Wellenreiten 270
Weltausstellung 1998 150
Wenders, Wim 43
Westgoten (Invasion) 185
Wi-Fi 262
Windmühlen 130
Windsurfen 270
WLAN 262

Zapping (Fahrkarten) 233
Zeit 271
Zeitalter der Eroberungen 186
Zeitungen 271
Zoll 271
Zoo (D3) 143

Die Apps aus dem Michael Müller Verlag

MMTravel-Web-App und MMTravel-App

Mit unseren beiden Apps ist das Unterwegssein einfacher.
Sie kommen schneller an Ihr Wunsch-Ziel.
Oder Sie suchen gezielt nach Ihren persönlichen Interessen.

gratis

umfassend

Die MMTravel-Web-App ...

... erhalten Sie gratis auf
www.mmtravel.com

... funktioniert online auf jedem Smart-
phone, Tablet oder PC mit Browser-
zugriff.

... zeigt Ihnen online sämtliche Sehenswürdigkeiten, Adressen und die
Touren aus dem Buch (mit Seitenver-
weisen) auf einer Karte. Aktivieren Sie
das GPS, sehen Sie auch Ihren Standort
und alles Interessante in der Umgebung.

... ist ideal für das Setzen persönlicher
Favoriten. Dazu legen Sie einfach ein
Konto an, das Sie auch mit anderen
Geräten synchronisieren können.

Die MMTravel-App ...

... verknüpft die MMTravel-Web-App
mit einem intelligenten E-Book.
Mit dieser Profi-Version sind Sie komplett unabhängig vom Internet.

... kaufen Sie für Apple und Android
in einem App Store.

... verortet sämtliche Adressen und
Sehenswürdigkeiten aus dem Buch
auf Offline-Karten. Mit zugeschalte-
tem GPS finden Sie darauf Ihren
Standort und alles Interessante
rund herum.

... informiert über Hintergründe und
Geschichte.

... liefert die kompletten Beschreibun-
gen unserer Autoren.

... eignet sich sowohl zum Schmökern
als auch zum intuitiven Wechseln
zwischen Karte und Text.

... lässt sich nach Bestätigung eines
individuellen Kontos auf bis zu drei
Geräten verwenden – und das sogar
gleichzeitig.

... wird durch eigene Kommentare und
Lesezeichen zum persönlichen Notiz-
buch.

www.mmtravel.com